# Harward Choi

- 서울대학교 문리대
- 주한 미국대사관 신문과 편집인
- 미국 L.A. 동아일보 편집국장
- Bloomingdale's 감사
- Reader's Digest Filler 번역담당
- 한국영어교육연구소 지도교수

- 저서
  미국영어 그대로
  미국문화산책 "본대로 들은대로"
  리딩가이드(영어종합독해 시리즈 전9권)
  느낌이 팍 오는 영어(전3권)

- 역서
  파라다이스행 9번 버스(부스깔리아 저)


# AMERICAN ENGLISH EXPRESSION
## BASIC EDITION

2014년 1월 10일  초판 1쇄 발행
2015년 2월 15일  초판 2쇄 발행

**지은이** Harward Choi | **출판기획** Taylor Lee | **편집장** 김민정 | **마케팅** 김형석
**펴낸곳** 시사문화사(아이덴티티) | **펴낸이** 김성민 | **등록번호** 2-124 | **전화** (02)716-5465 | **팩스** (02)714-5194
**주소** 서울시 마포구 토정로 222(신수동) | **E-mail** aeegogo@naver.com

Copyright ⓒ Harward Choi

ISBN 978-89-7323-375-5  13740

사전 동의 없는 전재, 무단 복제를 금합니다. 잘못 만들어진 책은 바꾸어 드립니다.
저자와의 협의에 의해 인지를 생략합니다.

* aeegogo@naver.com으로 E-mail을 보내주시면 American English Expression(Basic Edition)의 표제어와 표제어예문 MP3파일을 보내드립니다.

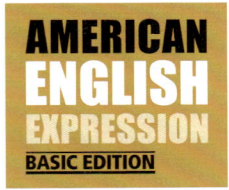

Harward Choi

!dentity

# Preface

　이 책을 읽기 전에 몇 가지 용어에 대한 개념 정의가 필요한 것 같다. 먼저 slang이라 하면 대개 일상 회화에서는 쓰지만, 표준어로 인정되지 않는 '속어'나 특정 집단들끼리만 사용하는 '은어'라고만 알고 있다. 하지만 엄밀히 말해서 slang에는 두 가지가 있다. particular slang과 general slang이 있는데 particular slang은 우리가 알고 있는 특정 집단 용어인 '은어'를 말하고, general slang은 colloquialism 구어체 표현과 거의 동일 개념이라 보면 된다. 따라서 이 책에서 말하는 '속어'는 general slang을 의미하는 것이고 '구어 표현' 또는 '관용 표현'이라 한 것은 colloquialism을 말하는 것이다.

　보통 잘 아는 사람을 만나면 '대포 한잔합시다.'라고 말을 한다. 이처럼 '대포'라는 말이 우리말의 속어이다. 그리고 과속 운전하는 사람보고 '너무 밟지 마라.'라고 하면 금방 알아듣는다. '밟지 마라.'는 구어 표현에 해당한다. 이와 같은 말은 학식이 있건 없건 간에 흔히 쓰고 듣는 말들이다. 영어에도 이와 같은 속어나 구어 표현이 얼마든지 있다. 잡화물의 주문을 받으러 지방 곳곳을 여행하는 사람 집에 전화를 걸면 그 부인이 'I'm sorry, he's not home. He's on the road.'라고 말한다. 'He's on the road.'를 문장 그대로 해석하면 '그는 길 위에 있다.'라는 말이지만, 구어 표현으로는 '지방 곳곳을 여행 중'이라는 의미이다. 또 미국 방송을 보면 아나운서가 'Stay turned.'라는 말을 잘하는데, 이 말 역시 channel을 다른 데로 돌리지 말고 고정하라는 의미의 관용 표현이다. 한 가지 더 예를 들면, 미국인들이 가끔 'Do you want some giggle?' 하고 묻는데 이 말을 문법적으로 따져 직역하면 '낄낄거리는 것을 원하느냐?'이다. 하지만 이 말을 직역하기

보다는 우리말의 느낌을 살려 '재미있는 얘기하나 해 줄까?' 하는 것이 더 자연스럽다. 실제 미국인들과 대화를 하다 보면 이런 general slang이나 colloquialism을 모르면 전혀 말이 통하지 않는 경우가 많다.

이 책은 미국의 속어·활용 표현·구어체 영어를 표제어로 삼되, 우리말로 옮겨 찾아보기 쉽게 가나다 순서로 정리하여 구성하였다. '이 말을 영어로는 어떻게 쓸까?' 할 때 먼저 우리말 표현을 생각해보고 찾아보면 된다. 또 영어책을 읽다가 '이 표현을 우리말로는 어떻게 쓰는 것이 좋을까?' 할 때는 뒤쪽의 찾아보기를 활용하여 참고하면 좋다. 찾아보기에는 영어 표제어를 ABC 순서로 정리해 놓았다. 또 각 표제어를 예문과 함께 관련이 있는 미국의 역사·사회·문화·경제·교육·관습 등을 실어 그 표현의 생성 유래도 함께 익힐 수 있게 하였다.

이 책 또한 완벽을 기했다고는 할 수 없으나, 미국인들이 일상생활에서 빈번히 활용하고 있는 표현들을 그 어느 책보다 광범위하게 다뤘다고 자부한다. 끝으로 이 방대한 작업에 참여하여 마무리를 짓도록 끝까지 애써준 한국영어교육연구소 연구원들에게 감사드리며 이 글을 맺는다.

*Harward Choi*

# Contents

## ㄱ

| | |
|---|---|
| 가격을 인하하다 | 22 |
| 가슴이 두근거리다 | 22 |
| 가지고 가다(포장해서) | 23 |
| 가지고 있는(마침) | 23 |
| 각자 부담하다(비용을) | 24 |
| 간추리다 | 24 |
| 갈라서다 | 24 |
| 감이 잡히게 하다 | 25 |
| 감쪽같이 사라지다 | 26 |
| 감히 ~하다 | 26 |
| 같은 처지 | 26 |
| 개 | 27 |
| 거만하다 | 27 |
| 거의 가망이 없는 일 | 28 |
| 거저 (돈을 안 받는) | 28 |
| 건강검진 | 28 |
| 건배 | 29 |
| 게으른 사람(TV만 보는) | 29 |
| 격려하다 | 30 |
| 결국은 ~라는 얘기야 | 30 |
| 결함 있는 자동차 | 30 |
| 경고로 끝나다 | 31 |
| 경솔하게 | 31 |
| 경이적인 | 32 |
| 경제학 | 32 |
| 경험에 의한 추측 | 33 |
| 곁에서 기다리다 | 33 |
| 고난을 극복하다 | 33 |
| 고상한 | 34 |
| 고의가 아닌 실수 | 34 |
| 고자질하다(~에 대해) | 34 |
| 고정관념 | 35 |
| 고참 | 35 |
| 고통을 견디다 | 36 |
| 고향 | 36 |
| 골칫거리 | 37 |
| 공로를 인정받다 | 37 |
| 공부하다 | 38 |
| 공연히 고민하다 | 38 |
| 공짜 | 38 |
| 과보호 | 39 |
| 관계가 서먹서먹하다 | 39 |
| 관록을 붙이다 | 40 |
| 괜한 사람한테 화내다 | 40 |
| 괜히 말로만 | 41 |
| 굉장한 | 41 |
| 교통을 방해하다 | 42 |
| 구두시험(박사학위용) | 42 |
| 구멍가게 | 43 |
| 구석구석까지 환하다 | 43 |
| 구역질나게 하는 | 43 |
| 구직 | 44 |
| 군말 없이 | 45 |
| 궁둥이 | 45 |
| 궁지에 빠지다 | 46 |
| 귀가 따갑도록 듣다 | 46 |
| 귀가 여린 | 47 |
| 귀로 듣고 외워서 연주하다 | 47 |
| 귀여움을 받는 | 48 |
| 귀찮은 사람(일) | 48 |
| 규칙 | 48 |
| 그 노래 어떻게 나가지? | 49 |
| 그 반대도 역시 같다 | 49 |
| 그거 좋죠 | 49 |
| 그건 안 돼 | 50 |
| 그래, 그게 어떻다는 거야? | 50 |

| | | | | |
|---|---|---|---|---|
| 그래, 우습기도 할 거야! | 51 | | 날치기(행위) | 70 |
| 그따위 소리 말라고 | 51 | | 남의 밥에 재 뿌리다 | 70 |
| 근무시간 | 52 | | 남의 집에 너무 오래 있다 | 70 |
| 글쎄요 | 52 | | 내 식대로 | 71 |
| 금세 | 53 | | 내가 들을 얘기는 다르다 | 71 |
| 금실이 좋은(부부가) | 53 | | 내가 좋을 대로하다(남이 뭐라든) | 72 |
| 급히 다녀오다 | 53 | | 내보내다 | 72 |
| 기다리게 하다(전화) | 54 | | 냉대를 받다 | 73 |
| 기대에 어긋난 사람 | 54 | | 냉정을 잃다 | 73 |
| 기분을 풀다(피곤한) | 55 | | 너무 적극적이다 | 73 |
| 기세가 수그러지다 | 55 | | 너무하다 | 74 |
| 기저귀를 갈다 | 55 | | 넉넉한 수입 | 75 |
| 기절하다 | 56 | | 넌지시 떠보다 | 75 |
| 기탄없이 얘기하다 | 56 | | 노발대발하다 | 75 |
| 기회주의자 | 57 | | 녹초가 되다 | 76 |
| 김빠진 | 57 | | 놀고 있는 돈 | 77 |
| 까놓고 말하다 | 57 | | 놀리다 | 77 |
| 깨어서 일어나 있다 | 58 | | 놀리다(악의없이) | 77 |
| 꺼멓게 자란 수염 | 59 | | 농담을 터뜨리다 | 78 |
| 꺾이지 않고 버티다 | 59 | | 높은 사람들 | 78 |
| 꼼짝 못하다(바빠서) | 59 | | 누구나 손에 넣을 수 있다 | 79 |
| 꾀를 부리다 | 60 | | 누구나 실수할 수 있다 | 79 |
| 꾸지람을 하다(큰소리로) | 60 | | 누워서 떡 먹기 | 80 |
| 끄떡도 안 하다 | 61 | | 눈감아 주다 | 80 |
| 끈적끈적한 날씨 | 61 | | 눈물 나게 하는 영화 | 81 |
| 끈질기게 트집잡다 | 62 | | 눈에서 멀어지면 마음도 멀어진다 | 81 |
| 끈질긴 | 62 | | 눈에 거슬리는 것 | 82 |
| 끝났어요? | 63 | | 눈여겨보는 | 82 |
| 끝마무리를 짓다 | 63 | | 눈을 까고 잘 보다 | 82 |
| | | | 눈치 보일 정도로 오래 있다 | 83 |
| | | | 뉴욕 시 | 83 |
| **ㄴ** | | | 느긋하게 하다 | 84 |
| | | | 늘 심하게 다투다 | 84 |
| 나도 마찬가지야 | 66 | | | |
| 나도 해봤다 | 66 | | | |
| 나불나불 대다(비밀을) | 67 | | **ㄷ** | |
| 나잇값을 해라 | 67 | | | |
| 낙승하다 | 67 | | 다루기가 어려운 | 88 |
| 낙제하다 | 68 | | 다루는 요령을 알다 | 88 |
| 난 그런 여자가 아니다 | 68 | | 다수결의 원칙에 따르다 | 88 |
| 난처한 입장 | 69 | | 다음 기회에 초대해 주십시오 | 89 |
| 날조하다 | 69 | | 단 것을 좋아하다 | 89 |

7

| | |
|---|---|
| 단속하다 | 90 |
| 담담한 | 90 |
| 당근과 채찍 | 91 |
| 당당하게 남에게 말하다 | 91 |
| 당연히 ~인 것으로 알다 | 91 |
| 당치도 않은 소리 | 92 |
| 당황하지 마라! | 92 |
| 대단치 않은 | 92 |
| 대단하군, 그래! | 93 |
| 대응하지 않을 수 없는 입장에 세우다 | 93 |
| 대형 트럭 | 94 |
| 더 이상 참을 수 없는 상황 | 94 |
| 더위를 이기다 | 95 |
| 도가 지나치다 | 95 |
| 도지다 | 96 |
| 돈 | 96 |
| (지급한) 돈 가치만큼 받다 | 97 |
| 돈벌이 잘하는 남편 | 97 |
| 돈을 보고 남자를 사귀는 여자 | 97 |
| 돈이 두둑한 | 98 |
| 돌대가리인 | 98 |
| 동의하다 | 99 |
| 동창회 | 99 |
| 됐으면 됐다고 말해 | 100 |
| 둘러보다(이것저것) | 100 |
| 뒤처지지 않으려고 유리한 쪽에 붙다 | 101 |
| 뒤치다꺼리하다 | 101 |
| 뒷구멍으로 | 101 |
| 뒷맛이 안 좋다 | 102 |
| 드디어 금요일이다! | 102 |
| 듣고 흘려버리다 | 103 |
| 듣고 흘리다 | 103 |
| 듣던 이름 | 103 |
| 등쳐서 빼앗다 | 104 |
| 따끔한 맛을 보게 된다(무모한 짓을 해서) | 104 |
| 따지지 말게(않다 | 105 |
| 딱 한잔 | 105 |
| 때가 좋지 않다 | 105 |
| 때로는 | 106 |
| 떠나기 전에 한 잔 더 | 106 |
| 떼어놓다(사람을) | 107 |
| 또순이 | 107 |
| 똑똑하다 | 107 |
| 똥을 밟다 | 108 |
| 뚜드려 맞추다 | 108 |

ㅁ

| | |
|---|---|
| 마음씨가 곱다 | 110 |
| 마음에 들게 하다 | 110 |
| 마음을 털어놓다 | 111 |
| 마음의 변화를 가져오다 | 111 |
| 마음이 내키다 | 111 |
| 마음이 들떠서 | 112 |
| 마음이 큰 | 112 |
| 마지막까지 아슬아슬하게 | 113 |
| 막상막하 | 113 |
| ~만도 다행인 | 114 |
| 만사를 잇다 | 114 |
| 많은 | 115 |
| 말도 안 되는 소리 | 115 |
| 맛들이다 | 116 |
| 맛을 보여주다 | 116 |
| 맞상대하다 | 117 |
| 매시 정각에 | 117 |
| 먼저 | 118 |
| 멍하니 있다 | 118 |
| 모든 것 일체 | 119 |
| 모욕 | 119 |
| 몸을 풀다 | 119 |
| 몸이 불편하다 | 120 |
| 몸져눕다 | 120 |
| 몹시 아픈 | 121 |
| 못살게 굴다 | 121 |
| 무슨 일이 있어도 | 122 |
| 무일푼의 | 122 |
| 무척 바쁘다 | 123 |
| 문을 닫다(가게·회사가) | 123 |
| 문제의 핵심 | 124 |
| 물려받은 퇴물 | 124 |
| 물어봐서 밑질 것 없다 | 124 |
| 뭐라고 그러셨죠? | 124 |

| | | | |
|---|---|---|---|
| 미국 | 125 | 병가 전화를 하다 | 143 |
| 미숙한 운전자 | 125 | 병적인 술고래 | 143 |
| 밀린 잠을 자다 | 126 | 보고도 못 본 체하다 | 143 |
| | | 보기만 해도 알 수 있다 | 144 |
| | | 보류하다 | 144 |
| | | 보복을 하다 | 145 |

## ㅂ

| | | | |
|---|---|---|---|
| 바가지 | 128 | 보자보자[자든자든재]하니 너무하다 | 145 |
| 바람맞히다 | 128 | 보잘 것 없는 돈 | 146 |
| 바람을 피우다 | 128 | 보잘 것 없는 사람 | 146 |
| 바로 그게 중요한 거야 | 129 | 보잘 것 없는 의견 | 147 |
| 박수를 보내다 | 129 | 보장하다 | 147 |
| 반반 부담하다 | 130 | 보증서 | 147 |
| 반반 손해보다 | 130 | 본색을 드러내다 | 148 |
| 반반의 가능성 | 130 | 본전치기를 하다 | 148 |
| 받아들이지 않다 | 131 | 봐 주다 | 149 |
| 받아 마땅하다(벌 등을) | 131 | 부도수표를 내다 | 149 |
| 발이 저리다 | 132 | 부정을 캐다 | 150 |
| 밤새 곰곰이 생각하다 | 132 | 부정한 사례금(뇌물) | 150 |
| 밤이면 밤마다 | 133 | 분간하다 | 151 |
| 밥벌이하는 사람 | 133 | 분별력이 있다 | 151 |
| 밥줄 | 133 | 분수를 알다 | 151 |
| 방금 내가 무슨[어디까지] 얘기 했었지? | 134 | 분위기를 부드럽게 하다 | 152 |
| 방송 중 | 134 | 분풀이를 하다 | 152 |
| 방심하지 말고 | 135 | 불가항력 | 153 |
| 방해되는 것은 없다 | 135 | 불결한 생각을 갖다 | 153 |
| 방향감각을 잃다 | 135 | 불리다(계산서 등의 액수를) | 153 |
| 배가 잔뜩 부르다 | 136 | 불쑥 말하다 | 154 |
| 배수의 진을 치다 | 136 | 불투명한 | 154 |
| 배은망덕하다 | 137 | 불평하다 | 154 |
| 백 번 옳은 말이다 | 137 | 불행 중 다행 | 155 |
| 버티다 | 138 | 불화관계에 있다 | 155 |
| 번뜩이는 아이디어 | 138 | 붙박이로 된 | 155 |
| 베이비 샤워 | 139 | 붙어 따라다니다 | 156 |
| 베이컨·양상추·토마토 샌드위치 | 139 | 비관만 할 게 아니다 | 156 |
| 벼락공부 | 139 | 비교할 것을 비교해야지 | 156 |
| 벼락시험 | 140 | 비긴 | 157 |
| 변덕도 심하군 | 140 | 비밀을 누설하다 | 157 |
| 별거하다 | 141 | 비열한 짓을 하다 | 158 |
| 별것 아닌 | 141 | 비용을 지불하다 | 158 |
| 별로 대단치 않은 | 142 | 비위도 좋군 | 158 |
| 별로 자유를 주지 않다 | 142 | 비위를 건드리다 | 159 |

| | |
|---|---|
| 비행기를 잡다 (타다) | 159 |
| 빈둥빈둥 놀다 | 160 |
| 빈축을 사는 | 160 |
| 빗나가다 | 161 |
| 빙산의 일각 | 161 |
| 빚을 지지 않고 꾸려나가다 | 161 |
| 빨리 서두르다 | 162 |
| 빨리 해내다 | 162 |
| 뺑꾸(펑크)가 나다 | 162 |
| 뺑소니 자동차 | 163 |
| 뼁 | 163 |
| 뼈저리게 받아들이다 | 164 |

## ㅅ

| | |
|---|---|
| 사기꾼 | 168 |
| 사람들 앞에서 얼다 | 168 |
| 사람들이 손가락질 해 | 168 |
| 사람은 겉만 보곤 모른다 | 169 |
| 사람은 한치 앞도 못 내다보고 산다 | 169 |
| 사랑이 식다 | 169 |
| 사사오입하다 | 170 |
| 사실로 받아들이다 | 170 |
| 사실무근 | 170 |
| 사인 | 171 |
| 사적인 일을 묻다 | 171 |
| 사전 연구를 하다 | 172 |
| 사투리가 있다 | 172 |
| 사활(死活)이 걸린 문제 | 172 |
| 산더미 같은 일 | 173 |
| 산산조각이 나다 | 173 |
| 살얼음판을 걷다 | 174 |
| 상냥한 | 174 |
| 상대하기 까다로운 사람 | 175 |
| 상책인 | 175 |
| 상황이 좋아지고 있다 | 176 |
| 샅샅이 뒤지다 | 176 |
| 새로 알게 된 사실 | 176 |
| 새벽 근무 | 177 |
| 서로 뜻이 안 맞다 | 177 |
| 서로 약을 올리다 | 178 |
| 서로 잡아먹기 | 178 |
| 서로 통하는 것 | 178 |
| 서로 통하다 | 179 |
| 서먹서먹하게 구는 | 179 |
| 서명하다(~에) | 179 |
| 서양 깽깽이 | 180 |
| 석연치 않다 | 180 |
| 선글라스 | 181 |
| 선금(先金)으로 | 181 |
| 선을 넘다 | 181 |
| 선착순 | 182 |
| 설마 | 182 |
| 설상가상이다 | 183 |
| 성가시게 하지 않다 | 183 |
| 성에 대한 지식 | 184 |
| 성원하다 | 185 |
| 세련된 | 185 |
| 세상에 무슨 일이 있어도 | 186 |
| 센세이션을 일으키다 | 186 |
| 소가 소를 먹는 세상 | 187 |
| 소개받아 하는 데이트 | 187 |
| 소관이 아니다(~의) | 188 |
| 소름 | 188 |
| 소리가 들리는 범위 내에 | 188 |
| 소문만큼 ~는 아닌 | 189 |
| 소문으로 듣다 | 189 |
| 소질 | 190 |
| 속단하다 | 190 |
| 속사정을 이야기하다 | 191 |
| 속속들이 | 191 |
| 속속들이 알다 | 192 |
| 속은 | 192 |
| 속을 터놓고 얘기하다 | 193 |
| 손가락 하나 까딱 안 해 | 193 |
| 손들다 | 194 |
| 손들어! | 194 |
| 손버릇이 나쁘다 | 195 |
| 손아귀에 있다 | 195 |
| 손을 들다 | 196 |
| 손재주가 없는 | 196 |
| 솔직하게 똑바로 말하다 | 196 |

| | | | |
|---|---|---|---|
| 솜씨가 별로 대단치 않다 | 197 | 실제로 돈을 걸다 | 215 |
| 수돗물 | 197 | 심각하게 받아들이다 | 215 |
| 수포로 돌아가다 | 198 | 심하게 굴다 | 215 |
| 수표책을 맞추다 | 198 | 심하게 야단을 치다 | 216 |
| 숙원 성취 | 198 | 싱거운 소리를 하다 | 216 |
| 숙취 | 199 | 썩 잘 해내다 | 217 |
| 순조롭게 진행되다 | 199 | 쓸데없는 참견을 하지 않다 | 217 |
| 순조롭게 진행시키다 | 200 | 쓸데없이 돈을 날리다 | 217 |
| 술 | 200 | 씨름을 하다 | 218 |
| 술로 괴로움을 잊으려 하다 | 201 | | |
| 술버릇이 나쁘다 | 201 | | |
| 숨은 공로자 | 201 | ## ㅇ | |
| 숨을 죽이다 | 202 | 아, 그래? | 220 |
| 숫자에 약한 | 202 | 아기를 봐 주다 | 220 |
| 쉽게 번 돈 | 203 | 아까 어디까지 얘기했었지? | 221 |
| 스스로 위험한 입장에 서다 | 203 | 아낙군수 | 221 |
| 스캔들을 캐다 | 204 | 아랫자리에 앉다 | 221 |
| 스케일이 크다 | 204 | 아르바이트를 하다 | 222 |
| 스타일 구기다 | 205 | 아름다움은 보기 나름 | 222 |
| 습관을 버리다 | 205 | 아무 소식이 없다 | 223 |
| 시간을 보내다 | 206 | 아무짝에도 쓸모없는 | 223 |
| 시간이 촉박한 | 206 | 아슬아슬하게 시간에 대다 | 224 |
| 시시한 얘기 | 207 | 아연 실색한(뜻밖의 일로) | 224 |
| 시식하다 | 207 | 아이스캔디 | 225 |
| 시작이 반 | 208 | 아주 딴판 | 225 |
| 시작이 좋다 | 208 | 아주 신품인 | 225 |
| 시차병 | 208 | 아주 적은 액수 | 226 |
| 시치미 떼다 | 209 | 아직 그 정도는 아니다 | 226 |
| 시키는 대로하다 | 209 | 아직 팔팔하다 | 227 |
| 식객 | 210 | 아침부터 기분이 나쁘다 | 227 |
| 식성이 까다로운 사람 | 210 | 아침에 만사 제쳐놓고 | 227 |
| 신경을 건드리다 | 211 | 아프지도, 따갑지도 않다 | 228 |
| 신분증 | 211 | 악감정 | 228 |
| 신체검사 | 212 | 악담하다 | 228 |
| 신품 | 212 | 안됐군 | 229 |
| 신품과 바꾸다(웃돈을 내고) | 212 | 안심할 수 있는 | 229 |
| 실수를 하다 | 213 | 알 게 뭐야 | 230 |
| 실언을 하다 | 213 | 알았습니다 | 230 |
| 실언을 해서 망신을 당하다 | 213 | 압도시키다(사람을) | 231 |
| 실전경험을 쌓다 | 214 | 압도하다 | 231 |
| 실제 급여액 | 214 | 압력을 가하다 | 232 |

| | |
|---|---|
| 앞뒤를 가리지 않고 행동하다 | 232 |
| 앞지르다 | 233 |
| 애걸복걸 | 233 |
| 애를 태우다(~의) | 234 |
| 애무하다 | 234 |
| 애착을 느끼는 | 234 |
| 애태우다(~을) | 235 |
| 액면 그대로 받아들이다 | 235 |
| 야단맞다(어른한테) | 235 |
| 야단치다 | 236 |
| 야망을 갖다 | 236 |
| 약속에 충실한 | 236 |
| 약하다(~에) | 237 |
| 양단간에 | 237 |
| 양심에 의한 자기 분석 | 238 |
| 얘기가 통하다 | 238 |
| 어디까지 했어? | 239 |
| 어디서 돈이 샘솟는 줄 알아? | 239 |
| 어떻게든 견디다 | 240 |
| 어떻게든 꾸려나가다 | 240 |
| 어떻게든지 ~해야겠다고 생각한다 | 240 |
| 어려운 고비를 넘기는 | 241 |
| 어려운 상황에서 구해주다 | 241 |
| 어린애 취급하다 | 241 |
| 어림짐작 | 242 |
| 어머니 | 242 |
| 어울리다(사람들과) | 243 |
| 어째서? | 243 |
| 어쩌고저쩌고 | 243 |
| 어쩔 수 없이 해야 하는 일 | 244 |
| 어쩔 줄 모르다(기쁨·노여움으로) | 244 |
| 어찌할 바를 모르는 | 244 |
| 어처구니가 없는 | 245 |
| 억지로 잠을 청하다 | 245 |
| 언제나 한 사람 더 낄 자리는 있다 | 246 |
| 언짢게 생각 말게 | 246 |
| 얼간이 짓 | 246 |
| 얼굴사진 | 247 |
| 얼굴에 쓰여 있다 | 247 |
| 얼굴을 맞대고 | 248 |
| 얼굴을 못 들다 | 248 |
| 얼떨떨한 | 248 |
| 얼떨떨해 하지 말고 정신 좀 차려! | 249 |
| 얼마나 좋을까(~라면) | 249 |
| 얼씨구(단연 뛰어나다) | 250 |
| 얼큰하게 취한 | 250 |
| 엄하게 꾸짖다 | 250 |
| 엉뚱한 생각을 하다 | 251 |
| 엉큼한 남자 | 251 |
| 엎질러진 물 | 252 |
| 엔진이 멎어버리다 | 252 |
| 여기가 마음에 들어요? | 253 |
| 여기저기 알아보다 | 253 |
| 여러 모로 생각해 보다 | 253 |
| 여러 여자와 사귀다 | 254 |
| 여유를 남겨 두다 | 254 |
| 여유 있는 태도를 취하다 | 254 |
| 여자를 임신시키다 | 255 |
| 여자에게 집적거리다 | 255 |
| 역전시키다 | 256 |
| 역효과를 내다 | 256 |
| 연락 드릴게요 | 256 |
| 연이은 | 257 |
| 연줄을 이용하다 | 257 |
| 열등감을 느끼다 | 258 |
| 열심히 귀를 기울이다 | 258 |
| 열의[적극성] | 258 |
| 엿 먹이다 | 259 |
| 엿듣다 | 259 |
| 영구히 | 260 |
| 영락없이 화나게 하는 것 | 260 |
| 영어 구사력 | 260 |
| 예상이 빗나가다 | 261 |
| 예약한 비행기를 안 타는 사람 | 261 |
| 옛 상태로 되돌아가게 하다 | 262 |
| 오기 | 262 |
| 오늘 하루 힘들었다 | 263 |
| 오랜만에 만나 반가운 사람 | 263 |
| 오슬오슬 춥고 열이 난다 | 263 |
| 오줌을 싸다 | 264 |
| 오케이 | 264 |
| 온갖 핑계 | 265 |

| | | | |
|---|---|---|---|
| 옷을 깔끔히 입다 | 265 | 음치의 | 283 |
| 옷을 두둑이 입다 | 266 | 응가를 하다 | 283 |
| 와서 밥 먹어라! | 266 | 의견차이를 서로 인정하다 | 284 |
| 완고한 | 266 | 의중을 간파하다 | 284 |
| 완전히 파탄이 나다 | 267 | 의표를 찌르는 질문 | 285 |
| 왕년에는 좋은 시절도 있었다 | 267 | 이 손가락 몇 개지? | 285 |
| 왜 잠자코 있지? | 268 | 이것저것 검토해 보다 | 285 |
| 외딴 | 268 | 이래라저래라 하다 | 286 |
| 외모가 번듯하지 않은 여자 | 269 | 이러지도, 저러지도 못하다 | 286 |
| 외식하다 | 269 | 이럴 수도, 저럴 수도 없다 | 286 |
| 외출 금지시키다 | 269 | 이를 악물다 | 287 |
| 요령을 알다 | 270 | 이리 뛰고, 저리 뛰고 | 287 |
| 요령이 있는 사람 | 270 | 이번만큼은 | 287 |
| 요즘 교제하는 사람 있어요? | 271 | 이번 일만 잘되면 | 288 |
| 요즘 재미 좀 보나? | 271 | 이상한 생각 갖지 마세요 | 288 |
| 욕구를 북돋다 | 271 | 이성에 빠지다 | 288 |
| 욕심 낸 만큼 다 못 먹다 | 272 | 이제 전망이 보이기 시작하다 | 289 |
| 욕심부리다(음식에) | 272 | 이젠 끝장이다 | 289 |
| 욕심이 지나치다 | 273 | 이중인격 | 290 |
| 욕을 퍼붓다(남에게) | 273 | 이해하다 | 290 |
| 욕쟁이다 | 274 | 인기 절정의 | 291 |
| 욕지거리를 하다 | 274 | 인생에 대한 경험이 있다 | 291 |
| 용감하게 맞서다 | 274 | 인신공격을 하다 | 292 |
| 용기를 내다 | 275 | 인연을 끊다 | 292 |
| 용서하다(부당한 대우를 받고도) | 275 | 인재 알선인 | 292 |
| 용케 모면하다 | 276 | 인정하다(상대의 능력을) | 293 |
| 우리끼리 얘기지만 | 276 | 일 잘하는 | 293 |
| 우습게 알고 놀리다 | 277 | 일관성 없는 | 294 |
| 우연히 맞닥뜨리다 | 277 | 일괄적으로 | 294 |
| 우위에 서다 | 278 | 일생일대의 | 295 |
| 우편번호 | 278 | 일석이조다 | 295 |
| 운이 없다 | 279 | 일소에 붙이다 | 295 |
| 울화가 치밀다 | 279 | 일을 걷어치우다 | 296 |
| 웃음을 참다 | 280 | 일을 잘 처리하다 | 296 |
| 원만히 해결하다 | 280 | 일을 중단하다 | 297 |
| 유난히 눈에 띄다 | 281 | 일이 많아 꼼짝 못하다 | 297 |
| 유행에 앞서 가는 | 281 | 일제 공격을 받는 | 297 |
| 육안 | 281 | 일직선으로 달려가다 | 298 |
| 음담패설 | 282 | 일진 나쁜 날 | 298 |
| 음부 | 282 | 일확천금을 얻다 | 298 |
| 음식을 토하다 | 283 | 임도 보고, 뽕도 따고 | 299 |

| | |
|---|---|
| 입에서 신물이 나도록 | 299 |
| 입으로 전하여 | 300 |
| 입은 그대로 오라 | 300 |
| 입을 봉하다 | 300 |
| 입장을 난처하게 하다 | 301 |

## ㅈ

| | |
|---|---|
| 자기만족으로 우쭐한 기분 | 304 |
| 자기 멋대로 하다 | 304 |
| 자기 명의로 된 | 304 |
| 자기선전을 하다 | 305 |
| 자기 코가 석자 | 305 |
| 자꾸 잊어버리다 | 305 |
| 자나 깨나 | 305 |
| 자네 입장이 부럽다 | 306 |
| 자다 | 307 |
| 자동차를 박살내다 | 307 |
| 자랑하다 | 308 |
| 자랑할 만한 것이 못되다 | 308 |
| 자리가 높아지다 | 309 |
| 자리를 뜨다 | 309 |
| 자명하다 | 310 |
| 자백하다 | 310 |
| 자수성가하다 | 311 |
| 자숙(自肅)하다 | 311 |
| 자신만만한 | 312 |
| 자신이 초래한 벌을 달게 받다 | 312 |
| 자웅을 결하다 | 312 |
| 자유의 몸이다 | 313 |
| 작심삼일 | 313 |
| 잘 속는 사람 | 313 |
| 잘 파악해 두다(동향을) | 314 |
| 잘 팔리는 | 314 |
| 잘 풀리고 있다(게임이) | 314 |
| 잘되다 | 315 |
| 잘못 듣는(얘기를) | 315 |
| 잘못 짚다 | 316 |
| 잠깐 깜빡하다(졸다) | 316 |
| 잠깐 보다 | 317 |
| 잠자리에 들다 | 317 |

| | |
|---|---|
| 잡치다 | 317 |
| 장난질하다(기계 같은 것을 가지고) | 318 |
| 장물아비 | 318 |
| 장부에서 떨다 | 319 |
| 재고(再考)하다 | 319 |
| 재미삼아 | 319 |
| 재미있는 사람이야 | 320 |
| 재미있는 일 없어? | 321 |
| 재수 없는 날 | 321 |
| 재수가 좋으면 | 321 |
| 재수 없게도 | 322 |
| 저절로 | 322 |
| 적격이다 | 322 |
| 적극적으로 변호하다(~를) | 323 |
| 적당히 얼버무리다 | 323 |
| 적당히 하다 | 324 |
| 적령이 된 | 324 |
| 적자 | 325 |
| 적자생존 | 325 |
| 적중하다 | 325 |
| 전국 방방곡곡에 | 326 |
| 전데요 | 326 |
| 전도금 | 326 |
| 전력을 다하다 | 327 |
| 전성기 | 327 |
| 전혀 모르겠다 | 328 |
| 전혀 알지 못하는 | 328 |
| 전화 한 통이면 된다 | 329 |
| 전화를 걸다 | 329 |
| 전화번호부에 없는 번호 | 329 |
| 절대 금물 | 330 |
| 절대로 ~시키지 않는다 | 330 |
| ~절대로 하지 않는 것 | 331 |
| 절망하지 마라 | 331 |
| 절제하다 | 331 |
| 점잖게 굴어요 | 332 |
| 점점 좋아지다 | 332 |
| 점찍다 | 332 |
| 정 급하면 | 333 |
| 정각에 | 333 |
| 정곡을 찌르다 | 334 |

| | | | |
|---|---|---|---|
| 정면 대결하다 | 334 | 죄의 대가를 지불하다 | 351 |
| 정반대 | 334 | 주간 멜로드라마 | 352 |
| 정보를 알다(최근의) | 335 | 주도권을 쥐다 | 352 |
| 정상 근무시간의 | 335 | 주제넘은 | 353 |
| 정상급이다 | 336 | 주책을 떨다 | 353 |
| 정석 | 336 | 죽기 아니면 살기 | 353 |
| 정성을 들여 가꾸다(화초 등을) | 337 | 죽느냐 사느냐 | 354 |
| 정식 허가 | 337 | 죽다 | 354 |
| 정신을 가다듬다 | 337 | 죽을 뻔하다 | 355 |
| 정신을 바짝 차리다 | 338 | 죽이 잘 맞다 | 355 |
| 정신이 번쩍 들게 하다 | 338 | 죽지 않은 것만도 다행인 | 355 |
| 정신이 팔리다 | 339 | 준비가 완료된 | 356 |
| 정직하게 공개하다 | 339 | 줄곧 | 356 |
| 정통하다 | 339 | 줄담배를 피우다 | 356 |
| 정확하게 집어내다 | 340 | 줍는 사람이 임자 | 357 |
| 정확한 기억력 | 340 | 중상 모략하다 | 357 |
| 제값을 다하다 | 341 | 중요한 것 | 357 |
| 제대로 된 식사 | 341 | 중퇴(자) | 358 |
| 제 실속 찾기 | 341 | 즉시 | 358 |
| 제때에 못 내다(돈을) | 342 | 즐거운 시간을 갖다 | 359 |
| 제로에서 다시 시작하다 | 342 | 즐겁게 하다 | 359 |
| 제멋대로 함부로 대하다 | 343 | 즐겨 쓰는 말 | 360 |
| 제멋대로의 짐작 | 343 | 즐기는(잘하는) | 360 |
| 제약 없이 | 344 | 증권투기를 하다 | 361 |
| 제자리걸음 | 344 | 지겨움을 느끼는 | 361 |
| 제철[한창]인 | 344 | 지금 아니면 기회가 없다 | 361 |
| 제쳐놓고(사람을) | 345 | 지나치게 적극적이다 | 362 |
| 제한이 없다 | 345 | 지난 일은 흘려버리다 | 362 |
| 졌다고 말하다 | 346 | 지레 겁을 먹다 | 362 |
| 조롱하다 | 346 | 지방 출장 중 | 363 |
| 조마조마한(마음이) | 346 | 지병 | 363 |
| 조제하다 | 347 | 지켜보다 | 364 |
| 조화를 이루다 | 347 | 진득하게 곰곰이 생각하다 | 364 |
| 좀 거리가 멀다 | 348 | 진상을 규명하다 | 365 |
| 좀 두고 보자 | 348 | 진작 알았어야 하는데 | 365 |
| 좋건 싫건 | 348 | 진정이다 | 365 |
| 좋다고!(너무했어요!) | 349 | 진정하다 | 366 |
| 좋도록 해요 | 349 | 진짜 남자를 가리다 | 366 |
| 좋아서 미치다 | 350 | 진탕 마시다(술집을 옮겨 다니며) | 366 |
| 좋아하다[사모하다] | 350 | 진탕 먹고 마시다 | 367 |
| 죄송한 말씀입니다만 | 351 | 진행시키다(일을) | 367 |

15

| | | | |
|---|---|---|---|
| 질문을 마구 해대다 | 368 | 철부지 같다 | 387 |
| 질주하다(차가) | 368 | 철이 덜 든(머리에 피도 안 마른) | 388 |
| 집 구조 | 369 | 철창신세가 된 | 388 |
| 집단폭행을 하다 | 369 | 첫눈에 반한 사랑 | 388 |
| 집안 망신 | 370 | 청구한 돈을 내놓다 | 389 |
| 집안 어른 노릇을 하다 | 370 | 청혼하다 | 389 |
| 집안 혈통이다 | 371 | 체면을 잃다 | 389 |
| 집 안에 가득히 | 371 | 체질에 맞다(음식 등이) | 390 |
| 집 안을 정돈하다 | 371 | 체통에 어울리지 않는 | 391 |
| 집안의 말썽꾸러기 | 372 | 초만원인 | 391 |
| 집어치우다 | 373 | 촌놈 | 391 |
| 집을 잘 지키다 | 373 | 촌티가 나는 | 392 |
| 집합장소 | 373 | 총각 파티 | 392 |
| 짤막해서 좋다 | 374 | 총력을 기울인 | 392 |
| 쫓겨나다 | 374 | 총알같이 | 393 |
| 찢어지게 가난한 | 375 | 최고급 | 393 |
| | | 최고의 기분 | 394 |
| | | 최고이다 | 394 |

## ㅊ

| | | | |
|---|---|---|---|
| | | 최대한 노력하다(편의를 위해) | 395 |
| 차도가 있다(병이) | 378 | 최대한으로 활용하다 | 395 |
| 차를 태워주다 | 378 | 추어올리다 | 395 |
| 차버리다(애인을) | 379 | 추파를 던지다 | 396 |
| 착실한 사람 | 380 | 추후로 미루다 | 396 |
| 착실히 하든지 그만 두든지 | 380 | 출세하다 | 397 |
| 참기 어렵다 | 380 | 춤 솜씨가 서툴다 | 397 |
| 참다 | 381 | 충동을 느끼다 | 398 |
| 참을 수 있는 한계 | 381 | 충동질하다 | 398 |
| 창피해서 죽을 뻔했다 | 382 | 치사한 짓을 하다 | 399 |
| 책을 펴다(공부하기 위해) | 382 | 친구 좋다는 게 뭐야 | 399 |
| 처녀가 혼자 애 배나 | 382 | 친밀히 지내다 | 399 |
| 처분하다(~을) | 383 | | |
| 처세에 능하다 | 383 | | |
| 처음부터(내내) | 383 | ## ㅋ | |
| 처음부터 실수하다 | 384 | 커닝 | 402 |
| 처음으로 솜씨를 시험해 보다 | 384 | 켕기다 | 402 |
| 처치 곤란한 물건 | 385 | 코수술을 하다 | 403 |
| ~척 하다 | 385 | 코앞에 | 403 |
| 천만의 말씀 | 385 | 콧방귀 뀌다 | 403 |
| 천생 배필 | 386 | 크게 데다 | 404 |
| 천양지차 | 386 | 크게 돈을 벌다 | 404 |
| 천재일우(千載一遇) | 387 | 크게 웃다 | 405 |

| | | | |
|---|---|---|---|
| 크게 출세하다 | 405 | 편승해서 벌다 | 424 |
| 크게 한탕 하다 | 406 | 편안한 자리(직책) | 425 |
| 큰돈을 벌다 | 406 | 편안히 쉬다 | 425 |
| 큰 충격을 주다 | 407 | 편안히 책을 읽다 | 426 |
| 큰 혼잡을 이루다 | 407 | 편애하다 | 426 |
| | | 편을 들다 | 427 |
| | | 편지를 쓰다 | 427 |

## ㅌ

| | | | |
|---|---|---|---|
| | | 평가하다(인물·인간성을) | 427 |
| 타고난 재능 | 410 | 평판을 나쁘게 하다 | 428 |
| 타산이 안 맞는다 | 410 | 포기하다(위험한 것을) | 428 |
| 타산적인 | 411 | 포문을 열다 | 429 |
| 타진하다 | 411 | 포화상태다 | 429 |
| 타짜·꾼 | 411 | 폭탄선언 | 430 |
| 탄약 | 412 | 푸성귀(시금치 따위의) | 430 |
| 탈선하다 | 412 | 품위가 있는 여자 | 430 |
| 탈세 | 412 | 풍채 | 431 |
| 택시 | 413 | 풍파를 일으키다 | 431 |
| 턱도 없는 일이야! | 413 | 프런트 데스크 | 432 |
| 털털이 (헌)차 | 414 | 피골이 상접한 사람 | 432 |
| 톱 클래스의 | 414 | 피로회복을 위한 한 잔 | 432 |
| 통제 불능 | 415 | 피를 끓게 하다 | 433 |
| 통증을 가라앉히다 | 415 | 피장파장 | 433 |
| 퇴근하다 | 415 | 필요한 만큼의 돈을 내다 | 434 |
| 투덜거리기만 하다 | 416 | 핑계대지 마라 | 434 |
| 트림 | 416 | 핑계를 대며 애먹이다 | 435 |
| 특효가 있다 | 417 | | |
| 특효약 | 417 | | |
| 틀림없는 방법 | 417 | ## ㅎ | |
| 틀림없이 ~하게끔 되어 있는 | 418 | ~하는 김에 | 438 |
| 틀어지다(일·사이가) | 418 | 하는 일 없이 빈둥대는 | 438 |
| 틀에 박힌 | 418 | 하려고 해도 안 되는 것 | 438 |
| | | 하루 종일 서 있는 | 439 |
| | | 하루하루 살아가다 | 439 |

## ㅍ

| | | | |
|---|---|---|---|
| | | 하룻밤 묵다 | 439 |
| 파악해두다(상태·동향 등을) | 422 | 하숙 | 440 |
| 파업 불참자 | 422 | 하층 계급 | 440 |
| 판을 휩쓸다 | 422 | 한 바퀴 돌다(차로) | 441 |
| 팔방미인 | 423 | 한 발 앞서 가다 | 441 |
| 팔을 많이 써야 하는 힘든 일 | 423 | 한 방 먹다 | 441 |
| 패배를 인정하다 | 423 | 한 사람도 빠짐없이 | 442 |
| 패주다 | 424 | 한 수 위다 | 442 |

| | | | |
|---|---|---|---|
| 한꺼번에 | 442 | 호들갑을 떨다 | 459 |
| 한껏 모양을 내다 | 443 | 호락호락한 상대 | 459 |
| 한몫 | 443 | 호랑이도 제 말 하면 온다더니 | 460 |
| 한몫 잡다 | 444 | 호모(동성연애자) | 460 |
| 한물간 | 444 | 호색적인 눈으로 훑어보다 | 461 |
| 한바탕 해주다 | 445 | 호혜적인 | 461 |
| 한번 봐 주다 | 445 | 혼나다 | 461 |
| 한번 해보다 | 446 | 혼자 힘으로 | 462 |
| 한사코 반대하다 | 446 | 혼자 힘으로 해나가다 | 462 |
| 한솥밥을 먹고 살다 | 447 | 혼자만 알고 있으라고 | 463 |
| 한숨 돌리고 편히 쉬다 | 447 | 혼잡을 피하다 | 463 |
| 한숨 돌리다 | 447 | 혼쭐을 내다 | 464 |
| 한숨도 못 자다 | 448 | 홀딱 반한 | 464 |
| 한없이 지껄이다 | 448 | 홀딱 빠지다 | 465 |
| 한탄하다 | 449 | 화가 나서 반기를 들다 | 466 |
| 해볼 만한 상대 | 449 | 화가 치밀다 | 466 |
| 핸들 | 449 | 화끈하게 하다 | 466 |
| 햇빛을 보다 | 450 | 화를 잘 내다 | 467 |
| 행동할 차례이다(~가) | 450 | 화를 풀어버리다 | 467 |
| 행운을 빌다 | 451 | 화장실 | 468 |
| 허가를 내주다 | 451 | 화장실에 가고 싶다 | 468 |
| 허풍 | 452 | 화제가 된 | 468 |
| 헐값으로 | 452 | 화젯거리가 될 만한 것 | 469 |
| 헐렁한 | 452 | 화제의 인물 | 469 |
| 헛걸음하다 | 453 | 화초를 잘 기르다 | 469 |
| 헛일로 끝나다 | 453 | 화풀이하다(남에게) | 470 |
| 헤어지면 보고 싶다 | 453 | 확실하다 | 470 |
| 헬리콥터 | 454 | 환히 알고 있다 | 471 |
| 헷갈리는 | 454 | 활기있고 적극적인 사람 | 471 |
| 혀끝에서 뱅뱅 도는 | 454 | 회오리바람 | 472 |
| 현 시세 | 455 | 횡설수설 | 472 |
| 현실을 외면하다 | 455 | 횡재 | 473 |
| 현실적이고 솔직한 | 455 | 효과가 있다 | 473 |
| 현행범으로 잡다 | 456 | 후루크 | 473 |
| 협력하다 | 456 | 후보선수 | 474 |
| 형 | 456 | 훼방놓다 | 474 |
| 형제끼리의 경쟁 | 457 | 흉금을 터놓다 | 474 |
| 형편없다 | 457 | 흐뭇한 기분 | 475 |
| 형편이 나은(~보다) | 458 | 흐지부지되다 | 475 |
| 호되게 꾸짖다 | 458 | 흔한 게 여자남자야 | 476 |
| 호되게 야단치다 | 459 | 흔해 빠진 것 | 476 |

| | | | |
|---|---|---|---|
| 흘러간 사람[것] | 477 | 히트를 치다 | 479 |
| 홍하건, 망하건 해보다 | 477 | 힘겹게 승리하다 | 479 |
| 희색이 만면한 | 477 | 힘겹고 단조로운 매일매일의 일 | 479 |
| 희생을 무릅쓰고 | 478 | 힘에 거운 일을 하다 | 480 |
| 흰 것을 희다고 말하다 | 478 | 힘차게 부르다(노래를) | 480 |

 **AMERICAN ENGLISH EXPRESSION**
BASIC EDITION

## 가격을 인하하다 · mark down

원래 '기입하다.', 혹은 '표시하다.'란 뜻이나, 여기에서는 '상품의 가격을 내려서 표시한다.'는 의미이다. (반 mark up)
They marked up the price of spring onion. 파 값을 올렸다.

또한, '기록해 둔다.'는 의미도 있다.
I'm going to the party. Please mark me down.
내가 파티에 참석하니, 기록해 두세요.

또, '교사가 학생의 성적을 낮게 매기다.'란 의미도 있다.
He marked me down for misspelled words. 철자를 잘못 썼다고 점수를 깎았다.

**참고** 못 쓰는 상품이나 재고품을 손실로 처리하여 장부에서 지워버리는 것은, mark (them) off

🎧 여성용 모자는 좀 비쌉니다. 하지만, 때가 타면 가격을 내려야 하죠.
**The ladies' hats are kind of expensive. But when they get dirty, we have to mark them down.**

## 가슴이 두근거리다 · have butterflies in one's stomach

긴장이나 불안으로 가슴이 두근거리는 상태를 말한다.
I had met the President before but the butterfly didn't go away.
대통령을 만나는 것이 처음이 아닌 데도 가슴이 두근거리는군.

특히 입시나 입사면접을 보는 사람들 또는 연극의 막이 오르기 전 배우들의 초조한 마음의 상태를 나타낼 때 잘 쓴다. 동사 have 대신 get을 쓰면 가슴이 두근대는 동작을 강조하는 표현이 된다.
같은 의미로 My heart is pounding.이란 표현이 있으나, 이것은 '심장이 뛴다.'는 뜻 이외의 특정한 느낌이 없으므로 with excitement 따위의 말로 보충해 줘야 비로소 두근거린다는 의미가 된다.

🎧 비자 인터뷰를 할 때 가슴이 두근거렸다.
**I had butterflies in my stomach at the visa interview.**

## 가지고 가다(포장해서) · to go

레스토랑이나 드라이브인 등에서 주문할 때 쓰는 형용사적 부정사로 '집에 가지고 가서 먹도록 포장을 해준다.'(packaged to be carried home to eat)는 의미이다.

Give me two hamburgers to go. 햄버거 두 개 싸주세요.

반대말은 to eat(drink) here이다.

흔히 가게 점원이 손님에게,

To go, or eat here? 가지고 가실 거예요, 아니면 여기서 드실 거예요?

이것은 Do you want it to go, or will you eat it here?이 줄어든 관용적 표현이다.

A : 여기서 드실 겁니까, 가지고 가실 겁니까?
B : 가지고 갈 겁니다.

**A : To eat here or to go?**
**B : To go, please.**

## 가지고 있는(마침) · on hand

'당장 쓸 수 있도록 수중에 가지고 있는'이란 의미이다.

I have the money on hand so I'll pay for this now.
마침 수중에 돈이 있으니까 지금 돈을 내죠.

'지금 집에 있는 음식'은 food on hand라고 하면 된다.

또한, on hand에는 '어떤 모임 또는 현장에 참석한다.'는 의미도 있다.

A number of government officials were on hand at the ceremony.
그 행사에는 많은 정부 관리들이 참석했다.

그 여자는 가지고 있는 천으로 기저귀를 만들었다.
**She made a diaper from cloth that was on hand.**

### 각자 부담하다(비용을) · go Dutch

Dutch(네덜란드인)와 관련한 좋은 의미의 영어 표현은 별로 없다. 그것은 17세기경 영국과 네덜란드가 국제정치나 무역 면에서 오랫동안 적대 관계에 있었기 때문이다. 그래서 네덜란드정부는 문서에 Dutch를 Netherlands로 바꿔 쓰게 하기까지 했다. 특히 미국 이민자들 간에 평이 좋지 않아, 나쁜 것은 모두 Dutch란 표현을 붙이게 됐다.

예를 들면 beat the Dutch는 네덜란드인을 꺾었다 해서 '그것 참 대단하군.'이란 뜻이 되고, do a Dutch act는 '능청맞은 짓을 하다.'는 뜻이 되며 Dutch talk는 '개소리 쇠소리'가 된다.

Dutch lunch는 '자기가 먹을 것은 자기가 내는 점심'을 가리킨다. 실제로 네덜란드에서는 모든 비용을 각자 부담하는 것이 상식화되어 있다.

be in Dutch with someone은 '~와 사이가 좋지 않다.'는 뜻이다.

🎧 각자가 모두 자기 몫을 따로 내겠다고 했지만 내가 다 냈다.
**Everybody insisted on going Dutch, but I took care of the tab.**
(tab : 술값, 음식값 등의 계산서.)

### 간추리다 · boil down

원래 '끓여서 졸이다.'는 뜻이나 비유적으로 '긴 얘기를 요약한다.'는 의미이다. 인터뷰를 하는 아나운서들이 자주 쓰는 말이며, 비슷한 의미로 Make it short and to the point. 간략하게 요점만. 가 있다.

그러나 boil down to something이라고 하면 '결국 ~이 되다.'라는 뜻이므로 주의해야 한다.

It boils down to a question of good health.
간추려 말하자면 결국 건강을 유지하는 문제가 되는 것이다.

🎧 시간이 거의 다 되어갑니다. 견해를 요약해서 말씀해 주십시오.
**Our time is running out. Please boil down your view on this subject.**

### 갈라서다 · split with

'관계를 끊는다.'는 의미이다.

I split with my partner. 나는 동업자와 갈라섰다.

사업상의 결별이나, 남녀 간의 관계에서도 쓰는 말이다.
They couldn't get along, so they split up.
그들은 사이가 좋지 않아 헤어지고 말았다.

젊은이들은 Let's split. 혹은 It's about time to split.을 잘 쓴다.
이만 헤어지자는 말이지만 함께 놀다가 각자 볼일을 위해 잠시 헤어지자는 의미도 있다.
Look at the clock. Time to split. 저 시계 좀 봐. 가봐야겠다.

split과 관련된 몇 가지 다른 예를 들면,
We'll split the profit. 이익은 나눠 갖도록 합시다.
We have a split decision. 우리는 각기 다른 판정을 내렸다.
이것은 권투시합 등이 끝나면 아나운서가 잘하는 말로, 심판의 판정이 unanimous decision 전원일치 판정 이 아니라는 의미이다.

🎧 그는 7년간 결혼 생활을 해온 그의 아내와 갈라섰다.
He split with his wife of seven years of marriage.

### 감이 잡히게 하다 · ring a bell

'얼른 생각이 나지 않는 것을 다른 질문으로 유도해서 기억을 되살리게 한다.'는 뜻이다. 쥐를 미로 속에 넣고 방향감각을 실험해 보면 길을 가던 쥐가 길을 잃어버리고 망설이다가 종을 울리면 그 종소리를 듣고 생각이 나서 제 길을 찾아간다고 한다. 이렇듯, ring a bell은 실험용 쥐의 경우처럼, 사람으로 하여금 뭔가 기억나게 한다는 의미의 표현이다.

🎧 A : Kim이라는 분을 찾는데요.
B : 이 근처에 Kim이 어디 한 사람뿐인가요?
A : 세탁소를 한다고 하던데, 혹시 생각이 나십니까?

A : I'm looking for a man whose name is Kim.
B : There are a number of Kims around here.
A : He owns a laundry shop. Does that ring a bell?

## 감쪽같이 사라지다 · vanish into thin air

홀연히 없어진다는 말. thin air 엷은 공기 는 '없다.'는 의미로 vanish를 강조해서 쓴 말이다. 이 표현은 어떻게 그렇게 사라졌을까 하고 궁금해 하는 느낌이 풍긴다. 습관적으로 just 또는 simply를 붙여서 쓰는 경우가 많다.
My glasses just vanished into thin air. 내 안경이 감쪽같이 없어졌다.

out of thin air라는 표현도 thin air라는 의미와 같이 '없다.'라는 뜻이다.
You can't create something out of thin air. 무에서 뭔가를 만들어낼 수는 없다.

🎧 이군을 못 본 지 2년이나 됐네. 그야말로 감쪽같이 사라진 것 같아.
I haven't seen Lee for two years. He seems to have just vanished into thin air.

## 감히 ~하다 · have the nerve to do something

여기서 nerve는 '용기', '배짱' 더 나아가 '뻔뻔스러움' 또는 '유들유들함'을 말한다. 다시 말하면, 부정문이나 소망을 나타내는 문장에서는 긍정적인 면에서의 '배짱'을 나타낸다.
He didn't have the nerve to pull the trigger.
그에게는 방아쇠를 당길 배짱이 없었다.
He had the nerve to get up and walk out in the middle of my speech. 그는 내가 한참 연설하는 중에 감히 자리에서 일어나 걸어나갔다. 와 같은 경우에는 '뻔뻔스러움'(have the gall to do something)을 나타낸다.

🎧 자네가 감히 나에게 일하는 방법을 가르치겠다는 건가?
You mean you have the nerve to tell me how to do my job?

## 같은 처지 · in the same boat

옛날부터 배를 타는 것은 위험한 일이었으며, 배가 난파하면 전원이 운명을 같이하기 때문에 '공동 운명'이란 뜻이 되었다. 좋은 처지에 있을 때가 아니라, 똑같이 나쁜 상황에 있을 때 쓴다. 습관적으로 두 사람일 때 both, 세 사람 이상이면 all을 쓴다.

We're both(all) in the same boat. 우린 모두 같은 처지야.
We are facing the same fate. 같은 운명에 직면하고 있다. 도 같은 뜻이다.

🎧 어디 자네뿐인가? 우리가 모두 같은 처지인데. 그러니 그만 투덜거리게.
You're not alone. We are all in the same boat. So stop complaining.

## 개 · pooch

개를 일컫는 slang으로 가장 많이 사용되고 있는 말 가운데 하나이다.
Please take your pooch out of my garden.
우리 꽃밭에서 당신 개 좀 끌어내세요.
That's a cute pooch. 귀여운 개로군요.
한편 '강아지'는 a puppy, '풋내기 사랑'은 puppy love라고 한다.
또한 개를 좋아하는 사람이 처음 보는 개를 부를 때도 쓰인다. 이처럼 pooch를 좋은 의미로 쓰는데 반해 '잡종 개'처럼 경박하게 쓰는 말은 a mutt라고 한다.
It may be a thoroughbred, but a mutt is a mutt if you ask me.
그게 혈통이 있는 개인지는 몰라도, 나더러 말하라고 하면 잡종은 잡종이야.

🎧 자, 이리와 멍멍아. 옳지, 착하다.
Here, pooch. Ah, that's a good boy.

## 거만하다 · be stuck-up

이 경우의 stuck은 stick의 과거분사로 '내밀다.'라는 의미이며, stuck-up은 '거만한'이란 뜻의 형용사이다.
What a stuck-up jerk! 거만한 녀석 같으니!
Shane is really stuck-up. Shane은 정말 거만하다.

🎧 전에는 그 여자가 거만하다고 생각했는데, 그 여자를 알게 되고 나서는 수줍어서 그런 것뿐임을 알게 되었다.
I had always thought she was stuck-up, but once I got to know her I realized that she was only shy.

## 거의 가망이 없는 일 · long shot

원래는 경마용어이다.
He put his money on a long shot. 그는 승산이 없는 말에 돈을 걸었다.
골프나 농구의 경우에는 원거리에서 치거나 던지는 것을 의미하기도 하니 주의한다.
그러나 비유적으로 쓰는 경우가 더 많다. 잘 되면 큰 행운이지만 성공할 가능성이 거의 없는 일이라는 의미이다.
It was a long shot, but we had to try it.
거의 가망 없는 일이었지만, 우리는 해야 했다.

🎧 거의 가망 없는 일이긴 하지만, 할 수 있는 한 열심히 공부하면 혹시 하버드대학교에 들어갈 수 있을지도 모르지.
It's a long shot, but if you study hard enough you just might get into Harvard University.


## 거저(돈을 안 받는) · on the house

free of charge와 같은 뜻이나, 주로 업주 혹은 경영주가 고객에게 돈을 안 받고 거저 준다고 할 때 쓴다. 술집 같은 곳에서 바텐더가 술 한 잔을 내 주며 It's on the house. 혹은 It's on me.라고 하는 경우가 많다. 물건을 많이 샀을 때 다른 물건 하나를 덤으로 거저 줄 때에도 이 표현을 쓴다.

**참고** 어떤 물건을 믿어지지 않을 정도로 싸게 사서 '이건 거저다.'라고 할 때에는 It's a steal.이라는 관용어를 쓴다. '훔친 물건이나 마찬가지로 싸다.'는 의미이다. 물건을 산 사람이나 파는 사람 모두 쓸 수 있다. It's a real steal at this price. (이 값이면 공짜나 마찬가지예요.)

🎧 우리 가게에서 물건을 사주셔서 감사합니다. 이것은 그냥 드리는 겁니다.
Thank you for shopping at our store. It's on the house.


## 건강검진 · medical checkup

checkup은 '검사·점검'의 뜻이지만, medical 혹은 physical이 붙으면 '정기검진'이란 의미가 된다. '종합진찰'은 a battery of medical test이다. 대학입시나 군 입영 신체검사를 받는 것은 take a physical이다.

I had a physical (a checkup) last week. 지난주에 건강검진을 받았다.

🎧 오늘 건강검진을 받으려고 병원에 갔었는데, 그들은 다음 주에 하자고 미루었다.
I went to the hospital today for a medical checkup but they put me off till next week.

## 건배 · bottoms up! [바름즈 업]

bottoms는 '바닥'이고 up은 '위로'니까 컵의 바닥을 위로 하여 잔을 비우자는 말이 된다. 그러나 현재 가지고 있는 컵을 비우자는 단순한 뜻 외에 대개 술을 다 따르고 나서 일제히 '건배!'할 때 쓴다. 그러나 서로 터놓고 지내는 사람들끼리만 쓰며, 정식 파티나 결혼식 피로연 같은 데서는 잘 쓰지 않는다.

공식석상에서는 I would like to propose a toast to ~ 또는 May I propose a toast to ~와 같이 쓰며 단순히 To the happy couple!이라고도 한다. Cheers!도 표제어와 같은 의미이며, 서로 터놓고 지내는 사이에서 쓰는 가장 보편적인 건배 용어이다. 친한 친구들 사이에서 '자 마시자' 할 때 쓰는 말로 Here's mud in your eye.라는 것도 있다.

🎧 사람들이 모두 술잔을 들자, 호스트가 "건배" 하고 말했다.
They all raised their glasses, and the host said, "Bottoms up!"

## 게으른 사람(TV만 보는) · couch potato

sofa spud라고도 하지만 표제어가 더 보편적인 표현이다. 게을러서 아무것도 하지 않고 텔레비전의 스포츠나 오락 프로그램을 보며 시간을 보내는 사람을 일컫는다. 반드시 나쁜 의미로 쓰이는 것은 아니나 부인이 TV만 보는 게으른 남편에 대해 불평할 때 잘 쓴다.

🎧 TV에 미친 사람에게 주는 상이 있다면, 내 남편이 타게 될 거야.
If there were a prize for the best couch potato, my husband would win it.

## 격려하다 · fire up

아궁이에 불을 지피거나 기차에 석탄을 땐다는 의미이다. 비유적으로 운동선수들에게 경기에 임하기 전 기운을 내게 한다는 pep up과 같은 의미이다.
또 기계의 엔진에 시동을 건다는 의미도 된다.
이밖에 '알아듣게 잘 이야기해서 ~을 하게 하다.'란 뜻도 있다.
See if you can fire him up and get him to mow the lawn.
잘 타일러서 잔디 좀 깎게 해 봐.
'용기백배하여 신이 나 있다.'는 be all fired up이다.

🎧 코치는 시합 전에 팀을 격려했다.
The coach fired the team up before the game.

## 결국은 ~라는 얘기야 · add up to something

add up to의 문자 그대로의 의미는 '합계가 모두 ~가 되다.'이다.
It adds up to two hundred dollars. 합계 이백 달러가 되다.
The bill added up to twenty-five dollars. 계산은 모두 25달러였다.

그러나 표제어처럼 '이야기나 사실 등 여러 가지 요소를 생각해 보니 결국은 ~라는 얘기가 된다.'는 숫자 이외의 의미로도 쓴다.

🎧 아무리 생각해 보아도, 결국 그의 얘기는 순전히 거짓말이라는 거야.
No matter how you slice it, his story adds up to a pack of lies.

## 결함 있는 자동차 · lemon

자동차나 전기제품, 특히 새로 산 자동차가 결함이 생겼을 때 그 차를 일컫는다. 이 표현은 slot machine에서 lemon이 나오면 아무런 상금이 없는 데서 비롯되었다.
그러나 차가 오래되어서 덜컹거릴 때는 a piece of junk 고물 라는 말을 쓰며, a heap이라고도 한다.

a bucket of blots 고철 덩어리 라는 표현도 있는데, 단단히 조여져 있어야 할

볼트 하나하나가 마치 양동이 안에 널려 있는 것처럼 덜거덕거리는 소리를 낸다는 발상에서 나온 말이다. 때로는 비행기나 배 등 엔진이 달린 것에 대해서도 쓴다.
We've got to get rid of this bucket of bolts and buy a new car.
이 고물차를 처분하고 새 차를 사야겠다.

한편 자동차가 수명이 다 되어 제대로 달리지 못할 때는 This car's falling apart.라고 한다.

🎧 그가 시내 딜러에게서 산 자동차는 알고 보니 결함 있는 차였다.
The car he bought from the downtown dealer turned out to be a lemon.

## 경고로 끝나다 · get off with a warning

여기서 get off 잘못에 대한 처벌을 면하다. 는 의미로 with와 함께 써서 '~으로 결말을 짓는다.'는 말이 된다.
He was arrested for drunk driving, but he got off with a fine.
그는 음주운전으로 걸렸지만, 벌금만 물었다. 즉, 벌금만으로 처벌을 면했다는 말이다.

let off with도 같은 의미이다.
The cop offered to let the Congressman off with a warning.
경찰은 그 국회의원에게 경고만 하고 보내겠다고 말했다.

**참고** '무죄 석방이다.'라는 의미로는 get off scot-free 또는 go scot-free란 표현을 자주 쓴다.

🎧 그 영화배우는 속도위반으로 잡혔으나, 경고만 받고 처벌을 면했다.
The movie actor got caught speeding, but got off with a warning.

## 경솔하게 · out of hand

어떤 일을 충분히 생각하지 않고 즉시 처리한다는 의미이다.
hastily, immediately and without consulting anyone 혹은 without thinking에 가까운 말이다.

This is a serious problem. We must not act out of hand.
이건 심각한 문제이니 경솔하게 행동해서는 안 된다.
The offer was so good that I accepted it out of hand.
그 제의가 너무나 매력적이어서 깊이 생각하지 않고 바로 받아들였다.

🎧 그건 내가 경솔하게 대답해줄 수가 없어. 매니저에게 물어보고 나중에 전화해 줄게.
I can't answer that out of hand. I'll check with the manager and call you back.

## 경이적인 · phenomenal

보통 '자연 현상적'으로만 알고 있는 경우가 많으나, marvelous와 같은 의미로도 쓰인다.
Korean economic growth is phenomenal. 한국의 경제성장은 눈이 부시다.
발음은 [휘나미널]이다.

🎧 그간 우리 노력의 결과는 참으로 괄목할 만하다. 작년에 비해 매상고가 120퍼센트나 늘었다.
The upshot of all our efforts is really phenomenal.
The sales increased by 120% over last year.
(upshot은 활쏘기시합의 마지막 쏘기에서 유래된 말로 result 혹은 outcome이란 뜻.)

## 경제학 · econ.

economics의 단축형으로, 대학 과목 중 경제학을 일컫는 학생들의 은어이다.
I'm majoring in econ. 나는 경제학을 전공한다.
econ을 형용사로도 쓴다.
Tomorrow we have econ test. 내일 경제학 시험이 있다.

이 외에도 mathematics 수학를 math, physical education(training) 체육을 P.E. 또는 P.T.로 부르는 등 학과목 중에는 은어가 많다.

🎧 다른 과목은 괜찮은데 경제학은 질색이다.
I don't mind other subjects, but I hate econ.

### 경험에 의한 추측 • educated guess

추측에는 막연하고 근거가 희박한 것과 자신의 경험이나 지식에 근거하여 사실에 크게 벗어나지 않는 추측이 있다. 표제어는 후자의 경우로 우리 표현의 '모르긴 몰라도 …'와 같이 확신은 있으나 겸손하게 하는 표현에 가깝다. '터무니없는 엉터리 추측'은 wild guess이다.

🎧 내 경험에 의한 추측인데, 그런 차에 대한 보험료는 500달러는 넘을 거야.
My educated guess is that insurance for a car of that sort would easily run over five hundred dollars.

### 곁에서 기다리다 • stick around

stick 들러붙는다. around 근처, 즉 뭔가 목적이 있어 그 곁에서 기다린다는 표현이다. 그 목적이 대단한 것은 아니므로 심각한 상황에서는 쓰지 않으며, 대개 별 할 일 없이 그냥 어슬렁거리며 시간을 보낸다는 의미로도 많이 쓴다.
Stick around a few more days. 며칠 더 기다려 봐.

비슷한 말로 stay here, stay there, remain nearby가 있지만 표제어와 같이 어떤 것을 기대한다는 느낌은 없다.

🎧 좀 더 근처에 있어보면 곧 자리가 날거야.
I think if you'll stick around, you'll get a seat sooner or later.

### 고난을 극복하다 • weather the storm

weather는 '악천후를 견딘다거나 무사히 넘긴다.'는 뜻의 동사이다. 실제로 '배가 폭풍우를 견딘다.'라는 뜻도 되고, '고난을 극복한다.'는 비유적인 뜻도 된다.

🎧 이번 불황은 길고 견디기 어려운 것이었다. 많은 회사들이 풍랑을 견뎌내지 못했다.
The recent recession was long and severe. Many companies failed to weather the storm.

## 고상한 • chic

원래는 불어로써 [쉬이크]라고 발음한다. 의상 등을 고상하게 입는다는 뜻으로, 독특한 스타일이나 우아함(elegance)을 느끼게 하는 말이다. 형용사와 명사로도 쓰는 chic는 여자에게만 쓴다는 점에 주의해야 한다. 남자의 경우는 dandy 멋쟁이 가 비슷한 말이다.

🎧 그 여자보다 더 옷을 고상하게 입는 여자를 본 일이 없다.
**I've never seen anyone chicquer than she is.**
(chicquer는 chic의 비교급)

## 고의가 아닌 실수 • oversight

a slip 혹은 a slip-up과 같은 뜻으로, 부주의에 의한 실수를 의미한다. '고의가 아닌 실수로'는 by an oversight라 한다.

> 참고 '고의가 아닌 말을 실수하다.'는 make a slip of the tongue라 하고, '언동과 관련된 정치적 실수'는 a political blunder라고 한다.

🎧 그 정부 고위관리는 개인 심부름을 시키기 위해 관용차를 사용하라고 한 것은 고의는 아니지만 자기의 실수라고 시인했다.
**The high-ranking government official admitted that the use of government vehicle for personal errands was an oversight on his part.**

## 고자질하다(~에 대해) • tell on

표제어는 '동료를 고자질한다.'는 뜻으로 가장 빈번히 쓰이는 표현이다.
**He told on his colleagues.** 그는 동료를 고자질했다.
학생이 선생님에게 친구를 고자질한다고 할 때에는 He went to his teacher and told on his friends.라고 한다.

속어인 squeal도 같은 의미이다.
**You squealed to the boss?** 너 사장에게 고자질했지?
**He squealed on his classmate.** 그는 급우에 대해 고자질을 했다.

'고자질쟁이'는 a squealer라고 한다. 또, 어린이들이 잘 쓰던 말로, snitch 밀고, snitcher 고자질쟁이가 있는데 이제는 어른도 많이 쓴다.
같은 의미로 tattletale도 있으며 역시 어린애들이 쓰는 말의 뉘앙스가 풍긴다.

blow a whistle도 어느 기관이나 단체의 내부 흑막을 폭로한다는 의미이다. 1920년대에 갱단의 멤버들이 경찰에게 자기네들의 비행을 밀고했다는 데서 나온 말이다. 요즘은 공무원이나 회사 직원이 내부사정을 밖에 알릴 때 많이 쓰며, 이 같은 행위를 하는 사람을 a whistle blower라 한다.

a stool pigeon도 '밀고자'란 뜻으로 stool 등 없는 의자 다리에 비둘기를 붙들어 매어놓고 다른 비둘기를 유인한 데서 유래했다. 흔히 '경찰의 끄나풀'을 말한다.

또 남자들이 주로 쓰는 말인 rat on someone for ~가 있다. 알려져서는 곤란한 얘기를 부모나 선생 또는 상사에게 밀고한다는 의미이다.
Dick ratted on Jim for breaking the window.
<sub>Dick은 Jim이 유리창을 깼다고 고자질했다.</sub>

🎧 경찰관 사이에서는 동료의 잘못을 고자질하지 않는 것이 불문율로 되어 있다.
**Among police officers it is an unwritten rule not to tell on colleagues.**

### 고정관념 • one's stereotype

'하나의 기존 개념으로 미리 품고 있는 생각' 또는 '어떤 틀에 박힌 생각'이라는 뜻이다. conventional wisdom이란 말도 있으나 이는 '사회적 통념'이란 뜻으로, 그 의미가 다르다.

🎧 대부분의 경제학자는 고정관념에 사로잡혀서, 70년대 초에 일어난 스태그플레이션을 설명하지 못했다.
**Trapped by their stereotypes most economists could not explain the stagflation of the early seventies.**

### 고참 • old timer

문장의 맥락으로 an old face라고 해도 '옛 얼굴' 또는 '고참'이라는 뜻이 되긴 한다.

There are many old faces left in Korean pop music.
한국 가요계에는 아직도 많은 고참들이 남아 있다.
그러나 '나이든 얼굴'이란 뜻이 되는 경우가 많다.

한편 술집이나 가게 등에 자주 들르는 '단골손님'은 an old regular 혹은 a steady라고 한다.

🎧 나는 옛날부터 이 집 단골(고참)이야. 이 바에서 지난 10년 동안 술을 마셨으니까.
**I'm an old timer here. I've been drinking at this bar for ten years.**

## 고통을 견디다 · bite the bullet

마취기술이 발달하지 않았던 남북전쟁 당시 군의관이 수술 전에 부상병에게 고통을 참게 하려고 총알을 물게 한 데서 비롯된 말로 오래 전 우리나라에서 해산하는 산모에게 헝겊을 물고 힘을 주게 한 것과 비슷하다.
실제 회화에서는 '어려움에 맞서 이기려는 각오를 한다.'는 의미로 많이 쓴다.
bite the bullet and ~의 형식으로 많이 쓴다.
I didn't want to go to the dentist, but I bit the bullet and went.
치과의사에게 가고 싶지 않았지만, 꾹 참고 갔다.
I hear you're getting married. When did you decide to bite the bullet? 결혼한다고 들었는데, 언제 그런 각오를 했어?

🎧 남북 간의 긴장상태를 생각할 때 우리는 현상에 만족하고 고난을 견뎌 나가야 한다.
**Considering the tensions between the north and the south, we have to be content with the situation we are in, and bite the bullet.**

## 고향 · hometown

사전에는 '고향'이 one's native place로 나와 있으나, 미국인들은 이러한 표현을 막연한 의미로 받아들인다. 자기가 출생한 곳과 현재 자기가 살고 있는 곳 등을 합한 우리 나름의 고향은 그 고장이 city이건 village이건 상관없이 어느 경우에나 hometown이다.
고향이 어디냐고 물을 때는 Where are you from? 또는 Where do you come from?이라고 하며 전자가 더욱 보편적이다.

🎧 그는 영국에서 태어났지만, 이제는 파리를 자기 고향으로 알고 있다.
He was born in England, but he now looks upon Paris as his hometown.

## 골칫거리 · bad news

일차적인 의미는 물론 나쁜 소식이지만, 매월 날아오는 지불청구서나 자동차 타이어의 바람이 빠지는 것 또는 불쾌감을 일으켜 골치 아프게 하는 것 등 사람과 물건의 모든 경우에 쓴다.

That guy's bad news. He's always telling tales out of school.
그 녀석 골치 아픈 놈이야. 늘 사람의 비밀을 남에게 이야기한단 말이야.

여기서 tell tales out of school은 '비밀을 밖으로 누설한다.'는 의미의 숙어이다. 또 이 경우의 bad news는 명사구가 아니라 형용사구로 unpleasant 또는 unfortunate와 같다.

It's bad news. You got a flat in the back.
골치 아프게 됐군. 뒷바퀴에 바람이 빠졌어.

🎧 Freddie가 오는군. 저 친구 골치 아픈데.
Here comes Freddie. He's bad news.

## 공로를 인정받다 · get credit for

get credit for에는 크게 두 가지의 의미가 있다.
첫 번째는 '카드 부채 금액에서 공제를 받는다.'는 의미이다. 예를 들어 백화점에서 카드로 대금을 지급하여 산 옷을 반품하고자 할 때, 점원은 반품된 옷의 가격만큼의 부채상환액을 빼기 위해 카드 결제를 다시 해준다. 이렇게 그 금액을 카드상에서 공제를 받을 때 get credit for라고 하고, 점원으로서는 give credit for라고 한다.
두 번째는 '어떤 일에 대한 공로를 평가받거나 인정받는다.'는 의미가 있다.

🎧 그는 어느 누구보다도 열심히 일했으나, 한 번도 그 공을 인정받은 일이 없다.
He worked harder than anybody else, but he's never gotten credit for that.

### 공부하다 · hit the books

'열심히 공부한다.'는 뜻이 함축되어 있다. study hard도 같은 뜻이나 구어적인 맛이 약하다. 또 hit 대신 pound도 쓰지만 역시 hit이 더 보편적이다.
I've got to go home, and hit the books. 집에 가서 공부해야겠다.

hit은 표제어의 뜻 외에도 미국의 일상생활에서 다양하게 쓰고 있는 말이다. 예를 들면 hit the bottle(booze)은 '술을 무지무지하게 마시다.', hit the bricks(pavement)는 '떠나다.' 또는 '파업을 하여 거리로 나오다.', hit the hay(sack)는 '잠자리에 들다.', hit the jackpot은 '큰돈을 상금으로 타다.', hit the spot은 '예언 등이 적중하다.' 또는 음료 등이 '시원하다.' 등이 있다.

🎧 그 여자는 영화 촬영하랴, 쇼에 나가랴 바쁜데 언제 공부를 하지?
**She is busy with making movies and attending shows. When does she hit the books?**

### 공연히 고민하다 · lose sleep over

그렇게 해보았자 큰 소득이 있는 것도 아닌데 공연히 잠까지 설쳐가면서 고민한다는 의미이다.
not lose any sleep over ~와 같이 부정문의 형식으로 쓰는 경우가 많다.
**Don't lose any sleep over your investments.**
투자한 것에 대해 공연히 고민하지 마라.

🎧 누군가가 그 일을 하기는 해야겠지. 하지만 내가 괜히 고민하고 싶지 않아.
**I know somebody has to do it, but I'm not going to lose any sleep over it.**

### 공짜 · freebie

free 무료의 에 bie를 붙여 운을 맞춘 것일 뿐 다른 뜻은 없다.
원래는 You don't have to pay me for these tickets. They're freebies. 돈 낼 필요 없어. 공짜니까. 와 같이 극장이나 스포츠 관람권을 의미하였으나 They gave me a freebie with my purchase. 내가 물건을 사니까 공짜로 하나 주었어. 와

같은 일반적인 경우에도 쓴다.

그러나 본래는 '유료인 것을 공짜로 주는 것'이라는 의미이다. 또한 My wife has got a couple of freebie tickets.와 같이 freebie를 형용사로 쓰는 경우도 있다.

free, free of charge 또는 No charge도 '공짜'를 의미한다. 가게 주인이 선심을 쓰거나 감사를 표시하기 위해 공짜로 주는 것은 complimentary라고 한다.
Coffee and soft drinks are complimentary. 커피나 청량음료는 무료입니다.

## 과보호 • pampering

overprotection이라고 해도 틀리는 것은 아니지만 전혀 실감이 나지 않는다. 사용 빈도에서도 pampering이 앞선다. pamper는 treat with excessive attention이란 뜻이다.
'과보호로 기른 아이'는 a pampered child.라고 한다.
I'm afraid you're pampering your children.
아이를 너무 응석받이로 기르고 있군요.

spoil도 같은 의미이다.
That child is spoiled rotten. 저 아이는 너무 응석받이로 자랐다.

아이들이 제멋대로 방정맞게 행동하는 것은 permissiveness이고, 아이들의 모든 요구를 잘 들어 주는 부모는 permissive parents이다.

🎧 아이들을 과보호로 기르면 덜떨어진 어른이 될 염려가 있다.
**Pampering** one's children may make them grow into immature adults.

## 관계가 서먹서먹하다 • be in the doghouse

상대편의 기분을 상하게 해서, 그 사람과의 관계가 서먹서먹하다는 뜻으로, 흔히 부부 관계에서 잘 쓰인다. 직역하면 남편이 아내의 기분을 건드려 집에 들어가지 못하고 개집 속에 있다는 말로 이 경우의 주어는 화자가 되어 I'm in the doghouse.가 된다. 상대가 아내가 아니더라도 쓸 수 있다.
He is in the doghouse with his girl because he stood her up last night. 그는 어젯밤 그 여자를 바람맞혀서 그녀와의 관계가 서먹서먹하다.

또한, 누군가에게 뭔가를 잘못하여 느끼는 좀 멋쩍은 기분을 나타낼 때도 사용한다.
I'm really in the doghouse. I was late for an appointment.
지금 아주 멋쩍은 기분이야. 약속시간을 못 지켰거든.

🎧 어제 아내의 생일을 잊었기 때문에 아내와 사이가 서먹서먹해졌다.
**I'm in the doghouse** with my wife for forgetting her birthday yesterday.

## 관록을 붙이다 • give weight

weight는 '중량'이지만 '중요성·무게·관록'이라는 의미도 있다. 명함 등에 큼직한 직함을 여러 개 나열하는 것도 weight를 과시하려는 의도라 볼 수 있다.

> **참고** 자기의 말을 듣게 하려고 권력이나 지위를 멋대로 행사한다고 할 때 throw one's weight around라는 말을 쓰기도 한다. one's weight는 권력, 지위, 권위 등 문맥에 따라 그 의미가 달라진다. The Congressman threw his weight around to get his project materialized. (국회의원은 자기 계획을 실현시키려고 권력을 휘둘렀다.)

🎧 자네 직함을 적어 넣게. 무게가 있어 보일 테니.
Why don't you use your official title? It'll *give* a little more *weight*.

## 괜한 사람한테 화내다 • bite someone's head off

화를 낼 필요가 없는 상대에게 마구 화를 낸다는 뜻이다.
사람의 목을 물어서 떼어버린다는 잔인한 표현이긴 하나 예치지 않은 노여움을 산 사람의 기분을 좀 과장하여 표현한 것이다.
What's eating him today? I only said good morning and he almost bit my head off. 그 친구 오늘 좀 이상하지 않아? 그냥 아침 인사를 했을 뿐인데 막 대들지 뭐야.

A : 내일 하루 쉬어도 됩니까?
B : 안 돼! 절대로 안 돼! 여길 무엇으로 아는 거야? 양로원인가?
A : 그렇게 화내지 마세요. 그냥 물어본 것뿐이에요.

A : May I have the day off tomorrow?
B : No! Certainly not! What do you think this is, a nursery home?
A : You don't have to bite my head off. I was only asking.

## 괜히 말로만 · just saying that

실제로 마음에는 없으면서 상대방의 비위를 맞추기 위해 말로만 한다는 뜻이다. 현재진행형으로 쓴다는 점에 주의해야 한다.

"How do you like this new dress?" 이 새 옷 어때요?
"Looks nice on you." 참 멋진데.
"You're just saying that." 괜히 하시는 말이지요?
= He never means what he says.

참고로 입으로만 하는 사탕발림은 lip service라고 한다.

A : 너는 참 이해심이 많아. 그래서 내가 너를 좋아하는 거야.
B : 괜히 말로만 그러는 거지?

A : You're so understanding. I like you for that.
B : You're just saying that.

## 굉장한 · whopping

금액이나 물체 등이 일반적인 생각 이상으로 터무니없이 크다(enormous)고 할 때 잘 쓴다.

Burger King의 햄버거가 McDonalds의 것보다 크다 해서 Whopper라는 말로 선전하기도 하며, Burger King의 표준 식단이 Whopper Meal이기도 하다.

엄청난 가격은 a whopping price이고 흔히 보는 것보다 굉장히 큰 호박은 a whopping big pumpkin이라고 한다.

**참고** 남을 웃기기 위해 과장하는 말을 a whopper라고도 한다. A whopper! (그건 굉장한 뻥이군!)

🎧 그 컴퓨터 제작회사는 심한 경쟁으로 굉장한 손해를 봤다.
Due to heavy competition the computer maker suffered a whopping loss.

## 교통을 방해하다 • block the traffic

block은 '봉쇄·폐쇄'란 뜻이다.
He's blocking the traffic. 저 사람 차가 길을 막고 있다.
The road is blocked by the snow. 눈 때문에 길이 막혔다.

그 외에 obstruct도 잘 쓰이는데 장애물(obstacles)을 놓아서 교통을 방해한다는 의미이다.
A row of parked cars obstructed (the) traffic.
차들이 주차해 있어서 교통을 방해했다.

> **참고** 장사 등을 방해하는 것은 interfere with 즉 '간섭한다.'는 표현을 쓰고, 연설 등을 방해하는 것은 interrupt 즉 '중단'이라는 표현을 쓴다. 또한 라디오가 방해를 받는다고 할 때는 전파방해를 한다는 뜻의 jam, 즉 The radio broadcast was jammed.와 같이 쓰인다.

🎧 고장난 트럭 때문에 바쁜 아침 출근시간의 교통이 마비되었다.
A disabled truck blocked busy morning hour traffic.

## 구두시험(박사학위용) • oral

an oral exam과의 차이에 주의한다. 이것은 일반적인 구두시험을 가리키지만, an oral은 학위취득 때 치르는 상급 구두시험을 가리킨다. 여러 교수가 한 사람의 학위논문을 놓고, 하루나 이틀에 걸쳐 몇 시간씩 시행하는 구두시험이기 때문에 흔히 복수형으로 orals라고 하며, one's orals라고 하는 경우도 있다.
I can't take vacation this summer. I have to prepare for my Ph. D orals. 이번 여름에는 휴가를 못 갖겠어. 박사학위 구두시험 준비를 해야 하니까.

🎧 그는 구두시험에 떨어졌는데, 기회는 또 있었다.
He flunked his orals, but he got another chance.

### 구멍가게 · **mom-and-pop store**

pop은 아버지 또는 나이 든 남자에 대한 호칭이다. 나이 든 노부부가 하는 가게라는 말이다.

이와 비슷한 표현으로 a dime store 또는 a nickel and dime store가 있다. 원래 10센트 미만의 상품을 파는 가게란 뜻이지만 보통 '물건값이 싼 소규모 가게'를 가리킨다.

그밖에 a hole in the wall도 같은 의미이며, 그러한 장사를 a hole-in-the-wall operation이라고 한다. a tiny shop도 마찬가지다.

🎧 그는 뉴욕에서 조그만 캔디 가게를 하고 있다.
**He owns a mom-and-pop candy store in New York.**
(mom-and-pop의 발음은 [마믄 팝].)

### 구석구석까지 환하다 · **know someplace like the back of one's hand**

우리는 지리에 익숙하면 손바닥을 보듯 환하다고 하는데 미국인들은 손등을 보듯 환하다고 하는 차이가 있다.

**He knows Los Angeles like the back of his hand.**
그는 L.A.를 손바닥 보듯 환하게 알고 있다.

**No problem, I'll have no trouble finding your place. I know that area like the back of my hand.**
걱정할 것 없어, 자네 집 찾는데 고생하지 않을 테니까. 내가 그 지역은 손바닥 보듯 환하게 알고 있지.

🎧 나는 워싱턴에서 10년 이상을 살았기 때문에, 그곳은 손바닥 보듯 환하게 잘 알고 있지.
**I spent ten years in Washington, D.C area, so I know that area like the back of my hand.**

### 구역질나게 하는 · **nauseating**

발음은 [너지에이링]. 역겨운 음식은 nauseating food이다.
흔히 '차마 못 봐 주겠군.'과 같이 역겨운 느낌을 나타낼 때 잘 쓴다.

배알 꼴릴 정도로 기분 나쁘게 하는 것은 obnoxious [업낙셔스]이다.

She was so obnoxious I could almost kill her.
어찌나 그 여자가 못되게 구는지 죽여버리고 싶었어.

또, 비슷한 표현인 yucky도 비위에 맞지 않는다, 느글거리게 한다는 의미이다. 비유적으로 a yucky fellow 비위에 거슬리는 놈 라고도 쓴다.
또한, What's this yucky stuff on my plate? 이 접시에 있는 이 지저분한 건 뭐야? 와 같이 불결하거나 불쾌하다는 의미로도 쓰인다.

> **참고** 실제로 구역질하는 것은 vomiting인데 속어로 puke도 잘 쓴다. I've got to puke. (토해야겠다.) 관용발음은 [아이가라 퓨우크]이다.

음식을 위로 올라오게 했다는 뜻으로 bring up도 흔히 쓰는 말이다.
I just brought it up. 방금 토했어. 은 암시적인 표현이다.

속어 표현으로는 lose it이 있다.
Oh, God! I think I am going to lose it! 아이고 토할 것 같아!
구체적으로 점심 먹은 것을 토한다고 할 때는 lose one's lunch, 저녁 먹은 것을 토한다고 할 때는 lose one's dinner를 쓰기도 한다. vomit과 같은 뜻이지만 vomit은 너무 생생한 느낌을 주는 말이므로 일상회화에서는 잘 쓰지 않으며 같은 느낌의 be sick, throw up, upchuck 등을 잘 쓴다. I want to throw up. 아이고 구역질 나. 는 늘 쓰는 말이다.
속어인 barf도 '토한다.'는 뜻이며, 비행기 안에 비치해 있는 '위생 백'도 a barf bag이라고 한다.

🎧 그 녀석 승진하려고 사장한테 따라붙는 것 봤어? 참 구역질이 나더라.
**Did you see that guy butter up the boss to get a promotion? Nauseating!**

## 구직 · job-hunting

직장을 구하기가 힘드니까 사냥하듯 찾아다닌다는 데서 나온 말이다. 고급두뇌나 인력을 위해 직장을 알선하는 사람을 head-hunter라 부른다. 여기서 head는 사람의 머리가 아니라 boss 즉 회사의 중견 간부를 가리킨다.
**The head-hunter brought in a few promising candidates.**
직업 소개사가 유망한 지망자 몇 사람을 소개했다.

🎧 그는 직장이 없어 놀고 있었는데, 지금 직장을 구하러 지방에 가 있다.
**He's been out of work, and he's on a job-hunting trip.**

## 군말 없이 · just like that

'군말 없이'란 제목은 편의상 붙인 것으로 '그렇게 간단히, 단 한마디로' 등 상황에 따라 의미와 뉘앙스를 달리한다. He slipped me fifty bucks just like that.하면 '그는 군말 없이 50달러를 선선히 쥐어 주더군.'이며 취직 면접을 갔는데 몇 마디 별로 묻지도 않고 선뜻 합격을 시키면 아래와 같이 말한다.
**You put me on just like that?** 아니, 그렇게 간단히 저를 써 주시는 겁니까?
put me on은 put me on the payroll 봉급대장에 올리다. 의 준말로 보면 된다.

또한, just like that에는 flatly란 뜻도 있다.
**You can't refuse his invitation just like that.**
어떻게 그의 초대를 그리 야박하게 거절을 하나?
대화를 할 때는 just와 that을 특히 강조해서 발음하는데 주의해야 한다. 또 마지막의 just like that을 말할 때 손가락을 탁 튕기는 경우가 많다. 다시 말해서 어려운 일, 중요하거나 심각한 일 등에 대해서 간단히 말해 넘기는 경우 즉 '깜짝 놀랄 만큼 간단하다.'라는 느낌의 표현이다. 영어로 풀이하면 as if it were nothing과 같다.

🎧 출납계원이 수표결제에 10일이 걸린다기에 지점장에게 얘기했더니, 군말 없이 결제를 해주더군.
**The teller said it would take ten days to clear the check, so I spoke to the manager. And he okayed it just like that.**

## 궁둥이 · the behind

궁둥이라는 말에 the buttocks가 있으나 의사들이 쓰는 말이고, 일반적인 회화에서는 표제어나 the rear 혹은 the bottom을 많이 쓴다. ass라는 말도 있으나 천한 말이다. kick the rear라 하면 '궁둥이를 발로 찬다.'는 뜻이 된다.

hip은 양쪽으로 삐쭉 나온 부분이므로 She has big hips.와 같이 복수형으로 써야 한다. big 대신 broad를 쓰기도 한다. 여자의 엉덩이가 큰 것을 구어 표현으로 She's broad in the beam.이라고도 한다. beam은 배의 선폭(船幅)으로 사람의 엉덩이를 배에 비유하여 선폭이 크다고 표현한 것이다.
프랑스어에서 유래한 derrière[데리에이]는 '궁둥이'의 완곡한 표현이다.
I slipped and fell on my derrière. 미끄러져서 엉덩방아를 찧었다.

🎧 나는 엉덩방아를 찧었다.
I fell on my behind.

### 궁지에 빠지다 • be in hot water

비슷한 표현으로 He's in deep water. 깊은 물에 빠져 있다. He's on the hook. 낚시바늘에 걸려 있다. He's in bad shape. 사정이 곤란하다. 등이 있다.
또 get into difficulties 또는 be in trouble을 쓰기도 한다. in trouble은 자신의 잘못으로 어려운 지경에 빠져 구조를 필요로 하는 상태에 있다는 것을 의미한다.

생활형편이 어려워 궁지에 빠졌을 때는 It seems he's having money problems. 또는 It seems he's hard pressed for money. 또는 He's badly off. 등과 같이 쓴다.

정신적으로 몹시 곤경에 처해 있을 때는 He's under tremendous pressure. 라고 한다.

🎧 그는 세금도 제때 못 내는데, 은행에서는 대부금을 회수하겠다고 하니, 정말 궁지에 몰렸어.
He's fallen behind on tax payment, and the bank is calling in loans. He's really in hot water.

### 귀가 따갑도록 듣다 • get sick and tired of hearing

sick of something 또는 tired of something이라 해도 '싫증이 난다.'는 뜻이지만 sick and tired of라 하면 싫증의 정도가 크게 강조되는 관용 표현이다. 발음은 [씨끈 타이어더브].
We are all sick and tired of this old car. 우린 이 낡은 차에 진절머리가 난다.

I've heard enough.라 해도 되지만 '진절머리가 나도록'이라는 뉘앙스가 약하다.

🎧 월급이 적다는 그의 불평을 귀가 따갑도록 들었다.
I got sick and tired of hearing him complaining about salary.

## 귀가 여린 • gullible

우직해서 '남에게 잘 속는다.'는 의미로 [걸러블]이라고 발음한다.
사전에는 simple and honest라고 나와 있으나 gullible에서 풍기는 느낌이 없다. 남의 말을 의심하지 않고 잘 듣는다는 의미가 함축되어 있다.

🎧 여자들은 귀가 여려 잘 속는다.
Women are so gullible and easily fooled.

## 귀로 듣고 외워서 연주하다 • play by ear

음악을 귀로만 듣고 그대로 연주하는 것이다.
Few musicians are able to play by ear.
귀로 듣고 외워서 연주할 줄 아는 음악가는 별로 없다.

한편 외우고 있는 악보를 기억을 더듬어서 연주하는 것은 play something by memory라고 한다. 어느 경우이건 음악을 말할 때는 something을 쓰지 않고 그냥 play by ear라고 한다.
그러나 개개의 음악을 지적해서 말할 때는 Can you play it(or that song) by ear?라고 한다.

🎧 그는 악보를 읽을 줄 모르지만, 단 한 번 듣고서도 어떤 곡이든지 연주할 줄 안다.
He cannot read music, but he can play any number by ear after hearing it only once.

## 귀여움을 받는 • on one's good side

남으로부터 사랑이나 호감을 받는다는 뜻이다. 레이건 대통령의 부인이 남편을 너무 감싸고 일일이 간섭한다는 비난이 있자 낸시 여사는 이렇게 대답한 일이 있다.

Maybe I'm on his good side. 그분이 나를 좋아하기 때문인지도 모르죠.
반대말은 on one's bad side이다.

🎧 그는 사장님의 신임을 받고 있지. 그 사람에게 마지막 부탁을 한 번 해봐.
He's on the boss's good side. You might ask him one last favor.

## 귀찮은 사람(일) • pain in the neck

My boss is a pain in the neck. 또는 This tax form is a pain in the neck.처럼 사람 또는 물건에 다 같이 쓴다. 비유적으로 쓰여 언제나 '귀찮은' 또는 '속상하게 하는'이라는 느낌을 나타낸다. in the neck 대신 in the ass, in the butt 또는 in the rear로 쓰기도 하는데 ass, butt, rear 모두 궁둥이라는 말이다. 사람을 주어로 써서, He gives me a pain in the neck.과 같은 식으로도 쓰지만, 표제어의 형식으로 쓰는 게 보통이다. 또한, real을 써서 의미를 강조하는 경우도 많다.

I've got a pain in my neck.과 같이 a pain in one's neck이라 하면 실제로 목이 아프다는 의미가 되므로 주의해야 한다.

🎧 이 차는 정말 사람을 화나게 하는군. 늘 고장만 나니.
This car is a real pain in the neck. It's always breaking down on me.

## 규칙 • the do's and don't's

'해야 할 일과 하지 말아야 할 일들을 정해놓은 규칙'이란 뜻이다(정관사 the를 붙이는 점에 주의할 것).

Better learn the do's and don't's immediately.
사규를 당장 알아두는 게 좋다.

🎧 사규의 상당 부분이 내게도 별로 의미가 없다고 생각해.
**I must admit that a lot of the do's and don't's don't make much sense to me, either.**

### 그 노래 어떻게 나가지? • How does that go?

음악 이야기를 하다가 그 노래의 멜로디를 몰라 '그 곡조가 어떻게 나가는 거지?' 하고 물을 때 쓰는 표현이다. '곡이 이렇게 나가지.' 할 때는, It goes like this.라고 하면 된다. 즉 노래의 흐름을 go로 표현한다.

> **참고** 노래를 정확히 부를 줄 모를 때는 I can't carry a tune.이라 하고, 음을 맞출 줄 모른다고 할 때는 I can't keep a pitch.라고 하면 된다. pitch는 '음의 높고 낮음'을 뜻한다.

### 그 반대도 역시 같다 • vice versa

the other way around와 같다. 발음은 [바이시 벌사]이다.

🎧 가난한 집 옆에 사는 부자는 마음이 불편하며, 부잣집 옆에 사는 가난뱅이 역시 마음이 불편하다.
**A rich family living next to a poor family feels uncomfortable and vice versa.**

### 그거 좋죠 • I'll drink to that

우리말로는 이 말을 한마디로 표현할 수 없다. '~를 위해 건배'가 직역이다. 건배를 할 정도니 상대방이 방금 한 말에 전적으로 공감한다는 의미가 된다. 가령 '올해에 장사가 잘되어서 10억 원 정도 벌었으면 좋겠다.'고 할 때 '그렇게 됐으면 얼마나 좋겠어요.' 하는 감정에 해당하는 표현이다.

**Gentlemen, how about chipping in ten dollars for the flood victims?** 여러분, 수재민들을 위해서 각자 10달러씩 갹출하는 게 어떻겠습니까?
**I'll drink to that.** 그거 좋죠.

🎧 A : 내가 쓰지 않는 사무실이 있는데, 자네가 그걸 쓰지 그래.
B : 그거 좋지.

**A : I have an office space that I'm not using. Why don't you take it?
B : I'll drink to that.**

## 그건 안 돼 • No way.

간단히 말하면 no를 강조한 말이다. 두 가지 의미로 쓰이는데 하나는 강한 거절의 의지를 나타내는 말로 No way!처럼 감탄부호를 붙여 자기를 설득할 방법이 없음을 나타낸다.
Me join the army? No way! 나더러 군에 입대하라고? 천만의 말씀!

또 하나는 '그건 무리다.' 또는 '불가능하다.'는 의미이다. 이 경우에 감탄부호는 붙이지 않는다.
How about a game of golf today? 오늘 골프 한 게임 어때? 하고 물었을 때
No way, I'm tied up this afternoon. 그건 안 돼. 오늘 오후에 바쁘니까.

요약하면 no way는 in no way와 같은 의미로 어떤 요구나 제안을 거절할 때 '천만에!' 또는 '싫어.' 등의 no를 의미한다. 남자가 데이트 신청을 할 때 여자가 뭔가 핑계를 대며 No way!라는 말을 잘 쓰기도 한다.

A : 오늘 저녁에 영화구경 가도 돼요. 엄마?
B : 천만에. 내일 시험 준비를 해야지.
A : Can I go to the movies tonight, Mom?
B : No way! You have to study for your test tomorrow.

## 그래, 그게 어떻다는 거야? • So what?

상황이나 결과가 어떻게 되든 개의치 않는다는 말이다. 우리말의 '그러면 어때?', '될 대로 돼라지.' 등에 해당하는 말로 What does it matter?와 같은 뜻이다. 상대편이 하는 말에 대해서는 개의치 않는다는 표현이기도 하다.
I'm a crook, so what? 그래, 나 사기꾼이다. 그래서 어쨌단 말이야?

A : 면허 없이 운전하다 걸리면 어떻게 하려고 그래?
B : 될 대로 돼라지.
A : What if you get caught driving without a license?
B : So what?

## 그래, 우습기도 할 거야! • Very funny!

발음은 흔히 very를 길게 뽑아서 ve~ry라고 한다. 자신은 전혀 우습지도 않고 오히려 불쾌하거나 못마땅한 생각마저 드는데, 남들은 자기가 내뱉은 말이나 행동 혹은 경험을 가지고 재미있다고 웃어댈 때 화를 내며 하는 말이다.

A : 그래, 사우나탕 문이 열리지 않아서 그 안에 반 시간이나 갇혀 있었다고? 밖에 나왔을 땐 삶은 낙지 같았겠네. 하하하.
B : 그래, 우습기도 할 거다.

**A : So, the sauna room door came on stuck and you got boxed up for thirty minutes? You must've looked like a boiled octopus when you got out of there. Ha, ha, ha.
B : Very funny!**

## 그따위 소리 말라고 • Get out of here.

상대방의 터무니없는 말에 대해 '그런 바보 같은 소리 하지 마라.'는 의미로 쓰는 표현이다. 문자 그대로 '여기서 나가라.'라는 뜻으로도 쓰지만 '그런 믿을 수 없는 말을 하는 자네는 여기서 나가게.'라는 발상에서 나온 말로, 일상 회화에서는 '사람 놀리지 말라고.' 또는 '나한테 한 방 먹이려고 그러는 거지?'라는 느낌이 들어있다. 서로 허물없이 지내는 사이에서 쓰는 말이다. 일반적인 발음은 [게라아러 히어].

Go on! 설마 그럴 리가! 도 이와 비슷한 말이지만 상대편의 말에 반신반의하는 경우에 쓰인다.
"I've never revealed this to anyone before, but I'm the boss's brother-in-law." 내가 전에 어느 누구에게도 밝힌 적이 없지만 나는 사장의 처남이야.
"Get outta here! You don't expect me to believe that, do you?" 그따위 소리 말라고. 내가 그 말을 믿을 것 같은가?
outta는 out of의 관용적인 축소형으로 관용발음은 [아우러]이다.

그따위 소리 말라고. 그런 단순한 일을 하는데 누가 그렇게 큰돈을 내놔?
**Get outta here!** Nobody would pay that much money for a simple job like that.

## 근무시간 • company time

자칫 company hour라 하기 쉽다. 대신 office hours라 하면 출근부터 퇴근까지의 근무시간을 가리킨다. company time이란 엄밀히 말해서 '회사가 직원에게 돈을 주고 산 시간'이란 뜻이다.

You are reading a magazine on company time? 근무시간에 잡지를 읽다니?

**참고** 아침에 출근해서 저녁때 퇴근하는 사람을 a nine-to-fiver라 하며, 회사 월급쟁이같이 편한 일을 a nine-to-five job이라고도 한다. 직장에서 퇴근 시간만 기다리는 사람을 a clock watcher라 한다.

🎧 그는 근무시간에 체스를 두다가 내쫓겼다.
**He got fired playing chess on company time.**

## 글쎄요 • I don't know about that.

자기 의사를 분명히 나타내지 못하고 어물쩍거릴 때 쓴다. 발음도 어물어물하듯 해야 실감이 난다. 상대편의 의견에 대해 반대 의사를 겉으로 드러내지 않을 뿐 완전히 동의하지 않는다는 어조를 띠는 경우가 많다.
따라서 I disagree.와 같은 의미로 보아도 무방하다.

비슷한 표현으로 You've got me there.가 있다. 일상 회화 중 대답하기 곤란한 상황에서 '댁께서 그렇게 말씀하시니 저로서는 할 말이 없군요.' 또는 '꼼짝 못하겠군요.'라는 느낌의 말이다.
"Since the Koreans spend so many years studying English, why aren't there more fluent English speakers in Korea?"
한국인은 그렇게 여러 해 동안 영어공부를 하는데, 왜 영어를 유창하게 하는 사람들이 많지 않지요?
"You've got me there." 글쎄요.

🎧 A : 주심의 판정이 이해가 가질 않아요. 그건 아웃이에요.
B : 글쎄요.
**A : The umpire's call doesn't sit right with me. That was out, I think.
B : Well, I don't know about that.**

## 금세 · any time soon

soon이라면 막연하게 '곧'이란 뜻 밖에는 없다. any time과 함께 쓰면 더 가까운 장래를 의미한다. 미얀마 아웅산묘소 폭발사건이 있은 후 미국의 신문에 이런 기사가 났었다.

South Korea cannot expect to recover from the shock any times soon. 한국이 이번 사건의 충격으로부터 쉽게 회복하리라 기대하기는 어렵다.

🎧 우산을 가지고 가는 게 좋을 거야. 비가 금세 멎을 것 같지 않으니까.
You'd better take an umbrella with you. The rain is not going to stop any time soon.

## 금실이 좋은(부부가) · happily married

우리말에 금실이 좋은 부부를 잉꼬부부라고 하듯, 영어에도 lovebirds라는 것이 있기는 하지만, 결혼해서 지금 상황이 아주 만족스러울 때에는 I'm happily married.라는 관용적인 표현을 잘 쓴다.

한편, 결혼한 것이 행복하다면 독신생활도 행복하다고 해서 I'm happily single.이라고 익살스러운 말을 하는 사람도 있다.

🎧 그들은 서로 다투는 일이 없다. 아주 금실이 좋은 부부이다.
They never cross each other. They're happily married.

## 급히 다녀오다 · make a quick trip

make a trip은 비교적 짧은 여행을 의미하며 trip에는 다녀온다는 왕복의 개념이 있기 때문에 굳이 go and return이라고 말할 필요는 없다. 또한, 거리의 장단과 관계없고 심지어 장 보러 가는 것까지도 trip을 쓰는 경우가 있다. 또, 이삿짐 등을 나르는 반복되는 일의 횟수를 말할 때도 쓴다.

This is going to be the last trip. 이번이 마지막이야.

🎧 지난달 서울에 급히 다녀왔지.
I made a quick trip to Seoul last month.

## 기다리게 하다(전화) • put a person on hold

'전화를 건 사람을 잠시 기다리게 한다.'는 뜻이며 '어떤 사람과 모든 관계를 끊는다.'는 의미도 있다.

He put me on hold and started dating his secretary.
그는 나와의 관계를 끊고 자기 비서와 데이트를 시작했다.

통화 중에 다른 전화가 와서 상대방을 부득이 기다리게 하는 경우엔 put off 를 쓰기도 한다.

Let me put you off. I got another call.
잠깐 들고 기다리게. 다른 데서 또 전화가 왔군.

🎧 교환수는 나를 잠시 기다리게 하고 손님을 찾는 동안 음악을 틀어줬다.
The operator put me on hold, and played music while paging the guest. (page : 이름을 부르거나 방송 등을 통해 사람을 찾다.)

## 기대에 어긋난 사람 • disappointment

The drama was a disappointment. 그 연극을 보고 실망을 했다. 와 같이 '실망' 이란 뜻으로만 알고 있는 경우가 많다. 그러나 사람을 가리키는 말로도 많이 쓴다.

I thought he was a manager material, but he's a big disappointment.
그 사람을 좋은 매니저 감으로 알았는데 크게 실망했어.

또한, '기대에 어긋난 일'을 의미하기도 한다.
The Christmas business was a disappointment.
크리스마스 장사가 기대와는 딴판이었어.

🎧 A : 저 친구 명문대를 나왔으니까 잘 할 거야.
B : 기대와는 다르네. 실망했어.
A : He's from a prestigious university, and I think he'll do a good job.
B : On the contrary. He's a disappointment.

## 기분을 풀다(피곤한) · unwind

wind는 '시계의 태엽을 감는다.'는 뜻이지만 unwind는 그 태엽을 푼다는 뜻이다. 비유적으로는 '정신적인 긴장을 푼다.'는 의미가 된다. 육체적인 피로나 긴장을 푼다는 의미의 relax와 같다. 직장 등에서의 tension이나 stress를 팽팽히 감긴 태엽에 비유한 표현이다.

🎧 이봐, 오늘 온종일 일 많이 했네. 어디 가서 한잔하며 기분 좀 풀까?
It's been a long day, buddy. Shall we go somewhere for a few drinks to unwind?

## 기세가 수그러지다 · die down

The wind died down. 바람이 수그러들었다. 과 같이 쓴다.
die away 또는 die out을 써도 의미는 비슷하며 약간의 느낌의 차이가 있을 뿐이다.
All this talk about war will eventually die out.
전쟁이 일어날 것이라는 세상 사람들의 말이 결국에는 수그러질 것이다.

인플레가 수그러지는 것은 Inflation is tailing off.
더위가 수그러지는 것은 The heat is on the ebb.
병세가 수그러지는 것은 The condition is turning for the better.

🎧 KAL 여객기 격추에 대한 미국시민의 분노도 한 달이 지나자 수그러졌다.
The public anger in the United States over the shooting of the KAL passenger plane died down after a month.

## 기저귀를 갈다 · change the baby

아기를 바꿔치기하는 것으로 오해하기 쉬운 표현으로 change는 '의복 등을 갈아입는다.'는 뜻이다.
It won't take me five minutes to change. 옷 갈아입는 데 5분도 안 걸릴 거예요.
I'll drive you home so you can get change of your clothes.
집에 가서 옷 갈아입도록 차 태워다 줄게.

55

여기서는 아기의 옷을 갈아입힌다는 뜻이 아니라 '기저귀를 갈아준다.'는 뜻이다.

🎧 A : 나는 아기 기저귀를 갈아 채울 테니 당신도 옷 갈아입지 않겠어요?
B : 무엇으로 갈아입으란 말이야? 모두 세탁기에 들어갔는데.
A : I'm going to change the baby. Won't you change?
B : Into what? Everything's in laundry machine.

## 기절하다 • pass out

Where am I? I must have passed out. 여기 어디지? 내가 기절을 했던 모양이군.
Two students passed out from the heat. 두 학생이 더위로 쓰러졌다.

또, 매우 기뻐서 기절하는 때에도 쓴다.
She passed out when she heard she had won a million dollar lottery. 백만 달러짜리 복권에 당첨되었다는 소리를 듣고 그 여자는 기절하고 말았다.

한편, pass out something의 형식을 쓰면 '나누어 주다.'란 뜻이 되며 명함이나 전단 등을 사람에게 나누어 준다고 할 때에 이 표현을 쓴다.
He was passing out leaflets to passersby.
그는 지나가는 행인들에게 전단을 나누어 주었다.

🎧 옆 테이블에 있던 시끄러운 주정뱅이가 드디어 기절해서 뻗었다.
The noisy drunk at the next table finally passed out.

## 기탄없이 얘기하다 • talk things out

견해의 차이를 없애기 위해 스스럼없이 얘기한다는 말이다.
Let's sit down and talk things out. 마주 앉아 기탄없이 얘기 좀 해 봅시다.

🎧 그 사람 사표를 우편으로 보냈더군. 서로 기탄없이 얘기하고 싶었는데.
He mailed in his resignation. I really wanted to have a chance to talk things out.

## 기회주의자 · **opportunist**

일정한 견해나 소신 없이 이익에 따라 상황을 봐 가며 기회를 포착하는 사람을 일컫는다. 같은 의미로 pussyfooter가 있는데, 고양이 걸음을 한다는 데서 나온 말이다. 그러한 행위는 pussyfoot around, 줏대 없이 이리저리 흔들리는 사람은 weather vane 풍향계, 태도를 명확히 하지 않고 중립 입장에서 형세를 살피는 사람은 fence-sitter 담장에 걸터앉은 사람 라고 한다.

🎧 그는 소신 있는 사람같이 행동하지만, 사실은 치사스런 기회주의자다.
**He acts like a man of principle, but he's really a slimy opportunist.**
(slimy : 치사스런, 비위 거슬리는)

## 김빠진 · **flat**

'김이 빠진 맥주'는 flat beer, '김이 빠지다.'는 go flat이라고 한다.
He's like flat beer. 그는 김빠진 맥주 같다. 라고 하면
He has no personality. 그는 개성이 없는 인간이다. 와 같은 의미가 된다.
'음식이 상하다.'란 뜻의 go stale이 발전하여 Business went stale.과 같이 '따분해진다.'는 의미로 쓰는 것과 마찬가지다.

그 외에 flat을 명사로 써서 I've got a flat. 타이어가 펑크났다. 이란 말을 자주 쓴다. 자동차가 있는 현장에서는 같은 의미인 I've got a bad news.란 속어 표현을 잘 쓴다.
It took me an hour to repair the flat tire.
펑크 난 타이어를 고치는 데 한 시간이나 걸렸다.
우리나라에서 잘 쓰는 puncture(펑크)는 영국식 표현이다.

🎧 이 맥주는 김이 빠지고 이 과자는 상했다.
**This beer is flat and these crackers are stale.**

## 까놓고 말하다 · **lay it on the line**

'상대방의 기분이나 눈치를 살피지 않고 결점 등을 분명하고 솔직하게 지적한다.'는 뜻이다. say it bluntly와 같은 표현이다.

Go ahead, lay it on the line. I want to know exactly what you think.
어서 말해 봐. 까놓고 말해 보라고. 네가 뭘 어떻게 생각하고 있는지 정확히 알고 싶으니까.

또한, I gave it to him straight.도 같은 뜻이지만 '보태지도 빼지도 않고 사실 그대로를 말하다.'란 느낌이 강하다.
You'd better give it to him straight. He thinks she's in love with him. 그 사람에게 사실대로 직접 얘기해 주게. 그 여자가 자기를 사랑하고 있는 줄 알거든.

그 외에, '사실을 사실대로 말한다.'는 표현으로 call a spade a spade가 있고, '단도직입적으로 까놓고 얘기한다.'는 표현으로 talk straight from the shoulder가 있다.

🎧 탁 까놓고 말을 해야 하는데, 내가 마음이 약해서 말이야.
I should lay it on the line, but I just don't have the heart.

## 깨어서 일어나 있다 • be around

위의 한글 표제어는 편의상 붙인 것으로 그 의미가 다양하다.
"Is Bill up?" Bill 일어났어요?
"Yes, he's around." 네, 벌써 자리에서 일어났어요.

또 '근처에 있다.'는 의미로도 잘 쓴다.
"Is David around?" David 있습니까?
"Yes, he's around somewhere in the hallway."
네, 건물 안의 복도 어디에 있을 거예요.

'함께 있고 싶어한다.'고 할 때도 쓴다.
She wants me to be around her. 그 여자는 내가 가까이 있기를 바라고 있다.

완료형을 쓰면 '모습을 나타낸다.'는 뜻이 되기도 한다.
He hasn't been around for almost two weeks.
그는 벌써 2주일 째 얼굴을 안 보이고 있다.

한편 He's been around.라 하면 '많은 경험이 있거나 세상일에 환하다.'는 뜻이 되기도 하고, '성에 대한 경험이 있다.'는 말도 된다.

🎧 (전화) 잠깐 기다리세요. 그는 이 근처에 있을 테니까 내가 찾아보죠.
**(Telephone) Hold on a minute. He's around. I'll go find him.**

## 꺼멓게 자란 수염 · five o'clock shadow

아침에 말끔히 깎은 수염도 저녁이 되면 다시 수염이 자라 꺼멓게 된다. 그 모습이 마치 그늘이 진 것 같다고 해서 shadow라는 말을 쓴 것인데, 원래 비누 회사에서 선전용으로 쓰던 것이 일반화되었다. 표현이 비록 five o'clock이라 해도 시간과 관계없이 고정적으로 이 표현을 쓴다.

🎧 오늘 저녁 나가기 전에 수염 좀 깎아야 한다.
**I'll have to shave my five o'clock shadow before I go out tonight.**

## 꺾이지 않고 버티다 · hang in there

어떻게든 떨어지지 않고 매달려 있다는 느낌의 표현으로, 아무리 괴롭고 어려워도 있는 자리에서 한 걸음도 물러서지 않고 더욱 열심히 한다는 의미이다. 문어체보다는 회화체에 주로 쓰인다.
**I'll just hang in there. Maybe things will get better.**
그대로 버텨 보는 거야. 아마 사정이 차차 좋아지겠지.

시합·싸움·논쟁 등에 관해서도 쓰며 인사말에 대한 답변으로도 쓴다.
**"How're you doing?"** 어떻게 지내?
**"Hang in there."** 꺾이지 않고 그냥 해나가고 있지.

🎧 더 열심히 하지 않으면 우리 이번 시합에 진단 말이야.
**If we don't hang in there, we're going to lose this game.**

## 꼼짝 못하다(바빠서) · be tied up

'수족을 끈으로 붙들어 매서 꼼짝 못한다.'는 뜻으로 일이나 선약 등에 매여

다른 일을 할 겨를이 없다는 의미이다.
I was tied up and couldn't get to the phone. 바빠서 전화를 받지 못했다. 와 같이 수동형으로 쓰는 게 습관이다.
I'm going to be tied up this afternoon. How about tomorrow? 오늘 오후에 바빠서 꼼짝 못해. 내일은 어때?

🎧 오늘 오후는 선약이 있어서 꼼짝 못하네. 내일은 어떤가?
I'm tied up this afternoon with a previous appointment. How about tomorrow?

## 꾀를 부리다 · goof off

'학교나 직장 등에 꾀를 부리고 나가지 않는다.'는 뜻이다.
play hooky from school 학교를 빼먹다. cut class 수업을 빼먹다. skip work 직장을 빼먹다. 등의 표현이 있으나 goof off는 있어야 할 자리에 있으면서도 자기가 해야 할 일을 게을리하거나 관심을 기울이지 않을 때 쓴다. 그리고, 주로 진행형으로 쓴다.
Stop goofing off and get to work. 꾀부리지 말고 일하도록 해.

꾀부리는 사람은 a goof-off라 부른다.
He's such a goof-off! 그 친구 정말 농땡이야.

🎧 내가 촬영현장에서 너무 꾀를 부리면 그 사람한테 내게 다 얘기해 달라고 했다.
I asked him to tell me everything, if I'm goofing off on the set very much.

## 꾸지람을 하다(큰소리로) · chew someone out

chew는 계속해서 씹는 것. 즉 손윗사람이 손아랫사람에게 호통을 치며 나무란다는 뜻이다. 상대편의 잘못을 바로잡으려는 의도로 심하게 야단을 치거나 잔소리를 한다는 것으로 경우에 따라서는 '끈질기게'라는 뉘앙스도 있다.
The legal officer chewed me out for my trying to marry a native girl. 법무장교는 내가 그 지방의 토착민 여자와 결혼하려는데 대해 크게 잔소리를 했다.

뜻을 강조하기 위해서는 really를 쓰는 예도 있다.
The teacher really chewed Jack out for breaking the window.
선생님은 Jack이 유리창을 깼다고 호되게 꾸짖었다.

🎧 거의 매일 상사는 뭔가를 트집을 잡고 부하들에게 큰 소리로 호통을 쳤다.
The sergeant chewed his men out for something almost every day.

## 끄떡도 안 하다 · **not faze**

faze는 구어 표현으로 '사람의 마음을 동요시키거나 당황하게 한다.'는 뜻의 타동사이다. 대개 부정문의 형식으로 쓴다.
That didn't faze me. 나는 그 일로 당황하지 않았다.
The bullets whizzing past him didn't seem to faze the policeman at all. 경관은 핑하고 지나가는 총알에도 끄떡도 하지 않는 것 같았다.
unfaze라고도 한다.

🎧 내가 아무리 협박을 해도 그는 끄떡도 하지 않았다.
None of my threats fazed him.

## 끈적끈적한 날씨 · **sticky weather**

'찌는 듯하고 후덥지근한 날씨'는 sultry weather 혹은 muggy weather라고 한다.
It's muggy outside. 밖의 날씨가 몹시 더워 끈적거린다.

땀이 나서 끈적끈적한 것은 sweaty를 쓰기도 하며 다음 문장은 악수하기 전에 곧잘 쓴다.
I hope you don't mind my sweaty palm. 손바닥이 끈적한데 괜찮으신지요.

soup 등 끈적끈적해 보이는 것은 gooey라고 한다.
What's that gooey stuff you're eating? 먹고 있는 그 끈적끈적한 것은 뭔가?

방 등이 공기가 잘 통하지 않아 몹시 후덥지근한 것은 It's stuffy in here.라

61

고 한다.

🎧 이 옷을 벗어야지. 온몸이 땀 때문에 끈적끈적하거든.
**I have to get out of this. My whole body is sticky with sweat.**

## 끈질기게 트집잡다 · rub it in

문자 그대로 '로션이나 연고 같은 것을 문질러 바른다.'는 뜻도 있으며, 상대편의 실수나 약점 등을 기회가 있을 때마다 들추어내어 말을 한다거나 악의없이 본인이 꺼리는 말을 해서 놀려댄다는 정도의 가벼운 의미도 있다.
실패나 약점이 모두에게 분명한 경우에는 rub it in이라고 쓰지만, 그렇지 않으면 it 대신 그 내용을 가리키는 명사 또는 명사상당어구가 온다.
**My husband delights in rubbing in the fact that I was over an hour late to our wedding.**
남편은 언제나 내가 결혼식에 한 시간 이상이나 늦게 도착했다고 놀리는 걸 재미있어한다.

또, 큰 실수는 아니지만 조그만 실수를 자꾸 되뇌면서 따지거나 놀려댈 때도 잘 쓴다.
**Why do you have to rub in everything I do wrong?**
왜 내가 잘못한 것을 모두 끄집어내서 못살게 굴까?

🎧 좋아, 좋아. 독일어가 내가 잘하는 과목이 아니라는 걸 나도 알아. 자꾸 트집 잡지 말라고.
**OK, OK, I know that German isn't my best subject. You don't have to rub it in.**

## 끈질긴 · too persistent

'끈질기다.'는 지속력이 있다는 뜻을 넘어 묘한 뉘앙스를 풍기므로, 단순한 persistent라 하기보다는 too가 들어가야 그 뜻이 명확해진다.
**He keeps calling me for a date. He's too persistent.**
그는 매일 전화를 해서 만나자고 하는데, 참 끈질기다.

또 '끈질기게 졸라댄다.'는 의미로 hound가 있는데, 사냥개가 끈질기게 추적을 하는 데서 나온 비유적 표현이다.

The bank has been hounding me to pay back the loan.
은행 측에서는 융자금 갚으라고 끈질기게 재촉을 하고 있다.

🎧 그는 정말 대단한 친구야, 너무 끈질겨.
He's some character. He's too persistent.

## 끝났어요? • Are you through?

한글 제목은 편의상 붙인 것이다. through는 단순히 전치사로만 사용하는 것이 아니라 부사나 형용사 등 광범위하게 사용되는 말이다. I'm through for the day.라고 하면 '이것으로 오늘 일은 끝났다.'가 되고, Is he through?라고 하면 '시험에 통과했느냐?'가 되며, 전화할 때 I'm through.라고 하면 '통화가 끝났다.'는 말이다. 교환원이 You're through.라고 하면 '통화할 상대가 나왔다.' I'll put you through to Mr. Wayne. '웨인 씨에게 연결해 주겠다.'는 말이다. 흔히 신문을 다 봤느냐고 할 때면 Are you through with that paper?라 하고, I'm through with her.라 하면 그 여자와 통했다는 뜻이 아니라 '그 여자와는 끝났다.'는 의미가 되니 주의해야 한다.

## 끝마무리를 짓다 • tie up loose ends

loose ends는 '끄나풀 등이 늘어져 있는 끝자락'을 뜻하며 ends를 복수형으로 쓰는 점에 주의한다. 비유적으로는 '일의 미처리 부분을 동여맨다.'는 뜻으로 완성할 때까지 이제 한 발자국 남겨놓고 있다는 의미이다. 끝마무리할 일이 좀 남았다고 할 때는 have some loose ends to tie up이라는 표현도 잘 쓴다.

🎧 일이 거의 끝나 가는데 오늘은 이만 합시다. 마지막 끝마무리는 월요일에 하면 되니까.
We've almost finished. Let's call it quits for the day. We can tie up the loose ends on Monday.

AMERICAN ENGLISH EXPRESSION
BASIC EDITION

## 나도 마찬가지야 · Same here.

상대방의 말에 '나도 그래.'하고 동감을 나타낼 때 쓴다. Me, too. 또는 I agree.와 같은 의미이다.

"I think I'll have coffee." 난 커피로 하겠어.
"Same here." 나도 커피로.
"I'll vote for the best candidate." 제일 훌륭한 후보에게 투표할래.
"Same here." 나도.

A : 나는 고전음악에 깜깜해.
B : 나도 그래.

**A : I don't know Beethoven from Bach.**
**B : Same here.**
(Classical music isn't my thing : 고전음악과 거리가 멀다.)


## 나도 해봤다 · I've been there before

자신도 경험을 통해서 잘 알고 이해할 수 있다는 뜻으로, 대체로 어려운 일과 관련지어 말할 때가 많다. before는 쓰든 쓰지 않든 상관없다.

I know what you mean. I've been there.
무슨 말인지 알겠어. 나도 경험해 보았으니까.

I've been there. You don't need to spell it out.
나는 경험해 보았으니까 자세히 설명할 필요 없어.

미국 최고의 fashion model이던 Christie Brinkley가 남편과 헤어지면서 합의서에 이런 말을 썼다.

We've been there to support each other during critical times and expect to be there for each other in the future.
우리는 어려운 시기에 서로 도왔고, 또 앞으로도 서로가 돕기를 기대한다.

A : 미국에서 식료품 가게를 한다는 것이 얼마나 어려운지 자넨 모르네.
B : 나도 해봐서 알아.

**A : You don't know how hard it is to run a grocery store in the States.**
**B : I've been there before.**

## 나불나불 대다(비밀을) · blab

명사로는 '얘기·지껄임·무의미한 말'을 의미하나, 동사로는 '비밀이나 뭔가 사사로운 일을 공개적으로 털어놓는다.'는 뜻이 된다.
I'll tell you if you promise not to blab it.
남에게 털어놓지 않는다면 얘기해 줄게.

그런데 이 지껄임이 고의적인지 아닌지는 문맥상으로 판단할 수밖에 없다.
비슷한 말인 blabbermouth는 명사와 동사로 다 쓴다.
Don't blabbermouth this to everybody. 여러 사람에게 지껄이지 마.
고의로 지껄여대는 사람은 a blabber라고 한다.

🎧 우리가 한 일을 선생님에게 나불나불 지껄이지 않는 게 좋아.
You'd better not blab to the teacher about what we did.

## 나잇값을 해라 · Act your age.

나이에 어울리지 않게 주책없는 짓은 하지 말라는 의미로, 비교적 나이가 어린 젊은이에게 쓰는 경우가 많다.
Stop picking on your little brother. Act your age.
어린 동생을 못살게 굴지 마. 나잇값 좀 해야지.

Grow up! 언제 철이 드나! 도 많이 쓰는 표현이다.
That boy will never grow up. 저 녀석은 언제 철이 들는지.

🎧 나잇값을 해라. 언제까지 무한정 바람을 피울 건가?
Act your age. You're not going to carry on like that forever.

## 낙승하다 · win hands down

직역하면 '손을 올리지 않고 내린 채 이긴다.' 즉 '쉽게 이긴다.'는 뜻이다. 명사로 하면 It's an easy win.이다. 이것을 동사로 써서 win easily로도 할 수 있으나 누워서 떡 먹기라는 느낌은 약하다. in a breeze도 잘 쓰는 구어 표현으로 breeze에 '거저먹기'라는 속어적 의미가 있기 때문이다.

67

The exam last week was a breeze. 지난주 시험은 거저먹기였다.
Driving in the United States is a breeze. 미국에서의 운전은 누워서 떡 먹기다.
They won the championship in a breeze.
그들은 힘들이지 않고 선수권을 획득했다.

win walking away도 같은 뜻이다.
If he doesn't stumble until November, he will win walking away.
11월까지 실수만 안 하면 낙승할 것이다.

🎧 그 대통령 후보는 "오늘이라도 선거를 한다면 낙승할 것이다."라고 말했다.
**The Presidential candidate said, "If the election was held today, I would win hands down."**

## 낙제하다 · flunk

I'm going to flunk that exam. 그 시험에 떨어질 거야.
The professor flunked out eleven students. 그 교수가 11명이나 낙제를 시켰다.
'낙제하다.'와 '낙제를 시키다.', 즉 자동사와 타동사로 다 쓰는 이 flunk는 낙제란 의미 외에 '실패'라는 의미도 있다.
His first business venture was a beautiful flunk.
그의 첫 사업 시도는 보기 좋게 실패했다.

주의할 점은 flunk out은 '성적이 일정 수준에 이르지 못해 퇴학처분을 받는다.'는 의미가 되어버린다. 즉 flunk out of school의 축약형으로 보면 된다.

🎧 그는 현장에서 실시한 음주 측정 테스트를 통과하지 못하고 구속되었다.
**He was taken into custody after he flunked a field sobriety test.**
(sobriety test : 취기가 있는지 없는지를 시험하는 것.)

## 난 그런 여자가 아니다 · I'm not that kind.

여자가 남자에게 하는 말이다. 남자가 선입견을 품고 한 여자를 자기 마음대로 할 수 있다고 생각할 때, 여자가 화를 내면서 I'm not that kind.라고 한다. 물론 She's not that kind.라고 할 수도 있으며, 긍정적으로 She's that kind.라는 말도 할 수 있다.

> **참고** 여자가 자주 쓰는 몇 가지 표현.
> I'm really not in the mood. (지금 그럴 기분이 아니에요.)
> This isn't the place. (여기는 장소가 좋지 않아요.)
> My mother would die if she found out. (어머니가 아시면 기절하실 거예요.)
> I'll hate myself in the morning. (아침에 일어나면 내가 미워질 거예요.)

## 난처한 입장 · touchy situation

a difficult situation 혹은 an awkward situation과 같은 의미로 어떤 문제나 일을 처리하는 데 있어 입장이 거북한 경우를 말한다. 자칫하면 오해를 받거나 욕을 먹기 쉬운 어려운 상황이므로 신중을 기한다는 뉘앙스가 있다. 그리고 어떤 사람을 난처한 처지에 놓는다고 할 때 put someone on the spot도 잘 쓰는 표현이다.

**Don't put me on the spot. I can't give you an answer.**
입장 곤란하게 하지 마세요. 대답하기 어려우니까요.

**I'll put you on the spot. Where is the best place for orientals to have lunch around here?**
좀 곤란한 질문을 하겠는데, 이 근처에 동양인들이 점심을 먹기에 제일 좋은 곳이 어디죠?

🎧 입장이 좀 곤란한데, 하루 이틀 여유를 주게. 생각 좀 해야겠네.
**It's a touchy situation. Give me a day or two to think about it.**

## 날조하다 · fabricate

조립식 주택을 '프레하브'라고 하는 것도, prefabricated를 줄인 말로 미국에서도 prefab라 쓴다. fabricate는 원래 '조립한다.'는 의미이다.

어떤 얘기나 구실 등을 꾸민다 하여 '날조'라는 의미로도 쓴다. '날조된 증거'는 a prefabricated evidence 혹은 a manufactured evidence라 한다. 같은 의미로 trump up이 있다. 트럼프 놀이에서 슬쩍 속임수를 쓴다는 데서 나온 말이다.

**It's a trumped-up story.** 그것은 날조된 얘기이다.
**He was on a trumped-up drug charge.** 그는 날조된 마약사범이 됐다.

🎧 그는 회사의 공금횡령 혐의를 받았으나, 그것은 순전히 날조다.
He was accused of embezzlement of company money, but it's a pure fabrication.

### 날치기(행위) • shoplifting

lift는 구어 표현으로 '남의 가축을 훔친다거나 남의 문장을 표절한다.'는 의미가 있다. 따라서 lifter라고 하면 구어로 '도둑'이라는 의미가 된다.
구체적으로, 가게에서 물건을 훔치는 사람은 shoplifter, 그러한 행위는 shoplifting이라고 한다.
He was caught shoplifting. 가게에서 물건을 훔치다 붙들렸다.

🎧 그 학생은 날치기 혐의로 체포됐다.
The student was arrested on a charge of shoplifting.

### 남의 밥에 재 뿌리다 • rain on someone's parade

rain에는 '비가 온다.'는 뜻 외에 '비를 뿌린다.'는 의미도 있다. 남의 경축 행렬에 비를 뿌리다니까 '훼방을 놓는다.'는 의미가 된다. 남의 경사에 '재수 없는 소리를 한다.'는 뜻이 함축돼 있다.
I hate to rain on your parade, but your plans are all wrong.
자네 하는 일에 재수 없는 말은 하고 싶지 않지만, 자네 계획은 잘못돼 있다고.

'~하고 싶지 않지만'이라는 느낌의 표현을 할 때는 자주 hate를 사용한다. 이 경우의 hate는 '증오하다.'가 아니라 가벼운 의미의 dislike를 가리킨다.

🎧 남의 밥에 재를 뿌리고 싶지 않지만, 너무 늦기 전에 그 남자하고 헤어지는 것이 어때?
I hate to rain on your parade, but I suggest that you break up with him before too late.

### 남의 집에 너무 오래 있다 • wear out one's welcome

초대를 받고 가서 필요 이상으로 오래 있거나 또는 너무 빈번하게 출입해서 눈총을 받는다는 뜻으로 overstay one's welcome과 같은 의미이다.
Though they were happy to see me when I arrived, after a week I somehow began to feel that I had worn out my welcome. 내가 도착했을 때는 그들이 기쁘게 맞아 주었으나, 일주일이 지나니 어쩐지 너무 오래 있어 싫어하는 것 같았다.
주의할 것은 one's welcome의 당사자가 주어와 일치한다는 점이다.

🎧 자정쯤 되자, 너무 오래 있는 게 아닌가 하는 생각이 들어 집으로 돌아갔다.
**At about midnight, I decided that I had worn out my welcome, so I went home.**

## 내 식대로 · one's own way

'내 식대로 했다.'는 I did it my own way.로 충분하다. 이 경우에 my own way 앞에 전치사 in이 있어야 하나 회화에서는 관계없고 오히려 없는 편이 많다.

자기가 알아서 배운 것은 self-taught라고 한다. 가령 "그 사람의 그림은 자기식이야."라고 할 때는 "He's a self-taught painter." 또는 이를 풀어서 "He taught himself to paint."라고 하면 된다. 그러나 요리법 같은 것이 자기식이라고 할 때는 This is my own.이라고 한다.

🎧 그는 뭐든지 자기 식대로 하고 싶어하는 사람이다.
**He prefers doing everything his own way.**

## 내가 들은 얘기는 다르다 · That's not the way I heard it.

현재 듣고 있는 말이 아니고 자신이 남에게 이미 들었던 내용과 다를 때 쓴다.
That's the way the ball bounces. 그런 일이 있을 수도 있지.
That's the way it is. 세상 일은 다 그런 거야.
같은 형식의 문장을 부정문으로 쓴 일종의 관용적 형태이다.

🎧 그 남자가 여자에게 접근했다는 말입니까? 잠깐. 내가 들은 얘기는 다른데요.
**You mean he made a pass at her? Wait a minute. That's not the way I heard it.**

## 내가 좋을 대로하다(남이 뭐라든) · do one's (own) thing

own은 의미를 강조하기 위해 습관적으로 넣는 경우가 많다.
I don't want to follow in your footstep, Dad. Can't you just let me do my own thing?
아버지와 똑같은 길을 걷고 싶지 않습니다. 내가 하고 싶은 대로 내버려두지 않으시겠어요?

이와 같은 표현은 특히 젊은이들이 쓰기 좋아하는 말이다.
She's going to start doing her own thing for a change.
그 여자는 변화를 위해서 자기식으로 살아갈 작정이다.
I've done my thing, but I don't see a great amount of benefit from it. 나는 내 멋대로 해 왔는데 크게 덕 보는 게 없다.

🎧 나는 돈을 버는 데는 흥미가 없다. 남이 뭐라든 내가 좋아하는 것을 하면 되는 것이고, 세상이 나를 내버려두었으면 좋겠다.
I'm not interested in making a lot of money. I just want to do my own thing and be left alone by the world.

## 내보내다 · let someone go

기업이 사람을 내보내는 것은 fire라고 하지만, 집안의 가정부나 운전사 등을 해고하는 경우에는 let him(her) go라고 하는 게 보통이다. 그러나 기업에서도 '그가 그만두어야 한다.'고 할 때는 He has to go.라는 말을 쓴다.

한편, 판사 등이 처벌하지 않고 사람을 방면시키는 것은 let someone off 또는 let off someone이라고 한다.
The judge let him off with a warning. 판사는 경고만 하고 그를 방면했다.

> **참고** let someone off on은 '승객을 내려 준다.'는 의미도 있다. Sorry, I can't let you off at this corner. (미안합니다. 이 모퉁이에서는 내려드릴 수 없습니다.)

가벼운 처벌을 받고 넘어간다는 것은 get off easy라고 한다.

🎧 우리 집 운전사는 항상 교통위반만 해서 내보냈다.
We let our driver go because of his continual traffic offenses.

## 냉대를 받다 · get the cold shoulder

남을 '냉대하다.'는 give someone the cold shoulder이다. 비슷한 예로 '냉랭하게 대한다.'고 할 때에는 front 외모·외양를 사용하여 give someone a cold front란 표현을 쓴다.
After that incident, he gave me a cold front.
그 일이 있었던 후, 그는 나에게 냉랭하게 대했다.

외국인들은 일반적으로 냉랭한 태도를 보일 때 어깨를 휙 돌리기 때문에 이러한 표현이 나오게 되었다고 생각하는 사람이 많다. 그러나 실제로 옛날에 귀한 손님에게는 호화로운 음식을, 걸인에게는 차가운 양고기의 어깨부위를 주던 데서 유래한 것이다.

🎧 그 여자에게 접근을 해봤으나, 딱지를 맞았다.
I made a pass at her, but I got the cold shoulder.

## 냉정을 잃다 · lose one's cool

이 경우의 cool은 '냉정'이란 뜻의 명사로 젊은이들이 즐겨 쓰는 말이다.
The challenger was winning until about the eighth round, when he began to lose his cool.
도전자는 8회전까지 우세했다. 그러나 그때부터 냉정을 잃기 시작했다.

반대말은 keep one's cool이다. lose one's head 또는 lose one's temper와 같은 의미이며, blow one's cool도 쓴다.

🎧 냉정을 잃지 않으려고 하지만 쉽지가 않다.
I'm trying not to lose my cool, but it's not easy.

## 너무 적극적이다 · come on too strong

여기서 come on은 '인상을 주다.' 정도의 의미이나 too strong과 함께 쓰면 '사람에게 아주 적극적이고 독단적인 인상을 준다.'는 뜻이 된다.

The headlines of that newspaper come on too strong for some people's tastes. 그 신문의 제목들이 너무 고집스럽다는 사람들도 있다.

또, 이 표현을 남녀 관계에 쓰게 되면 상대방에게 자기의 인상을 심어 주기 위해 정상적인 방법을 떠나 지나치게 적극적이라는 의미가 된다.
come on like gangbusters라고 쓰기도 한다.

🎧 그는 여자에 대해 너무 적극적인 경향이 있긴 하나, 실은 아주 점잖은 사람이다.
**He has a tendency to come on too strong on women, but he's really a softie.** (softie : 점잖은[상냥한] 사람.)

## 너무하다 · go too far

무엇을 너무했느냐에 따라 그 표현이 달라질 수 있다. 표제어는 일반적으로 '언동이 도를 지나쳤다.' 할 때 많이 쓴다.
I'm sorry. I've gone a bit too far. 미안하네. 내가 좀 너무한 것 같네.
단순과거형태로 I went too far도 잘 쓴다.

어느 정도 해야 했는데 너무 지나쳤다 할 때는 You were way out of line. 을 쓰기도 한다. out of line은 '한계선을 넘는다.'는 뜻으로 go overboard와 같다.

화풀이나 심술을 적당히 끝내지 않고 너무 지나치게 할 때에는,
You're carrying this a little too far.로 쓰기도 한다.

참거나 그냥 보아 넘기기 어려울 정도로 너무하다 할 때는 too much가 어울린다.
Your tie is too much. You should change it. 그 넥타이는 너무했군. 바꿔야겠네.
Your make-up is too much. 화장 좀 엷게 해.
He's too much. 그 친구 너무하더군
감당하기 어려울 정도로 벅차다 할 때도 too much를 쓴다.

🎧 여보게, 언짢게 생각하지 말게. 내가 좀 너무한 것 같구먼.
**No hard feelings, my friend. I'm afraid I've gone a bit too far.**

## 넉넉한 수입 · **comfortable income**

불편 없이 여유 있게 생활할 수 있는 수입을 말한다.
이 밖에도 a decent income 남 못지않은 수입, a modest income 그리 많지 않은 수입, a paltry income(salary) 보잘것없는 수입 등이 있다.
a small income 또는 a large income이라고만 하면 수입이 적거나 많다는 것뿐이지 어느 정도인지 구체적인 느낌이 없다.

**참고** 자신이 버는 수입 이상의 생활을 한다면 He's living beyond his income.이라고 한다.

🎧 그는 넉넉한 수입으로 아내와 두 아들을 데리고 조그만 아파트에서 빚지지 않고 생활했다.
**He earned a comfortable income and lived within his means in a small apartment with his wife and two children.**

## 넌지시 떠보다 · **feel out**

상대편의 의견·진의·기분 등을 떠본다는 뜻이다. 그런데 상대방의 의견 등을 직접 알아본다는 뜻이지 주변 사람에게 간접적으로 알아본다는 의미는 아니다.
상황을 물을 때는 someone 대신 something을 쓴다.
**Sally tried to feel out Tom on whether he'd make a contribution.**
Sally는 Tom이 헌금할지 안 할지 떠보려 했다.

🎧 미국에 생산시설을 만들어야 할지 모르겠다. 다음 주에 뉴욕에 가면 상황을 좀 알아봐야겠다.
**I don't know whether we should set up manufacturing facilities in America or not. I'll try to feel the situation out when I'm in New York next week.**

## 노발대발하다 · **have a fit**

fit는 '신경질적인 발작' 즉 순간적으로 감정이 격해서 몹시 화를 내는 것을 의미한다.

How late it's getting. My mother will have a fit.
시간이 너무 늦었어. 엄마가 노발대발하시겠다.

have a conniption을 쓰기도 한다. conniption은 '히스테리 발작'이란 뜻의 구어 표현으로, have를 붙여 발작을 일으킬 것 같이 몹시 화를 낸다는 의미가 된다.

My dad will have a conniption when he sees what I did to his computer. 내가 컴퓨터를 이렇게 만들어 놓은 것을 보면 아버지가 노발대발하실 거야.

몹시 화를 내는 것을 뜻하는 말로 hit the ceiling 천장을 들이받다. hit through the roof 지붕을 뚫고 나가다. blow one's top 울화를 터뜨리다. 등도 있다. 이 밖에 일반적인 표현으로 mad, angry 등이 있으나 마음에 꽁하고 있는 것은 sore 이다.

Are you still sore at me? 아직도 화난 게 안 풀렸어?

🎧 애지중지하던 파이프를 내가 망가뜨렸을 때 아버지는 노발대발 화를 내셨다.
**My father had a fit when I broke the pipe he had treasured.**

## 녹초가 되다 · be all in

all은 '완전히'라는 의미의 강조형이고, in은 저항이나 반항을 그만두고 굴복한다는 cave in의 느낌에서 '육체적으로 기진맥진하다.'라는 의미가 된다. 그리고 be 대신 look 또는 seem을 써야 할 때도 있다.

이와 비슷한 의미로 여러 가지의 구어 표현이 있다.
beat, bush는 I'm beat나 I feel bushed와 같은 형태로 자주 쓰인다.
You look bushed. Why don't you go to bed early?
몹시 피곤해 보이는데, 일찍 자지 그래?

또, tired나 weary 등은 정신적으로 지쳐 있을 때도 쓴다.
그 외에 exhausted, tackered out 등이 있다.
한편, be all in이 '모두 들어가 있다.'는 의미로도 쓰이므로 문맥을 보고 판단할 수밖에 없다.

🎧 기진맥진이야. 근육 하나 까딱하기 싫다.
I'm just all in. I can't move a muscle.

### 놀고 있는 돈 · money lying around

lie around는 물건이 '놀고 있는, 잠자고 있는'의 뜻이다. 비유적으로 '쓰지 않고 은행에서 자고 있는 돈'은 money lying at the bank 혹은 money sitting in the bank라고 한다.

🎧 만약 나한테 그 정도의 놀고 있는 돈이 있으면, 증권에 투자하겠다.
If I happen to have that kind of money lying around, I would buy stocks.

### 놀리다 · tease

tease에는 단순히 '놀린다.'는 뜻 외에, 말로 사람이나 동물을 성가시게 하거나 귀찮게 희롱한다는 의미가 있다.
He teased the dog until it bit him. 개를 너무 귀찮게 해서 끝내 개한테 물렸다.

또, 이성 간에 싫어하지도 않으면서 괜히 상대방을 애태우게 할 때도 tease를 쓴다.

make fun of는 상대방의 실수나 결점을 들춰내어 놀린다는 느낌이 있다.
I don't care how much fun you make of me. 아무리 놀려도 개의치 않네.
He's pulling my leg.도 가벼운 의미로 '놀린다.'는 뜻이다.

🎧 나는 그 여자가 결혼하기 전 데이트 한 번 하지 않는다고 늘 놀려줬다.
I used to tease her for not dating boys before she married.

### 놀리다(악의없이) · put someone on

악의없이 또는 장난으로 사람을 놀리거나 속인다는 뜻이다.
전치사 on이 반드시 someone 다음에 나온다는 점에 주의해야 한다.

He got real mad even though they were only putting him on.
그냥 장난으로 놀린 것인데도 그는 몹시 화를 냈다.

Of course it's true. Would I put you on? 사실이고 말고. 내가 자네를 속이겠나?

Ralph doesn't make that much money, he was just putting you on.
Ralph는 많은 돈을 벌지 못했어. 자네를 속였던 거야.

pull someone's leg도 같은 의미이나 put someone on이 더욱 새로운 감각의 말이다.

한편, You're putting me on.이라고 하면 '괜히 놀리는 거겠지.' 또는 '정말이야?'라는 뜻의 관용어이다. 거짓말 또는 짓궂은 장난은 put someone on을 명사화하여 a put-on이라고 하면 된다.

🎧 괜한 소리하지 마. 나한테 거짓말하는 거지? 자넨 진짜 사장 조카가 아니지?
Come on. You're putting me on. You're not the boss's nephew, are you?

## 농담을 터뜨리다 · crack a joke

crack은 crack a whip 회초리를 탁 치다. 과 같이 순간적으로 짧게 치는 것이기 때문에 긴 얘기로 funny story를 한다는 것과는 의미가 다르다. 즉 '짤막한 농담이나 익살을 부린다.'는 의미가 된다.

참고 joke는 단수로도 쓰고 복수로도 쓴다. He's never serious. He's always cracking jokes. (그는 진담을 하는 일이 없다. 늘 농담만 터뜨리니까.)

🎧 또 한 번 그런 농담 터뜨리면 나가줘야겠어.
Crack another joke like that and you go out.

## 높은 사람들 · higher-ups

정부·회사 등의 상사들 혹은 영향력 있는 높은 사람들을 일컫는다. government higher-ups는 '정부 고관들', corporation higher-ups는 '기업 간부들', '정부의 고위관리들'은 senior officials라고 부른다. 주의할 점은 high-ups 또는 higher-ups처럼 항상 복수형으로 써야 한다는 것이다.
한 사람을 가리킬 때는 one of the higher-ups와 같이 쓰면 된다.

One of the higher-ups is coming down to talk to you.
높은 분 한 사람이 내려와서 얘기할 겁니다.

You might speak to the higher-ups about the refund.
돈의 상환문제에 관해서는 간부가 되는 분하고 얘기해 보시죠.

🎧 높은 자리에 앉은 그 사람들에게 우리 같은 피라미들은 안중에도 없어.
Those higher-ups don't give a damn about small fry like us.

## 누구나 손에 넣을 수 있다 · be up for grabs

grabs는 grab 잡는다. 의 명사형이다. 경매품·상·지위 등을 누구나 경쟁하여 손에 넣을 수 있다는 구어 표현으로, 아무도 손에 넣지 못한 공이 아직도 공중에 떠 있다는 이미지를 연상하면 쉽게 이해할 수 있다. 즉 쟁탈의 대상이 되어 있는 일에 아직 승자가 결정되지 않아, 누구나 응모하면 손에 넣을 가능성이 있는 상태를 객관적으로 말할 때 잘 쓰인다.

John quit yesterday, and his job is up for grabs.
John이 어제 그만두었는데 그가 있던 자리에 아무나 들어올 수 있다.

말하자면 open to competition과 같다.

🎧 A : 그 집 아직 아무도 안 사고 있나?
　　B : 그럼, 원한다면 먼저 잡는 사람이 장땡일세.

A : Has anyone bought that house yet?
B : No, It's still up for grabs if you want it.

## 누구나 실수할 수 있다 · Nobody's perfect.

Anybody can make a mistake. 누구나 실수는 저지른다. 란 뜻이다.
A mistake can happen to anybody.도 표현의 차이는 있으나 세상에 실수를 저지르지 않는 완벽한 사람은 없다는 의미이다. 실수했다고 상대방이 면박할 때 항변하는 말로 잘 쓰는 표현이다.

🎧 이제 그만 해둬. 세상에 완벽한 사람이 어디 있어!
Stop knocking me. Nobody's perfect!
(knock '사람이나 사물을 비판한다.'는 의미의 속어 표현이다.)

## 누워서 떡 먹기 • piece of cake

영어에 '일이 쉽다.'는 표현은 아주 많다.
It's a cinch for me. 까짓 것 문제없지.
It's nothing. 아무것도 아니야.
I can do it with my eyes closed. 눈을 감고도 할 수 있다.

자주 쓰는 속어로 breeze가 있다. 동사로도 쓰이고 명사로도 쓰인다.
Driving in America is a breeze. 미국에서의 운전이야 저저먹기지.
The Braves appear to be breezing.
Braves팀은 힘들이지 않고 경기를 운영해 나가는 것 같다.

piece of cake가 반드시 쉽다는 뜻만 가진 것은 아니다.
I got my piece of cake.하면 '나의 몫을 받았다.'가 되니 주의해야 한다.
표제어는 케이크 한 조각을 꿀꺽 삼키듯 간단하다는 것을 강조한 표현이다.

시험이나 일 같은 것과 관련하여 잘 쓴다.
How was your exam? 시험 어떻게 봤어?
A piece of cake. 그야 저저먹기지.
The opponent was just a piece of cake. 상대는 저저먹기였어.

A : 하는 방법을 완전히 외워뒀겠지?
B : 염려 마세요. 누워서 떡 먹기니까요.
**A : Are you sure you have all your instructions down pat?**
**B : Don't worry. This will be a piece of cake.**
(have ~ down pat : ~을 완전히 다 외우다.)

## 눈감아 주다 • shut eyes to something

Shut your eyes and try to go to sleep. 눈을 감고 잠 좀 자도록 해요. 과 같은 뜻으로 쓰기도 하지만, 비유적으로는 자기가 본 것을 불문에 부치고 용서해 준다는 뜻으로 사용한다.

close one's eyes to something도 같은 의미이다.
turn a (one's) blind eye to ~라는 표현은 '~을 알고도 모른 척한다.'는

뜻이니까 느낌이 좀 다르다.

🎧 Joe가 돈을 따고 있는 한, 아내는 그의 노름하는 것을 눈감아 주었다.
**As long as Joe was winning, his wife** shut her eyes to his gambling.

## 눈물 나게 하는 영화 · tearjerker

영화 · 연극 · 소설 등 눈물을 짜게 하는 신파조의 작품을 말한다.
tearjerker는 tear와 jerk 갑자기 확 잡아당기다. 가 합성된 것으로 엉터리 또는 과장된 이야기라는 뉘앙스가 있다.
구어 표현에 a sob story라는 말이 있으나, 이것은 자기와 관련된 이야기 외에는 쓰지 않는다. tear bucket이란 속어도 쓴다.

🎧 그 영화는 지나치게 눈물 나게 해.
**That movie is too much of a** tearjerker.

## 눈에서 멀어지면 마음도 멀어진다 · Out of sight, out of mind.

고대 희랍 시인 Homer가 한 말로 유명하다. 좋은 사람도 안 보면 잊게 되고 가까이 있는 사람에게 정이 간다고 할 때 잘 쓴다. 주로 남녀관계에 관해서 쓰며 다정히 지내던 친구 사이에서도 쓸 수 있다.

이 밖에 사물에 대해서도 쓴다.
**He has a scratch on his new car. It's on the right side so he doesn't have to look at it. Like they say, out of sight, out of mind.**
새로 산 차에 흠집이 생겼는데 오른쪽에 있기 때문에 눈에 띄지 않는다. 흔히 말하듯 안 보면 잊는 법.

🎧 그는 한국에 애인이 있지만, 최근에 사귄 여자하고 결혼하기로 했대. 눈에서 멀어지면 마음에서도 멀어진다는 좋은 사례지.
**He has a girl friend in Korean, but he decided to marry his recent date. It's the case of "**out of sight, out of mind.**"**

## 눈에 거슬리는 것 • eyesore

sore는 a sore foot 구두에 닳아 까진 발 또는 a finger sore from a burn 불에 데어 짓무른 손가락 과 같이 아픈 것을 의미하지만, eyesore는 눈에 거슬리는 것을 의미한다. 신식 고층건물 옆에 낡은 집이 있으면 그런 것이 eyesore가 된다.

음식 같은 경우엔 보기만 해도 진저리가 난다거나 싫증이 난다고 할 때, I can't stand the sight of it.이라고 잘 쓴다. 눈에 거슬리는 것 중에서도 골치 아프거나 방해가 되는 것은 a nuisance라고 한다.

🎧 지하철역에서 자는 부랑자들은 특별히 방해되는 것은 아니지만, 눈에 거슬린다.
**The bums who sleep in subway station don't really make nuisances of themselves, but they're eyesores.** (bum : 부랑자)

## 눈여겨보는 • observing

I didn't know you were so observant.
자네 평소에 멍청한 줄 알았는데 제법 관찰력이 있군.

위와 같이 observant도 쓰나 표제어가 더 보편적이다. 어떤 사물을 빨리 관찰한다는 의미가 있으나 대체로 이웃집이나 자기 주변에서 일어나는 일을 예사로 보지 않고 유심히 눈여겨본다는 뜻으로 많이 쓰인다.

🎧 자네 뭘 그렇게 남의 일을 유심히 눈여겨보나?
**How come you are so observing?**

## 눈을 까고 잘 보다 • keep one's eyes peeled

직역하면 '눈을 깐 채로 있다.'로 경계를 하며 망을 보는 상태를 말하며, 어느 정도의 긴박감을 나타낸다.
Keep your eyes peeled for Mary. She's due to arrive here any time. Mary가 오나 잘 봐. 당장에라도 도착하게 돼 있으니까.

비슷한 표현으로 keep your eyes skinned for someone(something)이나 keep an eye out for someone(something)도 있다.

🎧 기름이 다 떨어져 가는데, 주유소가 있는지 눈 뜨고 잘 봐.
We are almost out of gas. Keep your eyes peeled for a gas station.

## 눈치 보일 정도로 오래 있다 · overstay one's welcome

주인이 환대한다고 해서 방문한 집에 눈치도 없이 오래 머물러 있는 것을 말한다. one's welcome의 one이 문장의 주어와 일치하는 점에 주의해야 한다.
You wouldn't like it if I overstayed my welcome.
너무 늦게까지 앉아 있으면 덜 좋아하시겠죠.
저녁 초대뿐 아니라 남의 집에 며칠씩 묵을 때에도 쓸 수 있는 말이다.

비슷한 의미로 wear out one's welcome도 잘 쓴다. 남의 집에 가서 너무 오래 있거나 빈번하게 출입하여 빈축을 사는 것을 말한다. wear out은 '장시간 또는 여러 번 써서 닳는다.'는 뜻이다. 즉 처음에는 환영을 받다가 너무 오래 있는 바람에 상대편이 자기를 싫어하게 된다는 뜻이다.
You mustn't go to play at John's so often. You'll wear out your welcome. John의 집에 너무 자주 놀러 가지마. 싫어한다고.

남의 집에 저녁 초대를 받아 갔다가 "너무 오래 앉아 있으면 싫어할 테니 그만 가봐야지." 할 때 잘 쓰는 말이 I shouldn't overstay my welcome.이다.

🎧 그 사람은 궁둥이가 무거워서 남의 집에 가면 잘 일어나지 않는 것으로 소문이 나 있다.
He's notorious for overstaying his welcome.

## 뉴욕 시 · the Big Apple

뉴욕을 the Big Apple이라고 부르게 된 이유에는 여러 가지 설이 있으나 공인된 것은 없다. 그러나 해마다 12월 31일 자정 12시면 뉴욕의 Times Square 타임스 광장 에서는 공중에서 큰 apple을 떨어뜨리며 송년 축하를 하고 전국적으로 텔레비전 중계를 하며 일반 가정에서는 송년회를 하곤 한다. 정관사 the를 붙인다는 점에 주의해야 한다.

미국에서는 Pennsylvania 주 동쪽에 있는 Philadelphia를 Philly라는 애칭

으로 부르거나, Philadelphia의 어원이 희랍어의 '형제애'라는 점에서 the City of Brotherly Love 형제애의 도시 라고 부르기도 한다. 또는 이 도시를 건설한 퀘이커 교도의 brotherly love라는 motto에서 유래하여, The Quaker City 퀘이커의 도시 라고도 한다.

> **참고** San Francisco를 Frisco로 부르기도 하는데, 그곳 시민은 그러한 호칭을 좋아하지 않는 것으로 알려져 있다.

🎧 나는 뉴욕이 아주 좋다.
**I love the Big Apple.**

## 느긋하게 하다 • take it easy

관용적 발음은 [테이끼리지]. relax and take care에 가까운 말이나 반드시 그러한 의미만 지닌 것은 아니다. 이 경우 take는 '하다, 생각하다.' 정도의 의미이며, easy는 기본적으로 '힘들이지 않고' 또는 '슬슬' 정도의 의미로 서두르지 않고 느긋한 마음으로 천천히 한다는 뜻이다. it은 특별한 의미 없이 막연히 '그 일' 정도의 의미로 습관적으로 따라다니는 상황의 it이다.

**Take it easy around here. There are a lot of sharp curves.**
이 근처에서는 조심해야 해. 급커브가 많으니까.
**See you later. Take it easy.** 또 만나자고. 잘 가.
**Take it easy when you carry this table, or you'll scar the walls.**
책상 나를 때 조심해. 벽을 긁을지 모르니까.

어떤 물건을 구체적으로 말할 때는 Take it easy on something.의 형식을 쓴다.
**Take it easy on my sore arm.** 팔이 아프니까 살살 하라고.

🎧 여기서 한 시간 정도 편히 쉬고 있어. 가능한 한 빨리 돌아올게.
**Just stay here and take it easy for about an hour. I'll be back as soon as possible.**

## 늘 심하게 다투다 • fight like cats and dogs

fight like cat and dog는 영국식 표현. 전체적인 의미는 서로 살이 끼었는지 아니면 죽이 맞지 않아서인지 언제나 만나면 서로 싸우거나 아니면 말다툼을 한다는 뜻이다. 그러니까 이 표현 가운데는 '언제나'라는 느낌이 포함되어 있다. 문장의 형식은 cats and dogs와 같이 복수형으로 되어 있으나 실제는 1대1의 싸움을 말한다.

🎧 옆집의 내외는 늘 아귀다툼으로 싸운다. 같이 살고 있다는 게 신기하다.
**The couple next door fight like cats and dogs. It's a wonder they're still married.**

 **AMERICAN ENGLISH EXPRESSION**
BASIC EDITION

## 다루기가 어려운 · demanding

과도한 요구를 해서 다루기가 어렵다는 의미로 쓴다. 또 요구하는 게 많고 자기중심적이라는 의미도 있다.

American women are in general very much demanding.
미국 여성들은 대체로 요구사항이 많아 다루기가 힘들다.

He complained that nowadays Korean wives are too demanding.
그는 요즘 한국 주부들이 요구하는 게 많아 다루기가 어렵다고 투덜댔다.

🎧 사무실에서 내 일은 그 여자가 하는 일보다 훨씬 다루기가 어렵다.
My job at the office is much more demanding than hers.


## 다루는 요령을 알다 · have a way with

way는 '방법·수단'이란 뜻. 일반적으로 사람을 다루는 요령을 가리킨다.
She has a way with children. 그 여자는 아이들을 잘 다룬다.
Mother has a way with father. She'll get him to mow the lawn.
어머니는 아버지를 잘 다루시니까 아버지에게 잔디를 깎도록 하실 거야.

물건을 잘 다룰 때에도 쓰인다.
She has a way with soy-bean soup. 그 여자는 된장국을 잘 끓인다.

🎧 확실히 그 사람은 여자들을 다루는 솜씨가 있다.
He sure has a way with girls.


## 다수결의 원칙에 따르다 · majority rules

majority rule은 '다수결의 원리'란 뜻이다. 그러나 이 경우는 '다수결이 지배한다.'는 의미로 rule을 동사로 쓴 것이다. 미국인들은 민주주의의 기본원칙인 다수결의 원리에 충실한 사람들로, 회화에서도 잘 쓰는 말이다.

🎧 우리 의견은 3대 1이야, 다수결의 원칙에 따르는 거야.
It's three against one. Majority rules.

### 다음 기회에 초대해 주십시오 • Can I get a rain-check?

한글 제목은 편의상 붙인 것이다. rain-check은 원래 야구 같은 운동경기가 우천으로 연기될 때, 다음에 들어올 수 있도록 하기 위해 주던 표로 1880년대부터 발행되었다.

일반회화에서는 초대를 받은 사람이 사정이 있어 참석하지 못할 때 Can I get a rain-check?이라고 하며, 다음 기회에 초대받기를 농담으로 요청하기도 한다. get 대신 have 또는 take를 쓸 수도 있다.

How about a quick one after work tonight?
오늘 저녁 일 끝나고 간단히 한잔 어때?

I'm afraid I'll have to take a rain-check. I've got a meeting at seven. 다음으로 미뤄야겠는데. 7시에 회의가 있거든.

남의 집에 들른 사람이 자리에서 막 일어설 때 음식 등이 나오면 역시 같은 말을 하는데 바빠서 못 먹고 가니 다음 기회에 먹을 수 있겠느냐는 의미이다. 어느 경우에나 어색함을 면하기 위해 즐겨 쓰는 가벼운 의미의 사교적인 말이다.

말끝에 on deposit을 붙여 쓰는 사람도 있다. 보관을 요청한다는 의미다.
또, 백화점이나 큰 가게에서 sale을 하다가 물건이 다 떨어졌을 때 손님에게 나중에 와서 살 수 있도록 가격 할인 쪽지를 발급하는 일이 있는데 이것도 rain-check이라고 한다.

A : 술 한잔하고 가지 그래?
B : 빨리 가야 해. 다음에 한잔 주게.

A : How about some drink before you go?
B : Thanks, but I have to go. Can I get a rain-check on deposit?

### 단 것을 좋아하다 • have a sweet tooth

단 음식 중에서도 특히 캔디·파이·빵 등을 좋아한다는 의미이다.
terrible을 써서 의미를 강조하기도 한다.

My sister has a terrible sweet tooth. 내 누이동생은 단 것을 굉장히 좋아한다.
I've got acquired a sweet tooth since I quit smoking.
나는 담배를 끊고 나서 단 것을 좋아하게 되었다.

🎧 John은 늘 캔디를 먹고 있는데 단 것을 무척 좋아하는가 보다.
**John eats candy all the time. He must have a sweet tooth.**

## 단속하다 · crack down (on)

음주운전 단속, 마약밀매 단속, 보행자 단속 등 범법자에 대한 단속을 의미한다. 의미상 허술했던 것을 강력하게 처벌한다는 뜻이 함축돼 있다. 사전에는 keep ~ under control이나 keep ~ in order 등이 나와 있으나 crack down이 훨씬 강력하고 동적인 느낌이 난다.

**The police stepped up harsh measures to crack down drunk driving.** 경찰은 음주운전을 단속하기 위해 엄한 처벌을 더욱 강화했다.

**They are cracking down on speeding around here.**
이 근처에서 속도위반을 단속하고 있다.

🎧 특별위원회는 마약밀수행위를 단속하는 전반적 활동을 감독한다.
**The special committee oversees the entire operation to crack down on drug smuggling.**

## 담담한 · philosophical

구어 표현에서는 '담담한, 태연한, 허심탄회한, 냉정함을 잃지 않는' 등의 뜻이 있다. a philosophical discussion은 '철학에 관한 토론'이 아니라 '냉정함을 잃지 않는 차분한 토론'을 뜻한다.

**He talked about his experience philosophically.**
그는 담담하게 경험담을 이야기했다.

이탈리아 출신의 명 여배우 Sophia Loren이 이렇게 말을 한 적이 있다.
**I think I'm quite philosophical about life.**
나는 인생 문제에는 아주 담담한 편이에요.

🎧 그는 고객들에게 6만 불을 환급해 주어야 했지만, 그와 같은 손실을 담담하게 받아들이고 있다.
**He had to return $60,000 to the customers, but he's talking his loss philosophically.**

## 당근과 채찍 · the carrot and the stick

말을 잘 달리게 하려면 당근과 회초리가 있어야 하듯, 사람을 조정하려면 칭찬과 협박을 적절히 사용해야 한다는 말이다.
형용사일 때는 carrot-and-stick policy와 같이 쓴다.
정관사 the를 붙여 쓰는 점에 주의해야 한다.

🎧 종업원들을 열심히 일하게 하려면, 당근과 회초리를 다 써야 해.
**If you want workers to do their best, you have to use both the carrot and the stick.**


## 당당하게 남에게 말하다 · tell the world

사사로운 일을 거리낌이나 부끄러움 없이 온 세상에 떳떳이 말한다는 뜻이다.
**Well, you don't have to tell the(whole) world.**
온 세상에 큰소리치고 떠들 필요는 없잖아.

🎧 네 결혼은 잘못된 거야. 어떻게 내가 남들한테 내 아들이 돈을 보고 장가간다고 떳떳하게 말할 수 있겠니?
**Your marriage is a mistake. How can I tell the world that my son is marrying money?**


## 당연히 ~인 것으로 알다 · take someone for granted

일상생활에서 특히 남녀 간에 자주 쓰는 말인데, '사람을 당연히 그러한 것으로 안다.'는 뜻이다.
**My boss told me to make coffee for the visitors, and he takes me for granted.**
사장은 날 보고 손님에게 커피를 끓여 주라고 하는데, 으레 내가 그렇게 해야 하는 것으로 알고 있다.
**Mrs. Baker complained that her husband takes her for granted.**
Baker 부인은 남편이 아내는 그러한 일을 당연히 해야 하는 것으로 알고 있다고 불만을 털어놓았다.
**We tend to take a lot of things for granted.**
우리는 많은 물건을 으레 있어야 하는 것으로 아는 경향이 있다.
즉 '고마운 줄을 모른다.'는 의미이다.

🎧 내 남편은 나를 저녁식사나 극장 같은 곳에 데리고 가는 일이 전혀 없어요. 으레 집에서 살림이나 해야 하는 것으로 알거든요.
**My husband never takes me out to dinner, a movie or anything. He takes me for granted.**

## 당치도 않은 소리 • You've got to be kidding.

kid는 '농담한다.'는 뜻이다. You must be kidding. 또는 No kidding.과 같다. 발음은 [유가라비 키딩]이다. 속어적 표현이지만 빈번하게 쓰인다.
간단히 That's impossible.이라고 해도 된다.

🎧 내가 투기꾼이라고? 당치도 않은 소리!
**Are you saying that I'm a speculator? You've got to be kidding!**

## 당황하지 마라! • Don't panic!

panic은 '이유나 원인을 알 수 없는 갑작스러운 공포'를 나타내며 표제어는 위급한 상황에 부닥쳐 공포감으로 당황할 때 쓰는 말이다.
elevator 같은 것이 갑자기 멈추거나 강도나 화재 등을 당해서 공포에 떠는 사람을 보고 Don't panic!이라고 하면 훌륭한 영어다. 이와 같은 상황을 영어로 직역해서 Don't get excited. 흥분하지 마라. 라고 하기 쉬우나 excite는 일반 회화에서 정서적인 기쁨이나 정신적 흥분상태를 나타내는 일이 많으므로 공포감을 나타내는 panic과는 거리가 멀다. 과거형은 panicked이다.
**The driver panicked when he found out the brakes didn't work.**
브레이크가 안 듣는다는 것을 안 운전자는 크게 당황했다.

🎧 당황하지 마라! 소방관들이 와서 우리를 구해 줄 거야.
**Don't panic! The firemen will come and get us out of here.**

## 대단치 않은 • nothing great

선물 등을 줄 때 잘 쓴다. not that great도 비슷한 표현이다.
**He's not that great. He's no better than anybody else.**
그 사람 대단할 것 없어. 우리보다 나을 게 없지.

🎧 이거 대단치는 않지만 마음에 들었으면 하네.
It's nothing great but I hope you like it.

## 대단하군, 그래! · Big deal!

big deal의 본뜻은 '큰 거래'. 즉 something really important와 같은 의미이다.
We just completed a big deal with an American trading company.
우리는 방금 미국 무역회사와 큰 거래를 마쳤다.

빈정대거나 비꼴 때 쓰는 말이다.
Don't make such a big deal out of it!
그 일로 그렇게 요란을 떨지 말게!

그러나 Big deal!을 단독 문장으로 쓸 때는 결과에 대한 자조적인 빈정거림이나 울분 등을 나타낸다. 즉 So what! 혹은 What does it matter?와 같은 의미이다.
"Hey, your socks don't match." 야, 너 양말 짝짝이로 신었구나.
"Big deal!" 그래 짝짝이다. 그래서 어쨌다는 거야!

🎧 노조가 그렇게 요란스럽게 떠들어대더니 간신히 쟁취한 승급액이 월 3만 원이야. 대단하군!
After all the noise the union made, they finally got us a thirty thousand won a month raise. Big deal!

## 대응하지 않을 수 없는 입장에 세우다 · put the ball in someone's court

테니스를 할 때 공이 상대편 쪽으로 갔을 때 흔히 '공은 이제 ~의 편에 넘어갔다.'는 말을 한다. 비유적으로 공이 자기편으로 넘어왔으니 치지 않을 수 없다는 말인데 어떻게든 대응하지 않을 수 없다는 반강제적 느낌마저 있는 표현이다.
경우에 따라서는 put the ball squarely in someone's court라고 할 때도 있다. squarely는 '코트의 한가운데'라는 뜻으로 문장을 강조할 때 잘 쓴다. 또 put 대신 place를 쓰는 때도 있다.

🎧 이번 한국의 제안으로 일본은 어떻게든 해야 하는 입장에 몰리고 말았다.
**Korea's latest proposal has put the ball squarely in Japan's court.**

### 대형 트럭 • eighteen wheeler

바퀴가 모두 18개가 달린 대형 수송트럭을 가리키는 말로, 일반회화에서 자주 쓰인다. 이 차는 대개 운전하는 부분과 짐을 싣는 트레일러가 분리되어 있다.
**An eighteen wheeler almost ran me off the road.**
대형트럭이 나를 거의 길에서 몰아냈다. ― 난폭 운전을 했다는 말이다.

🎧 해가 지면 운전하지 마. 밤에는 대형트럭들이 길에서 판을 치니까.
**Don't drive after dark. The eighteen wheelers rule the road at night.**

### 더 이상 참을 수 없는 상황 • the last straw

그동안 참아 왔지만, 더는 견딜 수 없는 행동이나 사정으로, 몹시 격앙된 감정이 내포되어 있다.
**This is the last straw. I'm calling the police.**
더 이상 못 참겠어. 경찰을 불러야겠다.

이 표현의 유래는,
**It's the last straw that breaks the camel's back.**
낙타의 등을 부러뜨리는 것은 최후의 짚이다. 라는 속담에서 찾을 수 있다.
여기서 the last straw는 '더 이상 짐을 실을 수 없는 정도까지 싣고도 마지막 짐을 더 싣는다.'는 의미이다.
**This is the last straw. Either you return the money to me or our friendship is over.**
이젠 마지막이야. 내게 돈을 돌려주든지 아니면 우리 친구 사이도 끝나는 거야.

🎧 그 여자는 어제 남편의 지갑에서 여자의 사진을 발견하고는 더 이상 참을 수가 없었다.
**Yesterday was the last straw when she found a girl's picture in her husband's wallet.**

### 더위를 이기다 · beat the heat

beat는 '이겨내다, 앞지르다.'란 뜻이다. 이 경우는 엄밀히 말해 피서란 뜻이 아니라 더위를 참아내는 수단이나 방법을 가리킨다. 여기서 heat는 '더운 열기'를 가리키며, 더운 날씨는 hot weather라고 한다.

Swimming is one of the ways to beat the heat.
수영은 더위를 이기는 방법 중의 하나다.

A : 더위를 이기는 가장 좋은 방법은 뭐지?
B : 아이스크림 먹어.

A : What is the best way to beat the heat?
B : Have ice cream.

### 도가 지나치다 · go overboard

사업·음식·애정·농담 등 여러 가지 상황에 광범위하게 쓰인다.

My inventory is not that great, but I don't want to go overboard.
재고가 그리 넉넉지는 않으나, 그렇다고 너무 많이 쌓아 놓고 싶지는 않다.

이 경우는 overstock을 하지 않겠다는 의미이다.

과음·과식에 주의를 줄 때도 쓴다.

We got a big game coming up tomorrow. Don't go overboard.
내일 큰 시합이 있으니, 과음들 말게.

You got a bad stomach. Don't go overboard.
자네 속도 좋지 않은데 너무 과식하지 말게.

남녀관계와 관련해서,

I try not to go overboard. 선을 넘지는 않으려고 조심하네.
= I try not to step out of line.

경찰이 음주운전을 단속하고 있으니까 너무 마시지 않도록 하게.
The police are cracking down on drunk driving. Try not to go overboard.

## 도지다 · act up

한 마디로 설명하기 어려운 말로 잠재적으로는 '본래의 방향에서 빗나간 행동이나 작용을 한다.'는 의미이다. 주로 아이들, 기계류, 회복될 것 같던 질병, 또는 일기·바다·화산 등의 자연이 다시 날뛴다는 느낌으로 많이 쓴다.

**My car has started acting up again. I'll have to get it fixed.**
자동차가 또 말썽을 부리고 있다. 수리를 해야겠다.

이 경우에 전에도 고장이 나서 다 고친 줄 알았더니 또 말썽을 부린다는 말이다.
질병의 경우도 마찬가지이며, 이때 병 자체보다도 아픈 환부가 주어가 되는 경우가 많다. 예를 들면 폐결핵(tuberculosis)이 도지는 것이 아니라 폐(my lungs)가 도진다고 표현되는 게 보통이다.

**My ankle is acting up again.** 내 발목이 또 말썽을 부리고 있어.

🎧 비행기가 근처를 날 때마다 우리 집 텔레비전의 화면이 흔들린다.
**Our television acts up every time an airplane flies over the neighborhood.**


## 돈 · dough

'돈'이란 뜻의 속어로는 가장 널리 쓰이는 것으로, 젊은 사람들이 표제어 대신 bread를 써서 약간 후퇴한 듯한 느낌은 있으나 꽤 명이 긴 편이다.
옛날에는 '뇌물 같은 부정한 방법으로 얻은 돈'이란 의미가 있었으나, 지금은 그러한 느낌은 전혀 없다.

**I need some dough to buy groceries.**
식료품을 사기 위해 돈이 필요하다.

**I'd like to buy a new car, but I haven't got the dough.**
새 차를 샀으면 좋겠는데 돈이 있어야지.

미국인들은 의학박사를 가리키는 M.D.를 More Dough 더 많은 돈 라며 돈만 아는 의사들이라고 빈정거리기도 한다.

🎧 지금 가지고 있는 돈이 얼마나 돼?
**How much dough have you got on you?**

## (지급한) 돈 가치만큼 받다 · get one's money's worth

'지급한 돈의 가치에 상당한 것을 받는다.'는 의미로, 결과적으로는 돈의 값어치만큼 한다는 말이다.

Weigh that package of meat before you buy it. Be sure you're getting your money's worth.
사기 전에 그 고깃덩이를 달아보도록 해요. 돈을 낸 만큼은 받아가야지.

The scale at the store is off, and people don't get their money's worth. 그 가게의 저울이 고장이야, 그래서 사람들이 돈을 낸 만큼의 물건을 받아가지 못한다고.

🎧 내가 새로 산 카메라는 돈을 낸 만큼의 가치가 없어서, 다시 갖다 주었다.
I didn't get my money's worth with my new camera, so I took it back.

## 돈벌이 잘하는 남편 · good provider

벌이를 잘해서 가정생활에 조금도 불편을 주지 않는 사람, 대체로 그런 남편을 말한다. 그러나 살림꾼이라는 의미는 없다. '가정적인 사람'은 a family-man이라고 한다. a home-body도 가정적이라는 의미이나 밖의 활동은 별로 하지 않고 집에 있기를 좋아하는 사람을 가리킨다. 또, 식구를 부양하기 위해 돈을 벌어 오는 사람은 a breadwinner라고 한다.

이 밖에 a home-maker는 가정주부라는 말이다. 이 표현은 집에서 살림하는 것도 직업으로 인정받고 싶어하는 부인들이 그렇게 불리기를 원하는 말이다.

🎧 우리 남편은 돈벌이 잘하는 가장이긴 하지만, 밖에 나가기를 별로 좋아하지 않아서 불만이야.
My husband is a good provider, but my beef is that he's not an outdoor kind of guy. (beef : 불평)

## 돈을 보고 남자를 사귀는 여자 · gold digger

오직 돈 하나만 보고 남자에게 관심을 두는 여자를 말한다. 단순히 사귀기만 하는 사람뿐만 아니라 돈이나 재산을 노리고 결혼하는 사람도 포함된다.

Sam called Sally a gold digger, and she was devastated.
Sam이 Sally에게 돈만 보고 남자를 사귀는 여자라고 말하자 그녀는 깜짝 놀랐다.

🎧 사람들은 그녀가 돈만 보고 결혼하는 사람이라고 한다. 이번에 또 네 번째 부자 남편에게 올가미를 씌운 것으로 신문에 나 있다.
**People say she's a real gold digger. I see in the paper that she's just snared her fourth millionaire husband.**

## 돈이 두둑한 · loaded

loaded는 The ship is loaded. 배에 화물이 가득 실렸다. 와 같이 원래 '화물이 적재 한도까지 가득 찼다.'는 뜻인데, 돈이 가득하다는 의미로 발전된 것이다.
You have to be loaded to be able to afford a car like that.
그런 차를 가지려면 상당한 돈이 필요할 텐데 말이야.

또, 일시적으로 돈이 많을 때도 이 표현을 쓴다.
I'm loaded tonight. I just got a big bonus.
난 오늘 저녁 돈이 두둑해. 보너스를 많이 받았거든.

이밖에 '술에 만취하다.'란 의미도 있다.
If you're loaded, don't drive. 술에 취했으면 운전하지 마.
I'm not loaded. I'm just tipsy. 난 술에 취한 게 아니라 약간 얼큰할 뿐이야.

우리는 자동차에 선택사항이 많은 것을 option이 많다고 하는데, 영어는 The car is loaded.라 한다.
Do you want to see a car that's loaded?
옵션이 다 들어간 자동차를 구경하시겠습니까?

🎧 Wilson 씨는 돈이 많지만 자기 돈을 쓰는 것은 아까워하지 않는 사람이다.
**Mr. Wilson is loaded, but he's also generous with his money.**

## 돌대가리인 · hardheaded

stubborn이라는 의미이나, '물리적으로 머리가 굳은'과 '상식이 통하지 않는'의 두 가지 의미가 있다.

반대말인 softheaded는 '머리가 부드럽다.'가 아니라 역시 '바보'라는 뜻이니 주의해야 한다. soft in the head라고도 한다.
**You're soft in the head if you think I'll go along with that.**
내가 그에 동의할 것으로 생각하면 자넨 바보야.

🎧 저런 돌대가리는 어느 누구와도 말썽을 빚을 거야.
**Anybody who is hardheaded is going to have trouble with everybody.**

## 동의하다 · go along with

with 다음에는 something 또는 someone이 나올 수 있다.
**I'll go along with your plan.** 자네 계획대로 따르겠네.
**I go along with Ellen. I'm sure she's right.**
Ellen이 하자는 대로 하겠네. 그 여자 말이 옳다고 생각해.

사전에는 '함께 해나가다, 협력하다.'라는 막연한 뜻 밖에 없으나, '상대방의 제안·의견·계획 등에 따른다.'는 뜻으로 많이 사용한다.

🎧 자네는 1년에 걸쳐 돈을 쪼개서 지급하겠다고 하지만 나로서는 동의할 수 없네.
**You're saying that you'd make a split payment over a period of one year, but I cannot go along with that.**

## 동창회 · class reunion

동창생들의 모임을 말하며, 동창회 조직은 alumni association, 동기생은 a classmate라고 한다. 영어에 '동창생'이란 단어는 없다. 또, 우리는 같은 학교를 졸업한 사람들이 졸업한 기수에 상관없이 모두 모이는 일이 있으나 미국에서는 같은 classmate 이외의 사람들과는 그다지 관계를 맺지 않는다. 설명적이긴 하나 He and I went to the same school.로 할 수밖에 없다.

**참고** 사무실 동료는 officemate, 일반적으로 직장 동료는 co-worker라고 한다.

🎧 나는 동창회에서 옛날 애인을 만났다.
**At the class reunion I met my old sweetheart.**

## 됐으면 됐다고 말해 · Say when.

상대편 유리컵에 마실 것을 따라 주면서 쓰는 말로, Say when you want me to stop pouring. 그만 따랐으면 좋을 때 말하세요. 의 생략형이다.

그러니까 뭔가 마실 것을 따르는 사람이 Say when.이라고 말하면, 습관상 That's enough. 그만하면 됐어. 또는 That's plenty, thanks. 그만하면 충분해. 라고 대답한다. 즉 'when이라고 말하라.'니까 다 따르거나 끝이 났을 때 when이라고 대답할 수도 있으나 익살스러운 표현에 불과하다.

엄마가 아기에게 오줌 항아리(piss pot)를 갖다 대고, Say when. 다 누었으면 말해. 이라고 하는 경우가 자주 있는데, 이때 아이는 I'm done!이라고 하지만 When!이라고 말하기도 한다. 대개 명령형으로 쓰지만, 아래와 같이 쓰기도 한다.

Start filling the tank, I'll say when.
탱크를 채워주세요. 충분히 들어가면 신호할 테니.

🎧 A : 내가 기름을 채워줄게. 충분하면 말해.
B : 됐어, 됐어. 너무 많아.

A : I'll fill it up for you. Please say when.
B : When! When! That's too much!


## 둘러보다(이것저것) · browse

browse는 '어린 나뭇잎'이란 뜻 외에 '책을 이리저리 들춰 본다.'는 의미의 동사도 된다. 같은 '잎'이라는 뜻의 leaf를 써서 leaf through a book이라 하면 '이리저리 페이지를 넘겨본다.'는 의미가 된다. 서점 등에 Do Not Leaf Through The Magazines라는 sign이 있는 곳도 있다.

browse의 이런 의미로부터 발전하여 백화점 등에 들러 특별히 살 목적 없이 둘러보는 것도 browsing이라고 한다. 흔히 I'm just looking.을 대신해서 자주 쓴다. 그러한 행위를 하는 사람을 browser라고 한다.

🎧 A : 제가 뭐 도와 드릴 거라도 있습니까?
B : 아녜요. 그냥 구경하는 거예요.

A : Is there anything I can help you with?
B : No, I'm just browsing. Thank you.

## 뒤쳐지지 않으려고 유리한 쪽에 붙다 · climb on the bandwagon

bandwagon은 악대를 태운 마차. climb on은 기어 올라가다. 옛날 선거전에서 후보자는 bandwagon을 타고 유세를 다녔다. 사람들은 자기가 좋아하는 후보자의 마차에 올라타 지지를 호소했고, 후보자가 당선된 다음에 유형·무형의 이익을 생각해서 이 마차에 기어오르곤 했다.

climb on 대신 get, jump, hop 등의 동사도 쓰는데, get은 climb on과 의미가 같으나 jump, hop 등은 신나게 뛰어오른다는 느낌이 뚜렷이 나타난다. on 대신 off를 써서 climb off, jump off, hop off라고 하면 bandwagon on에서 내린다는 말로 '어떤 진영에서 이탈한다.'는 말이 된다.

🎧 그가 선거에 이길 것이 분명해지자, 모두 그에게 붙기 시작했다.
**When it became apparent that he was going to win the election, everybody began climbing on the bandwagon.**

## 뒤치다꺼리하다 · pick up after someone

이 경우의 pick up은 tidy up 정리·정돈 혹은 clean up 청소한다는 의미이다.
I want you to pick up the entire house.
온 집 안을 깨끗이 치워 줬으면 좋겠다.

after가 붙으면 뒤를 쫓아다니며 정돈을 한다, 즉 뒤치다꺼리한다는 의미가 된다.

🎧 무엇 때문에 당신이 밥 짓고 청소하며, 시집갈 나이가 다 된 딸의 뒤치다꺼리까지 해야 합니까?
**Why should you cook and clean, and even pick up after your daughter who's old enough to get married?**

## 뒷구멍으로 · under the table

책상 밑으로 넌지시 돈을 건네던 습관에서 나온 말로 뇌물의 수수와 관련해서 잘 쓰는 말이다. something under the table은 '뇌물'이란 뜻이고 under-the-table이라고 하면 '매수 행위'란 뜻이 된다.

**The mayor made a few bucks under the table.**
시장은 뒷구멍으로 돈을 조금 벌었다.

또 under the table을 형용사로 쓸 수도 있다.
It was strictly under the table deal. 이것은 순전히 은밀한 거래였다.

한편, drink someone under the table이라고 하면 someone은 술에 취해서 술상 밑에 곯아떨어졌는데 자신은 끄떡없다는 의미가 된다.
He drank us all under the table last night.
어젯밤 모두 술에 취해 곯아떨어졌는데 그는 끄떡없었다.
He can drink me under the table. 그는 나보다 술이 세다.

🎧 그가 말하는 태도로 봐서 뒷구멍으로 뭔가 바라고 있다는 것을 알았지.
**From the way he talked, I knew he was expecting something under the table.**

## 뒷맛이 안 좋다 · have an aftertaste

특히 '뒷맛의 불쾌함'을 가리키며 좋지 않은 경험이나 사건을 둘러싼 불쾌감을 말할 때도 있다. an unpleasant aftertaste 혹은 a bad aftertaste라고 하나 a nasty aftertaste도 많이 쓴다.
His insensitive remarks at the party left a nasty aftertaste.
파티에서 그의 주책없는 발언은 뒤끝이 좋지 않았다.

🎧 이 포도주는 뒷맛이 좋지 않다.
**This wine has an aftertaste.**

## 드디어 금요일이다! · T.G.I.F.

'Thanks God it's Friday.'의 약자. 다음 날인 토요일과 일요일은 푹 쉬기 때문에 힘들었던 일주일을 보내며 안도의 한숨을 쉬는 감탄사이다.
It was a rough week. T.G.I.F.
아이고, 지난 일주일은 힘들었네. 오늘은 금요일이니 기분이 좋군.
또, 주말을 축하하는 금요일 저녁의 작은 술잔치를 가리키기도 한다.

🎧 금요일 오후면 모두들 T.G.I.F.하고 중얼거렸다.
**Everybody was muttering T.G.I.F. by Friday afternoon.**

### 듣고 흘려버리다 · go in one ear and out the other

직역하면 '한쪽 귀로 듣고 한쪽 귀로 흘려버린다.'는 의미이다. 의견·충고·주의 등을 주어도 아무런 효과가 없는 경우에 쓴다. 특히 듣고 흘려버리는 내용이 주어가 되고 사람은 문장에 직접 나타나지 않는다는 점에 주의해야 한다. 문맥에 따라서는 남이 하는 말에 주의를 기울이지 않고 멍청하게 흘려버린다는 느낌의 '마이동풍'이란 의미도 있다. just를 써서 의미를 강조하기도 한다.
I can't concentrate. Things people say to me just go in one ear and out the other.
마음을 집중시킬 수가 없어. 사람들이 내게 하는 말이 그저 마이동풍이니 말이야.

🎧 그는 내 말을 성실하게 들어주지 않는다. 한쪽 귀로 듣고 한쪽 귀로 흘려버리니까.
**He never takes what I say seriously. It just goes in one ear and out the other.**

### 듣고 흘리다 · just listen

listen만으로는 '그냥 듣는다.'는 뜻 밖에 없으나, just가 붙으면 어감이 아주 달라진다. 즉 상대편의 얘기를 그냥 듣기만 하고, 반응을 보이지 않는다는 뉘앙스가 있다. In one ear, out the other. 한쪽 귀로 듣고, 한쪽 귀로 흘려버린다. 는 고정표현보다 좀 더 구어적인 맛을 느낄 수 있다.

🎧 집사람은 늘 잔소리를 하지만, 나는 그냥 듣고 흘려버린다.
**My wife keeps nagging at me, but I just listen.**

### 듣던 이름 · familiar name

familiar는 '잘 아는, 생소하지 않은'이란 뜻이다. '듣던 목소리'는 a familiar voice.
I didn't get his name, but the voice sounded familiar.
이름은 묻지 않았지만, 많이 듣던 음성이었어.

'단골손님'은 a steady customer라고 하나 이것은 주인으로서 하는 말이고, 제3자의 측면에서 본 단골은 a familiar face라 해야 마땅하다. '낯익은, 자주 얼굴을 보이는 사람'이란 뜻이다.
He's a familiar face at the bar. 그는 그 술집에 자주 모습을 보인다.
이 경우의 familiar는 '어떤 장소에 자주 찾아오는 사람'을 말한다.
He's familiar to me.하면 '그 사람 일은 내가 잘 알고 있지.'가 된다.

🎧 그 여자가 누군지 잘 모르겠어. 듣던 이름이 아니야.
I don't know who she is. The name doesn't sound familiar.

## 등쳐서 빼앗다 · bum something off someone

bum은 '친구 또는 다른 사람에게 졸라서 또는 빌붙어서 경우에 따라서는 협박도 해가면서 물건을 나누어 가진다.'는 뜻. 흔히 돈(특히 푼돈), 담배 혹은 담뱃불 등을 꾸거나 빌려 필 때 잘 쓰는 말이다. 길거리에서 다른 사람에게 다가가 담뱃값이라도 달라고 조르는 것도 bum이며, 대개 돈을 갚지 않는다는 뉘앙스가 있다.

He's always bumming cigarettes off me.
그 친구는 언제나 내 담배를 빼앗아 피운단 말이야.
Let me bum a light, will you? 담뱃불 좀 빌립시다.
Can I bum a dollar off you? 1달러만 꿔 주겠어?
자동차에 잠깐 편승한다고 할 때도 쓸 수 있다.

🎧 나는 창수와 Tucson까지 가는 길에 그곳까지 편승했다.
I bummed a ride with Changsoo as far as Tucson.

## 따끔한 맛을 보게 된다(무모한 짓을 해서) · riding for a fall

표제어의 뜻은 '말에서 떨어지기 위해 말을 탄다.'는 뜻으로, 비유적으로는 '무리한 일을 한다.'는 것. 내용적으로는 말을 탄 모습이 너무 무리하는 것으로 보이기 때문에 마치 낙마하기 위해 말을 탄 꼴이라는 뜻으로 잘난체 하는 사람이 언젠가 따끔한 맛을 보게 될 것이라는 의미이다. 진행형으로 쓰는 게 습관이다.

He never listens to me. If he keeps on dating a different girl every week, he'll be riding for a fall.
그자는 내 말을 전혀 듣지 않아. 매주 다른 여자와 데이트를 계속하면, 혼나게 될 거야.

🎧 지금처럼 계속 돈을 빌리기만 하면, 우리 회사는 틀림없이 따끔한 맛을 보게 될 거야.
**Our company is only riding for a fall if we continue to borrow money.**

## 따지지 말게(않다) · No questions asked.

상황에 따라 뉘앙스가 달라진다. 단도직입적으로 부탁할 때 잘 쓰는 관용적 표현이다.
I need twenty dollars. No questions asked.
20달러만 꿔 주게. 이유는 묻지 말게.

융자회사에서 선전할 때 잘 쓰는 문구가 있다.
Give us a call. Money is ready for you. No questions asked.
전화만 주십시오. 돈은 언제든지 꾸어 드립니다. 따져 묻지도 않습니다.
즉 융자에 앞서 담보나 상환능력 등에 대해 묻지 않는다는 말이다.

🎧 당신은 아무 때나 출입하실 수 있습니다. 방문 목적을 밝힐 필요도 없습니다.
**You're always welcome. No questions asked.**

## 딱 한잔 · quick one

이 경우의 quick은 '빠르다.'는 뜻이 아니라 '간단히' 또는 '딱'이라는 느낌이며, one은 one drink란 뜻이다. quickie라고도 한다. 그러나 quickie는 재빠르게 치르는 성행위를 말하기도 하므로 주의해야 한다.
How about it? Got time for a quick one? 어때? 딱 한잔할 시간 있나?
I could use a quick one about now. 지금 딱 한잔했으면 좋겠다.
I only have time for a quickie. 딱 한잔할 시간밖에 없어.

🎧 기다리고 있는 동안 딱 한잔했어요.
**I had just a quick one while I was waiting.**

## 때가 좋지 않다 · This isn't a good time.

적정한 시기가 아니라는 뜻이다. 직접적으로 This is a bad time.이라 해도 좋다. 흔히 타이밍이 좋지 않다고들 하는데, timing은 '시간 측정'이나 '시간적

조절'이란 뜻이지 적절한 시기라는 의미는 아니다.
'지금 한창 바쁘신데 전화한 거 아닙니까?'는 Did I call you at a bad time? 이다.

🎧 며칠 더 기다려 보지. 지금은 때가 좋지 않아.
**We'll wait a few more days. This isn't a good time.**

## 때로는 · for a change

직역하면 '변화를 위해서' 또는 '변화를 찾아서'란 뜻이다. 그때까지의 경향이나 추세에 불만이 있어 그 흐름을 바꾸고 싶다고 생각하거나 또는 바꾸었으면 하고 바랄 때 쓴다. 때로는 '변해도 되지 않느냐'는 가벼운 반문의 의미이다. 사람의 행동 패턴뿐만 아니라 자연현상이나 사회현상에 대해서도 쓴다.

**You're always bumming cigarettes off me. Why don't you buy your own for a change?**
자넨 늘 내 담배를 빼앗아 피우는데, 때로는, 직접 사 피울 수 있잖아?

**I'm getting tired of taking our vacations at the beach every year. This summer, why don't we go to the mountains for a change?**
매년 휴가를 해변에서 지냈는데 싫증이 나. 이번 여름에는 기분을 바꿔서 산으로 가자.

**I'm tired of all this rainy weather. I wish the sun would come out for a change.** 비가 이렇게 계속 오니 짜증이 나는군. 때로는 햇볕이 나면 좋으련만.

🎧 때로는 집에 들어앉아 공부 좀 할 때도 됐겠는데.
**It's about time you stayed home and studied for a change.**

## 떠나기 전에 한 잔 더 · one more for the road

술꾼들이 즐겨 쓰는 말이다. for the road는 속어로 '이별의 표시로'라는 뜻이나 요즘은 반드시 슬픈 이별만을 나타내지 않는다. 영국에서는 먼 길을 떠나려고 말 위에 올라앉은 사람에게 One for the road.라고 하면서 이별의 술을 권했다는 고사가 있다.

떠나기 전에 참석한 사람 모두 한 잔씩 더 하자고 권할 때는 Let's have another round for the road.라고 해도 좋다. '우리 술잔 한 번 더 돌립시다.'는 Shall we have another round?라고 하면 된다.

🎧 시간이 많이 늦었군. 한 잔씩 더 하고 일어나는 게 어때?
It's getting very late. How about one more for the road?

### 떼어놓다(사람을) • ditch someone

ditch는 '도랑' 혹은 '도랑을 파다.'란 뜻으로 별로 달갑지 않거나 원치 않는 사람을 떼어놓고 가버린다는 일반화된 속어이다. 같은 의미로 give someone a shake도 잘 쓰는 속어이다.
The thief ditched the car and continued on foot.
도둑은 자동차를 버리고 계속 걸어서 도망쳤다.

학교나 어떤 조직의 모임 등을 피하거나 빼먹는 경우에도 ditch를 쓴다.
They make me want to ditch school, go play pinball, and drink slurpees. 그들은 내가 학교 빼먹고 핀볼이나 하면서 슬리피나 마시고 싶게 한다.

🎧 날 떼어놓고 가는 건 아니겠지?
You are not going to ditch me, are you?

### 또순이 • ball of fire

맹렬하고 적극적인 사람을 go-getter라고도 하나, 여자에게는 별로 쓰지 않고 She has a head on her shoulders.를 쓴다. 어떤 일을 잘 처리하는 재주가 있다는 뜻이지 또순이와는 거리가 있다. 맹렬 여성이라는 느낌을 나타내는 데는 표제어가 적격이다.

🎧 그 여자는 아이스크림 행상을 시작해서 3년 만에 작은 아파트를 샀다. 또순이다.
She started out as an ice-cream vendor and bought a small apartment house after three years. She is a ball of fire.

### 똑똑하다 • have a head on one's shoulders

직역하면 '어깨 위에 머리를 가지고 있다.'이지만 내용적으로 '어떠한 일을 하건 똑똑하다.'는 의미이다. 남자뿐만 아니라 여자의 경우에도 쓴다. 상식 밖의 일은 하지 않으며, 분별력도 있고 실생활에서 머리가 좋다는 뜻으로 반드시 학식이 있어서 머리가 좋다거나 예리하고 독창적인 요소를 가지고 있다는 뜻은 아니다.

Why don't you ask Archie for help? He lacks experience, but he has a head on his shoulders. Archie에게 도와달라고 하지그래. 경험은 없지만, 머리는 똑똑해.
head를 good이나 real로 수식하는 경우도 있다.

🎧 당신 아우가 똑똑한 사람이라는 것은 잘 알고 있으나, 우리로서는 좀 더 교육을 받은 사람을 채용하고 싶네.

I realize your brother has a good head on his shoulders, but we'd prefer to hire someone with more education.


## 똥을 밟다 · cut one's foot on ~

I cut my foot on a piece of glass.처럼 '유리에 발을 벤다.'는 말로도 쓰지만, 얼떨결에 잘못해서 개똥이나 쇠똥 등을 밟았을 때도 쓴다. 즉, 쇠똥을 밟는 것을 마치 유리에 발을 베이는 것처럼 불쾌한 일로 여긴 데서 나온 비유적인 표현이다. 사람에게 주의를 줄 때도 쓴다.

Be careful. Don't cut your foot. 조심해. 똥 밟지 않도록 해.

🎧 나는 쇠똥을 밟았다.

I cut my foot on a cow pie.


## 뚜드려 맞추다 · juggle

칼·도끼 혹은 공이나 모자 등 여러 물체를 공중에 교대로 올리며 손재간을 부리는 사람을 juggler라 한다. juggle은 일반사전에 '속임수나 요술의 재주를 부리는 것'으로 나와 있으나, 일반회화에서는 '어려운 일을 용케 처리해 가면서 그때그때 간신히 대처한다.'는 의미로 많이 쓴다.

> **참고** cook the book은 '경리 장부를 부정한 목적을 위해 고친다.'는 의미가 있지만, juggle the book은 '뚜드려 맞춘다.'는 뜻으로 반드시 부정한다는 의미는 아니다.

🎧 생각지 않던 일이 생길 때마다, 나는 스케줄을 뚜드려 맞추어야 했다.

Whenever something unexpected came up, my schedule had to be juggled.

# AMERICAN ENGLISH EXPRESSION
## BASIC EDITION

## 마음씨가 곱다 • have a heart of gold

황금과 같이 빛나고 아름다운 마음을 가지고 있다는 의미이다.
'순정의 사나이'를 a man with a heart of gold라고 한다.
She stole your ring, you say? That's impossible! She has a heart of gold. 그 애가 네 반지를 훔쳤다고? 그런 일은 있을 수 없어! 착한 사람인데.

반대로 '마음씨가 차고 비우호적'이면, She has a heart of stone.을 쓴다.

한편 have a black heart라고 하면 '뱃속이 검다.'는 뜻이다. evil-minded도 같은 의미이다. insidious도 있으나 이것은 '음흉하고 교활하다.'는 의미이며, secretive는 공개하기를 꺼리고 뭔가 숨기고 있다는 뉘앙스가 있다.
He's kind of secretive lately. 그 친구 요즘 뭔가 숨기고 있는 것 같아.

🎧 그 여자는 가끔 화는 내지만, 속마음은 착한 사람이야.
**Maybe she gets mad sometimes, but underneath she has a heart of gold.**

## 마음에 들게 하다 • get on the good side of

자기에게 좋은 감정을 갖도록 손윗사람이나 화가 난 사람의 비위를 맞춘다는 뜻으로 남편에 대해 말할 때도 쓴다. the good side of 다음에는 사람이 나온다.
If you want to get on the good side of your teacher, you must do your homework. 선생님의 마음에 들려면 숙제를 해야 한다.

'윗사람의 비위를 맞춘다.'는 의미의 속어 표현으로는 an apple-polisher와 a brown-noser가 있다.

🎧 그 여자의 마음에 들려면 점잖게 행동하는 게 좋다.
**You'd better behave properly if you want to get on the good side of her.**

## 마음을 털어놓다 · get it off one's chest

원래는 get a load off one's chest가 변한 것으로, a load 즉 '자기 가슴에 쌓여있던 무거운 짐을 가슴에서 내려놓는다.'는 뜻이다. 그러나 '나는 나의 마음을 다 털어놓았다.'고 할 때는 I got it off my chest to him.이 아니라 I told him and got it off my chest.라고 한다. 거의 관용적으로 쓰이는 표현이다. open one's heart도 비슷한 뜻이다.

🎧 자, 속 시원히 마음을 다 털어놓아 봐요.
**Come on. Get it off your chest.**

## 마음의 변화를 가져오다 · have a change of heart

문자대로라면 마음의 변화를 가져온다는 뜻인데 change one's mind 생각을 바꾸다. 와 혼동하지 않도록 주의해야 한다.
I haven't had a change of heart, but I've changed my mind.
내 심경이 변한 것은 아니고 다만 생각이 변했을 뿐이다.

heart는 가슴에 있으며 감정이 깃드는 곳이고, mind는 머리에 있으며 이성이 깃들어 있는 곳이다. 그러나 heart 쪽이 보다 근본적인 곳으로, heart가 변하면 자연히 mind도 변한다. 또 반대일 경우도 있다. 이것이 미국인들의 생각이다. 결국, heart를 바꾸는 것은 어려운 일이지만 mind를 바꾸는 것은 쉬운 일이라는 것이 영어식 사고방식이다.

🎧 전에 George는 흑인에 대한 편견을 가지고 있었으나, 학생 시절에 흑인 룸메이트와 지내면서 마음이 변했다.
**George used to be prejudiced against Blacks, but since he has had a black roommate at college, he has had a change of heart.**

## 마음이 내키다 · feel up to something

feel up to는 '어떤 일을 했으면 하고 마음이 내킨다.'는 의미로, 보통 부정문으로 쓴다.

I'd enjoy a little social life, but my husband doesn't feel up to it.
나는 가끔 사교생활을 즐기고 싶은데, 우리 남편은 별로 내키지 않는 모양이에요.

I don't feel up to playing tennis today.
오늘은 테니스를 치고 싶은 마음이 별로 없다.

🎧 시어머니가 저녁에 오시기 때문에 남편과 공항에 가야 하는데, 썩 마음이 내키지 않는다.
My mother-in-law is coming over tonight, and I should go to the airport with my husband, but I just don't feel up to it.

## 마음이 들떠서 • on cloud nine

원래 영어로는 be excited에 해당한다. 이 말의 기원은 단테의 신곡 10개 가운데 9번째 천국 또는 기하학상 여러 가지 구름의 분류(보통 10가지)에서 찾을 수 있다. 그러나 전에는 nine 대신 on cloud seven을 썼고 지금도 쓰고 있는데, 이는 in seventh heaven 최고의 기분와 같은 의미이다. 이슬람교나 유태교에서 천국은 7개가 있으며 7번째 천국이 지상의 극락으로 하나님이 계신 곳이라고 한다. 그래서 영국이나 미국에서 seventh heaven을 '최고의 행복'이란 의미로 쓰게 되었다.

🎧 Sally는 제일 동경하던 락스타가 말을 걸어 좋아서 어쩔 줄을 모르고 있다.
Sally's on cloud nine because her favorite rock star spoke to her.

## 마음이 큰 • big-hearted

generous-minded도 같은 뜻이며 또 '시원시원한'이란 뜻도 있다. He has a big heart.라 해도 좋다. 인정이 많으면 He's all heart. 도량이 작으면 He's narrow-minded. 소심한 사람이면 He's chicken-hearted.
'그릇이 작으면 생각하는 것도 작다.'는 Small mind thinks small.이라고 하면 된다.

🎧 걱정은 그만 하게. 그는 마음이 넓어서 쩨쩨한 일은 따지지 않네.
Stop worrying. He's so big-hearted he doesn't sweat over the small stuff.

## 마지막까지 아슬아슬하게 • down to the wire

wire는 경마를 할 때 결승지점을 나타내기 위해 finish line의 상공에 친 '철 삿줄'을 가리킨다. 따라서 down to the wire는 '결승점까지'라는 뜻이고, 여기서 발전하여 '마지막 순간까지(until the very last minute)'와 같은 말이 되었다.

We got to the station right down to the wire.
우리는 마지막 순간에 아슬아슬하게 정거장에 도착했다.

'중간에 그만두지 않고, 마지막까지 줄곧 또는 내내'라는 의미로 강조할 때는 all the way를 쓴다.

be coming이나 be getting과 함께 쓰면 '어떤 기한에 접근한다.'는 뜻이 된다.

We're getting down to the wire on this project.
이 프로젝트는 기한이 다 돼간다.

🎧 노조와 사용자는 어떻게 해서든지 타협점을 찾으려고 마지막까지 끈기 있게 노력했다.
**Union and management struggled for a compromise all the way down to the wire.**

## 막상막하 • too close to call

여기서 call은 운동경기에서 '심판의 공식선언'을 의미하며, 표제어는 승패를 결정하기에는 점수 차이가 무척 '근소하다.'란 뜻이다. 선거전이 막상막하인 경우에도 쓴다. 시합에서 근소한 차로 이겼다면 **They won by a close call.** 이라 하고 근소한 차로 졌다면 **They lost a close call.** 이라고 한다.

이 밖에 neck and neck도 잘 쓴다. 경마 용어로 접전을 의미한다.
When the votes were half counted, the two candidates were still neck and neck.
개표가 반쯤 진행되었을 때도, 두 명의 후보자들은 막상막하의 경쟁을 벌이고 있었다.

또 다른 표현으로 nip and tuck도 있다. 주로 시합이나 경기에서 지느냐 이기느냐의 아슬아슬한 상황을 묘사할 때 잘 쓴다.

The horses ran nip and tuck for the first half of the race.
Then my horse pulled ahead.
말들이 경주의 전반에서는 비슷비슷하게 달리다가, 내 말이 앞으로 뛰어나갔다.

It was too close to call. It was nip and tuck all the way.
승패를 가리기가 어려웠다. 끝까지 막상막하의 경기였다.

In the football game last Saturday, both teams were nip and tuck throughout the game. 지난 토요일 축구시합에서는 양 팀이 전 게임이 막상막하였다.

🎧 대단한 권투 시합이었어. 막상막하야.
**That was some fight. It was too close to call.**

### ~만도 다행인 · lucky to

lucky는 단순한 행운이 아니라 상황이 더 악화할 수도 있었는데 현재의 상태만으로 다행이라는 뜻. fortunate 자신의 노력에 의해서라기보다 운이 좋은와 같은 말이지만, 표제어는 스스럼없고 소탈한 느낌의 구어 표현이다.

🎧 지금 가지고 있는 것만이라도 잃지 않으면 다행으로 알게.
**You'll be lucky to keep what you have.**

### 만사를 잊다 · get away from it all

'모든 일에서 손을 뗀다.'는 의미의 구어 표현으로, 골치 아픈 모든 일, 즉 매일매일의 일에서 손을 떼고 잠시 쉬거나 휴가를 간다고 할 때 잘 쓴다.

I just love the summer when I can take time off and get away from it all. 나는 시간을 내서 모든 걸 잊고 휴가를 떠날 수 있는 여름이 좋다.

It was good for me to get away from it all.
잠시나마 만사를 잊으니 좋더라.

forget the whole thing도 '다 잊는다.'는 뜻이지만 이 말은 모든 것을 체념할 때도 쓴다.

🎧 나는 주말이면 낚시를 가는데, 만사를 다 잊어버리는 기분이 그만이다.
**I go fishing every weekend, and it's a great feeling to get away from it all.**

## 많은 · bunch

bunch는 '다발'이란 뜻으로 a bunch of flowers 한 다발의 꽃, a bunch of grapes 한 송이의 포도 와 같이 쓰나 문맥에 따라서는 '많다.'는 뜻으로도 쓴다. 따라서 I've got a bunch of papers to grade.라고 하면 '채점해야 할 시험지가 많다.'란 뜻으로 bunch는 다발이란 의미로는 paper(s)와 함께 쓰지 않는다. 큰 다발은 bundle, 작은 다발은 packet이라고 한다.
bunch를 강조하려면 whole을 덧붙인다.
There was a whole bunch of food left over after the party. 파티가 끝났는데 음식이 많이 남았다.

또 구어 표현으로 '패거리' 또는 '친구들'이라는 의미로도 쓰는데 익살스럽고 재미있다는 의미이다.
They are a funny bunch. 그 사람들 재미있는 친구들이야.

🎧 밖에 많은 사람들이 면회를 왔다.
There's a bunch of people out there to see you.


## 말도 안 되는 소리 · not add up

add up은 make sense와 같으며 보통 don't add up과 같이 부정문으로 쓰는 경우가 많다. add up은 타동사냐 자동사냐에 따라 의미가 달라진다. 타동사인 경우는 Add up the figures. 수를 합해 보시오. 와 같이 '합계'라는 의미가 되지만, 자동사로 쓰는 경우는 The figures add up perfectly. 계산이 완전히 들어맞는다. 와 같이 '계산이 맞다.'란 의미가 된다.
또, 비유적으로 쓰면 '이치에 맞다.'는 뜻이 된다. 그리고 긍정문에는 It all adds up.처럼 all을, 부정문일 때는 It just doesn't add up.처럼 just를 잘 쓴다.

🎧 쟤넨 하루에 한 끼밖엔 안 먹는다는데, 체중이 는다니 그건 말도 안 되는 소리야.
You say you're having one meal a day, and you're still putting on some pounds. That doesn't add up.

## 맛들이다 · **get hooked on**

hook은 '고리' 혹은 '낚싯바늘'이란 뜻이다. 고리에 걸렸다는 말은 '어떤 것에 매달려 꼼짝 못한다.'는 의미이다. 음식이나 취미 등에 홀딱 반해서 헤어나지 못한다는 뉘앙스가 있다. be addicted to와 같다.

I got hooked on her. 그 여자에게 빠져 헤어나질 못하고 있다.

'거리에서 남성을 꾀는 직업여성'을 a hooker라고 한다.

Let me have one more of those doughnuts. I think I got hooked on it. 그 도넛 하나 더 주세요. 내가 그것에 맛들인 모양인데.

'맛들인다.'는 뜻으로 develop a taste for가 있다.
Since when have you developed a taste for money?
언제부터 돈에 맛들였냐?

🎧 나는 처음엔 골프에 별로 열을 올리지 않았다. 그러나 골프에 맛들이고 나서부터는 거의 매일 필드에 나갔다.
At first, I wasn't all that crazy about golf. But when I **got hooked on it**, I went out to the field almost every day.

## 맛을 보여주다 · **teach someone a lesson**

이 경우의 lesson은 '교훈·따끔한 맛'이다. Let that be a good lesson to you.는 상대방에게 신체적 혹은 정신적으로 따끔한 맛을 보여준 후 '어때, 이제 맛을 알았지'하고 말하는 것이지만, I hope it was a good lesson for you.하면 '이번 일을 거울삼아 다시는 그런 일을 되풀이하지 않기 바란다.'는 훨씬 부드러운 의미가 된다.

That taught me a lesson. I won't do it again.
그 일로 많이 깨달았어. 다시는 그런 짓 안 할 거야.

🎧 Jeff는 학교에서 집으로 바로 오는 일이 없어. 맛을 좀 보여줘야겠어.
Jeff never comes home straight from school. I'm going to **teach him a lesson**.

## 맞상대하다 · play one-on-one with

one-on-one은 '1 대 1', 특히 카드놀이 등에서 잘 쓴다.
Do you want to play one-on-one (with me)?

이밖에 대결을 의미하는 말로 head-to-head 대접전 혹은 toe-to-toe 서로 맞대고 가 있다.

🎧 그가 맞상대하자고 했지만 난 거절했어. 그 친구는 꾼이거든.
**He wanted to play one-on-one, but I declined. I knew he was a pro.**

## 매시 정각에 · every hour on the hour

every hour는 '1시간마다', on the hour는 '분침이 12시를 가리킬 때'라는 뜻이다.
The Metroliner leaves every hour on the hour.
메트로라이너 열차는 매시 정각에 출발합니다.
The KBS radio station broadcasts the news every hour on the hour. KBS 라디오 방송에서는 뉴스를 매시 정각에 방송합니다.

12시 30분, 1시 30분, 2시 30분과 같이 '매시 30분'이면 every hour on the half-hour라고 한다.
The ferry arrives every hour on the half-hour. 그 배는 매시 30분에 도착한다.

또 '매시 15분마다'라고 하면 every hour on the quarter-hour라고 하면 된다.
The train pulls out every hour on the quarter-hour.
열차는 매시 15분마다 출발했다.

🎧 그 교회 종은 매시 정각에 친다.
**The church bell tolls every hour on the hour.**

## 먼저 · After you.

어떤 사람에게 행동을 먼저 하라고 권하거나 또는 먼저 가라고 권할 때 쓰는 정중한 표현이다. 가령 문을 열고 먼저 나가라거나 먼저 들어가라고 양보하며 상대편에게 행동을 권고할 때 쓴다. 이 밖에 어떤 행동을 할 때 상대편에게 먼저 하라고 권할 때도 쓴다.

"No, No." said John, stepping back, "After you."
"아녜요. 아녜요. 먼저 하시라고요"하고 John이 물러서면서 말했다.

🎧 Bob은 한 발 물러서면서 Jane이 먼저 들어가라고 손짓을 했다. 그는 "어서 먼저"하고 웃으며 말했다.
Bob stepped back and made a motion with his hand indicating that Jane should go first. "After you," smiled Bob.

## 멍하니 있다 · daydream

daydream은 '백일몽 또는 공상에 잠긴다.'는 뜻이지만 실제로 공상하는 것이 아니라 '그냥 멍하니 방심하고 있다.'는 의미로 잘 쓰인다.
He is just wool-gathering all day. 그는 종일 멍하니 있다. 와 비슷한 말이다.
'무표정한 얼굴'은 a blank look이라 한다.
I asked him a question but he just gave me a blank look.
그에게 질문했지만 그는 그저 무표정했다.

또, out of it이란 표현도 있다. 알맹이가 빠져 있는 상태를 말하며 it은 별 의미가 없다.
Don't be out of it, Steve. Wake up! Steve, 멍청하게 있지 말고 정신 좀 차려!
After the long weekend he's out of it this morning.
긴 주말을 쉬더니만 그 사람 오늘 아침엔 멍하니 있더군.
정신이 나가서 멍한 것은 out to lunch라고 한다.

🎧 그는 하루에도 몇 번씩 선생님의 말씀을 듣지 않고 창밖을 내다보기 때문에, 선생님께 "멍하니 있지 말고 정신 차려"하고 야단을 맞는다.
Several times a day he stops listening to the teacher and gazes out the window. "Stop daydreaming! Pay attention!" scolds the teacher.

### 모든 것 일체 · the works

hamburger 가게에 가서 Give me a hamburger with the works.라고 하면, "햄버거 하나 주세요. 모두 다 넣고요."라는 뜻이 된다. 즉 the works는 catsup, onion, mustard, pickles 등 hamburger에 들어가는 것은 다 넣어달라는 말이다.

또 이발소에 가서 I'll have the works.라고 하면 이발뿐만 아니라 면도, 머리 감기, 염색 등 이발소의 서비스는 모두 받겠다는 의미이다.

주유소에 가서도 Give me the works.라고 하면 휘발유는 물론 차의 점검, 엔진 오일 점검, 세차 등의 일체를 봐달라는 말이 된다.
반드시 the를 붙이는 점에 주의해야 한다.

🎧 아내가 미장원과 약속을 해 놓았다. 커트도 하고 세발에다 염색 그리고 세트 등 몽땅 다 하게 돼 있다.
**My wife made an appointment with the beauty shop. She's getting the works - cut, wash, dye and set.**

### 모욕 · slap in the face

일반적으로 모욕을 당했다고 할 때는 insult를 써서 I'm insulted.라고 하나, 구어 표현인 a slap in the face 면상에 따귀가 더 실감이 난다.
**That remark was a real slap in the face.** 그것은 정말 모욕적인 말이었다.
**Her departure was a slap in the face to the manager, who had refused to give her a raise.**
봉급인상을 거절한 매니저에게 그 여자가 퇴직해버린 것은 하나의 모욕이었다.

🎧 사장이 날 보고 대학을 갓 나온 저 풋내기 밑에서 일을 하래요. 그건 나에 대한 모욕이라고요.
**The boss told me to work for the greenhorn fresh out of college. It's a slap in the face to me.**

### 몸을 풀다 · loosen up

'경직된 몸이나 근육을 푼다.'란 뜻이다.

119

A relief pitcher is loosening up in the bullpen.
구원투수가 불펜에서 워밍업을 하고 있다.

또 속어 표현으로 become generous의 의미도 가진다.
He finally loosened up and let me have ten dollars.
끝내는 시원스럽게 선심을 쓰며, 내게 10달러를 주었다.

**참고** 하루 종일 근무에 시달린 사람이 한잔하며 몸을 푼다거나 정신적으로 피로를 푼다고 할 때는 unwind라고 한다. 남자들이 바람을 피우며 몸을 푼다고 하는 것은 unload(짐을 풀어 가볍게 한다.)라고 한다.

🎧 나는 가끔 체육관에서 몸을 푼다.
I stop by the gym once in a while, and loosen up a little.

## 몸이 불편하다 · under the weather

weather는 bad weather와 같은 뜻이다. 악천후에 멀미를 하여 갑판 위에 있다가 선실에 들어가 있다는 데서 비롯된 말이다. 현재는 뱃멀미와 관계없이 몸의 상태가 좋지 않다고 할 때 많이 쓴다.
You look a bit under the weather today. 오늘은 몸이 좀 좋지 않은 모양이군.
I haven't been to work this week. I've been under the weather since Monday. 이번 주에는 직장에 나가질 못했다. 월요일부터 몸이 좋지 않았다.
I'm a bit under the weather today, so I can't go to the office.
오늘은 몸이 좀 좋지 않아서 회사에 나갈 수가 없다.

🎧 남편은 이번 주 내내 직장에 못 나가고 있어요. 일요일부터 내내 몸이 좋지 않아서요.
My husband hasn't been to work this week. He's been under the weather since Sunday.

## 몸져눕다 · down with

우리말의 '나가떨어졌다.'에 가까운 말이다.
He's down with fatigue. 그는 몸살로 몸져누웠다.
down 하나로도 맥이 풀린 상태를 나타내며 with로 원인을 나타낸다.
He's down with the flu. 그는 감기로 몸져누워 있다.

**Why so down?** 왜 그렇게 풀이 죽어 있지?

몸이 피곤해 보이는 사람에게 자리에 좀 누우라고 할 때는 보통 Lie down. 혹은 Put yourself on the bed.라고 한다. Go to bed는 가서 자라는 말밖에 안 된다.

down with에는 '타도하다.'란 뜻도 있으며, 흔히 구호에 많이 쓴다.
Down with the dictator! 독재자 타도!

🎧 오늘 아침에 맥이 풀려 웃을 기운도 없네.
I'm so down this morning I can't even raise a smile.

## 몹시 아픈 · killing me

신체의 한 부분이 아파서 몹시 고통스러울 때 쓰는 좀 과장된 표현이다. 흔히 진행형으로 잘 쓴다.
After the hike my feet were killing me. 하이킹을 한 다음 발이 몹시 아팠다.
My shoes are killing me. 구두가 꼭 끼어서 몹시 아프다.
The hand I had caught in car door was killing me.
자동차 문에 끼었던 손이 몹시 아팠다.

어떤 상황을 이겨내기 어려울 정도로 괴롭고 불쾌할 때도 쓴다.
This stove is killing me. 이 난로가 너무 뜨거워.

🎧 오늘은 골프를 못 칠 것 같아. 허리가 몹시 아프거든.
I don't think I can play golf today. My back is killing me.

## 못살게 굴다 · pick on

'못살게 괴롭히고 또 흠을 찾아 트집을 잡는다.'는 말이다. 사람뿐만 아니라 동물에 대해서도 쓴다. 또 물건이나 일에 대해서도 쓴다. 작은 아이를 괴롭히는 것을 pick on이라 하며, 특히 약한 아이를 괴롭히는 것을 bully라 하고, 명사로 써서 Don't be a bully.라고 잘 쓴다.

That bully always picks on little girls.
그 깡패 녀석은 늘 어린 소녀들을 못살게 군다.
Why are you always picking on your dog? 왜 늘 개를 못살게 구니?

한편, 신입사원 등을 괴롭히는 것은 hard on이라 한다.
It is bad to be hard on newcomers. 신입생을 괴롭히는 것은 좋지 않다.

🎧 그 여자 일 해주기 힘들어. 사사건건 트집이거든.
She's a hard person to work for. She picks on everything I do.

## 무슨 일이 있어도 · no matter what

no matter what happens나 in any event 또는 without regard to what happens in the future와 같은 의미다. should나 must 없이도 쓸 수 있다.
We'll be there on time, no matter what.
우리는 무슨 일이 있어도, 정시에 갈 것이다.

🎧 이번 시합은 하늘이 두 쪽이 나도 이겨야 한다.
We've got to win the game, no matter what.

## 무일푼의 · broke

형태는 형용사지만, break에는 '망가뜨리다.'란 뜻 외에 '무일푼으로 만들다.' 또는 '파산시키다.'의 뜻도 있다. 또 후자의 의미인 경우에는 broken이 아니라 break의 과거형인 과거분사 broke를 쓴다.
'일시적으로 무일푼이 됐다.'는 뜻으로도 쓰인다.
I'm broke tonight. 오늘 밤엔 돈이 떨어졌다.

또한 '항상 돈이 없는 경우'를 가리키기도 한다.
I'd like to have my own house, but I'm broke.
내 집이 필요하지만 내겐 돈이 없다.

그리고 개인의 경제 상태뿐 아니라 회사가 파산하는 경우도 go broke의 형식으로 잘 쓴다. 완전히 돈이 떨어졌을 때에는 stony broke 또는 flat broke를 잘 쓴다.

🎧 나는 대학에 가고 싶었지만, 아버지가 완전히 무일푼이었다.
**I wanted to go to college, but my dad was stony broke.**

## 무척 바쁘다 • (as) busy as a bee

'꿀벌과 같이 바쁘다.'는 표현으로 쉴 새 없이 날아다니는 꿀벌과 같이 바쁘게 움직이고 있는 모양이 잘 나타나 있다. 그러나 이 표현은 주로 여성들이나 아이들과 관련해서 잘 쓰며 남성들에 관해서는 잘 쓰지 않는다.

**The little girls were busy as bees, making mud pies and dressing their dolls.** 여자아이들은 진흙으로 파이도 만들고, 인형에 옷을 입히는 등 무척 바빴다.

🎧 엄마는 크리스마스와 새해 준비를 하느라고 지난 1주일 동안 무척 바빴다.
**Mother's been busy as a bee all week getting ready for Christmas and New Year's.**

## 문을 닫다(가게·회사가) • go out of business

우리말도 '파산'보다는 '문을 닫다.'가 더 구어적이듯이 bankrupt라 해도 좋으나 좀 딱딱한 표현이다.

'회사가 쓰러진다.'는 뜻으로 go belly up이 있다. belly는 '배'란 뜻으로 '배를 위로 한다.'는 말은 기진맥진해서 나자빠진 사람의 모습이나 죽어서 물 위에 뜬 생선을 연상하면 된다.

> **참고** 가게의 문을 닫기 때문에 재고품을 싸게 처리하는 세일을 going-out-of-business sale이라고 한다.

🎧 계속되는 경영손실로 그 회사는 문을 닫았다.
**After back-to-back business losses, the company has gone out of business.**

## 문제의 핵심 · the bottom line

'어떤 사실에서 가장 기본적이고 중요한 부분'이라는 뜻이다. 원래 부기에서 쓰는 말로 장부 하단에 손익을 표시하는 데서 나온 것이다. the heart of the matter와 의미는 같다. 보통 The bottom line is ~ 문제는 ~ 의 형식으로 잘 쓴다. 내용상 결과를 가리키며, 반드시 정관사 the를 붙인다.

🎧 문제의 핵심은 국민이 자유롭게 의사표현을 하는 것이 허용되어야 한다는 것이다.
The bottom line is that people should be allowed to freely express what they have in mind.


## 물려받은 퇴물 · hand-me-down

부모 혹은 형이나 언니로부터 퇴물로 물려받은 의복이나 물건을 가리킨다. 젊은 사람이 나이 많은 사람에게 의복따위를 주는 것은 hand down이 아니다.
This is a nice shirt. It doesn't look like a hand-me-down at all.
이 셔츠 멋있다. 전혀 물려받은 옷 같진 않아.

🎧 내 옷가지의 대부분은 엄마에게서 물려받은 퇴물들이다.
Most of my clothes are Mom's hand-me-downs.


## 물어봐서 밑질 것 없다 · It never hurts to ask.

우리의 속된 표현인 '물어서 남 주나'란 말에 꼭 맞는 표현이다. 모르면 자꾸 물으라는 뜻이다.
Asking a foolish question is better than making a foolish mistake.
묻지 않아서 실수를 저지르는 것보다는 어리석은 질문이라도 묻는 것이 낫다. 라는 말이 있다.

🎧 부끄러워하지 말게. 물어봐서 손해날 것 없으니.
Don't be bashful. It never hurts to ask.


## 뭐라고 그러셨죠? · I'm sorry?

상대방의 말을 못 알아들었을 때 하는 말을 I beg your pardon.으로만 알고 있는 사람이 많은데, 실제로 Come again. I didn't hear you. Sorry I've lost you. What's up? 등도 많이 쓴다.

물론 Come again.하고 말꼬리를 내리면, '언제 또 찾아주세요.(Please come back again sometime.)'라는 의미이다.

일상 회화에서 별로 어색함 없이 자주 쓰는 것에는 Excuse me. 또는 I'm sorry.가 있다.

I'm sorry? It's noisy in here. 뭐라고 그러셨죠? 여기가 좀 시끄러워서.

🎧 뭐라고 그러셨죠? 못 들었는데요.
I'm sorry? What did you say?

## 미국 · Uncle Sam

미국인들이 자기 나라나 자기 정부를 의인화하여 부르는 애칭이다.
Uncle 또는 Uncle Sugar라고도 하지만 표제어가 가장 보편적이다.
Tell Uncle Sam to spend a little less. 정부에게 지출 좀 적게 하라고 해.

이 표현의 유래를 살펴보면 1812년 전쟁 때 미국 정부가 군대에 지급하는 고기 상자에는 U.S.라고 찍혀 있었는데, 그 고기가 Uncle Sam이라는 별명의 정육업자 Samuel Wilson에게서 온 것이었다. 그래서 언제부터인지 U.S. 즉 the United States가 익살스럽게 Uncle Sam의 약자로 통하게 되었다고 한다.

**참고** Uncle Sugar는 속어로 연방수사국(FBI)의 별칭이기도 하다.

🎧 미국은 요즘 무역 문제로 골치를 앓는 것 같다.
Uncle Sam seems to be having a lot of trade problems these days.

## 미숙한 운전자 · Sunday driver

휴일에 미국의 도로는 한산하므로 운전이 서툰 사람들도 일요일이면 차를 몬다. 그래서 Sunday driver가 미숙하게 운전하거나, 위험하게 운전하는 사람을 가리키게 되었다. 또, 관광이라도 하듯 한가로이 운전하며 교통의 진행을 방해하는 사람을 가리키기도 한다.

125

🎧 늦어서 미안해. 앞의 차가 꾸물거려서 이렇게 됐어.
**Sorry I am late. I got stuck behind a** Sunday driver **for most of the way.**

## 밀린 잠을 자다 • catch up on one's sleep

catch up on은 밀린 일 등을 부지런히 한다거나 수면 부족을 보충한다는 의미이다.

School's up in a few days. You should catch up on your homework.
개학이 며칠 안 남았으니, 그동안 밀린 숙제를 해야지.

🎧 옆집의 강아지 때문에 밤에 제대로 못 잤는걸. 밀린 잠 좀 자야겠다.
**The puppy next door kept me up half the night. I've got to** catch up on my sleep.

# AMERICAN ENGLISH EXPRESSION
## BASIC EDITION

## 바가지 • rip-off

정상적인 요금이나 수수료 등을 요구하지 않고, 사람을 속여서 터무니없는 금액을 받아내는 것을 말한다. 즉 overcharge라는 의미가 된다.
또, '도둑질 혹은 금전적 이익을 목적으로 가격을 더 받는 행위' 또는 '표절' 등의 의미도 있다.

한편 rip off를 서로 떼어 동사로 쓰기도 한다. 원래는 의복 등을 찢는다는 뜻이나, 속어 표현으로 '훔치다, 착취하다, 사기치다.' 등의 의미가 있다.
He's ripping you off. 저 사람이 네 물건을 훔치고 있다.
Burglars ripped off the bank. 강도들이 은행을 털었다.

🎧 요즘 소고기 값은 터무니없이 비싸. 그건 바가지야.
These days the beef price is ridiculous. It's a rip-off.


## 바람맞히다 • stand someone up

약속한 장소에 나타나지 않고, 사람을 기다리게 한다는 뜻이다.
내용상 만나기로 하고 나타나지 않는 행위이다.
If you stand up people very often, you'll find that you have no friends at all. 사람들을 자주 바람맞히면 결국 친구들이 다 없어질거야.

🎧 그 여자가 나를 두 번이나 바람을 맞혔어. 나도 가만있지 않을거야.
She stood me up twice already. I must get even.


## 바람을 피우다 • have an affair

extra-marital affair 혼외정사 는 흔히 '정사'를 갖는 것을 말한다. 실질적으로는 바람피우는 것이다.

잠시 기분풀이로 피우는 바람은 fling. It was just a fling. 한때 바람이었지.
오다가다 만나 하룻밤 정사를 가지면 one-night stand.
계속적인 의미의 바람은 cheat.

He's been cheating on his wife for more than a year.
그는 1년 이상 부인을 속여가며 바람을 피웠다.

부인이나 애인을 두고 바람을 피우는 사람은 a two-timer.
He's two-timing.과 같이 동사로도 쓴다.

🎧 남편이 여비서와 바람을 피우고 있다는 사실을 알자, 그녀는 몹시 화가 나서 친정으로 갔다.
**When she found out that her husband was having an affair with his secretary, she was furious and went home to mother.**

## 바로 그게 중요한 거야 · That's all that matters.

근본적인 문제의 중요성을 말할 때 잘 쓴다.
The management pays more, and the employees work harder. That's all that matters.
고용주는 월급 많이 주고 고용인은 더 열심히 일하는 것. 바로 그게 중요한 것이다.

🎧 내가 그 여자를 사랑하고 그 여자가 나를 사랑하면, 바로 그게 중요한 것 아닙니까?
**I love her and she loves me. That's all that matters.**

## 박수를 보내다 · give someone a hand

hand에는 '손'이라는 뜻 외에 '박수'라는 의미도 있다. give를 쓰면 '박수를 보내다.'가 되고, get a hand for something이라 하면 '박수를 받는다.'는 뜻이 된다. 이 경우 흔히 big, good 또는 nice를 쓴다.
After she sang, they gave her a nice hand.
그 여자의 노래가 끝나자, 모두들 갈채를 보냈다.
She got a big hand for singing so well.
그 여자는 노래를 잘 불러 큰 박수를 받았다.
That kind of performance always gets a good hand.
그런 연기를 하면 언제나 큰 박수를 받는다.

🎧 가수가 무대에 나타나자, 모두들 그녀에게 큰 박수를 보냈다.
**When the singer came onto the stage, everyone gave her a big hand.**

## 반반 부담하다 • go fifty-fifty (with)

반드시 부담만을 의미하지는 않는다. 반반씩 나눠 갖는 경우에도 쓴다.
If you plan works out all right, we'll go fifty-fifty. What do you say?
계획이 뜻대로 되면 이익은 반반씩 하세. 어떤가?

'가능성은 반반이다.'는 We got a fifty-fifty chance.와 같이 쓴다.
나누는 몫을 '~와 반반으로 한다.'고 할 때는 go fifty-fifty with의 형식을 쓴다.

🎧 경비 부담을 반반씩 하고, 이익도 반반으로 나눕시다.
We'll go fifty-fifty on the expenses and share the profits equally.


## 반반 손해보다 • meet someone halfway

각자 자기가 있는 지점에서 출발하여 중간 지점에서 만난다는 말이므로, '서로가 주장을 굽혀서 타협한다.'는 의미가 된다.
The ruling camp is said to be ready to meet the opposition camp halfway over the enactment of the controversial law.
분쟁을 일으키고 있는 그 법률의 제정과 관련해서, 여당은 야당과 타협할 용의가 있는 것으로 알려졌다.
I won't give in, but I'll meet you halfway.
굴복하진 않겠지만, 타협하겠네.

🎧 추가 경비가 더 들었는데 그것은 당신이 내게 미리 알려 줬어야 했어요. 반반 손해 봅시다.
It cost me extra money that you should have mentioned beforehand. Can you meet me halfway?


## 반반의 가능성 • toss-up

동전을 던져서 heads or tails 동전의 앞이냐 뒤냐를 정하는 데서 나온 말로 '반반의 가능성' 또는 '해 볼 만한 승부'라는 의미가 된다.
Nobody knew what to do. It was a toss-up.
어떻게 해야 할지 아는 사람은 아무도 없었다. 가능성은 반반이었으니까.

Who knows what will happen? It's a toss-up.
무슨 일이 있을지 누가 알아? 가능성은 반반이야.

The game tomorrow should be a toss-up.
내일 게임은 좋은 승부가 될 거야.

🎧 전문가들에 의하면, 오늘 시합은 좋은 승부가 될 거라는 거야.
According to the experts, today's match is a toss-up.

## 받아들이지 않다 · turn down

turn down은 경우에 따라 '거절(refuse) · 기각(reject 혹은 deny)'의 뜻을 갖는다.

The mayor turned down a bribe offered by the contractor.
시장은 청부업자가 주는 뇌물을 받지 않았다.

My visa application was turned down. 비자 신청이 기각됐다.

The board of directors turned down the project plan.
이사회는 신규 사업계획을 기각했다.

🎧 그 사람이 제안한 금액을 받지 않을 사람은 아무도 없을 거야.
Nobody would turn down the kind of money he was offering.

## 받아 마땅하다(벌 등을) · have it coming

문자대로라면 '그것이 ~쪽으로 보게 돼 있다.' 이 말 속에는 자신의 언동에 걸맞게 보답을 받는다는 의미가 있는데 별로 좋지 않은 일을 해서 앙갚음을 받는다. 즉, 천벌을 받는다는 의미로 쓰이는 경우가 많다. it은 특별히 어느 것을 가리키는 것은 아니지만 그 의미와 내용은 벌 또는 그와 비슷한 것을 의미한다.

My wife got so angry with me, but I guess I had it coming.
I should have been more sensitive to her feelings. 아내가 나 때문에 몹시 화가 났는데, 그것도 무리가 아니라고 생각해. 나는 아내의 기분을 좀 이해했어야 했는데.

그러나 it이 좋은 것을 의미해서 '그에 해당하는 대가를 받는다.'는 의미로도 쓰이므로 주의해야 한다.

John had an extraordinary raise, but everyone felt he had it coming to him. John은 그의 봉급이 크게 올랐는데, 모두들 그것은 당연한 것으로 생각했다.

🎧 그는 몹시 매를 맞았는데, 어린아이들을 우격다짐으로 괴롭혔기 때문에 그러한 보복을 받아도 마땅하다.
**He was really beaten up. But he had it coming to him for the way he always bullies the younger kids.**

## 발이 저리다 • My foot went to sleep.

손·팔·발 등이 저린 것을 go to sleep이라고 표현한다. 혹은 My feet are asleep. 또는 My feet have gone to sleep.이라고 한다. 발목의 윗부분이 저린 경우에는 foot을 legs로 바꿔 쓰면 된다.

또 발이 저릴 때 우리는 콧등에다 침을 바르는 버릇이 있는데, 미국인들은 저린 다리로 바닥을 탕탕 치면서 Come on, wake up! 하고 소리를 지르는 습관이 있다. 다리가 자고 있으니까 잠에서 깨어나라는 뜻인 모양이다.

🎧 두 다리를 움직일 수가 없어. 저려서 꼼짝 못하겠어.
**My feet don't want to move. They have gone to sleep.**

## 밤새 곰곰이 생각하다 • sleep on

'숙고한다.'는 뜻으로, 어떤 문제를 베개삼아 베고 자면서 생각해 본다는 느낌이 있다.
**You'd better sleep on it.** 곰곰이 잘 생각해 보게.
sleep on it은 관용적인 표현으로서 it은 생각하는 대상을 가리킨다.
**I slept on it, and I've decided to accept your offer.**
밤새 곰곰이 생각해 봤는데, 자네 제의를 받아들이기로 했어.

그런데 He's always sleeping on the job.이라 하면 직장에 관해서 곰곰이 생각한다는 뜻이 아니라, '직장에서 멍청하게 있다.'는 의미가 되니 주의해야 한다.

🎧 지금은 결정하기 어려워. 내가 곰곰이 생각 좀 해보고, 내일 연락해줄게.
**I can hardly make up my mind. Why don't you let me sleep on it? And I'll let you know tomorrow.**

## 밤이면 밤마다 · night after night

강조하는 표현으로 every night과 같다.
day after day는 '날이면 날마다', day and night은 '밤낮을 가리지 않고' 또는 '쉴 새 없이'라는 의미이다.

🎧 너는 밤이면 밤마다 여자들하고 데이트하는데, 싫증도 안나니?
**You go out with girls night after night. Don't you get tired of it?**

## 밥벌이하는 사람 · breadwinner

'한 집안에서 식구들이 먹고 지낼 수 있도록 돈을 벌어오는 사람'을 가리킨다. bread는 '양식'이란 뜻도 되지만 earn one's daily bread 또는 earn money와 같이 breadwinner 하면 '밥벌이하는 사람' 즉 돈벌이하는 사람이 되는 것이다. 사실상 bread는 money를 의미하는 속어이다.
**You got any bread you can spare?** 돈 좀 꿔 줄 수 있어?
또, winner는 '승리자'가 아니라 '획득자'란 뜻이다.
breadwinner는 경우에 따라서 가족과는 상관없이 단순히 wage earner라는 의미로도 쓰인다.
**Most breadwinners in Seoul must commute more than an hour to work.** 서울에서 근무하는 사람들 대부분이 통근하는 데, 한 시간 이상 걸린다.

🎧 댁에서 돈벌이하는 사람은 누구입니까?
**Who's the breadwinner in your family?**

## 밥줄 · one's bread and butter

발음은 [브레든 버러]. bread and butter는 '필요한 음식'이라는 의미도 있으나, '생계·호구지책'이라는 뜻도 있다. 우리말 '밥줄'에 가장 가까운 표현이다.

That's my bread and butter. 그건 내 밥줄일세.

작가는 글 쓰는 일이 bread and butter이며, 어부에게는 고기 잡는 일이 bread and butter가 된다.

🎧 나는 배알이 꼴린다고 밥줄까지 팽개칠 정도로 미련하진 않네.
I'm not that stupid to quarrel with my bread and butter.

### 방금 내가 무슨[어디까지] 얘기 했었지? • Where was I?

얘기가 어떤 일로 중단됐다가 다시 얘기를 계속하면서 '내가 조금 전에 무슨 얘기를 하고 있었지?' 할 때 쓴다. 복수형으로는 Where were we?

🎧 기다리게 해서 미안하네. 그런데 방금 내가 무슨 얘기하고 있었지?
Sorry I kept you waiting. Now, where was I?

### 방송 중 • on the air

You can't go in the studio. They're on the air now.
스튜디오에 들어가면 안 됩니다. 지금 방송 중이니까요.

on the air는 방송 중임을 나타내고, 방송실 출입문에 방송 중임을 나타내는 경고등으로도 쓴다.
The Jonwon Ilki has been on the air for the past ten years.
전원일기는 지난 10년간 방영되고 있다. 와 같이 방영을 나타내기도 한다.

그런데 방송국에 써 놓은 ON AIR라는 말은 정확한 영어가 아니며, ON THE AIR라고 해야 한다.

🎧 BBC 영어회화 방송은 일주일에 세 번 방송된다.
The BBC English program is on the air three times a week.

### 방심하지 말고 • on one's toes

테니스 등의 운동을 할 때 민첩하게 움직일 수 있도록 발끝을 딛고 자세를 취한다는 의미이다. be on one's toes라고도 쓰지만, 흔히 stay on your toes의 형식으로 잘 쓰며 '어떤 상황을 방심하지 않고 지켜본다.'는 의미의 구어 표현이다.

The energy and new ideas of our boss always keep us on our toes.
사장은 정력적인 데다 속속 새로운 아이디어를 내놓기 때문에, 우리는 끊임없이 마음을 긴장하고 있어야 한다.

🎧 그는 네가 나름대로 매력적이고 멋있는 여자라는 걸 금방 알게 될지 몰라. 더욱 많은 관심의 징조가 나타날지 방심하지 말고 잘 보라고.
Maybe he's quick to see that you're a great gal who's attractive in your way. Stay on your toes for further signs of his interest.
(gal : 처녀, 여자)

### 방해되는 것은 없다 • The coast is clear.

원래는 밀수하는 사람들이 쓰던 말이다.
Make sure that the coast is clear before coming in.
입항하기 전에 해안이 안전한지 확인하라.
'기회는 이때다.'라든지 '위험한 게 없다.'는 의미이다.

또 자동차가 좁은 길에서 큰길로 나올 때나 고속도로로 진입할 때도 교통을 방해할 위험물이 없다는 의미로 사용된다.
The coast is clear on this side. 이쪽은 괜찮아.

🎧 아무도 없을 때까지 기다려. 그리고 담을 넘어서 자동차를 향해 뛰어.
Wait till the coast is clear, then climb over the fence and run for the car.

### 방향감각을 잃다 • lose(be out of) one's bearings

'방향감각'을 a sense of direction으로만 알고 있는 사람이 많지만, 회화에서 자주 쓰이는 말은 bearings로 나침반의 '방위'라는 의미이다.

bearings를 복수형으로 쓴 것은 배의 위치를 위도와 경도 두 가지로 표시하기 때문이다. 큰 건물에서 근무하게 됐을 때 방향을 잃기 쉬우니까 처음 출근하는 사람에게 하는 말이다.
You'd better look around and get your bearings before you begin to work. 근무를 시작하기 전에 근처를 둘러보고, 자신의 위치를 익혀두도록 해요.

🎧 가만있자. 내가 방향감각을 잃은 것 같은데.
Wait a minute. I'm afraid I'm out of my bearings.

### 배가 잔뜩 부르다 • be up to here

포식을 했거나, 일이나 숙제 등이 잔뜩 밀렸을 때 쓴다.
I'm sorry I can't help you. I'm up to here myself.
도와주지 못해 미안하네. 나도 일이 산더미같이 밀려서 말이야.

비유적으로 참을 수 있는 한계에까지 도달했다는 의미로도 쓰인다.
I'm up to here with your excuses! 자네 핑계 대는 데는 지쳤어!

🎧 A : 밥 좀 더 드시죠.
B : 아녜요. 잔뜩 먹었어요.
A : Have some more rice.
B : No, thank you. I'm up to here.

### 배수의 진을 치다 • burn one's bridges(behind one)

이 표현의 구체적인 의미는 '후퇴할 수 없는 상황(또는 장소)으로 자신을 몰아넣는다.'이다. 전쟁을 할 때 방금 자신이 건넌 다리를 차례차례로 불태워 버린다는 것. 즉, 절대로 뒤로 물러설 수 없다는 강한 의지가 보인다. 그러나 비유적으로는 강한 의지를 나타낸다기보다 하나의 목적 달성을 위해 할 수 없이 또는 상황과 관계없이 다시 되돌아갈 수 없는 상황으로 자신을 몰아넣어, 결과적으로 자신의 도피로나 도움이 되는 연을 끊어버린다는 경우에 쓴다.
You burnt your bridges when you married against your father's wishes. 자네는 아버지의 소망과는 반대되는 결혼을 하였기 때문에 돌이킬 수 없는 상황으로 자신을 몰아넣었단 말일세.

🎧 그는 다른 직장을 구하기 전에 회사를 그만두었어. 자기가 돌이킬 수 없는 짓을 한 셈이지.

He quit his present job before he finds another. It's like burning his bridges behind him.

## 배은망덕하다 · bite the hand that feeds

'먹이를 주는 손을 깨물다.'니까 '배은망덕'에 가깝다. 늘 비유적으로 쓴다. forget a favor 혹은 lose one's gratitude도 있으나 표제어에서 느낄 수 있는 구어적인 맛이 없다. 실제로 자기를 길러 준 사람의 경우에도 쓰는데 그러한 경우에는 '은혜를 입었는데도'라는 의미가 내포돼 있다. 반드시 부모에게만 쓰는 것이 아니라 자신에게 은혜를 베푼 사람이면 어느 누구이건 상관없다.

I'm your mother! How can you bite the hand that feeds you?
난 네 엄마야! 어떻게 그렇게 배은망덕할 수 있니?

I can't go against my father's wishes. That would be biting the hand that feeds me.
나로서는 아버지의 말씀을 거역할 수 없다. 그건 배은망덕한 일이니까.

🎧 그는 내가 어려울 때 도와줬는데, 이제 그와 경쟁을 할 수는 없네. 그렇다면 그것은 배은망덕한 것과 다름없지.

He helped me when I was in a bad shape. So I cannot compete with him. If I do, it would be like biting the hand that feeds.

## 백 번 옳은 말이다 · You can say that again.

'두 번 세 번 말해도 역시 지당한 말'이라는 뜻이다.
You said it!이나 That is true. 또는 You are correct.와도 같은 말이다.
It sure is hot today. 오늘 정말 덥군.
You can say that again. 자네 말이 옳아.

You don't have to say that twice.라 하는 사람들도 있으나 점잖은 상대방에게 쓰기에는 좀 저속한 표현이다. '옳은 말이죠, 두 번 말하면 잔소리죠.'와 비슷한 느낌을 주는 표현이다.

🎧 A : 챔피언인 장 선수가 참 잘 싸웠어요. 정말 자랑스러워요.
B : 백 번 옳은 말씀이죠.
**A : The champion Chang put up a good fight. We are really proud of him.**
**B : You can say that again.**

## 버티다 • hold out

일의 교섭, 승부 겨루기 등에서 끝까지 버틴다는 의미이다. 어떤 기간(시간)을 견딘다는 느낌이 있다.
**How long can a human being hold out without water?**
인간은 물 없이 얼마나 오래 견딜 수 있지?

정신적인 의미로 버티는 것은 stick it out이라고 한다.
**I've got to get transferred back to the home office soon.**
**I just can't stick it out in this hick town any longer.**
빨리 본사로 돌아가지 않으면 곤란해. 더 이상 이런 시골에 있는 것을 견딜 수 없어.

끈기 있게 잘 버티는 것은 tough라 해도 좋다.
a tough negotiator 또는 a tough team과 같이 사람이나 단체에도 쓴다.

🎧 개척자들은 인디언들의 공격을 버텨내지 못했다.
**The settlers were unable to hold out against the Indian attack.**

## 번뜩이는 아이디어 • brainstorm

'뇌리에 폭풍과 같이 일어나는 생각'이라는 발상으로, 불현듯 솟아오르는 아이디어를 말하며 have나 get 등의 동사와 함께 쓴다.
**I've just had a brainstorm as to how we can get the money we need.** 그 돈의 입수방법에 대해 굉장한 생각이 떠올랐다.

기업체에서 a brainstorming session이라는 것이 있다.
session은 meeting이란 뜻으로 사람들이 모여서 각자 좋은 의견을 내놓고 토론 등을 하는 것을 가리킨다.

🎧 사장한테 뭔가 아이디어가 번뜩이면 말릴 도리가 없다.
**There's no stopping the boss when he gets one of his brainstorms.**

## 베이비 샤워 · baby shower

아기를 목욕시키는 것으로 착각하기 쉬우나 출산을 앞둔 산모에게 일가친척 혹은 친구들이 아기용품을 선물하는 파티를 가리킨다. 결혼식을 앞둔 신부에게 선물을 주는 파티는 a bridal shower 혹은 a linen shower 리넨 제품을 주는 것이라 부른다. 모두 다 선의와 우정의 선물을 소나기처럼 쏟아 준다는 말이다.

🎧 내일 Jennifer를 위한 베이비 샤워를 하는데 올 수 있겠어?
**We're going to have a baby shower for Jennifer tomorrow. Can you come?**

## 베이컨 · 양상추 · 토마토 샌드위치 · b.l.t.

b.l.t.는 샌드위치 가운데서도 제일 흔히 먹는 bacon, lettuce, tomato의 머리글자로, 원래 스낵 식당에서 웨이터가 주방에다 외쳐대던 말이었는데, 어느새 일반인 사이에서도 쓰게 된 관용어이다. 우리나라에서 '불고기 백반'을 '불백' 따위로 부르는 것과 같다. 식당에서 쓰는 용어는 이처럼 약자로 또는 짧게 줄여서 쓰는 것이 많다.

🎧 베이컨, 양상추, 토마토 샌드위치에다 커피 한 잔 할게요.
**I will have a b.l.t. and a cup of coffee.**

## 벼락공부 · cramming

시험 등에 대비하여 막판에 가서 열심히 공부하는 것을 cram이라 한다.
**I spent the night cramming for the test.** 시험공부 하느라 밤을 새웠다.
cram은 '억지로 쑤셔 넣는다.'는 뜻으로, stuff와 같은 의미이며 자동사와 타동사 두 가지를 다 쓴다.

'억지 주입식으로 공부하다.'도 역시 cram이다.
**My father crammed me with Japanese.**
우리 아버지는 나에게 억지 주입식으로 일본어를 가르쳤다.
'벼락공부를 하는 사람'은 a crammer, '속성강의 코스'는 a cram course라고 한다.

구어 표현으로 bone up도 잘 쓴다. 어떤 특정한 목적을 가지고 열심히 공부한다는 말이다.
**She's boning up for the exam.** 그는 시험을 위해 열심히 공부하고 있다.

🎧 고교시절에는 늘 학기말 시험 때, 벼락공부를 했다.
**When I was in high school, I used to cram for terminal exams.**

## 벼락 시험 · pop quiz

quiz라 하면 흔히 라디오나 TV의 퀴즈 프로그램으로만 아는 경우가 많은데 사실은 수업시간에 10~15분 정도 간단하게 치는 시험을 가리킨다.
a test 또는 an exam도 '시험'이라는 말이지만, exam은 a mid-term exam 중간시험, a final exam 기말시험, an entrance exam 입학시험 등 큰 시험을 의미하며, a test는 시험의 총칭으로 exam보다는 짧고 quiz보다는 긴 시험이다.
pop은 pop the question 구혼을 하다 에서도 알 수 있듯이 '갑자기 터뜨리다.'란 뜻이다. 그러므로 a pop quiz는 '예고 없이 갑자기 치는 시험'을 뜻한다.

🎧 저 교수는 벼락시험을 치르는 것으로 유명하다.
**That professor is famous for giving pop quizzes.**

## 변덕도 심하군 · That's a switch.

사람이 변덕을 부릴 때 잘 쓰는 말로, change from the usual과 같은 말이다. 마음을 바꾸기로 서서히 결정하기보다는 갑작스럽게 생각을 바꾼다는 뉘앙스가 있다. 여기서는 명사로 썼으며 동사로 쓸 때는 비행기나 기차 등을 갈아탄다고 할 때 잘 쓴다.

I switched the planes at Chicago. 시카고 공항에서 비행기를 갈아탔다.
the planes와 같이 복수형으로 쓰는 점에 주의한다. 먼저 탔던 비행기를 다른 비행기로 갈아타기 때문에 복수형이 된 것이다. in Chicago라 하지 않고, at Chicago라 한 것은 Chicago 공항이라는 좁은 공간을 가리키기 때문이다. cigarettes를 피우던 사람이 pipe로 바꾼 경우에도, I switched to pipe.와 같이 쓴다.

🎧 A : 그는 두산 베어스를 응원해 왔는데, 이제는 LG 편이란 말이야.
　 B : 원, 변덕도 심하군.
　**A : He had been rooting for the Doosan Bears, and he's now behind the LGs.**
　**B : Well, that's a switch.**

## 별거하다 · live apart

We are separated.라 해도 의미는 같다. 부부 뿐만 아니라 모녀가 함께 살다가 따로 떨어져 사는 경우에도 쓴다.
반대로 동거하는 것은 live together라고 한다.

🎧 그들이 별거한 지가 벌써 2년이 넘는다.
　**They have been living apart for more than two years.**

## 별것 아닌 · silly little

silly만으로는 '바보스런, 어리석은' 등의 뜻이지만, little이 붙어서 심각성이 훨씬 약해진다. '따지고 보면 별 것도 아닌'이라는 뜻이 함축되었다.
**We had a silly little argument.** 따지고 보면 별 것 아닌 일로 옥신각신했다.

🎧 옆집 내외는 정말 알 수가 없어. 늘 별 것 아닌 일로 다투거든.
　**I just don't understand the couple next door. They are always fighting over silly little things.**

## 별로 대단치 않은 · small beer

small beer는 영국에서 약한 맥주를 말하지만, 미국에서는 소량의 맥주를 의미한다.
Anything to drink? 뭐 마실 거라도?
Small beer. 맥주 조금만요.

비유적으로 '별로 대단치 않다.'란 의미도 있는데, 가령 자기 회사는 별로 작은 회사가 아닌데 삼성에 비하면 작다고 할 때, 자기 회사를 small beer로 표현하는 경우가 많다.

또 인물을 예로 들면 '그는 유능한 과학자이지만 아인슈타인만큼은 못 된다.'고 할 때도 small beer를 쓴다. 즉, 규모라든가 격을 말할 때 비유적으로 사용한다.

🎧 그는 분명히 유능한 정치인이긴 하지만, 이선생에 비하면 그 격이 별로 대단치 않다.
**He's obviously a smart politician, but small beer compared to someone like Mr. Lee.**

## 별로 자유를 주지 않다 · keep on a short leash

문자 그대로라면 개가 사람을 잘 물기 때문에 짧게 매어 놓는다는 말로, '행동을 속박한다.'는 의미가 된다.
She keeps her children on a short leash. She doesn't even allow them to go to the movies.
그 여자는 아이들에게 별로 자유를 주지 않는다. 영화도 못 보러 가게 할 정도다.
keep 대신 hold를 써도 의미는 마찬가지이다.
on a short leash 대신 '엄격히 감시한다.'는 의미로 on a tight leash를 쓰기도 한다.

🎧 Thomson씨는 밤에 거의 나가지 않는다. 아내가 별로 자유를 주지 않기 때문이다.
**Mr. Thompson doesn't go out at night much. His wife keeps him on a short leash.**

### 병가 전화를 하다 · call in sick

직장에 연락해서 몸이 아파 못 나가겠다고 통보한다는 의미이다. 회사원·학생 다 같이 쓴다. call in sick은 보통 아침에 하는 것이 습관이다. 몸이 아파 전화를 하기도 하지만 핑계로 하는 경우도 많다. 사전에 미리 병가를 내는 것은 get a sick leave라고 한다.

🎧 일 나가기가 싫은데, 내일 아침엔 전화 연락을 해서 병가를 내야지.
**I hate to go to work. I'm going to** call in sick **tomorrow morning.**

### 병적인 술고래 · compulsive drinker

compulsive는 일반회화에서 빈번히 등장하는데, 사전에는 '강제적인, 어쩔 수 없는' 정도의 의미 이외에는 이에 대한 설명이 없다. 강제적이라니까 억지로 술을 마시는 것으로 알겠으나 실제 의미는 정반대로, 술을 보면 자제를 못하고 마구 마셔 대는 사람을 말한다. 일종의 병적인 충동을 느낀다는 함축적 의미가 있다.(=an irresistible impulse to drink)

a compulsive eater 음식을 눈에 띄는 대로 먹어대는 사람
a compulsive gambler 노름판을 보면 끼지 않고는 못 배기는 사람
a compulsive smoker 담배만 눈에 띄면 저절로 손이 가는 사람

🎧 나는 한때 병적으로 음식을 먹어대는 습관이 있어서, 체중이 200파운드 이상 나간 적이 있었다.
**I used to be a** compulsive eater**, and weighed more than two hundred pounds.**

### 보고도 못 본 체하다 · look the other way

'보고도 고개를 돌린다.'는 뜻이다. shut one's eyes to 눈을 감다. 도 비슷한 뜻으로, 못 본 체한다는 의미이다.
Most of the people on the subway platform shut their eyes to the fight. 지하철 정거장에 있던 사람들은 싸움을 보고도 못 본 체했다.

turn a blind eye on도 있다. 알고 있으면서 모르는 척한다는 뜻이다.

He knew one of his colleagues was embezzling the company money, and couldn't turn a blind eye on it.
그는 동료 중의 한 사람이 회사공금을 횡령하는 것을 알고 있었으므로, 이를 모르는 체할 수 없었다.

How can you turn a blind eye to all those starving children?
굶주린 아이들을 보고도 어찌 못 본 체할 수 있나?

🎧 그 점원은 어떤 여인이 스타킹을 훔치는 것을 보고도 못 본 체했다.
**The salesclerk saw a woman stealing a pair of stockings, but he looked the other way.**

## 보기만 해도 알 수 있다 • say it all

'구체적인 설명을 안 해도 ~가 다 말해 준다.'는 식의 표현이다. 단서가 되는 행동이나 사실이 주어가 되는 점에 주의해야 한다.

🎧 그는 승진해서 무척 기뻐하고 있어. 그가 희색만면인 것만 봐도 알아.
**He's awfully happy about his promotion. His smile says it all.**

## 보류하다 • put a hold on

우리가 흔히 토막영어로 잘 쓰고 있는 '팀장이 홀드하고 있다.'의 '홀드'란 의미이다. 그러나 막상 영어로 해보라면 당황하는 것이 보통이다. 전치사 on 다음에는 내용의 주체가 온다. '신청서를 홀드하고 있다.'면 They put a hold on my application. 혹은 My application was put on hold. 정도가 무난하다.

> **참고** They played music, while putting me on hold. 수화기를 들고 기다리는 동안 음악을 들려주더군.

🎧 은행에서 그 수표를 보류하고 있어. 떨어지는 데 휴일 빼고 엿새가 걸린다나.
**The bank put a hold on the check. They said it would take six working days to clear.** (clear : 수표를 교환 청산하다.)

## 보복을 하다 · get even

retaliate나 revenge도 같은 뜻이나 좀 딱딱하고 표제어가 더 구어적이다. get even은 '서로 공평하게 비기다.'란 뜻이므로 '상대방에게 앙갚음을 한다.'는 의미다.

When she walked out on me, my only thought was to get even.
그 여자가 나를 버리고 떠났을 때, 나는 앙갚음을 해야겠다는 일념밖에 없었다.

John hit Tom, and Tom got even with John by hitting him back.
John이 Tom을 때리니까, Tom이 John을 때려 보복했다.

'너 가만 두지 않을 거야.'는 흔히 I'll get you (for that).를 쓴다.
vindictive도 쓴다.
I don't want to be vindictive. 복수를 하고 싶지는 않다.

get back at이라고 써도 역시 '보복한다.'는 의미이다.
She says she's going to get back at you for stealing her boyfriend.
너에게 남자친구를 빼앗겼기 때문에 너에게 보복하겠대.

🎧 자네는 그 여자에게 보복을 하고 싶겠지만, 그렇다고 자네에게 득이 될 것이 뭐가 있나?
**Maybe you want to get even with her, but what does that get you?**

## 보자보자[듣자듣자]하니 너무하다 · Enough is enough.

'참을 만큼 참았는데 더 이상 참을 수 없다.'고 할 때 쓰는 표현이다.
I've heard all the complaining from you that I can take. Stop! Enough is enough! 네 불평은 이제 들을 만큼 들었어. 그만해! 이젠 지겹다고!

예전에 에드워드 케네디 상원의원은 레이건 대통령이 부유층에게 유리한 법만 만들려 한다고 화를 내면서 "Enough is enough!"하고 소리친 일도 있다. 해도 너무하지 않느냐는 뉘앙스이다.

🎧 이제 그만 싸워! 보자보자 하니까 너무들 하는군.
**Stop arguing! Enough is enough!**

### 보잘 것 없는 돈 • nickels and dimes

'얼마 안 되는 돈이나 보수', a small amount of money와 같다. nickel-and-dime의 형식으로 형용사 역할도 한다.
**The company he's with is a nickel-and-dime operation.**
그가 나가는 회사는 영세기업이다.

또, 동사로 써서 '적은 금액을 찔끔찔끔 청구한다.'는 뜻도 된다.
**Give me the whole bill at one time. Don't nickel and dime me.**
청구서를 한꺼번에 해서 줘요. 찔끔찔끔 청구하지 말고.

🎧 나는 이제 더 이상 보잘 것 없는 돈을 받고 일하진 않겠네. 오라는 곳이 많으니까.
**I wouldn't work for nickels and dimes any more. I got a lot of job offers lined up.** (line up : 줄지어 서다)

### 보잘 것 없는 사람 • a nobody

속칭 '따라지 인생'. 친구 사이에서나 사회적으로나 전혀 관심의 대상이 되지 못하는 사람을 말한다. 자학적으로 I'm just a nobody.라 해서 '나야 따라진데 뭐.'라는 느낌을 나타낸다. 그런데 이런 의미로 쓸 때는 반드시 부정관사 a를 붙이는 점에 주의해야 한다.
**Don't pay any attention to him. He's just a nobody.**
그 사람에게 신경 쓸 것 없어. 아무 것도 아니니까.

이 밖에 '외톨이 같은 신세, 말단 직원, 말발이 서지 않는 사람'이란 뉘앙스를 나타내기도 한다. 속어로 a small potato도 같은 의미다.

반대로 '굉장한 인물'은 somebody라고 한다.
**He acts like he's somebody.** 그는 자기가 뭐나 되는 것 같이 행세한다.

이름이나 지위가 꽤 있다고 생각하는 사람은 anybody이다.
**Everybody who's anybody was there.** 이름 꽤 있는 사람들은 모두 나왔다.
**Ask everybody who's anybody!** 뭐라도 된다고 자처하는 사람 다 붙잡고 물어봐!

🎧 나는 회사에서 말단이니까 높은 사람에게 물어 보세요.
I'm just a nobody at the company. You might ask somebody up there.

### 보잘 것 없는 의견 · one's two cents worth

one's two cents worth of opinion이 준 것이라 보면 된다. 주로 의견·발언·충고 등에 쓴다. two cents는 2센트 정도의 가치밖에 없다거나 보잘 것 없는 것, 겸손한 느낌이나 가벼운 경멸의 느낌이 포함돼 있다.
I'd like to put in my two cents worth. 나의 보잘 것 없는 의견을 말하고 싶다.

put in 또는 get in을 쓰는 경우가 많다.
Everybody wanted to get in one's two cents worth.
모두 자기의 의견을 말하고 싶어했다.

🎧 Mary 자신도 자기가 무슨 말을 하고 있는지 모른다. 그런데도 자기의 의견을 말하려고 한다.
Mary doesn't seem to know what she's talking about. Still she wants to put in her two cents worth.

### 보장하다 · stand behind

'품질·성능 등을 보장한다.' 할 때 잘 쓴다. 상대가 믿으려 하지 않을 때, 제삼자가 나서서 개인적으로 보장한다 할 때도 쓴다.
Our company stands behind this product 100%.
우리 회사가 이 제품을 100퍼센트 보장한다.
실제로 '사람의 뒤에 선다.'는 의미로도 쓴다.

🎧 이것은 정말 잘 사시는 겁니다. 내가 개인적으로라도 보장하죠.
This is really a good buy. I'll personally stand behind it.

### 보증서 · black and white

'상품의 품질·성능의 보증을 문서로 하다.'를 put down in black and white라 한다. 요즘 많이 쓰는 warranty와 같다.
black and white는 영화나 사진의 '흑백'을 말하기도 하지만, 여기서 black

은 '필기도구', white는 '종이'이다. 즉 in black and white는 '문서로 분명하게'라는 뜻이 된다. 협약서나 보증서 등을 말할 때 잘 쓴다.
I want to see it in black and white. 분명하게 문서로 된 것을 보고 싶다.

'문서로 만든다.'는 have(write) it into black and white라고 한다.

🎧 당신은 반품이 가능하다고 하는데, 문서로 보증해 주시오.
You're saying that this is returnable, but I want that in black and white.

## 본색을 드러내다 · show one's true colors

여기서 colors는 배 등에 달고 다니는 '깃발'이다. 즉 가짜 깃발을 달고 다니다가 진짜 기를 단다는 의미로, '정체를 드러낸다.'는 뜻도 된다. 해적 등이 가짜 기를 달고 항해하다가 갑자기 해적선의 진짜 깃발을 올린다는 데서 유래되었다.
비유적으로 인격이나 성품 등이 나쁘다는 뜻으로 쓰는 경우가 많지만, 좋은 뜻으로는 '실력'이라는 의미가 되기도 한다. 또 show 대신 reveal을 쓰기도 한다.

🎧 두고 봐, 그가 곧 본색을 드러낼 테니.
Let me tell you. Sooner or later he'll show his true colors.

## 본전치기를 하다 · break even

이득도 손해도 없이 본전치기를 한다는 의미이다.
경제용어로 '손익 분기점'은 break-even point라고 한다.
I made a bad investment, but I broke even. 투자를 잘못했지만 밑지지는 않았어.

'벌지도 밑지지도 않고 그럭저럭 꾸려 나간다.'고 할 때는 get by를 쓴다.
We're trying to get by this year. 금년은 그럭저럭 꾸려 나가려고 한다.
The door knob isn't working properly, but I just get by.
문고리가 말을 잘 듣지 않지만 그럭저럭 쓰고 있다.

🎧 커피를 하루에 몇 잔 팔아야 본전치기가 됩니까?
**How many cups of coffee do you have to sell a day to break even?**

## 봐 주다 · wink at

wink에는 관대하게 봐 준다는 뉘앙스가 있다.
**He was big enough to wink at my faults.** 그는 너그럽게도 나의 잘못을 봐 줬다.

> **참고** 어떤 잘못을 없었던 것으로 하는 것은 let it go.이다. The professor knew the student had cheated, but he let it go. (교수는 그 학생이 부정행위를 했다는 것을 알고 있었으나, 그냥 내버려 두었다.)

또한 경찰관들이 let you go라는 말을 잘 쓰는데, 여기에는 '처벌하지 않고 그냥 보낸다.'는 뜻이 함축돼 있다.
**I'm not giving you a ticket. I'll let you go this time.**
이번에는 딱지를 안 떼고 봐 드리죠.

'잘못을 저질렀으나 크게 나무라지 않고 적당히 해둔다.'는 뜻으로는, **give him a slap on the wrist**를 잘 쓴다. 팔목을 툭 친다는 말이다.

🎧 검사는 그가 시청 내의 부정을 눈감아 준다는 신문보도를 강력히 부인했다.
**The District Attorney flatly denied the press report that he winked at corruption in the city government.**

## 부도수표를 내다 · bounce a check

미국에서의 결제 수단은 거의가 수표로, 은행에 잔고가 없으면 그 수표는 부도가 나게 마련이다. 그러면 은행에서는 그 부도난 수표를 발행인에게 되돌려 주고, 발행인은 penalty fee 벌금를 물게 된다. 즉 이렇게 수표가 은행에서 되돌아온다고 해서 bounce라는 말을 쓴다.

'부도수표'는 공과 같이 튀어나온다는 발상에서 **a rubber check** 또는 **a bum check**이라고 부른다.

'은행 잔고를 확인하지 않고 자주 부도를 내는 사람'은 **a check bouncer**라고 한다. '수표를 쓰다.'는 **write a check**이지만 '기계로 끊다.'는 **cut a check**이다. '의도적으로 부도수표를 돌리다.'는 **pass a bad check**이다.

회화에서 **a cancelled check**이라는 말을 자주 쓰는데, 미국 은행의 관행을 모르는 사람들은 이것을 '취소된 수표'라고 번역한다. 그러나 이것은 이미 끊은 수표가 거래 은행으로 돌아와 결제가 끝났다는 의미이니 주의해야 한다. 이 cancelled check은 영수증 역할을 하므로 거래 은행이 한 달에 한 번씩 이를 모아서 발행인에게 되돌려 준다.

🎧 집세를 내려고 수표를 끊었는데, 계좌에 돈이 모자라서 부도가 나고 말았다.
I wrote a check for the rent, but I didn't have enough money in my account. So it bounced.

## 부정을 캐다 · dig up a dirt (on)

'부정부패를 캐다.'는 bring irregularities and corruption to light라 표현되지만, dirt 불결한 것, 비위와 같이 구어적인 맛은 없다. 우리말의 구린 데를 쑤신다는 의미로는 dirt가 더 가깝다. dirt는 원래 지저분한 흙이나 먼지를 가리키지만, 속어로는 비천한 인물 즉, He's just dirt. 그 사람 쓰레기야. 와 같이 쓴다. 스캔들이나 범죄적 비밀을 가리키기도 한다.
What's the dirt on John? John이 무슨 지저분한 일을 저질렀지?

🎧 그는 경쟁회사의 부정행위를 캐기 위해 적지 않은 돈을 써왔다.
He has been paying handsome money to dig up a dirt on the rival company. (handsome : 재산 따위가 상당한)

## 부정한 사례금(뇌물) · kickback

보통 '부정한 수단이나 행위에 의한 소득의 일부 반환 혹은 대가'를 뜻한다. 일부 사전에 비슷한 뜻으로 명시된 rebate는 공식적이라는 개념이 있으므로 주의해야 한다.

🎧 그는 그 발전소 건물과 관련해서 5,000만 원의 부정한 사례금을 받았다.
He received a kickback of fifty million won in connection with the construction of the power plant.

## 분간하다 · tell the difference

tell은 '자신의 감각 기능을 작용시켜서 알아맞힌다.'는 뜻이다.
I can't tell. 모른다.
I can't tell the difference between them. 그들 사이의 차이점을 분간하지 못한다.
같은 의미로 distinguish라는 말도 쓸 수 있으나 좀 딱딱하다.

🎧 그는 소고기와 돼지고기도 분간 못 한다.
**He cannot tell the difference between beef and pork.**

## 분별력이 있다 · know right from wrong

'옳고 그른 것을 분간할 줄 안다.'는 뜻이다.

**참고** 인생의 어려움을 안다고 할 때는 I know what's what. 또는 He sure doesn't know the score.와 같은 표현을 쓴다.

🎧 자네도 이제 분별력을 가질만한 나이가 됐는데.
**You're old enough to know right from wrong.**

## 분수를 알다 · know one's place

place는 '자신의 분수'라는 뜻이다. 즉 자신의 위치나 상황에 어울리게 처신한다는 의미이다. 일반적으로 교제나 예의범절이 지나칠 때 don't know one's place 형식을 많이 쓴다.

'분수를 지킨다.'는 keep one's place라고 하면 된다.
**When I complained about the food, they told me to keep my place.**
내가 음식에 대한 불평을 하자 그들은 나보고 분수를 지키라고 했다.

put someone in one's place라고 하면 '방종하게 구는 사람의 버릇을 가르친다.'는 뜻으로 맛 좀 보여준다는 뉘앙스가 있다.
**He really is a spoiled brat. I think he needs a firm hand, or somebody has to put him in his place.** 그 녀석 정말 버릇없는 개구쟁이예요. 집안에 무서운 사람이 있거나 아니면 누군가가 버릇을 고쳐줘야 해요.

과대평가되고 있는 인물·능력·문제 등을 실제대로 평가한다고 할 때는
cut someone down (to size)이라고 한다. deflate와 같은 뜻이다.
She is too conceited. I think her boss will cut her down to size.
그 여자 너무 거만해. 사장이 그 여자 콧대를 꺾어놓게 될 거야.

🎧 이곳에서는 사람들이 자신들의 분수를 알아야 하며, 모든 규칙을 지켜야 한다.
People around here are expected to know their place. You have to follow all the rules.

## 분위기를 부드럽게 하다 · break the ice

직역은 '얼음을 깨다.' 서로 서먹서먹하고 멋쩍은 분위기를 사교적인 얘기로 부드럽게 한다는 의미이다.
예를 들면 부부가 냉전관계에 있을 때 먼저 입을 열거나, 파티 같은 곳에서 냉랭하고 서로 멋쩍어하는 분위기를 깰 때 이 표현을 쓴다.

🎧 그가 희극배우에 대한 이야기를 하자, 파티의 분위기가 부드러워졌다.
His remark on the comedian broke the ice at the party.

## 분풀이를 하다 · pay back

일반적으로 pay back은 '돈이나 신세를 갚는다.'란 뜻이다.
I'll pay you back one of these days. 조만간에 신세를 갚을게.
자기가 당한 그대로 갚는다는 의미와 맥락이 닿아 '분풀이하다, 앙갚음하다.'의 뜻으로도 쓰인다. '보복'이라면 revenge, avenge, retaliate 등을 연상하겠으나, 표제어가 구어적이다.

또 pay someone back in his own coin이란 표현이 있다. coin은 동전이 아니라 그 나라의 통화(通貨)를 가리킨다. 따라서 자기가 빌린 돈을 자기 나라 화폐로 갚는다는 의미로서, 달러로 진 빚은 달러로 갚는다는 말이다. 즉 '당한 대로 보복을 한다.'는 뜻이 된다.
Any country who places restrictions on imports can expect to be paid back in its own coin.
수입을 제한하는 나라는 똑같은 방법으로 보복을 당해도 할 수 없다.

🎧 그 여자가 회사 파티에서 나를 깔봤단 말이야. 그 분풀이로 사장과의 관계를 폭로해 버려야지.
**She put me down at the party but I'm going to pay her back by exposing her affair with the boss.**

### 불가항력 · act of God

It's an act of God.이라고 하면 '하나님의 행위'라는 뜻이므로, '불가항력'이라는 의미가 된다.

**참고** 상업영어나 계약서에 자주 나오는 force majeure도 프랑스어로 '계약 이행의 면제 원인이 되는 불가항력'이란 뜻이다.

🎧 폭우로 한강이 범람했다. 이것은 불가항력이다.
**The heavy rain flooded the Han river. It's an act of God.**

### 불결한 생각을 갖다 · have dirty minds

dirty minds는 '남·여 간의 성과 관계된 추잡스런 생각'을 뜻한다. 자신뿐 아니라 남의 관계를 추잡스럽게 생각하는 것을 가리킨다.

**I'm sorry, I had dirty minds.**
사실은 그게 아닌데, 내가 공연히 추잡스러운 생각을 했군요.

🎧 그는 호텔 숙박비를 아끼느라 다른 남자들과 침대를 같이 쓴 일이 가끔 있었다고 말하고, 사람들이 추잡한 생각으로 자기를 의심한 것에 대해 비난했다.
**He claimed he often shared beds with other men to save money on hotel rooms and accused skeptics of having dirty minds.**

### 불리다(계산서 등의 액수를) · pad

pad는 베개 등에 '속을 채워 넣다.' 즉 pad one's account라 하면 계산서·장부·견적서 등의 금액을 실제 이상으로 불린다는 의미가 된다.

**참고** pad the article은 '기사를 늘려 쓰다.' pad the bill은 '청구서 액수를 불리다.'란 뜻이다.

또 명사로 쓰면 '양복 어깨 양쪽에 넣어 부풀리는 심'을 가리키기도 한다.

🎧 저 바텐더를 조심하게. 청구서의 액수를 10퍼센트씩 불리는 것 같아.
**Beware of that bartender. He seems to pad the bill by ten percent.**

### 불쑥 말하다 · blurt out

'자기도 모르는 사이에 무심코 말하다.'란 뜻이다. 용의자가 형사 앞에서 불쑥 입을 연다거나 비밀을 누설해 버릴 때 쓰인다.

> **참고** You're always running off at the mouth. '생각 없이 지나치게 지껄인다.'는 의미의 속어 표현이다.

🎧 그의 남편은 과음하면 가끔 어울리지 않는 말을 불쑥 내뱉는다.
**Her husband often blurts out embarrassing things when he drinks too much.**

### 불투명한 · iffy

doubtful 혹은 uncertain과 같다. 확실치 않은 부분이 있어서 상황에 따라 달라질 수 있다는 뜻이 함축돼 있다.
**It's an iffy situation.** 상황이 불확실하다.
**Things are still sort of iffy, but we'll know for sure in a few days.**
사태가 아직 유동적인데 며칠 있으면 확실히 알게 될 거야.

🎧 많은 의원들이 그 법안을 지지하고 있으나, 최종 통과 여부는 아직 불투명하다.
**A number of lawmakers support the bill, but final passage is still iffy.**

### 불평하다 · beef about

원래는 수감자들이 경찰에 대해 불평하거나 항의를 한다는 데서 유래된 일반적인 속어이다.
**The passengers beefed when they announced thirty-minute delay in departure.** 30분 연발 방송이 있자 승객들은 불평을 했다.
**They have a reason to beef.** 그들이 불평을 할만한 이유가 있다.

한편 습관적으로 투덜거리는 사람은 a beefer, 정당한 불평은 legitimate beef라고 한다.
**Your beef is legitimate. Don't give up.** 자네 불평은 정당하니까 포기하지 말게.

또, 경찰이 범인에게 씌우는 혐의도 beef라고 한다.
**Well, officer, what's the beef?** 경관님, 내 혐의가 뭐요?

🎧 그 친구 마음에 드는 것은 하나도 없어. 늘 무언가 불평을 하거든.
**Nothing can satisfy him. He's always beefing about something.**

## 불행 중 다행 · lucky it wasn't worse

상황이 더 악화되지 않고 그 정도로 끝난 것만도 다행이라는 뜻이다. 결과가 더 나쁠 수도 있었다는 뉘앙스가 있다. lucky 대신 glad를 써도 된다.
**I should be glad it wasn't worse.** 일이 그 정도로 끝난 것만 해도 감지덕지해야지.

🎧 불행 중 다행이네. 하마터면 죽을 뻔했는데.
**You're lucky it wasn't worse. You could've been killed.**

## 불화관계에 있다 · have a falling-out

오랫동안 사이가 좋지 않은 상태를 말한다. 부정관사 a를 반드시 붙이는 점에 주의해야 한다. 비슷한 의미로 be rough between도 있다.
**Things have been rough between the brothers.**
형제들의 사이가 그동안 거북했었다.

🎧 두 자매는 사이가 틀어져서, 2년 동안이나 서로 말을 안하고 지낸다.
**The two sisters had a falling-out and have not spoken to each other in two years.**

## 붙박이로 된 · built-in

건물을 지을 때 책장·오븐·양복장 선반 등을 붙박이로 만들어 놓은 것을 말하며, 보통 have something built-in으로 쓴다. 명사로도 쓴다.

🎧 우리 아파트에는 붙박이 책장이 있다.
**Our apartment has built-in bookcases.**

## 붙어 따라다니다 • tag along

tag은 '짐짝에 붙이는 꼬리표'. 어디를 가나 붙어 다니는 것이 꼬리표이므로, 귀찮게 졸졸 따라다닌다는 의미로 표제어가 적격이다. tag along 다음에 나오는 전치사는 after 또는 behind를 쓴다. tagalong이라 해서 형용사 또는 명사로도 쓴다. 의미는 '성가시게 따라다니는 (사람)'이다.

follow도 '따라다닌다.'는 뜻이지만, 귀찮게 따라붙는다는 뉘앙스는 없다.
은밀히 미행하는 것은 tail 혹은 shadow를 쓴다.
The cop has been tailing him last few days.
형사가 지난 며칠 동안 그를 미행했다.

🎧 내가 어디를 가나 아내가 꼭 붙어 따라다닌단 말이야.
**Wherever I go, my wife tags along.**

## 비관만 할 게 아니다 • look on the bright side

직역은 '밝은 면을 보다.'로 '낙관하다.'란 의미이다. 반대로 '비관적인 면만 보다.'는 look on the dark side로 표제어보다 사용빈도가 낮다.
이밖에 비관만 하는 사람을 격려하는 의미로 see the bright side (of things) 또는 look on the sunny side (of things)를 쓰기도 한다.

🎧 용기를 내게! 세상이 끝장난 것도 아니잖아. 비관만 할 게 아닐세.
**Cheer up! This is not the end of the world. Look on the bright side.**

## 비교할 것을 비교해야지 • Apples cannot be compared to oranges.

당치도 않은 것을 비교하며 고집부리는 사람을 가리켜 하는 소리이다.
직역은 '사과는 오렌지하고 비교할 수 없다.' 우리말로는 '그게 비교거리가 되나?'라는 느낌에 가깝다.

## 비긴 · **even-steven**

even 다음에 나오는 steven은 a thriller-driller 소설·영화 등의 공포물 또는 a silly-billy 바보 에서처럼 남자 이름 Steven(Stephen)을 붙여서 운을 맞춘 것이다.

Now that we're given each other black eyes, are we even-steven?
둘 다 눈에 멍이 들었으니 우린 서로 비긴 건가?

steven을 Steven으로도 쓰며 아이들이나 젊은이들이 익살스럽게 잘 쓴다.

비슷한 예로 I think I'll have a steak, Jake. I'll see you later, alligator. 등도 있다. 물론 표제어와 같이 단어 자체에는 아무런 뜻이 없다.

🎧 자, 자네한테 빌린 5달러야. 이걸로 우리 빚이 없는 거야.
**Here's the five dollars I owe you. Now we're** even-steven.


## 비밀을 누설하다 · **spill the beans**

spill은 '멍청이, 얼떨결에'라는 뉘앙스로, spill water 물을 엎지르다. 와 같이 쓰나 보통 비유적으로 많이 쓴다. 비밀 누설을 자기도 모르게 한 것인지, 고의로 한 것인지, 아니면 비밀인 줄 모르고 한 것인지 분명치 않으므로 문장의 앞뒤를 봐서 판단할 수밖에 없다.

Don't let John know about our plans. He's sure to spill the beans.
John이 우리 계획을 모르게 해. 틀림없이 비밀을 누설할 테니까.

이러한 경우에도 얼떨결인지 고의인지는 분명치가 않다.

내용상 let the cat out of the bag 비밀을 폭로시키다. 와 같은 뜻이다. 이 표현은 포대 속에 돼지가 있다고 속였는데 잘못하여 고양이가 튀어나와 속인 것이 탄로 났다는 이야기에서 유래되었다. 보통 부정문으로 쓴다. 이 경우도 고의적인지 아니면 얼떨결에 그랬는지 문장의 앞뒤를 봐서 판단할 수밖에 없다.

We are planning a surprise party for Albert. Don't let the cat out of the bag. Albert를 위해 몰래 파티를 열어 주려고 하니까, 말하지 말라고.

🎧 그 녀석을 잘 지켜봐. 경찰에 비밀을 누설할지 모르니까.
**Keep an eye on him. He may** spill the beans **to the cop.**

## 비열한 짓을 하다 • stab someone in the back

'칼로 등을 찌른다.'란 뜻이다. 기습이나 배반을 의미하며 정정당당치 못하다는 뜻이 함축돼 있다.

I thought we were friends! Why did you stab me in the back?
난 자네를 친구로 믿고 있었는데 왜 나를 배반하는 거지?

a back-stabber란 말도 쓴다. '치사스런 놈'이란 뜻으로 뒤에서 남에게 해를 끼치는 사람을 말한다.

🎧 나에게 어떻게 그렇게 할 수가 있나? 그건 비열한 짓이야.
How could you do that to me? It's like you're stabbing me in the back.


## 비용을 지불하다 • pick up the tab

흔히 음식값이나 술값의 계산서를 tab이라 부른다. Check, please. 계산서 갖다 주세요. 의 check도 계산서이긴 하나 표제어에는 자신의 것 뿐 아니라 다른 사람들 것까지도 자신이 전부 부담한다는 뜻이 함축되어 있다.

Order whatever you want. The company is picking up the tab.
뭐든지 먹고 싶은 것 시켜. 회사에서 내는 거니까.

Oprah Winfrey picked up the tab for her secretary's wedding.
Oprah Winfrey는 비서의 결혼 비용 일체를 자기가 지불했다.

🎧 계산서 떠맡는 데 이제 질렸어. 다른 녀석들은 으레 내가 내는 걸로 알고 있거든.
I'm tired of picking up the tab. Other guys take me for granted.


## 비위도 좋군 • Oh, I like that!

함께 생활해 보지 않으면 얼른 이해가 안 가는 표현이다. 실제로 어떤 것을 몹시 좋아할 때 '참 좋은데'라는 뜻이기도 하나, 반어적으로 쓰는 경우도 많다. '나를 업신여기더니 손을 내밀 때가 다 있군 그래.'와 같이 분노의 감정을 나타내며 의미상 자기가 보복을 할 입장이 되니 좋다는 뉘앙스가 있다.

Oh 대신 well을 쓰기도 하는데 여성들이 흔히 잘 쓴다.

You're not going to eat the meal I fixed for you?
Well, I like that! 여보, 내가 애써 만든 식사를 안 하겠다고요? 그건 너무 하잖아요!
이런 경우엔 비위가 좋다기보다는 '너무 한다.'는 의미이다.
I like that.은 accent를 like에 주느냐 that에 주느냐에 따라 의미가 달라질 수 있다. 그러나 I, like, that에 따로따로 accent를 주면 엉뚱한 의미로 변해 버린다. 즉 반어적으로 I don't like that.이라는 뜻이 되고 만다. 간단히 말해서 That makes me angry.라는 뜻이 되는 것이다.

🎧 자네 비위도 좋군. 내가 형편이 어려울 때 자넨 전화도 안 받았어. 그런데 이제 와서 도와 달라고?
Oh, I like that! When I was in bad shape, you didn't even answer my call. But now you want me to help you out.

## 비위를 건드리다 • get under someone's skin

irritate someone과 같이 '약을 올리거나 비위를 건드리다.'란 뜻으로 주로 사용되나, '자기도 모르는 사이에 마음을 사로잡다.'란 정반대의 뜻으로 쓰일 때도 있다. 그래서 That music gets under my skin.이라고 하면, 음악이 비위에 거슬린다는 것인지 아니면 마음에 든다는 것인지 모르니 문맥으로 판단할 수밖에 없다.

John is so annoying. He really gets under my skin.
John은 참 귀찮은 사람이다. 난 그 사람만 보면 비위가 상해.

I can't forget her. She's gotten under my skin.
나는 그 여자를 잊을 수가 없다. 나도 모르는 사이에 내 마음을 사로잡았다.

이 밖에 let ~ get under one's skin의 형식도 잘 쓴다.
You mustn't let his criticism get under your skin.
그 사람의 비판 같은 것은 마음에 둘 필요가 없어.

🎧 그 여자가 한 말 가운데 몇 가지가 그의 비위를 건드렸다.
Several things she said got under his skin.

## 비행기를 잡다(타다) • make a plane

속어적인 표현으로 자주 쓰이며 catch a plane과 같다. make the bed 침대를 정돈하다. , make the bars 술집을 돌아다니다. 등의 예에서 make에 '만들다.'의 뜻이 없듯이 표제어에서도 '만든다.'는 뜻은 없다.
make the red-eye라는 표현이 있는데, 밤 비행기를 탄다는 의미로 밤에 잠을 제대로 못 자서 눈에 핏발이 선다는 데서 나온 말이다.
We can make the red-eye leaving at 10:45 and we'll be in Guam tomorrow morning.
10시 45분에 떠나는 밤 비행기를 탈 수 있을 거야. 그러면 내일 아침엔 괌에 도착하지.

🎧 나는 뉴욕으로 돌아가기 위해 비행기를 잡아야 했다.
**I had to make a plane back to New York.**

## 빈둥빈둥 놀다 • sit around

반드시 어느 자리에 가만히 앉아 아무 것도 안 한다는 뜻이 아니라, 이렇다 할 일이나 유익한 일은 하지 않고 그냥 빈둥거린다는 말이다.
Don't just sit around. Do something! 그냥 빈둥거리지 말고, 뭐든 좀 해요!

그런데 이 표현은 사람 뿐 아니라 사물에도 쓸 수 있다.
이때는 '아무도 손을 대지 않고 그냥 방치되어 있다.'는 뜻이 된다.
This box has been here sitting around since yesterday.
이 상자가 어제부터 여기 내팽개쳐져 있었다.

🎧 하루 종일 아무 것도 안하고 지내는 것도 이젠 진력이 난다.
**I got tired of sitting around doing nothing all day.**

## 빈축을 사는 • frowned upon

원래 뜻은 '불쾌한 표정을 지으며 인상을 찌푸린다.'는 말이다.
못마땅해 한다고 할 때에는 능동형으로 frown upon을 써도 된다.
They used to frown upon racial marriage.
전에는 사람들이 국제결혼을 못마땅히 여겼다.

🎧 미국에 가서 그런 행동을 하면 빈축을 사게 될 걸세.
**In the United States, such manners will surely be frowned upon.**

## 빗나가다 · fall short

come short라고도 한다. fall short는 fall short of something과 같이 뭔가 부족하다고 할 때 쓰지만 어떤 목표나 기대에 이르지 못하고 실패한다고 할 때도 쓴다.

He ran a fast race, but fell short of the record.
그는 빨리 뛰었지만 기록을 내는 데는 실패했다.

🎧 그는 그의 선거전략이 빗나가자 자리에서 밀려났다.
**He was fired when his campaign strategy** fell short.

## 빙산의 일각 · the tip of the iceberg

iceberg는 '빙산', tip은 '산' 등의 '정상'이란 뜻이다. a mountain tip은 '산의 정상'이란 말이 된다. 여기서는 바다에 삐죽 나와 있는 부분을 가리킨다. 바람직하지 못한 일의 대부분이 숨겨져 있고 외부로 나타나는 것은 극히 일부분에 지나지 않음을 비유하는 말이다.

🎧 최근 발각된 정부의 뇌물사건은 빙산의 일각에 지나지 않는다.
**The recent revelations about bribery in the government are just** the tip of the iceberg.

## 빚을 지지 않고 꾸려나가다 · make ends meet

대개의 경우 적은 수입으로 빚을 지지 않고 근근이 가계를 꾸려나간다는 뜻이다. make both ends meet라고도 한다. 경리장부의 수입과 지출을 똑같이 맞춘다거나, 농사철과 농사철 사이의 양식이 떨어지지 않게 맞춘다고 할 때 쓴다. 그러나 회사나 조직의 경리보다는 가정생활과 관련해서 더 잘 쓴다.

🎧 요즘은 빚 안 지고 꾸려나가기도 힘들다.
**It's hard these days to** make **both** ends meet.

## 빨리 서두르다 · get a move on

직역하면, '움직임을 몸에 붙이다.'란 익살스런 표현으로 일을 기한 내에 끝마친다든지, 목적지에 가는 데 늦지 않도록 한다든지, 외출하는 데 준비를 서두른다든지 할 때 잘 쓴다. get a hurry on이라고도 한다.

같은 의미로 get a wriggle on이 있는데 wriggle은 '지렁이 같은 것이 꿈틀거린다.'는 뜻이지만 실제로는 '행동을 빨리 한다.'는 의미로 쓰인다. 거의 명령형으로 쓴다.

We'd better get a move on, we'll be late. 빨리 서두르지 않으면 늦어.
Get a move on! We can't wait all day. 빨리 해. 마냥 기다릴 순 없으니까.
Get a wriggle on! You'll be late for school! 빨리 서둘러! 학교에 늦을라!

🎧 5분 안에 떠나야 해. 빨리 서두르라고.
We are going to leave in five minutes. Get a move on!

## 빨리 해내다 · make it snappy

snappy는 '팔팔하고 재빠른', 보통 준비나 간단한 일 따위를 빨리 끝내라고 재촉할 때 쓴다. 어감이 남성적이어서 명령형으로 쓰면 좀 거칠게 들린다.

A cup of coffee. And make it snappy. 커피 한 잔 줘. 빨리!
Make it snappy, or I'll leave without you. 서둘러, 그렇지 않으면 두고 갈 테니까.

**참고** 어디를 가는 데 발걸음을 빨리 하라고 재촉할 때는 Hurry up.을 쓴다.

🎧 A : 아빠, 잠깐만요. 화장실 좀 다녀올게요.
B : 좋아. 하지만 빨리 다녀오너라.
A : Wait, Dad. I have to go to the bathroom.
B : All right, but make it snappy!

## 빵꾸(펑크)가 나다 · have a flat (tire)

보통 I got a flat.이라고 하는 것이 구어적이다. 표제어는 타이어에 바람이 빠진 상태를 의미하며, tire를 쓰나 안 쓰나 마찬가지이다. 타이어의 공기가 빠졌다는 의미의 puncture에서 '빵구'라는 말이 나온 것 같은데 이것은 일본인들의 표현으로 영어는 아니다.

**참고**  펑크를 수리하는 것은 fix a flat이라고 한다.

타이어에 '못이 박힌 모양이야.'라는 느낌으로 말할 때는 I must have picked up a nail.이라고 한다.

또 바람이 빠진 현장에서는 You've (I've) got a bad news.라는 말도 잘 쓴다. 이 경우의 a bad news는 '별로 반갑지 않은 일'이라는 의미이다. 한편, flat에는 '가슴이 납작하다.'는 뜻도 있다.

🎧 타이어가 펑크가 나서 새 것으로 갈아 끼워야겠다.
I have a flat, so I'm going to put on a new one.

## 뺑소니 자동차 • hit-and-run car

hit-and-run은 문자 그대로 '치고 달아나다.'란 의미이다.

**참고**  '뺑소니 사고'는 a hit-and-run accident, '뺑소니 운전사'는 a hit-and-run-driver라고 한다.

'남의 돈을 떼어먹고 뺑소니치다.'는 He made away with my money.라고 하면 된다.
The thief made off with iPad mini. 도둑이 아이패드 미니를 갖고 뺑소니쳤다.
잡히지 않고 달아났다는 의미가 담겨있다.

🎧 경찰관에 쫓긴 그 뺑소니 자동차는 도로 철책을 들이받고 전복됐다.
The hit-and-run car chased by the police patrol hit the guardrail and flipped over.

## 뻥 • baloney

표제어는 편의상 붙인 것으로, 뻥(거짓말)의 느낌을 나타내는 말은 수도 없이 많다. 우선 자주 쓰는 것으로 표제어가 있다. 곧이듣고 있는지 모르겠지만 그건 뻥이라는 느낌으로 쓴다. 발음은 [벌로우니]
That's baloney. 그건 뻥이야.

일반적으로 '거짓말'은 lie로 알고 있으나, 이는 도덕적인 비난의 뉘앙스가 있

163

기 때문에 뜻이 강하여 상대방에게 크게 충격을 주는 말이다. 따라서 상대편의 면전에서 lie 또는 liar라는 말을 쓰면 사태를 극한 상황으로 몰고 갈 수 있다.

잠깐 넘기기 위해 악의 없이 하는 뻥은 동사로 fib를 쓴다.
Were you fibbing? 아까 뻥 깐 거지?
학생이 선생님에게 또는 부모가 아이들에게 하는 뻥은 lie가 아니라 fibbing이니 주의한다.
Dad, you're a fibber! 아빠, 뻥쟁이야!

'악의 없는 뻥'은 white lie이고, '외판원 등이 허풍 떠는 뻥'은 talk big이다.
Salesmen always talk big. I don't trust them.
외판원은 늘 허풍을 떨어서, 나는 곧이듣지 않는다.

'경력이나 능력 등을 사실 이상으로 과장하는 뻥'은 stretch이다.
I stretched a little. 내가 뻥을 좀 쳤지.

그 밖에 hot air 과장된 거짓말, empty talk 알맹이 없는 말, exaggeration 침소봉대, nonsense 헛소리, bunk 속임수를 위한 뻥, 수다스러움이 함축되어 있는 blah 엉터리 거짓말 등이 있다.

🎧 물론 그 사람의 말에는 약간의 뻥이 있다.
**Of course there was a certain amount of baloney in what he said.**

## 뼈저리게 받아들이다 • take something hard

불행이나 재난 등을 심각하게 또는 뼈아프게 받아들인다는 뜻으로, 정신적으로 큰 타격을 입고 있다는 의미이다. hard 앞에는 습관상 very, pretty 또는 a bit 등의 부사가 오는 경우가 많다.
Ralph took his sister's death very hard.
Ralph는 자기 누이의 죽음을 뼈저리게 받아들이고 있다.
정신적인 상처를 받은 결과, 슬퍼하거나 낙심하거나 또는 실망하는 경우에 많이 쓴다.

🎧 너무 그렇게 크게 낙심하지 말게. 직장을 잃는 것은 뼈아프겠지만, 틀림없이 다른 것을 찾을 수 있을 거야.

**Don't take it so hard. It's tough losing your job, but I'm sure you'll find something else soon.**

# AMERICAN ENGLISH EXPRESSION
## BASIC EDITION

### 사기꾼 · con man

con은 confidence 확신의 준말로, 사람을 확신시켜 놓고 속이는 사람을 의미한다. 그와 같이 사람을 확신시켜 놓고 벌이는 '사기행각'은 a con game. 일반적으로 '사기꾼'의 의미로는 cheat 외에 swindler도 많이 쓴다.

> **참고** ex-con은 ex-convict(전과자)의 준말이니 혼동하지 않도록 주의한다. No one will give a job to an ex-con like him. (그와 같은 전과자에게 일자리를 줄 사람은 없다.)

🎧 심지어 고관 몇 사람도 그 사기꾼에게 당했다.
**Even some government higher-ups were taken in by that con man.**

### 사람들 앞에서 얼다 · get stage fright

stage fright는 '무대에서나 대중들 앞에서 긴장해서 얼어 버리는 것'을 의미한다. 그러나 사장이나 선생 앞에서 얼어 버리는 경우에는 쓰지 못하며, 그런 경우에는 feel self-conscious 멋쩍어하다를 대신 쓴다.

**I feel self-conscious when I'm with a pretty girl.**
나는 예쁜 아가씨와 같이 있으면 얼어 버린다.

🎧 경험이 없는 후보들은 첫 유세 때면 대개 얼어 버린다.
**Inexperienced political campaigners often get stage fright on their first stump.**

### 사람들이 손가락질 해 · People will talk.

사람의 입은 막을 수 없다거나 세상 사람들의 입은 귀찮은 것이라는 뜻으로 관용어처럼 쓰인다. 보통 좋지 않은 일로 동네 혹은 사회의 얘깃거리가 되어 남의 입에 오르내리는 경우에 많이 쓴다.

be pointed at with scorn 웃음거리로 손가락질 받다. 혹은 be object of social contempt 사회적 경멸의 대상이 되다. 도 있으나 표제어 보다 좀 딱딱하다.

🎧 그 나이 많은 사람을 만나지마. 네 아버지뻘이 되지 않니. 사람들이 손가락질한단 말이야.
**Stop seeing that old man. He's old enough to be your father. People will talk, you know.**

## 사람은 겉만 보곤 모른다 · You shouldn't judge the book by its cover.

여기서 you는 일반적인 사람을 가리킨다. '겉장만 보고 책을 평가하지 말라.'는 것은 외양만 보고 사람을 평가해서는 안 된다는 의미이다.
One shouldn't be judged by his appearance.와 같은 뜻이다.
People should be judged for what's inside.
사람은 외양보다 내면을 보고 평가해야 한다.
Never judge by appearances.라는 표현도 있다.
같은 의미로 Appearances are deceptive.라고도 하며 Things are seldom what they seem.이라고도 한다.

## 사람은 한치 앞도 못 내다보고 산다 · You never know what's around the corner.

around the corner는 '바로 앞 길 모퉁이'. 엎어지면 코가 닿을만한 가까운 지점을 말할 때 잘 쓰며, 앞에 just를 붙여 그 의미를 강조하기도 한다. You는 일반적인 사람을 가리킨다.
비슷한 의미의 다른 표현으로 You never know what's down the road.도 잘 쓴다. down the road는 '저 아래 길 앞에'. 따라서 운명에 맡기고 산다는 말도 된다. '운명에 맡긴다.'는 leave it to fate라고 한다.

## 사랑이 식다 · fall out of love

'좋아하던 사이에 금이 간다.'는 의미인데 fall in love 사랑에 빠지다. 는 알면서 fall out of love를 아는 사람은 의외로 적다.
'열정이나 사랑이 식는다.'는 의미의 cool을 써서 She has cooled it with me. 그 여자의 나에 대한 태도가 냉랭해졌다. 도 잘 쓴다. 이 경우 it은 별 의미 없이 관용적으로 따라다니는 말이다.
When she slapped him, that really cooled him down.
그녀가 남자의 따귀를 때리고 나서, 그 여자에 대한 남자의 마음이 냉랭해졌다.

🎧 그녀가 두 번이나 바람을 맞히자, 그는 여자의 사랑이 식어가고 있다는 것을 알게 됐다.
**When she stood him up twice, he knew she was falling out of love with him.**

### 사사오입하다 • round up

round to the nearest whole number라고 나와 있는 사전도 있으나 회화에서는 그렇게 복잡한 말은 안 쓴다. '사사오입하시오.' 혹은 '끄트머리는 잘라 버리세요.'는 간단히 Round it up.이라고 한다.
숫자나 금액에서 5 이하의 끝자리 수를 잘라버리는 것은 round it off, 5 이상의 수를 올려붙이는 것은 round it up이라고 한다.

> 참고  round up은 원래 '흩어진 가축 떼를 한데 모으다.'라는 뜻으로 '일망타진'이란 의미도 된다. The police rounded up the entire gang. (경찰은 그 일당을 검거했다.)

A : 모두 네 상자하고 두 개가 남는데 나머지 두 개는 어떻게 할까요?
B : 나머지는 그만두세요.

A : It makes four cases and two pieces. What about the two pieces?
B : Round it up.


### 사실로 받아들이다 • buy something

'상대편의 말을 믿거나, 어떤 것을 하나의 사실로 받아들이다.'란 뜻이다.
It may be true, but I don't buy that.
그게 사실인지는 몰라도, 나는 그 말을 믿지 않네.

buy는 일반적으로 '어떤 설(說)이나 설명·의견 등을 이해하거나 받아들인다.'는 의미로 사용하는 경우가 많다.
I can't buy that explanation. It just won't wash.
그 설명은 납득할 수 없어. 이치에 닿지 않거든.
The court refused to buy his story about self-defense.
법원은 정당방위라는 그의 주장을 받아들이지 않았다.

자네가 그렇게 멀리 헤엄칠 수 있다는 것을 나는 믿고 싶지 않네.
I just don't buy the idea that you can swim that far.


### 사실무근 • not a grain of truth in something

a grain은 '낟알'이란 뜻이나 부정문과 함께 쓰면 '아주 소량'이라는 뜻이 되

어 He hasn't a grain of sense. 그는 전혀 분별이 없다. 처럼, '전혀 ~ 없다.'의 의미가 된다. 전체적으로 completely false 혹은 completely groundless 와 같은 의미로 '진실이라곤 조금도 없다.'란 뜻이다.

🎧 피고는 그와 같은 혐의내용은 완전히 사실무근이라고 주장했다.
**The defendant insisted that there was not a grain of truth in the accusation.**

### 사인 • autograph

sign은 '편지나 서류 등에 서명하다.'란 뜻의 동사로 사무적인 의미밖에는 없다. 명사는 signature이다. 따라서 가수와 배우 등에게 사인을 부탁 할 때는 Sign here, please.라고 하지 않고 May I have your autograph, please? 라고 한다.
사인 공세를 받았다면 I was surrounded by autograph hounds.라고 하는 게 보통이다.
미국 독립선언문의 서명자 John Hancock의 사인이 어찌나 크고, 굵고, 출중한지 다른 사람의 서명은 눈에 안 띌 정도였다. 그래서 사인(sign) 대신, I need your John Hancock.이라고 쓰기도 한다.

🎧 그 스타를 술집에서 우연히 만나, 사인을 받았다.
**I happened to meet that star in a bar, and got his autograph.**

### 사적인 일을 묻다 • try to be personal

'개인적인 일에 대한 언급이나 질문을 한다.'는 뜻이다.
Don't take it personal. 사적인 일을 묻는다고 오해하지 마시오.
'남의 프라이버시를 건드리지 말라.'는 우리말을 Don't touch my privacy.라고 그대로 직역하면 영어표현이 아니다.

Are you trying to be personal?이라고 반문식으로 하는 게 습관이다. 그러나 다른 사람은 끼지 않고 그 사람과 개인적으로 이야기하고 싶다고 할 때는 I want to talk with him privately.라고 한다.

🎧 일부러 사적인 일을 캐려고 하는 것은 아닙니다만, 결혼한 지 얼마나 되셨죠?
I'm not trying to be personal, but how long have you been married?

### 사전 연구를 하다 · do one's homework

원래는 '학교의 숙제를 하다.'란 뜻이나, 일반적인 경우에는 어떤 목적이나 계획을 위해 사전에 광범위한 예비 검토나 자료 수집을 하여 완벽하게 준비를 한다는 의미이다. '숙제'는 불가산 명사이므로 복수형을 취하지 않고 대신 ~ kinds of homework 또는 lots of homework 등으로 '양'을 표시한다.

🎧 사장이 내일 이사회에 대비해서 브리핑해달라는데, 오늘 저녁에 준비를 좀 해야겠다.
The boss wants me to fill him in for the Board meeting tomorrow. I have to do some homework tonight.
(fill in : 필요사항을 설명하다.)

### 사투리가 있다 · have an accent

accent라고 하면, 영어만의 accent를 생각하기 쉬우나, 모국어의 억양을 넣어서 영어를 말할 때도 He has an accent.라고 한다.
예를 들어 He speaks with a German accent.라고 하면 독일식 억양으로 영어를 한다는 말이 된다. He has a brogue.라고 하면 아일랜드의 사투리가 있다는 뜻이며, He has a burr.라고 하면 스코틀랜드 사투리, He has a Southern drawl.이라고 하면 미국 남부사람 특유의 말꼬리를 길게 끄는 버릇이 있다는 뜻이다.

🎧 그는 북부의 학교에 갈 때까지는 남부 사투리가 있었다.
He had a Southern accent until he went to school in the North.

### 사활(死活)이 걸린 문제 · a matter of life and death

'죽느냐 사느냐의 문제'란 의미이다. 사활이 걸린 문제를 비유적으로 sink or swim으로 쓸 때가 많다.
즉 '실패하느냐 아니면 성공하느냐'라는 뜻이다.

Suddenly I was in the mainstream of life, and to me it was sink or swim. 사회라는 것을 모르다가 갑자기 인생의 치열한 경쟁 속에 뛰어들게 되었다. 나로서는 죽느냐 사느냐의 심각한 문제였다.

🎧 우리는 이번 '상품 쇼'에 큰 기대를 걸고 있다. 회사로는 사활이 걸린 문제이기 때문이다.
We're really counting on the Merchandise Show. It's a matter of life and death for the company.

## 산더미 같은 일 • tons of work

양이 많음을 나타내는 말로 lots of와 같은 뜻이다.
We got tons of fried chicken. So help yourself.
닭튀김이 무지무지하게 많아. 어서 먹으라고.

같은 의미로 acres of도 잘 쓴다. acre는 땅의 넓이를 재는 단위이다.
He's from a family with acres of money.
그는 돈이 무지무지하게 많은 집안 출신이다.
The library has acres of books. 그 도서관에는 책이 산더미같이 있다.

🎧 일이 산더미같이 쌓여서, 오늘 밤 야구 구경은 도저히 못 가네.
I have tons of work piled up. There's no way I can go to the baseball game tonight.

## 산산조각이 나다 • fall to pieces

This old car is about ready to fall to pieces.
이 헌 차는 금방 산산조각이 날 것 같다.
물체가 깨져서 산산조각이 난다는 뜻이나 정신적 고통 등에 비유해서 쓰는 경우도 많다. go to pieces라고도 하며 break into pieces도 같은 말이다.
My mind went to pieces. 정신적인 고통을 걷잡을 수 없었다.

그러나 go to pieces에는 '눈물을 터뜨린다.'는 뜻도 있다.
On hearing of the death, we just went to pieces.
사망 소식을 듣고 우리는 눈물을 터뜨렸다.

fall apart라고 해도 의미는 마찬가지이며 fall apart는 재봉질을 엉성하게 해서 너덜너덜 떨어지는 것을 말하기도 한다.

🎧 그녀는 남편이 자신의 딸 나이밖에 안 되는 젊은 술집 여자에게 반해 자기를 버렸을 때, 인생이 산산조각이 나는 것 같았다.
**When her husband abandoned her for a young bar-maid of her daughter's age, her life seemed falling to pieces.**

### 살얼음판을 걷다 · walk on thin ice

서커스의 줄타기에 비유한 말로 우리의 발상과 비슷하다. walk a tightrope도 같은 의미이다. 그러나 경우에 따라서는 양쪽의 눈치를 살피면서 아슬아슬하게 처신한다는 뜻도 있으니 주의한다. 속어로 pussyfoot around가 있는데, 고양이 걸음을 한다는 것으로 '기회주의자'라는 뜻이다.
**The politician was pussyfooting around.** 그 정치인은 기회주의자였다.

계란껍질에 비유해서도 잘 쓴다.
**He's walking on eggshells.** 아슬아슬한 짓을 한다.

또 skate on thin ice도 같은 의미로 빈번하게 쓰인다. '아슬아슬한 짓을 한다.'는 뜻으로 자신에게 어울리지 않는 일에 뛰어들어 자신의 몸을 위험에 노출시키거나 부정한 일을 하거나 또는 온당치 못한 언동으로 비난이나 분노를 사거나 하는 경우에 잘 쓴다. 표제어처럼 진행형으로 쓴다.

🎧 그는 언제나 살얼음판을 걷는데, 그러다 언젠가는 한번 혼나지.
**He's always walking on thin ice. He'll fall in someday.**

### 상냥한 · sweet

영어에서 우리말의 '상냥한'이란 의미의 단어를 찾기가 어렵다. sociable은 '붙임성이 있다.'는 뜻이 되고, gentle하면 '온화하다.'는 느낌에 가깝다. 따라서 여자의 경우에 sweet이 무난하며, 남자가 상냥하다고 할 때는 gentle이나 kind가 가깝다.
**She's always smiling.** 이라 해도 뜻은 비슷하다.

혹시 personable을 상냥하다고 생각할지 모르나 She's a personable young lady.라 하면 '몸매와 맵시가 단정한 여성'이라는 뜻이다.

🎧 그녀는 무척 상냥해서 이웃의 모든 사람이 좋아한다.
She's such a sweet girl everyone in the neighborhood likes her.

## 상대하기 까다로운 사람 · ugly customer

상대하자니 힘들고 애깨나 먹이는 손님을 비유한 것으로 흔히 남자에게 쓴다.
When he starts drinking, he can become an ugly customer.
그 사람은 술을 마시기 시작하면, 고약해지기도 해.

ugly는 동물에게도 쓰며, 일반회화에서 '못생겼다.'는 의미 외에도, '고약하다.' 또는 '사람의 마음을 불쾌하게 한다.'란 의미가 있다.
She was getting so ugly I just hung up the phone.
그 여자의 말이 점점 고약해지자, 나는 그냥 전화를 끊어 버렸다.
Oh, she's so ugly! 그 여자, 정말 못됐어!
ugly weather 고약한 날씨

🎧 그 사람하고는 말썽을 일으키지 않는 게 좋을걸세. 상대하기 골치 아픈 사람이니까.
You'd better not tangle with him. He's an ugly customer.

## 상책인 · in one's best interest

'득이 된다, 신상에 좋다.'란 뜻으로, 은연중에 자신의 이익을 도모한다는 뜻이 함축되어 있으며, 부정문으로 쓰는 경우가 많다.
He was dead set against my putting in a petition to the Government because it would not be in my best interest to do at this time.
그는 내가 정부에 진정서를 내는 데 대해 적극적으로 반대했다. 이 시점에 그런 행동이 내게 이익이 되지 않았기 때문이다.

🎧 이 시점에서 정적(政敵)의 비위를 건드리는 것은 그로서는 상책이 아니다.
At this point, it would not be in his best interest to provoke his political opponent.

## 상황이 좋아지고 있다 • things are looking up

things는 사태·상황, look up은 위로 향하다. 즉, 좋은 쪽으로 움직인다는 의미이다. 진행형으로 쓰는 경우가 많으며 관용적인 표현이다. 남녀 사이 혹은 회사의 경영상태 등이 좋아지고 있다고 할 때 잘 쓴다.

🎧 봉급이 인상되어서 사정이 나아지고 있다.
Since I got a pay increase, things are looking up.


## 샅샅이 뒤지다 • look all over

I looked all over, but there was no trace of it.
샅샅이 다 뒤져보았지만, 그 흔적도 안보이더군.

그런데 '범인 등을 찾기 위해 이 잡듯 뒤진다.'고 할 때는 표제어만으로는 그 의미가 약하므로 대신 comb을 쓴다.
The police combed the area for a suspect.
경찰은 혐의자를 찾기 위해 일대를 뒤졌다.

또는 a fine-tooth comb 참빗처럼 빗살이 촘촘한 빗을 쓴다.
The police searched the neighborhood with a fine-tooth comb.
경찰은 인근을 이 잡듯 뒤졌다.

🎧 집안을 샅샅이 뒤져도, 그 반지는 보이지 않았다.
I looked all over the house, but I couldn't find the ring.


## 새로 알게 된 사실 • eye-opener

경탄할 만한 장면이나 광경을 보고 쓴다.
It was an eye-opening experience. 이번 경험으로 새로운 사실을 깨달았다.
"It was an eye-opener." 대단히 인상적인 공연이었습니다.

**참고** 표제어는 '아침에 한 잔하는 해장술'이라는 뜻도 있다.

🎧 자동차 판매상들이 고객들을 속이는 줄은 몰랐네. 새로운 사실을 알게 해줘서 고맙네.
**I never thought the car dealers rip off their customers. Thanks for the eye-opener.**
(rip off : 자신의 이익을 위해 속임수로 돈을 더 받다, 훔치다.)

## 새벽 근무 · graveyard shift

'공장 등에서 보통 밤 10시나 11시경부터 시작하는 교대 근무'를 뜻한다. 묘지와 같이 고요하다는 발상에서 나온 표현이다.

'오후 2~3시경부터 시작하는 근무'는 swing shift라 부른다.
**My brother works the swing shift, so I never get to see him.**
내 동생은 오후 교대 근무를 하기 때문에 얼굴을 보기가 힘들다.

'낮 근무'는 day-shift, '야간 근무'는 night-shift라 한다.
**I'm on a day-shift.** 낮 근무이다.
**We work in two shifts.** 우리는 2교대로 일한다.

🎧 야간 교대 근무는 급료가 좋다.
**The pay is pretty good on the graveyard shift.**

## 서로 뜻이 안 맞다 · not see eye to eye

see eye to eye는 '의견의 일치' 혹은 '보는 시각이 같거나 호흡이 맞다.'는 의미로, 표제어는 부정문의 형식을 취한 것이다.
**We didn't see eye to eye on anything.**
우리는 어느 것이고 한 가지도 뜻이 맞아본 일이 없다.
**They see eye to eye about the new regulations. Neither of them likes them.** 그들은 새로 나온 규칙에 의견을 같이 하는데, 둘 다 그 새 규칙을 좋아하지 않는다.

🎧 그들은 사사건건 뜻이 맞지 않아 결국 이혼하고 말았다.
**They ended up in divorce because they didn't see eye to eye on anything.**

## 서로 약을 올리다 · step on each other's toes

직역은 '서로의 발등을 밟다.' 실제로 '실수를 해서 남의 발을 밟는다.'는 의미로 쓰이지만 발등을 밟혀서 기분 좋을 사람은 없으므로 '상대편의 약을 올린다.'는 의미로도 쓰인다.

hit each other 혹은 knock each other도 비슷한 의미이며, step 대신 tread 발로 밟다. 를 써도 된다.

경우에 따라서는 '남의 일에 간섭한다.'는 의미로도 쓰인다. 이 경우 someone이 아니라 anyone을 쓰는 점에 주의해야 한다.

When you work for the government, you have to avoid stepping on anyone's toes. 정부 일을 할 때는 남의 일에 간섭하지 않도록 해야 한다.

🎧 바보 같은 짓이니, 우리 서로 약 올리는 짓은 하지 맙시다.
**This is ridiculous. Let's not step on each other's toes.**

## 서로 잡아먹기 · dog-eat-dog competition

같은 편끼리 서로의 이익을 찾다가 그 결과로 함께 불이익을 당하는 경쟁을 말한다. 경쟁의 치열함이 나타나는 표현이다. competition 대신 world를 써서 This is a dog-eat-dog world.라고도 한다.

비슷한 의미로 cut-throat competition도 있다.

🎧 서로 잡아먹기는 피하고, 협력하는 게 어때?
**Suppose we try to work together, and avoid dog-eat-dog competition.**

## 서로 통하는 것 · chemistry

흔히 남녀 사이에 서로 통하는 느낌이나 감정의 진전 등 불가사의한 마음의 변화를 가리키는 말로, 회화에서 자주 쓰인다.

우리말에 해당하는 전기(electricity)의 같은 의미로 쓴다.

🎧 우리는 벌써 두 번이나 데이트를 했는데, 뭔가 서로 통하는 느낌이 없었다.
**We went out together twice already, but there was no chemistry between us.**

### 서로 통하다 • on the same wave-length

wave-length는 '파장.' 비유적으로는 '상호 교신이 된다.'는 말이다. 즉 생각하는 방식 또는 느끼는 방식이 같다는 의미의 구어적 표현이다.
남자가 여자에게 접근을 하면 여자가 Am I on your wave?라고 묻는 경우가 있다. '서로 뭔가 통하는 게 있는 것 같으냐.'는 말이다.

🎧 우리는 서로 통하는 게 있어, 죽이 잘 맞는다.
Usually we're pretty much on the same wave-length, and hit it off well.


### 서먹서먹하게 구는 • standoffish

가까이 갈 수 있도록 친밀감을 보이지 않고, 좀 냉랭하게 대한다거나 뺀다는 느낌의 표현이다.
그러나 '너무 빼지 말게.'를 Don't be standoffish.라 하지는 않는다.
습관적으로 Oh, come off it. 혹은 Oh, come on. 공연히 그러지 말게. 정도로 표현한다.
He's a little cold and distant.라고 해도 의미는 비슷하다.

🎧 그 친구하고 사귄 지 여러 해가 되는데, 아직도 만나면 가끔 서먹서먹한 느낌이 들어.
I've known him for years, but he's still standoffish at times.


### 서명하다(~에) • put one's John Hancock on

John Hancock(1737~1793)은 미국 독립선언을 채택한 대륙 회의(The Continental Congress)의 의장으로, 최초로 선언서에 뚜렷하고 굵은 글씨로 출중하게 서명하였기 때문에 John Hancock이라는 이름 자체가 '서명'을 뜻하게 되었다.

Put your John Hancock right here, if you don't mind.
괜찮다면, 바로 여기에 서명하십시오.

His John Hancock is worth twenty thousand dollars.
그의 서명은 2만 달러나 나간다.

🎧 잠시 생각하고 나서 조지는 계약서에 서명했다.
**After some deliberation, George put his John Hancock on the contract.**

## 서양 깽깽이 • fiddle

violin의 속칭. 관현악단들은 고전 음악에는 violin이라고 하면서 country-and-western 미국 남·서부 지방에서 발달한 대중음악 에는 늘 fiddle이라고 부른다. 고전 음악을 하는 사람에게 violin을 fiddle이라고 하면 좋아하지 않는다. fiddle 연주자는 a fiddle player 또는 a fiddler라고 한다.

🎧 그는 스퀘어 댄스에서 바이올린 켜는 것을 좋아한다.
**He loves to play the fiddle at square dances.**
(square dance : 남녀 4쌍이 한 조가 되어 추는 춤)

## 석연치 않다 • not sit right

음식이 내려가지 않는 것에 비유해서 석연치 않은 기분을 나타낼 때 쓰며, 보통 부정문으로 쓴다.
**The rice cake didn't sit right with me last night.**
어젯밤에 먹은 떡이 좋지 않았어.
**The coach's idea didn't sit right with me.**
그 코치의 작전이 나에게는 석연치가 않다.
**Something in his story just didn't sit right.**
그의 말 가운데 뭔가 석연치 않은 게 있었다.

right 대신 well을 써도 되며, 또 다른 표현으로 don't go down right with가 있다.

🎧 그녀는 나를 사랑한다고 하지만, 최근 그 여자의 태도가 석연치 않다.
**She says she loves me but her recent attitude doesn't sit right.**

## 선글라스 • cheaters

단수로 a cheater라고 하면 '속이는 사람'이나 '커닝하는 사람'이지만, cheaters와 같이 복수형으로 쓰면 sunglasses가 된다. cheaters는 원래 '안경'을 가리키는 속어였으나, 이제는 sunglasses만을 가리킨다. 말을 터놓고 지내는 사람들 사이에서 쓴다.

shades 또는 sunshades라는 말도 쓴다. 이것도 복수형으로 쓰는 점에 주의해야 한다.

Where are my shades? The sun is too bright.
내 선글라스 어디 있어? 햇빛 때문에 눈이 너무 부셔.

🎧 선글라스를 끼는 게 좋을걸. 햇빛에 눈이 부시니까 말이야.
**You'd better get your cheaters on. The sun is too bright.**

## 선금(先金)으로 • up front (=in advance)

I couldn't afford to pay that much up front. I'd have to make a smaller deposit. 나는 선금으로 그렇게 많이 낼 여유가 없다. 예치금을 조금밖에 못 내겠다.

sincere and open이란 의미도 있다.
She's a very up front kind of person. Everyone feels easy around her. 그 여자는 아주 솔직하고 성실한 사람이라서, 모두들 그녀에게는 부담을 느끼지 않는다.

🎧 자동차를 새로 주문했는데 선금으로 20%를 달래.
**I ordered a new car, and they wanted 20% up front.**

## 선을 넘다 • go all the way

중간에 멈추지 않고 끝까지 간다는 것은 결국 '남녀 관계에서 선을 넘었다.'는 의미의 완곡한 표현이다.

all the way에는 다양한 뜻이 있다. 주유소 등에서 주유를 하는 사람이 얼마만큼을 넣겠느냐고 물으면, All the way.라고 대답하는 경우가 있다. '가득 채워라.'는 뜻이다. all the way to the top의 준말로 보면 된다.

We'll go all the way with you.하면 '우리는 끝까지 당신을 지지한다.'가 되고
I was tired with driving long hours, but we pushed on all the way home.하면 '오랜 시간 운전을 해서 지쳐 있긴 했지만, 중간에 지체하거나 쉬지 않고 기를 쓰고 집까지 왔다.'는 의미가 된다.

🎧 솔직히 말해서 그런 일을 기대한 것은 아녜요. 하지만 결국 우리는 잠자리를 같이 했고 선을 넘고 말았지요.
**Honestly, I didn't expect it to happen, but we ended up in bed, and went all the way.** (end up in bed : 성관계를 갖다.)

## 선착순 · first come, first served

제일 먼저 온 사람이 제일 먼저 서비스를 받는다는 것. '선착순 또는 신청순'이라는 의미이다.
**Please line up and take your turn. It's first come, first served.**
한 줄로 서서 차례를 기다리세요. 선착순이니까.

🎧 우리가 가기 전에 표가 다 나갔다. 우리는 선착순이라는 걸 몰랐다.
**They ran out of tickets before we got there. It was first come, first served, but we didn't know that.**

## 설마 · Don't tell me.

'설마 ~인 것은 아니겠지?'란 뜻이다.
**Don't tell me you're serious about the bar-maid.**
설마 그 술집 여자하고 심각한 건 아니겠지?
**Don't tell me you've forgotten your homework again.**
설마 또 숙제를 잊어버린 것은 아니겠지?

이 밖에 단독 문장으로 쓰여 '야아'의 감탄의 의미가 되는 경우가 있다.
**Don't tell me. I know it's spring.** 야아! 벌써 봄이구나.

'설마 내가 ~한 것은 아니겠지?'와 같이 자기의 행위에 대해서 쓰기도 한다.

Oh, oh. Don't tell me I forgot to bring my wallet.
아이고, 이를 어쩌지? 설마 내가 지갑을 놓고 안 가져 온 것은 아니겠지?

좀 더 살펴보면 '설마'도 느낌이나 경우에 따라 그 표현이 달라진다.
'설마 ~하리라고 누가 상상이나 했겠나?'는 보통 I never thought ~ 혹은 I never dreamed ~로 쓴다.
I never thought he would marry a black girl.
설마 그가 흑인 여자하고 결혼하리라고 누가 생각했겠나?
상대의 말이 믿기지 않아 '설마 그럴 리가'라고 할 때는 Are you kidding? 혹은 No kidding.이 적당하다.

요약하면 '뭐? 설마.'라고 강한 부정을 나타낼 때는 Oh, no. That's impossible! 있을 수 없다. 또는 I can't believe it! 믿을 수 없군! 을 쓰고, '그런 말을 하지 말라.'는 의미로는 Don't tell me ~나 Come on!을 쓴다. '정말?'이라는 의미의 '설마'는, You don't say!를, '설마, 농담이겠지.'에는 No kidding! 을 쓰는 게 습관이다.

🎧 설마 자네가 그렇게 만족해하던 직장을 그만두는 것은 아니겠지?
**Don't tell me you're quitting the job you liked so much.**

### 설상가상이다 · rub salt in the wound

'상처 난 곳에 소금을 문지른다.'는 것은 육체적으로 큰 고통이나 모욕 또는 좌절을 배가시킨다는 의미이다. in 대신 into를 쓰기도 한다.

🎧 그가 파산한 후 아내가 도망을 치다니 설상가상이었다.
**His wife's running away soon after he had gone bankrupt was really rubbing salt into the wound.**

### 성가시게 하지 않다 · get off one's back

직역은 '등에서 떨어져라.' 자기 등에 사람이 덤비는 것을 좋아할 사람은 없다. 아이들이 등에 매달리는 경우 뿐 아니라 희롱·방해·비판 등 심리적으로 괴롭히는 경우에도 광범위하게 쓴다. 괴롭히고 있는 사람에게 설교나 지시 등

이것저것 귀찮게 잔소리를 그만 두라는 말이다.

명령이나 애원 형식으로도 쓴다.
Get off mama's back! 제발 엄마 좀 귀찮게 하지 마!
Get off my back! I told you I'd do it when I got the time.
제발 귀찮게 굴지 마라! 시간이 되면 하겠다고 했잖아.

get 대신 keep이나 stay를 쓰기도 한다.
I wish my wife would keep off my back.
집사람이 나를 귀찮게 굴지 않았으면 좋겠어.
You'd better tell him to stay off my back.
그 사람에게 성가시게 굴지 말라고 말 좀 해 줬으면 좋겠다.

반대로 성가시게 구는 것은 get on someone's back이다.
He's always getting on my back about something or other.
그 친구는 늘 이것저것 나를 성가시게 군다.
If you get on my back about the way I do my work, I'm going to lose my temper. 내가 일하는 방법에 대해서 이것저것 잔소리를 하면 화낼 거야.

🎧 난 철부지가 아니니 제발 성가시게 하지 말아요.
I know what I'm doing. Will you get off my back?

## 성에 대한 지식 • the birds and the bees

흔히 성에 대한 얘기를 할 때 벌과 새들에 비유하여 설명하는 데서 나온 말로 성행위나 생식 등의 생리현상에 대해 아이들에게 설명할 때 쓰는 완곡한 표현이다.
She's twenty years old and doesn't understand about the birds and the bees. 그 여자는 나이가 스무 살인데도 성에 대한 것을 모르고 있다.

the facts of life라고도 한다.
My mother told me the facts of life when I was twelve years old.
내가 열두 살 때, 우리 어머니가 성에 대한 얘기를 해 주었다.

세상을 살아가는 데 피할 수 없는 여러 가지 불쾌한 현실이라는 의미도 있다.
She really learned the facts of life when she got her first job.
그 여자는 처음 취직이라는 것을 했을 때 세상의 현실을 알았다.

🎧 나는 결혼할 때까지 성에 관한 것은 아무 것도 몰랐다.
**I didn't know anything about** the birds and the bees **until I got married.**

## 성원하다 • root for

'성원하다, 격려하다'의 의미이다.
The friends and relatives rooted for him by sending well-wishing cards. 친구와 친척들은 축복의 카드를 보내 그를 성원했다.

야단스럽게 또는 떠들썩하게 응원한다는 의미의 구어 표현으로 cheer와 같다.
The students were rooting for their team. 학생들은 자기 팀을 응원했다.

그러나 어떤 운동 또는 캠페인을 지원하거나 응원한다고 할 때는 support 또는 back up을 쓴다.
They supported(backed up) our movement.
그들은 우리들의 운동을 응원해 주었다.

🎧 관중은 고향 팀을 응원했다.
The crowd rooted for their home team.

## 세련된 • sophisticated

지적으로 세련된 멋쟁이라는 뜻이 함축되어 있다. refined도 인격·취미·매너 등이 세련되었다고 할 때 흔히 쓴다. urbane도 많이 쓰나 이는 도시 생활에 익숙해서 세련되었다는 느낌이다.
an urbane intellectual 도시풍의 세련된 지식인

**참고** '정교하다'란 의미도 있다. sophisticated military hardware(고도의 기술을 이용한 정밀 무기)

185

🎧 그 여자는 세련됐어. 마음에 들어.
She's a sophisticated lady. I'm impressed.

## 세상에 무슨 일이 있어도 • come hell or high water

should hell or high water come은 '지옥이 오든, 홍수가 오든'의 의미로, no matter what happens와 같은 말이다.
I'll be there tomorrow, come hell or high water.
무슨 일이 있어도 내일은 꼭 거기에 참석할 것이다.

'목적을 달성하기 위해 갖은 고생을 다한다.'고 할 때는 go through hell and high water를 쓴다. 흔히 과거형으로 많이 쓴다.
I went through hell and high water to win this contract.
이 계약을 따느라고, 죽을 고생을 다했다.

🎧 세상에 무슨 일이 있어도, 꼭 내 집을 갖고야 말겠다.
Come hell or high water, I intend to have my own home.

## 센세이션을 일으키다 • make a splash

splash는 '물속에 첨벙 빠지는 것.'을 가리키는 의성어인데, make a splash 라 하면 비유적으로는 '세상의 이목을 끌기 위해 요란한 짓을 한다.'란 의미이다. 나쁜 짓보다는 세상 사람들이 칭찬할만한 것에 쓰는 것이 보통이다. 센세이션을 일으키는 기간은 대게 짧은 편이다.
The new director made quite a splash with his first movie.
그 새 감독의 처녀작은 일대 센세이션을 일으켰다.
사회적으로 꼭 나쁘지만은 않은 스캔들을 일으켰을 때도 쓰는데, 이럴 때는 make a few waves 잔잔한 파문을 일으키다. 라는 말도 쓴다.

🎧 한때 미니스커트는 패션계에 일대 센세이션을 일으켰다.
At one time the miniskirt made a real splash in the fashion world.

## 소가 소를 먹는 세상 • It's a dog-eat-dog world.

dog-eat-dog은 '냉혹하게 사리사욕을 추구하는'이란 뜻의 형용사로, 표제어를 직역하면 '개가 개를 잡아먹는'. 즉 피도 눈물도 없는 각박한 세상이라는 뜻이다. 익살스럽게 It's a doggy dog world.라고도 한다.
무자비한 경쟁을 가리키는 a dog-eat-dog competition이란 말도 즐겨 쓴다. 또 a cut-throat competition이라고 한다. 칼로 목을 베는 경쟁이니까 처절한 싸움이다.

서로 죽기 살기로 경쟁을 하는 것은 cut each other's throat라고 한다.
A company started cutting down the prices and B company followed suit. They're cutting each other's throat.
A사가 가격을 내리기 시작하자 B사가 따라서 값을 내렸다. 서로 죽기 살기로 경쟁을 하고 있다.

It's a dog-eat-dog out there. 세상 밖에 나가면 경쟁이 무서워. 도 자주 쓰는 표현이다. '약육강식의 정글'이다는 의미로 Seoul is a competitive jungle.이다는 말도 쓸 수 있다.

🎧 소가 소를 먹는 이 세상에서 살아남으려면, 조금도 방심을 해서는 안 되네.
**If you want to survive in this dog-eat-dog world, you always have to stay alert.** (follow suit : 남이 하는 대로 따라 하다.)


## 소개받아 하는 데이트 • blind date

서로 안면이 없는 남녀가 제3자의 소개로 만나는, 말하자면 '맞선'을 뜻한다. 상대편에 대한 얘기는 사전에 조금씩 들었겠지만 서로 만날 때까지는 얼굴을 본 일이 없기 때문에 blind date라고 한다.

데이트 상대를 가리키는 경우도 있다.
My blind date was so ugly that I wished for a moment that I were blind. 소개받은 상대가 너무 못생겨서, 순간 나도 장님이라면 좋겠다고 생각했다.

🎧 오늘 저녁엔 룸메이트의 여동생을 소개받기로 되어 있다.
**I've got a blind date tonight with a roommate's sister.**

## 소관이 아니다(~의) • have no control over

'자신의 권한이나 재량으로 처리할 수 없다.'란 뜻이다.
control은 흔히 강세를 1음절에 두기 쉬운데 실제로는 2음절에 있다.
have control of(over)는 '~를 잘 관리하고 있다.'란 의미이다. 흔히 관청 등에서 말하는 소관(所管) 사무를 말한다.

🎧 그것은 우리의 소관이 아닙니다만, 당신의 이의신청을 총무과에 전달하겠습니다.
**We have no control over this matter, but we will pass your complaints on to the General Services Section.**

## 소름 • goose pimple

직역하면 '거위의 여드름'이지만 '소름'이란 뜻이다.
**Whenever I hear a scary story, I get goose pimples.**
무서운 얘기를 들으면 소름이 끼친다.

요즘에는 goose bumps도 많이 쓴다. 또 goose flesh 닭살 라고도 하나 이것은 구식 표현이다.

🎧 냉방을 하면 나는 늘 소름이 끼친다.
**Air conditioning always gives me goose pimples.**

## 소리가 들리는 범위 내에 • within earshot

직역하면 '소리가 귀에 닿는 범위 내에'란 뜻으로 크게 소리를 질러서 그 소리가 사람의 귀에 닿는 범위라는 의미이다.
**You might get lost in the forest. Be sure to stay within earshot.**
숲 속에서는 길을 잃을 수 있으니, 부르면 들리는 범위 내에 있도록 해라.
반대말은 out of earshot 또는 beyond earshot이다.

🎧 살려달라고 소리를 질렀지만 소리가 들리는 범위 내에는 아무도 없었다.
**I called for help, but there was no one within earshot.**

## 소문만큼 ~는 아닌 • not something it's cracked up to be

crack은 '자랑하다.'로, 표제어는 '자랑할만한 것은 못 된다.'는 말이다.
This book isn't the great novel it's cracked up to be.
이 책은 소문만큼 그렇게 대단한 소설이 아니다.
The new opposition leader turned out not to be the great leader he was cracked up to be.
야당 당수는 소문만큼 그렇게 훌륭한 지도자가 아님이 판명되었다.

something이나 someone 대신 what 또는 all을 쓰는 경우도 있다.
I wanted to find out whether this stuff was what it's cracked up to be. 이 물건이 소문대로 좋은 물건인지 아닌지 알아보고 싶었다.
긍정문으로도 쓰지만 대개 부정문으로 쓰는 경우가 많다.

🎧 이 피자는 소문만큼 그렇게 맛이 좋지 않다.
   This pizza isn't what it's cracked up to be.

## 소문으로 듣다 • hear through the grapevine

grapevine은 포도 덩굴. '서로 꼬이면서 퍼져 나가는 포도 덩굴을 통해 듣는다.'니까 그 의미를 짐작할 수 있다.
I hear through the grapevine that he's getting married.
그가 결혼한다는 얘기를 소문으로 들었다.

흔히 neighborhood를 덧붙이기도 한다.
I heard the news through the neighborhood grapevine.
동네 소문으로 그 소식을 들었다.
through 대신 by를 써도 된다.
또, the news spread quickly through the neighborhood grapevine. 이라고도 쓴다.
A little bird told me (that) ~라는 표현이 있는데 '내가 듣기에는 ~하더라.'라는 뜻으로, 이것은 비밀의 출처를 밝히려 하지 않을 때 잘 쓴다. 내용적으로는 그 소문의 출처를 자기는 알고 있다는 의미도 된다.

🎧 자네가 뉴욕으로 이사 간다는 소문을 들었지.
I hear through the grapevine that you're moving to New York.

## 소질 • what it takes

직역은 '필요로 하는 것.' 말하는 내용에 따라 여러 가지 뜻을 갖게 된다. 운동의 경우는 '소질', 사업의 경우는 '재력', 배우는 '연기력', 가수는 '좋은 음성'에 해당한다. 즉 특정 분야에서 성공하는 데 가장 긴요한 요소를 의미한다.

'소질'이라 하면 The makings를 쓴다.
He has the makings of a leader. 그는 리더의 자질이 있다.

또한 a talent를 쓰기도 한다.
She has a talent for music. 그녀는 음악에 재능이 있다.

have what it takes라 하면 '성공하는 데 필요한 소질을 갖추고 있다.'는 의미이다.

🎧 그는 농구 선수가 될만한 소질이 없다.
He hasn't got what it takes to be a basketball player.

## 속단하다 • jump to conclusions

결론에 뛰어든다는 것은 '사정을 듣거나 알아보지도 않고'라는 뉘앙스가 있는 말이다. 비록 결론이 하나라 하더라도 복수형으로 conclusions라고 하는 게 습관이다.
He never thinks things through carefully. He's always jumping to conclusions. 그는 일을 주의 깊게 끝까지 생각하는 일이 없다. 언제나 일을 속단한다.

그러나 앞에 형용사가 붙을 때는 단수로 쓸 때가 있다.
It seems I jumped to a faulty conclusion.
아만해도 내가 잘못된 결론에 뛰어든 모양이다.

그러나 I jumped to the conclusion that ~와 같이 동격의 that절을 이끄

는 경우에는 당연히 정관사를 붙여야 한다.

🎧 낯선 남자가 우리 차에 타서 달리는 것을 보고, 그가 우리 차를 훔친 거라고 속단하고 말았다. 남편의 친구라는 것을 몰랐으니까.
**When I saw a strange man drive off in our car, I jumped to the conclusion that he had stolen it. I didn't know that he was a friend of my husband's.**

### 속사정을 이야기하다 · confide in

상대방을 신임하여 속에 담아 두었던 비밀이나 사적인 일을 털어놓고 의논한다는 뜻이다.
**She always confides in her mother.**
그 여자는 언제나 어머니에게 속마음을 털어놓는다.

confide in 다음에 인칭대명사가 나오면 '속사정을 털어놓다.'란 뜻이나, honesty나 good faith 등 추상명사가 나오면 '신용하다.'란 의미가 되므로 주의해야 한다.
**You can confide in his honesty.** 그의 정직은 믿을 수 있다.

단순히 비밀을 누설하는 것은 divulge, disclose 혹은 reveal이라고 한다.

🎧 가까운 친구에게라도 속사정을 이야기하지 말게. 그 사람의 분별력을 믿으면 몰라도.
**Do not confide in even your close friend, unless your trust his discretion.**

### 속속들이 · to the core

'뿌리까지, 뼛속까지, 철저하게'란 의미의 표현으로 흔히 evil 또는 rotten과 함께 사용한다.
**This apple is rotten to the core.** 이 사과는 속까지 썩었다.
**That boy is going to end up in jail someday. He's rotten to the core.** 그 녀석은 언젠가 형무소에 가게 될 거야. 뼛속까지 썩었으니까.

직업에 관해 말할 때는 (right) down to one's toes, from head to toe 또는 through and through를 쓴다.
He's a teacher from head to toe. 그는 철두철미한 선생이야.
She's a dancer through and through. 그 여자는 철저한 댄서야.
He's a Seoulite to the core. 그는 순수한 서울토박이야.

🎧 정부를 개혁하려고 해도 소용없다. 속속들이 썩어 있으니까.
**There is no use trying to reform the government. It's rotten to the core.**

## 속속들이 알다 · know something inside out

inside out은 안이 밖으로 나오게 뒤집는 것이니까, '속사정까지 훤히 안다.' 즉 철저하게 안다는 의미이다. something 대신 someone을 쓸 수도 있다.
I studied and studied for my driver's test until I knew the rules inside out. 모든 규칙을 샅샅이 알 때까지 운전면허 공부를 열심히 했다.

> **참고** 옷을 뒤집어 입은 것은 You put it on inside out.이라 하며, 앞뒤를 거꾸로 입은 것은 You put it on back to front.라 한다.

🎧 그 여자에 관한 거라면 뭐든지 물어봐. 내가 속속들이 잘 알고 있으니까.
**Ask me anything about her. I know her inside out.**

## 속은 · taken in

take in은 '속이다.'란 의미의 구어 표현으로 보통 수동형으로 쓴다.
I was once taken in by him. 나는 한번 그에게 속았다.
속어 표현은 I was done. 나는 당했다. 이다.

그 외에 비슷한 의미로 deceived, cheated, defrauded, fooled, roped in 등 여러 가지가 있으나 뜻에 차이가 있으니 주의가 필요하다.
deceive는 진실을 감추거나 왜곡해서 사실이 아닌 것을 믿게 하는 것을 말한다.
She deceived him about her age. 그 여자는 나이를 속였다.

cheat는 이익을 바라거나 어떤 목적을 위해 부정한 수단으로 남을 기만하는 것으로 청구서나 노름 등에서도 사용한다.
You're not cheating, are you? 당신, 계산 속인 거 아니야?

defraud는 '사취·횡령'이라는 느낌이 있고, fool은 상대방에게 계략을 써서 바보로 만드는 것이다.
The hitter was fooled by the pitcher. 타자가 투수에게 속았다.

hoodwink는 원래 '말의 눈가리개'로 어떤 사업에 대한 완벽한 상황설명이나 정보를 주지 않고 그럴듯한 얘기로 유인한 다음 속이는 것을 뜻한다.
He was hoodwinked last year into doing a film.
그는 작년에 영화를 만들면 돈을 번다는 꾐에 넘어갔다.

inveigle도 속인다는 뜻이지만 꾄다는 느낌에 가깝다.
The salesman inveigled her into buying the ring.
그 점원은 그 여자를 꾀어서 반지를 사게 했다.

🎧 중매쟁이가 어찌나 신랑 선전을 하던지, 난 쉽게 속아 넘어갔다.
**The matchmaker gave so much build-up for the man. I was easily taken in.**

### 속을 터놓고 얘기하다 · have a heart-to-heart talk

'솔직하고 성실한 얘기를 하다.'란 뜻으로 talk을 생략하고도 쓴다.
We sat down and had a nice heart-to-heart for about an hour.
우리는 앉아서 약 한 시간 동안 터놓고 얘기했다.
have a frank talk과 같다.

🎧 사장과 속을 터놓고 얘기할 작정이다.
**I intend to have a heart-to-heart talk with the boss.**

### 손가락 하나 까딱 안 해 · not lift a finger

게으른 사람 혹은 남의 곤경에 무관심한 사람을 일컫는 말이다.

193

to help someone이 붙는 경우가 많으며 부정문으로 쓰는 게 습관이다.
a finger 대신 one little finger를 쓰기도 한다.
I have tons of work to do, and you don't want to lift one little finger to help me. 나는 할 일이 태산 같은데, 너는 손가락 하나 까딱 안 하는구나.

🎧 상상이나 할 수 있어? 그 사람 손가락 하나 까딱 안 하더라고.
Can you imagine that they wouldn't lift a finger?

## 손들다 · give up on

throw up one's hands라고도 하지만 '포기하다.', '미련을 끊다.' 또는 '끝난 것으로 알고 체념해버리다.' 등 광범위한 의미로 쓸 때는 표제어가 적격이다.
There was nothing I could do to help. I threw up my hands in despair and left. 내가 도움이 될 수 있는 일은 아무 것도 없어서 손들고 떠나버렸다.

He gave up on her.이라고 하면, '그는 여자가 너무 지독해서 그 여자를 체념했다' 또는 '그 여자가 너무 냉랭해서 단념했다' 등의 의미가 된다.
give up on 다음에는 someone은 물론 something도 올 수도 있다.
I give up on this case because it is too difficult.
이 어려운 문제에 손들었다.

잃어버린 것을 체념하거나 산에서 조난당한 사람을 단념할 때는 give up for lost를 쓴다.

🎧 그에게 담배를 끊도록 했지만, 뭐라 말해도 듣지 않으므로 손들었다.
I tried to make him stop smoking, but I gave up on him when I realized that no matter what I said he wouldn't listen to me.

## 손들어! · Stick'em up!

stick up은 위로 뻗치다, 'em은 them의 약자이다. 표제어는 갱 영화나 서부 영화 등에서 자주 듣는 말이다.
Stick'em up! One false move and you're dead. 꼼짝 마! 서툰 짓 하면 죽어!

권총을 겨누며 Reach for the skies!라고도 하며, Hands up!이라고도 한다. 강도들이 잘 쓰는 말에 Freeze!가 있다. 얼어붙으니까 '꼼짝 마라.'는 뜻이다. Don't move! 또는 Stay where you are!도 잘 쓴다.

🎧 손들어! 너한테 총을 겨누고 있다!
**Stick'em up! I got you covered!**

## 손버릇이 나쁘다 · have sticky fingers

sticky는 끈끈한. 손가락만 대면 끈끈하게 붙어 올라오니까, 결국은 '손버릇이 나쁘다.'는 뜻이다.

have light-fingers 손버릇이 나쁘다. 또는 형용사로 light-fingered와 같은 의미이다. 손가락이 가볍다는 표현이 재미있는데 도둑이나 소매치기 등의 손가락 놀림이 날렵하다는 데서 나온 말이다. 익살스런 표현으로 소매치기를 light-fingered gentleman이라고도 한다.

You'd better watch him. He's light-fingered.
저 사람 잘 감시하게. 손버릇이 나쁘니까.

또 kleptomaniac의 단축형인 klepto도 자주 쓴다. kleptomania 도벽 는 희랍어의 kleptein 훔치다 과 mania 광 를 합친 말이다.

🎧 자네 친구에 대해서 이런 얘기는 하고 싶지 않지만, 그는 손버릇이 나빠.
**I hate to say this about a friend of yours, but I think he has sticky fingers.**

## 손아귀에 있다 · in one's hand

'어떤 사람의 영향력 혹은 통제 속에 있다.'는 뜻이다.
She's totally in my hand. 그 여자는 나한테 꼼짝 못한다.

그러나 남의 약점을 쥐고 꼼짝 못하게 한다고 할 때는 have something on someone을 써서 구체적인 설명을 한다.
That guy is totally in my hand because I have something on him.
저 놈은 내가 약점을 쥐고 있기 때문에, 나한테 꼼짝 못하고 있다.

🎧 그 회사의 전체 운영권은 미망인의 손아귀에 있었다.
**The entire management of the company was in the widow's hand.**

## 손을 들다 · have had it

참거나 용서할 수 있는 한계에 도달하여 이제는 '더는 못 참겠다.' 또는 '더는 견디기 어렵다.'는 의미의 속어적 표현이다. 그리고 신체적 피곤함을 나타내기도 한다.

**I've had it. I've got to go to bed before I drop dead.**
피곤해 못 견디겠다. 쓰러지기 전에 가서 자야겠다.

have had it up to here이라고도 쓰며, 이때는 손을 자기 목이나 코의 위치에 갖다 대며 가득 차 있다는 제스처를 쓰는 게 보통이다.

🎧 자네에겐 손들었네, John. 나가 주게!
**I've had it with you, John. Get out!**

## 손재주가 없는 · all thumbs

손가락이 모두 엄지손가락이니 손재주가 있을 리 없다. 원래 타고나기를 재주가 없게 태어났다거나 손놀림이 서툴다고 할 때 잘 쓴다.
very awkward and clumsy와 같다.

**My wife is all thumbs when it comes to gardening.**
우리 집사람은 정원 가꾸기로 말할 것 같으면 아주 손재주가 없는 사람이다.

🎧 그는 피아노는 전혀 못 친다. 손재주가 없어.
**He can't play the piano at all. He's all thumbs.**

## 솔직하게 똑바로 말하다 · give it to someone straight

it은 the facts 사실를 가리키며, straight는 '똑바로'라는 뜻이다.
사실을 왜곡하지 않고 전해준다는 의미이다.

**Come on, give it to me straight. I want to know exactly what happened.** 이거 봐요. 솔직히 말해줘요. 정확히 무슨 일이 일어났는지 알고 싶으니.

'단도직입적으로 분명하게 말하다.'란 뜻이기도 하다.
Quit wasting time, and tell me. Give it to me now.
어물어물하지 말고 나한테 얘기해 보라고. 솔직히 말해.

🎧 Jim, 분명히 말할게요. 난 이제 당신을 사랑하지 않아요. 이혼하고 싶어요.
I'll give it to you straight, Jim. I don't love you any more, I want to divorce.

## 솜씨가 별로 대단치 않다 · not much of

not particularly good as ~와 같은 말이다.
I'm not much of a photographer. 나는 사진 찍는 솜씨가 신통치 않다.
I'm not much of an artist. 나는 그림 솜씨가 대단치 않다.

별로 즐기는 편이 아니라고 할 때도 같은 표현을 쓴다.
I'm not much of a beach-goer. 나는 별로 해수욕을 즐기지 않는다.

🎧 그의 언변은 별로 대단치 않았지만, 논리는 정연했다.
He was not much of a talker, but he was perfectly logical.

## 수돗물 · running water

미국인들이 running water라고 할 때는 '흐르는 물'이 아니라 '수돗물'을 가리킨다.
Many houses in this area still don't have running water.
이 지역에는 수도가 없는 집이 아직도 많다.

주의할 것은 시 정부가 정수장에서 물을 걸러, 파이프를 통해 일반 가정에 보내는 물 뿐만 아니라 우물 같은 데서 물을 뽑아 수도배관을 통해 나오는 물까지를 포함한다.

🎧 당신 별장에는 수도가 있습니까?
Does your weekend home have running water?

## 수포로 돌아가다 · **go down the drain**

drain은 '수챗구멍' 또는 '하수구 파이프.' 노력이나 투자 등이 허사로 끝나 버린다는 비유적 의미이다. come to nothing이라 해도 되나 표제어처럼 수챗구멍으로 흘러 내려가 버렸다는 동적인 느낌은 안 난다.

go down the tube(s)라 하기도 한다.
**The whole project is likely to go down the tubes.**
계획 전체가 허사가 될 것 같다.

tube 대신 물건을 투하하는 장치라는 뜻인, chute(슈우트)를 쓰기도 한다.
**All my plans just went down the chute.** 나의 모든 계획이 허사가 되고 말았다.

🎧 이번 좋은 기회를 그대로 흘려버려서는 안 되네. 그러면 모든 것이 수포로 돌아가니까.
**We shouldn't let this good chance pass us by, or everything will go down the drain.**

## 수표책을 맞추다 · **balance a checkbook**

balance는 동사로 쓰이면 '들어가고 나가는 금액을 맞추다.' 명사로 쓰이면 '잔고'라는 뜻이다.
**Could you give me the balance, please?** 제 잔고가 얼마나 되죠?

수표가 대부분의 지불수단인 미국에서는 수표책의 잔고를 정확하게 맞추는 것이 쉽지 않다. 왜냐하면 수표를 끊은 금액에 붙은 수수료가 은행마다 다르기 때문이다. 그래서 가끔 수표 끊은 것을 잊어버리고 계산이 틀리는 경우가 있다.

🎧 수표책의 밸런스가 늘 안 맞는단 말이야.
**I can never balance my checkbook.**

## 숙원 성취 · **a dream come true**

사전에는 realization of one's cherished wishes라 나와 있으나, 너무 설명적이고 딱딱하다. '오래 품어 온 소원의 성취'보다는 '꿈의 실현'이 구어적이며 감칠맛이 있다.
Going to Paris is like having a dream come true.
파리에 가는 것은 숙원을 성취하는 것과 같다.

🎧 몇 년 동안 뼛골 빠지게 일을 한 후, 마침내 내 가게를 마련했어. 숙원 성취한 거지.
**After many years of back-breaking hard work, I got my own store. It's a dream come true.**

## 숙취 • the morning after

the morning after the night before를 줄인 말로 a hangover와 같은 말이다.
She's suffering from the morning after the night before.
그 여자는 숙취로 괴로워하고 있다.
반드시 정관사 the를 붙이는 점에 주의해야 한다.

🎧 술에 취해 숙취가 오면 어쩌나 하고 걱정하니까, 파티에서 즐겁게 지내지 못하겠죠?
**Do worries about the morning after keep you from having a good time at parties?**

## 순조롭게 진행되다 • go off without a hitch

go off는 '되어가다, 진행되다.' hitch는 '고장·장애.'
There's a hitch somewhere. 어딘가 잘못된 데가 있다.

따라서 without a hitch는 '별 탈 없이, 순조롭게'라는 의미로 with no problem(s)와 같다.
Everything went off without a hitch. 만사가 순조롭게 진행되었다.

🎧 국제 올림픽 위원회는 2008년 올림픽 경기가 순조롭게 진행될 것이라고 낙관하고 있었다.
**The IOC was optimistic that the 2008 Olympic games would go off without a hitch.**

## 순조롭게 진행시키다 · get the ball rolling

문자의 의미는 공을 굴리기 시작한다는 뜻이다. ball을 get rolling 시키려면 노력이 필요한데 주어가 되는 것이 '주도적으로' 또는 '솔선해서'라는 상황에서 쓰는 경우가 많다.

**We won't be able to get the ball rolling unless we have more money.** 자금이 더 없으면 일을 순조롭게 진행시킬 수 없다.

이 경우 the ball은 어떤 회의·계획·파티 등 여러 가지 일을 생각할 수 있다. 동사는 get 대신 set 또는 start를 쓸 수 있으며, 순조롭게 진행시키는 상태를 말할 때는 keep을 쓰기도 한다.

🎧 왜 그렇게 일찍 파티에서 떠났어? 파티는 10시쯤 되니까 그야말로 본격적으로 성황을 이루었는데.
**Why did you have to leave the party so early? The ball really got rolling at about 10 o'clock.**


## 술 · booze

wine이나 beer와 같은 약한 술보다 보통 whiskey 따위의 독한 술(hard liquor)을 가리킨다. 예전에 양조장을 하던 Booze라는 사람의 이름에서 유래됐다고 하는 설도 있다. 아무튼 중세 영어의 bousen 마시고 떠들다. 에서 나온 이 말은 역사가 꽤 오래된 slang이다.

**Do you care for a shot of booze?** 술 한 잔 하시겠어요?
**You got any booze around here?** 이 집에 술 좀 없나?

**참고** hit the booze라 하면 '술을 많이 마시다.'란 뜻. the booze 대신 the bottle을 써도 된다.

a booze hound는 '기회만 있으면 마구 술을 퍼마시는 사람'을 뜻한다.
**He's really a booze hound. He goes barhopping almost every night.** 그는 술주정뱅이야. 거의 밤마다 술집을 돌아다니니까.

🎧 난 술 생각이 없어. 재채기가 나는 걸.
**I don't care for booze. It makes me sneeze.**

## 술로 괴로움을 잊으려 하다 · drown one's troubles

'알코올로 근심이나 걱정을 잠시 잊으려 하다.'란 뜻이다.
troubles 대신 sorrows를 쓰기도 하며, 다음에 in drink가 나온다. in drink 대신에 구체적으로 in wine, in whiskey 등이 나올 때도 있으나 아예 술 이름이 생략될 때도 있다.

Bill is in the bar drowning his troubles.
Bill은 술집에서 술로 괴로움을 잊으려 하고 있다.

🎧 자네도 인생을 직시하며 살도록 해야 하네. 두고두고 술로 괴로움을 잊으려고 하면 안 돼.
**You've got to face up to life. You can't forever be trying to drown your troubles in drink.**

## 술버릇이 나쁘다 · cannot hold one's liquor

hold는 억제하다. 술을 많이 마시고도 주정을 부리지 않는 것을 hold one's liquor라 하며 He sure can hold his liquor.와 같이 말한다.

I asked him to leave because he can't hold his liquor.
그는 술버릇이 나쁘기 때문에, 나는 그에게 나가달라고 말했다.

He doesn't know how to control his liquor라 해도 뜻은 같다.

🎧 그는 술버릇이 나쁘다. 술이 몇 잔만 들어가면 소란을 피우는 걸로 소문이 나 있다.
**He cannot hold his liquor. He's notorious for getting rowdy after a few drinks.**

## 숨은 공로자 · unsung hero

sing은 '예찬하다, 찬양하다.' unsung은 '찬양받지 못하는.'
He's been unsung, but he's as good as any of the other members.
그는 찬양의 대상은 되지 못했지만, 다른 멤버만큼은 재능이 있다.

연극이나 영화 등에서 그늘에 가려진 숨은 조역을 unsung cast라고도 한다.
The young unsung cast in bee costumes didn't get much of a response from the studio audience.
벌 모양의 의상을 입은 젊은 조역들은 스튜디오에 나와 있던 관객들로부터 별로 호응을 받지 못했다.

🎧 그는 자신의 업적에 대해 인정은 받지 못했어도, 숨은 공로자임에는 틀림없다.
He's never gotten credit for his contribution, but he's undoubtedly an unsung hero. (get credit for : ~에 대한 공로를 인정받다.)

## 숨을 죽이다 • hold one's breath

'무섭거나 불안해서 숨을 죽이다.'란 비유적 의미이다.
We held our breath as we watched the rescue of the drowning child. 물에 빠진 아이를 구조하는 것을 숨을 죽이고 보고 있었다.

'일부러 잠시 숨을 멈춘다.'는 의미도 된다.
I can't hold my breath very long. 오랫동안 숨을 참고 있을 수 없다.

그러나 '짐승 등이 나타나기를 숨죽이고 기다린다.'고 할 때는 with bated breath 숨죽이고를 쓴다.

🎧 쓰레기통 뒤에 숨어 있던 도둑은 경찰관이 앞을 달리는 동안 숨을 죽이고 있었다.
The thief hid behind some garbage cans and held his breath as the policeman ran by.

## 숫자에 약한 • poor at figures

I have a poor head for figures.라고도 한다. 비슷한 다른 표현들로 계산이 더디면 I'm slow at figures. 미술에 약하면 I have a poor eye for art.라 한다. eye를 단수로 쓴 것에 주의한다.

또한 그 방면에 특별한 흥미나 재질이 없으면 It's not my thing.이라고도 한다. one's thing은 '자기가 좋아하는 것'이란 뜻과 동시에 '자기 적성이나 취미에 잘 맞는 것'이라는 의미도 된다.
Painting is not my thing. 그림을 그리는 것은 내 적성에 안 맞다.

🎧 나는 숫자에 약하기 때문에, 회계사가 될 생각은 없네.
Since I'm poor at figures, I've never thought of becoming an accountant.

## 쉽게 번 돈 · easy money

easy는 '힘들이지 않고 손에 들어온' 정도의 뜻이며, 간혹 '부정한 돈'의 의미도 있다.

**Easy money is easy to spend.** 공돈은 쓰는 것도 쉽다.

**Easy come, easy go.** 쉽게 얻은 것은 쉽게 없어진다.

**John spends money as fast as he earns it. With John it's easy come, easy go.**
John은 돈을 벌기가 무섭게 써 버려. 그에게 쉽게 생긴 돈은 쉽게 없어지는 거야.

또 이 표현을 '쉽게 사귄 여자는 쉽게 떠난다.'는 의미로도 쓸 수 있다.

**I hear your girl jilted you. Well, easy come, easy go.**
자네 여자가 자네를 찼다면서. 그러니깐 쉽게 손에 넣은 건 별수 없어.

You can pay on easy terms.라고 하면 물건을 사거나 돈을 꾼 다음 '할부로 지불할 수 있다.'는 뜻이 된다. 무거운 물건이나 깨지기 쉬운 물건을 나르거나 옮길 때도 역시 잘 쓴다.

**Easy! Easy!** 살살, 가만히 가만히!

🎧 오늘 밤에 술 한 잔 살게. 경마장에서 공돈이 좀 생겼지.
**I'll buy you a drink tonight. I picked up some easy money at the track.**

## 스스로 위험한 입장에 서다 · go out on a limb

'비난을 받아 고립 상태에서 빠진다.'는 의미이다. out on a limb은 나무 기둥에서 떨어진 나뭇가지에 다가선다는 발상이며, go에는 자진해서 한다는 느낌이 있다. 나무 기둥은 튼튼하지만 나뭇가지는 쉽게 부러지거나 톱으로 잘라낼 수도 있으니까 위험하다는 의미가 될 수도 있다.

**Why don't you think it over. That's going too far out on a limb, even for a friend.**
다시 한 번 생각해 봐. 아무리 친구를 위한 것이지만, 그것은 지나치게 위험한 것 같아.

이처럼 out on a limb은 go와 함께 쓰이는 경우가 많은데 경우에 따라서는

put oneself의 형식으로도 쓴다. out on a limb은 그 밖에 put someone, be, find oneself, leave someone 등과 함께 쓸 수도 있다. 그러나 이 말들에는 go나 put oneself와 같이 '자진해서'라는 느낌은 없다. put someone out on a limb은 위험한 입장이 아니라 '거북한 입장에 몰아넣는다.'는 의미로도 쓰인다.

🎧 그는 내가 노조 간부와 비밀리에 만났다고 소문을 퍼뜨렸는데, 그 때문에 내 입장이 거북해졌다.
**He spread the rumor that I had talked privately with one of the union leaders. That put me out on a limb.**

## 스캔들을 캐다 · dig up a dirt

dirt는 '흙덩어리, 가치 없는 것, 짓궂은 소문, 부정부패' 등의 좋지 않은 뜻으로, 여기서는 편의상 '스캔들'이라 했다. 원래 dig dirt는 '가십(gossip)을 캔다.'는 뜻이다. gossip은 신문 용어로 '떠도는 얘기'라는 뜻이지만 함축된 의미가 별로 좋지 않다.

> **참고** cheap as dirt(dirt cheap)는 '무지무지하게 싸다.'란 의미이고, treat someone like dirt 라 하면 '사람을 소홀히 대접한다.'는 의미가 된다.

🎧 그는 사장과 비서 사이의 스캔들을 캐기 위해서 보스턴으로 갔다.
**He went to Boston to dig up a dirt on the boss having an affair with his secretary.**

## 스케일이 크다 · think big

스케일이 크다는 것을 His scale is big.이라 하면 '그의 저울이 크다.'란 의미가 되니 주의해야 한다.

반대말은 think small이다.
**Small minds always think small.** 그릇이 작으면 생각하는 것도 옹졸하다.

도량이 있고 너그러운 사람은 He's big. 혹은 He's big-Hearted.라고 한다. 큰 소리를 치는 것은 talk big, 태도가 우쭐하고 거만한 것은 act big.
**Don't talk big.** 큰 소리 치지 마.

You act too big. 넌 너무 거만해.

🎧 내가 비록 체구는 작지만 생각하는 건 옹졸하지 않아.
I may be small but I think big.

### 스타일 구기다 • cramp one's style

cramp는 '갑갑하게 하거나 속박한다.'는 뜻으로 솜씨나 기량 등을 발휘하지 못하게 방해한다는 의미이다. style은 '자기에게 익숙해져서 좋아하는 방식 또는 양식'이란 뜻이다.

표제어는 특별한 스타일과는 관계없이 어떤 일이나 사람이 자기의 생각대로 일을 시키지 않는다는 의미로 쓰며, 우리의 속어 표현인 '스타일 구긴다.'는 어감에 꼭 맞는 말이다. 사람을 멋쩍게 한다는 뉘앙스가 있다.

군대는 까다로운 규칙이 많아서 싫다거나, 결혼은 아내나 아이들이 부담스러워 자기 스타일에 맞지 않는다고 하는 경우 등에 잘 쓴다.

I don't want to get married. Having a wife and children would cramp my style.
나는 결혼 같은 건 싫다. 아내나 아이들과 같이 있다는 게 내 적성에는 안 맞으니까.

cramp는 명사로 '근육의 경련' 또는 여자의 '생리통'을 뜻하기도 한다.
I got a cramp in my left leg. 내 왼쪽 다리에 쥐가 나고 있다.
I couldn't go to work because of the monthly cramp.
난 생리통 때문에 직장엘 못 갔다.
They live in cramped urban apartments. 그들은 좁아터진 시내 아파트에 살고 있다.

🎧 그녀를 일류 프랑스 식당으로 초대하려고 했는데, 자네가 산통 깼네. 내 스타일을 구긴 거야.
I was going to take her to a classy French restaurant, and you blew it. You cramped my style. (blow it : 잘하면 될 수 있는 것을 잘못해서 망쳐 놓는다.)

### 습관을 버리다 • break the habit

habit은 원래 '습관'이란 뜻이지만 여기에서는 항상 정관사를 붙여 '나쁜 습관'을 가리킨다. 특히 마약·술·담배·도박 등 건강에 좋지 않은 습관에 쓰는 것이 보통이다.

Smoking is a bad habit, so I'm trying to kick it.
담배를 피는 건 안 좋은 습관이니 끊어버려야지.
비슷한 의미인 kick the habit도 잘 쓰는 표현이다.

🎧 나는 밤늦게까지 자지 않는 버릇이 있는데 고쳐야겠다.
I'm in the habit of sitting up late, but I'm going to break it.

## 시간을 보내다 · kill time

'남아 있는 시간을 보낸다.'는 뜻이나 무작정 시간을 보내는 것이 아니라 대개의 경우 특별히 할 일이 없어 다음 예정까지 시간을 보낸다는 의미로 쓴다. time 대신 hour, day 등을 써도 되며 have time to kill이라는 표현을 쓰기도 한다.

We have three hours to kill until the bus leaves. Let's go to a movie. 버스가 떠날 때까지 3시간이나 남았어. 극장에나 가자고.

🎧 쇼핑센터에 도착하니 영화는 벌써 시작한 뒤였다. 그래서 우리는 근처를 구경하며 다음 회까지 시간을 보냈다.
By the time we got to the shopping center, the movie had already started. So we just killed time until the next show by looking around.

## 시간이 촉박한 · pressed for time

pressed는 쫓기거나 몰려서 초조한 감정을 나타낸다. 이미 정해진 시간이나 시한에 쫓길 때 잘 쓰며, 흔히 수동형으로 I'm pressed for time. 또는 I'm pressed for money.와 같이 쓰나 능동형으로도 쓴다.

They pressed me for payment. 내게 돈을 지불하라고 졸라댔다.

If time presses, you let them know beforehand.
시간 여유가 없으면, 사전에 연락을 하라고.

I'm fighting with time. 시간과 싸우고 있다. 도 비슷한 의미이다.

🎧 다음 월요일까지 여권이 필요합니다. 시간이 촉박해요.
I need a passport by next Monday. I'm pressed for time.

## 시시한 얘기 · hogwash

hog는 돼지, 특히 다 자란 돼지이고, wash는 밥 찌꺼기. hogwash는 '밥 찌꺼기에 물을 탄 돼지 먹이'라는 뜻이다. 그러나 일반 회화에서는 '별로 거론할 만한 것이 못 되는 말, 성의 없는 말' 등을 의미한다.
'진실에 입각하지 않은 허풍'이라는 의미도 있다. 즉 nonsense와 같다.
What he said is just hogwash, and you know it!
그 사람 말은 엉터리야. 다 알잖아!

🎧 왜 우리가 그런 엉터리 일에 매달려 시간을 허비해야 하지? 그건 근본적으로 시시한 얘기야.
**Why should we waste our time on that baloney? That's basically hogwash.**

## 시식하다 · sample

sample은 명사로 '견본'을 연상하겠으나 동사로 쓰는 경우가 의외로 많다. 여기서는 '음식을 한 번 먹어보다.'란 뜻이다.
An Iranian student was picked up by the store manager while sampling a grape. 이란 학생이 포도 한 알을 떼어 먹어 보다가 매니저에게 적발됐다.
미국에서는 가게에서 음식을 먹어 보는 것을 절도로 여긴다.

음식 뿐 아니라 새로운 상황을 맞이할 때도 쓰는데 겨울을 앞두고 첫추위가 닥쳐왔을 때 잘 쓴다.
We are beginning to sample cold weather. 이제 추위가 닥쳐오는 것 같다.

남녀 관계를 비유해서 쓰는 Sample was ample.이란 말이 있다.
'견본이 충분하다.'가 아니라 어떤 여자와 동침하고 나서 별로 흥미가 일지 않을 때 쓴다. 즉 한 번 건드려 보니까 별로 신통치 않더라는 말이다.

🎧 집에서 만들었다는 생선 소스를 먹어봤는데 맛있더군.
**I sampled the home-made fish-sauce and found it delicious.**

### 시작이 반 · half the battle

원래는 '어려운 일이나 과제 등의 거의 절반'이라는 뜻으로, 우리 표현의 '50점은 따고 들어간다.'는 느낌의 표현이라 할 수 있다. 가령 '역시 젊음이 제일이야.'라는 표현을 Youth is half the battle.이라고 한다. 다시 말하면 전투에서 반은 이긴 것이나 다름없다는 뜻이다.
That's half the battle. 시작이 반이야. 라고 하면,
That's the whole battle. 그것은 끝난 것이나 다름없다. 라고 대꾸하는 경우도 있다.

🎧 10년 고생 끝에 그는 작은 아파트를 살만한 돈을 모았다. 인생에서 반 이상의 성과를 올린 것이다.
After ten years' hard work, he saved up enough money to buy a small apartment house. That's more than half the battle.

### 시작이 좋다 · get off to a good start

get off는 '출발하다.' 또는 '시작하다.' 비유적으로 성공적인 출발을 의미한다. get off to a successful beginning과 같은 의미이다.
가게를 열어 처음부터 손님이 많이 들어 장사가 잘 된다고 할 때도 쓴다.

실제로 요트나 자동차 경주에서 '앞의 조가 좋은 출발을 한다.'는 의미로도 쓴다. 이때 a good start 대신 a flying start를 써도 되나, 이는 어느 정도 속도를 내서 스타트 라인을 통과할 수 있도록 출발 전에 좀 달려 두는 방식의 스타트를 의미한다.

🎧 새로 개점한 완구 가게는 시작이 좋아 연일 흑자가 계속되고 있다.
The new toy store has gotten off to a good start. It has been in the black everyday.

### 시차병 · jet-lag

jet는 '제트기', lag는 time lag의 준말로, '시차'를 의미하는 새로운 유행어이다. '시차병으로 고통을 받는다.'는 suffer from jet lag라고 표현한다.
When I went to Europe last summer, I suffered from jet lag.
지난 여름, 유럽에 갔을 때 시차병 때문에 고생했다.

반대로 '시차병에서 회복하다.'는 습관적으로 recover from을 쓴다.
It usually takes several days to recover from jet lag.
시차병에서 회복하려면 보통 며칠은 걸린다.

🎧 우리 집사람이 엊그제 서울에서 돌아왔는데, 아직도 시차병으로 정신을 못 차리고 있다네.
**My wife got back from Seoul a couple of days ago, but she hasn't recovered from jet-lag.**

## 시치미 떼다 • play innocent

innocent는 '때가 묻지 않은, 순진한, 결백한'이란 뜻 외에, 경우에 따라 '바보스런'이란 뜻도 있으니 주의한다. 표제어는 잘못을 따지거나 추궁하는 데 시치미를 뗀다는 말이다.

> **참고** '해롭지 않은, 즉 무해한 오락'을 innocent amusements라고 한다. 여기서 innocent는 천진무구한 어린이와 같다는 느낌의 표현이다.

또 얼렁뚱땅 얼버무리는 것을 play dumb이라고 한다.
dumb은 dumb animal 말 못하는 짐승과 같이 벙어리를 의미하던 것이, stupid라는 뜻으로 변하여 속어로 '멍청이'란 뜻으로 사용된다.
What a dumb thing to do! 세상에, 이렇게 바보 같은 짓을 하다니!
He says he doesn't know where she is, but he's just playing dumb. 그는 그 여자가 어디 있는지 모른다고 하지만, 그 친구 그냥 시치미 떼는 거야.
시치미를 떼고 있는 표정은 an innocent look 또는 a blank look이라고 한다.

🎧 나는 처음부터 알고 있었어. 시치미 떼지 말게.
**I knew it all along. Stop playing innocent.**
(all along : 그동안 죽, 처음부터.)

## 시키는 대로하다 • what one says goes

주어의 강력한 지시·의견에 따라 얘기를 듣는 입장에서 '시키는 대로 한다.'는 의미가 된다. 또 주장이나 명령 등이 다른 사람들에 의해 받아들여진다는 뜻도 된다.

He never listens to anybody. What he says goes.
그는 누구의 말도 안 듣는 사람이야. 그의 명령에는 이의가 있을 수 없어.
What I say goes. 내가 하라면 하는 거야. 잔말 말고.

🎧 나하고 집사람은 아이들의 보호 문제에 의견이 다르기 때문에, 댁의 의견에 따르기로 했습니다.
My wife and I are in disagreement over the custody of our children, so we have decided that what you say goes.

## 식객 • free-loader

free는 '공짜', loader는 '물건을 적재하는 것'을 의미하나, 이 경우는 음식을 꽉 채우는 사람, 즉 힘 안 들이고 남의 음식을 공짜로 먹는 사람 또는 남의 집에 기숙하면서 공짜 밥을 먹고 지내는 사람을 의미한다.
경멸감이 풍기는 말이지만, 아래와 같이 쓸 수도 있다.
Let me do something for you. I'm not a free-loader.
뭔가 제게도 일을 시켜 주세요. 공짜 밥을 먹을 수는 없으니까요.

이 밖의 속어 표현으로 어떤 행사를 위해서 손님을 불러 공짜로 먹이는 '공짜 파티'란 의미도 있다.
You want to go to the art exhibit at Tanner's? They have sandwiches and beverages. It's a free-loader.
태너 백화점의 미술 전시회에 안 갈래? 샌드위치하고 음료도 나온대. 공짜야.

🎧 날 뭐로 아는 거야? 공짜 밥 먹고 사는 사람인 줄 알아?
What do you think I am? A free-loader or something?

## 식성이 까다로운 사람 • picky eater

입에 맞는 것만을 골라 먹는 사람을 가리킨다. picky는 choosy 또는 finicky와 비슷한 의미이다.
She's little finicky in her eating habits. 그 여자는 식성이 좀 까다로워.
overly fastidious도 쓰나 좀 어려운 말이다.
옷에 대한 취미가 까다로운 사람도 a picky dresser라고 한다.

참고 아무거나 잘 먹는 사람을 He eats anything, 음식을 지저분하게 먹는 사람은 He's a sloppy eater, 아무 것도 안 먹거나 밥상 앞에 앉아 있으면서도 별로 음식을 들지 않는다고 할 때 He's not eating anything, '음식을 가리지 않기 때문에 밥 해주기가 쉽다.'는 He's easy to cook for.

🎧 세상에 우리 아들같이 식성이 까다로운 아이도 없어요.
**My son is the pickiest eater in the world.**

## 신경을 건드리다 · get on someone's nerve

신경을 거슬리게 하거나 짜증나게 한다는 뜻이다.
**Please stop whistling. It's getting on my nerves.**
휘파람 좀 불지 마요. 신경 쓰이니까.
**We're getting on each other's nerve.**
우리는 서로의 비위를 건드리고 있다.
**Talkative women get on my nerves.**
수다스런 여자는 내 신경을 건드린다.

> **참고** 어린이가 '성가시게 구는 것'을 표현할 때는 trying을 사용한다. Her five-year-old son is a very trying child. (그녀의 다섯 살짜리 아들은 봐주기가 몹시 힘든 아이다.) 단 한 번의 일로 비위에 거슬리는 게 아니라 어떤 일이 계속됨으로써 차츰 신경을 건드리게 된다고 할 때 잘 쓴다.

🎧 그가 어제 저녁 식사 중에 한 말이 정말 신경에 거슬리더군.
**What he said at dinner last night got on my nerves.**

## 신분증 · identification

굳이 card는 붙일 필요가 없고 짧게 ID라 하는 게 보통이다. 미국에서 Do you have an ID? 하면 보통 운전 면허증을 말한다. driver('s) license는 빼놓을 수 없는 신분증이기 때문이다. 백화점이나 가게에서 수표로 물건을 사면 점원이 May I have two IDs? 두 개의 신분증을 제시해 주십시오. 하고 말한다. 우체국 등에서도 다음과 같은 sign이 눈에 띈다.
**Checks Accepted With Two IDs.**
개인 수표를 쓰실 때는 신분증 두 개를 제시하기 바랍니다.

🎧 신분을 증명할만한 문서를 가지고 계십니까?
**Do you have any identification?**

## 신체검사 • physical

a physical examination이 정식이다. 여기서 physical은 명사로 일상회화에서는 take a physical이라고 한다.
physical checkup이나 medical checkup도 같은 뜻이다.

🎧 다음 주에 신체검사를 받기 위해 예약을 했다.
**I've made a reservation to take a physical next week.**

## 신품 • brand-new

brand는 '낙인'. 개척 시대에 서부 목장에서는 소유주를 나타내기 위해 각 목장마다 가축에게 무늬를 찍었다. 이것이 유래가 되어 지금은 '상표'라는 의미로 쓰인다. 형용사로 쓰며 발음은 [브랜뉴]이다.

> **참고** 상표명은 brand name이라고 부르며 '유명 상품'이라는 뜻도 된다.

🎧 다음 달에는 새 캐딜락을 사야지.
**I'm going to buy a brand-new Cadillac next month.**

## 신품과 바꾸다(웃돈을 내고) • trade in

가전제품이나 특히 자동차의 경우, 타고 다니던 헌 차를 팔고 웃돈을 붙여서 새것을 사는 행위를 말한다.

> **참고** trade on은 '다른 물건과 교환하다.'란 뜻이며, in을 넣으면 '교환물로 내놓다.'란 뜻이 된다.

🎧 내 차를 새것으로 바꾸려고 한다.
**I'm going to trade in my car for a new one.**

## 실수를 하다 · make a boo-boo

서류 작성 등을 하다가 착각을 일으켜 잘못 쓴다든지 초보적인 실수나 유치한 실수를 하는 경우에 쓴다. make an error와 같은 뜻으로, 일반화된 속어이다.

**Whoops! I made a boo-boo.** 아이고, 이런! 실수를 했는데.
**Everybody makes a boo-boo every now and then.**
누구나 가끔 실수를 저지른다.
**Another boo-boo like that, and you are through.**
또 한 번 그런 실수를 저지르면 너는 끝장이야.

🎧 오늘은 일이 안 되더군. 계속 실수만 저지르고 있으니.
**This is not my day. I keep making a boo-boo today.**


## 실언을 하다 · slip out

slip은 '미끄러지다.' slip out은 '살짝 빠져나가다.'라는 뜻이다.
**slip out of the room.** 방에서 살짝 빠져나가다.
**slip out of the country.** 국외로 몰래 빠져나가다.
여기서는 비유적으로 혀를 잘못 놀려 본의 아니게 실언을 한다는 의미이다.

> **참고** slip에는 '남이 눈치채지 않게 몰래 혹은 넌지시 준다.'는 의미도 있다. He slipped me ten dollars. (그는 나에게 10달러를 몰래 주었다.) 또한 '기억에서 사라진다.'는 의미도 있다. Your birthday completely slipped my mind. (네 생일을 까맣게 잊었군.)

🎧 자네 기분을 상하게 할 생각은 없었네. 다만 나도 모르게 그만 실언을 한 거야.
**I didn't mean to hurt your feelings. It just slipped out.**


## 실언을 해서 망신을 당하다 · put one's foot in one's mouth

직역하면 '자기 발을 자기 입에 넣는다.'로 '실언을 해서 무안이나 망신을 당한다.'는 의미가 된다. 실언을 하고는 '아차'하고 손이 입으로 가야 하는데, 발이 입으로 갔으니까 실언의 정도가 매우 심한 경우이다.

'멋모르고 수다를 떨다가 큰 낭패를 보았다.'는 **My mouth was big enough to accommodate my foot.**이라고 한다.

in one's mouth 대신 in it을 쓰기도 한다. 여기서 it은 개 등의 '똥' 즉 잘못해서 개똥을 밟았다는 의미가 된다. 굳이 차이를 찾는다면 in one's mouth 는 '실언을 하다.'는 뜻이고, in it은 '섣부른 짓을 하다.'는 뜻이다.

🎧 Reagan 대통령은 Brazil 대통령이 베푼 국빈 만찬에서 건배를 하면서 "위대한 볼리비아를 위하여"라고 말을 잘못해서 망신을 당했다.
**Toasting at the State Dinner given by the Brazilian President, President Reagan put his foot in his mouth when he said, "To the great Bolivia."**

## 실전경험을 쌓다 · get a lot of practical experience

전쟁 경험이 아니라 '직업 전선의 실전경험'을 말한다. experience가 단수인 점에 주의한다. 복수가 되면 '경험담'이나 '종교적 경험' 또는 '에피소드'란 뜻에 가깝다.

🎧 우수한 통역자가 되려면 실전경험을 많이 쌓아야 한다.
**If you want to become a good interpreter, you have to get a lot of practical experience.**

## 실제 급여액 · take-home (pay)

문자 그대로 세금과 기타 명목의 공제액을 제하고 집에 가지고 가는 돈을 말한다. 월급 얘기를 하고 있는 도중에는 간단히 take-home이라고 해도 된다. 이 밖에 after-taxes 혹은 before-taxes도 잘 쓴다. 반대말은 gross(pay).
**How much do you make after-taxes?** 세금 제하고 손에 쥐는 돈은 얼마나 됩니까?

미국 교포들이 서로 net 순수익 로 얼마나 버느냐고 하는데, net는 반드시 급료에만 쓰는 것이 아니다.
**I could net fifteen hundred dollars.** 경비 다 제하고 한 달에 1,500달러는 올렸죠.

🎧 내가 손에 쥐는 월급으로는 식구를 부양하기가 어렵다.
**My take-home pay is hardly enough to support my family.**

## 실제로 돈을 걸다 · Put your money where your mouth is.

입이 있는 곳에 돈을 놓으라는 것은 '말로만 하지 말고 실제로 돈을 걸라.'는 뜻의 표현이다. 자칫 돈이 있으면 먹는 데 쓰라는 의미로 착각하기 쉽다. 대개의 경우 표제어와 같이 명령형으로 쓰는 게 보통이지만 그렇지 않은 경우도 가끔 있다.

Talk is cheap. 말로는 누가 못해? 혹은 Don't use just words.라고 직접적으로 표현할 때도 있다.

## 심각하게 받아들이다 · take something to heart

'충고나 교훈 등을 성실하게 받아들이거나 또는 어떤 것에 감회를 받는다.'는 의미이다.

I took my father's advice to heart.
나는 아버지의 충고를 성실하게 받아들였다.

She took her mother's advice to heart and decided to get married.
그 여자는 어머니의 충고를 받아들여 결혼하기로 했다.

또한 '상심한다.'거나 '마음에 두고 좋지 않게 생각한다.'는 의미도 있다.

Don't take it to heart. I don't think she meant what she said.
마음에 둘 필요 없어. 그녀는 진심을 말한 게 아니니까.

🎧 실은 내게 도움이 돼 주려고 한다는 것을 알고, 나는 그가 말하는 것을 성실하게 받아들이기 시작했다.
When I realized he was trying to help me out, I began to take his words to heart.

## 심하게 굴다 · be rough on someone

rough는 '거칠게 군다.'는 뜻이다.

Don't be too rough on yourself. 너무 과로하지 말게.

The Congressman was really roughed by the news reporters.
그 국회의원은 신문 기자들 때문에 호되게 홍역을 치렀다.

I feel sorry for him because I gave him rough on sometimes.
그 친구에게 가끔 심하게 군 것이 미안한데.

215

rough up someone이라고 하면 '사람을 때린다.'는 의미가 되니 주의해야 한다.
**The police roughed up the suspect, and they got in trouble for it.**
경찰이 피의자를 폭행했고, 결국 그 일로 해서 곤욕을 치렀다.

🎧 내가 그 사람에게 너무 심하게 굴었나?
**Was I too rough on him?**

## 심하게 야단을 치다 · dish it out

이 표현은 dish out the food 음식을 큰 그릇에서 작은 그릇으로 나누다. 에서 나온 것. 여기서 발전하여 dish out something 또는 dish it out이 된 것이다.
the food 자리에 flattery 아첨, praise 칭찬, punishment 혼을 내주는 것 등 다른 명사를 사용할 수 있다. dish out flattery는 '아첨을 한다.'는 뜻이고, dish out the punishment는 '듬뿍 벌을 준다.'는 뜻이다. 표제어도 '듬뿍'의 뉘앙스는 있으나, 이 표현의 포인트는 '지독하게 혼을 낸다거나 심하게 야단을 친다.'는 것이다. 이 경우의 it은 막연한 상황을 가리키는 것으로 아무런 의미가 없다.

🎧 Bill하고는 싸우고 싶지 않다. 크게 당할 테니까.
**I wouldn't want to get in a fight with Bill. He can really dish it out.**

## 싱거운 소리를 하다 · say something amusing

amusing은 단순히 '재미있는'이란 뜻 외에 '익살스럽거나 싱겁다.'는 뜻이 함축되어 있으며, 그럴 경우 보통 의문문 형식으로 쓴다.
자기는 웃기려고 한 얘기가 아닌데 상대방이 우스워 죽겠다고 할 대 불쾌감을 나타내며 쓴다. Is what I just said amusing?이라 해도 같은 뜻이다.
**Did I say something amusing?** 제가 뭐 싱거운 소리라도 했나요?

amusing 대신 funny를 쓰기도 한다. 상대방이 웃어댈 때 Ve~ry funny! 하고 불쾌감을 나타낸다. 우리말의 '남은 화가 나서 죽겠는데 뭐가 그리 우스워!'에 해당한다. 이 경우 very를 길게 뽑아 발음하는 게 습관이다.

A : 아따, 그놈 참, 하하하.
B : 아니, 내가 무슨 싱거운 소리라도 했나?
**A : Oh, what a fellow, ha ha ha.**
**B : Did I say something amusing?**

## 썩 잘 해내다 · handle oneself well

'좋은 인상을 주거나 성공하다.'란 뜻이다. perform well과 같다.
It was his first pro debut but he handled himself well in the ring.
프로 시합에 처음 출전하긴 했지만, 그는 링에서 잘 싸웠다.

반대로 '서투르다.'는 handle oneself poorly라고 한다.

그 대통령 후보는 첫 기자 회견에서 썩 잘 해냈다.
**The Presidential candidate handled himself well at his first press conference.**

## 쓸데없는 참견을 하지 않다 · mind one's own business

원래 '자신의 장사를 관리한다.'는 의미이다. 즉 자신의 일을 성실히 한다는 의미도 되지만, 대개의 경우는 비유적으로 남의 일에는 참견하지 않고 자신의 일에만 신경을 쓴다는 말이다. mind one's affairs라는 말도 있으나 느낌이 딱딱하며 일반적으로는 잘 쓰지 않는다.

자네가 이 문제에 끼어드는 데는 이제 진저리가 나. 제발 쓸데없는 참견은 하지 말게.
**I've had enough of you in this matter. Why don't you mind your own business?**

## 쓸데없이 돈을 날리다 · blow money

안 써도 될 것을 공연히 기분이 들떠 아까운 줄 모르고 쓴다는 뉘앙스가 있으며 '낭비'라는 뜻도 있다. 오락을 하거나 갖고 싶은 것을 사기 위해 돈을 마구 쓰는 경우에 잘 쓴다.

**He blew a lot of money on the races yesterday.**
그는 어제 경마에 큰돈을 날렸다.

경우에 따라서 money 대신에 pay 봉급, savings 저축한 돈, inheritance 유산 등이 나오는 수도 있다.

He blew all his savings on the car. 그는 자동차를 사느라 저금한 돈을 모두 날렸다.
I've got ten bucks to blow. 아무렇게나 쓸 10달러 정도는 있지.

🎧 그럴 필요가 없는데 무엇 때문에 20달러씩이나 날리나?
**Why blow twenty dollars when I don't have to?**

## 씨름을 하다 · grapple with

'어떤 어려운 문제의 해결을 위해 맞붙어 씨름을 하다.'란 뜻으로, tackle도 비슷하다.

The young man tackled the thief fearlessly.
그 청년은 용감하게 도둑과 맞붙었다.

🎧 신임 경찰서장은 일대의 증가하는 범죄와 맞붙어 씨름을 해야 했다.
**The new police chief had to grapple with mounting crimes in the area.**

 **AMERICAN ENGLISH EXPRESSION**
BASIC EDITION

## 아, 그래? · You don't say?

상대편의 말에 놀라거나 또는 그 얘기가 아주 재미있다는 듯이, '당신 지금 진짜로 하는 소리야?'라고 할 때의 느낌으로 쓴다. 그렇다고 상대편의 말을 의심하거나 부정하려는 의도는 없다. Oh, really?를 강조한 것으로 보면 된다.
"He graduated from college when he was seventeen."
그는 17살에 대학을 졸업했어.
"You don't say! That's quite remarkable!" 그래! 그것 참 대단하군!

A : 그 사람은 나의 친한 친구야.
B : 그래! 우린 어렸을 때 서로 옆집에서 살았지.
A : He's a good friend of mine.
B : You don't say? We lived next door to each other when we were kids.

## 아기를 봐 주다 · baby-sit

부모가 없는 동안 부탁을 받고 또는 일정한 보수를 받고 아기를 봐 주는 것을 말하는데, 경우에 따라서는 할머니가 집안에서 손자를 돌보는 것까지도 포함한다. 미국에서 흔히 baby-sitting을 하는 것은 중·고생이 이웃이나 친척의 부탁을 받고 아이들의 부모가 외출하고 없는 동안 아기들과 함께 있어 주는 것을 말한다. 아기를 봐주는 사람은 baby-sitter라고 한다.
I have to find a baby-sitter for Saturday night.
토요일 밤 아기 봐 줄 사람을 찾아야겠다.

비유적으로 회사의 신입사원이나 멀리서 온 손님을 접대해야 한다고 할 때도 baby-sit을 쓴다.
I'm baby-sitting some new employees this week.
이번 주에는 신입사원들을 돌봐야 한다.

오늘 밤 세 시간 정도 아기 좀 봐 줄 수 있겠니?
Can you baby-sit for us about three hours tonight?

## 아까 어디까지 얘기했었지? • **Where were we?**

장소와는 관계없이 '아까 어디까지 얘기를 했었지?'라는 뜻으로, 조금 전에 이야기가 중단되었음을 암시하는 말이다.

> **참고** Where am I? Where was I? 그리고 Where are we?가 각기 다른 의미를 가지고 있으니 주의해야 한다. 현재 단수형인 Where am I?는 '여기가 어디죠?'하는 의미로 눈을 떠보니 자기가 낯선 곳에 있을 때 묻는 말이고, 과거 단수형인 Where was I?는 책 같은 것을 읽다가 덮어두고 나서 나중에 '내가 아까 어디까지 읽었지?, 그리고 현재 복수형인 Where are we?는 길을 잃은 사람이 지나가는 사람에게 길을 물을 때 쓰는 말이다.

## 아낙군수 • **home-body**

'외출을 좋아하지 않는 사람'. 좋은 의미로는 '가정적인 사람'을 뜻한다.
남자가 가정적이라고 할 때는 He's a family man.이라 하고, 여자가 가정적이라고 할 때는 She's very domestic. 또는 She's a stay-at-home person.이라 한다.

또, 스포츠나 야외 활동을 별로 좋아하지 않는 사람은 He's an indoor kind of guy. 자의로 하루 종일 들어앉아 있었다면 I stayed in all day. 타의로 그렇게 됐다면 coop 닭장 을 써서 I got cooped up by the rain. 비 때문에 집에 있었다. 이라고 한다.

속어 표현으로 I don't want to be boxed in. 집에 갇혀 있으면 답답해서 싫다. 이란 말도 있다. '꼼짝하지 않고 집안에 틀어박혀 있었다.'는 I buried myself in a shell.이라고도 한다. 조가비 속에 자신을 파묻었다는 말이다.

🎧 Frank는 아낙군수예요. 자신의 속옷도 스스로 사 본 일이 없어요.
**Frank is a home-body. He's never bought underwear for himself.**

## 아랫자리에 앉다 • **take a back seat to**

'어느 누구에게 한 발짝 자리를 양보하고 자기는 그 뒷자리에 앉다.'란 뜻이다. 물론 어쩔 수 없이 아랫자리에 앉아야 할 때에도 쓴다. back seat 다음에는 to가 따라나온다.

재능이나 능력의 차이를 말하는 경우에도 쓴다.
As a salesman he doesn't have to take a back seat to anyone.
세일즈맨으로서 그는 어느 누구에게도 뒤지지 않는다.

🎧 내가 사무실을 차리면 완전한 공동 경영자가 되어야 한다. 어느 누구의 아랫자리에도 앉지 않겠어.
If I enter the office, it must be a full partner. I'll not take a back seat to anyone.

## 아르바이트를 하다 • work part-time

'아르바이트'는 독일어〈arbeit〉로, 일본 사람들이 쓰던 것을 우리가 그대로 모방한 것이며 영어로는 표제어와 같이 쓴다.
이 밖에 '상근(常勤)하다.'(work full-time), '시간 외 근무를 하다.'(work overtime, work extra hours)란 표현이 있다.

밤에 부업을 하는 것은 moonlight란 동사를 쓴다. 낮에 본업을 끝내고 달이 나올 무렵 다시 다른 일터로 간다는 발상에서 나온 말이다. 그러한 일을 하는 사람을 a moonlighter라고 한다. 그런데 이것은 아르바이트와는 달리 어엿한 야간 직업일 수도 있다.
Mr. Jones, a policeman, also moonlights as a sales clerk at a grocery store. 경찰관인 Jones씨는 밤에 식품 가게에서 판매원 일도 하고 있다.

'밀조한 위스키'란 의미의 moonshine과 혼동하지 않도록 주의해야 한다.

🎧 대학시절엔 아르바이트를 해서 학비를 벌어야 했다.
When I was at college, I had to earn schooling expenses, working part-time.

## 아름다움은 보기 나름 • Beauty is in the eye of the beholder.

아름다움의 기준은 각자의 주관에 달렸다는 말이다. behold는 '보다'란 뜻이며, beholder는 '보는 사람'. 속담과 같이 쓰는 말로 시각에 호소하는 것과 관련하여 잘 쓴다.

He thinks his wife is beautiful. Don't you think the beauty is in the eye of the beholder?
그는 자기 아내가 예쁘다고 생각하는데, 아름다움은 보기 나름 아냐?

🎧 아름다움은 보기 나름이야. 그러니까 갖가지 의상이 여러 사람들을 매혹시키는 거야.
Beauty is in the eye of the beholder. That's why different kinds of clothes appeal to different people.

## 아무 소식이 없다 · haven't heard a word from

a word를 생략하여 haven't heard from이라고 해도 되나, a word를 넣으면 '전혀 무소식'이라는 느낌이 강하다. 완료형으로 쓰는 점에 주의한다.

'전혀 무응답'이라고 할 때는 receive no response whatsoever를 써도 좋다.
I've sent him a number of reminders, but I've received no response whatsoever. 그에게 독촉장을 수없이 보냈는데 전혀 응답이 없다.

🎧 그 사람한테 아마 열두 번 이상 편지를 했을 거야. 그래도 전혀 소식이 없어.
I've written to him more than a dozen times but I haven't heard a word from him.

## 아무짝에도 쓸모없는 · good-for-nothing

worthless와 같은 뜻으로 흔히 사람에 관하여 쓴다.
Tell your good-for-nothing brother to find another place to live.
쓸모없는 동생에게 다른 살 곳을 찾으라고 말해라.

He is good-for-nothing. 그는 쓸모없는 인간이다. 의 형식과 같이 쓰기도 한다.

명사로도 쓸 수 있다.
Look, you good-for-nothing. 이것 봐, 이 쓸모없는 놈아.

🎧 그의 아내는 늘 그를 보고 아무짝에도 쓸모없는 주정뱅이라고 했으나, 남편이 죽자 10만 달러의 보험금을 탔다.
**His wife used to call him a good-for-nothing toper, but when he died, she got $100,000 of insurance money.**

## 아슬아슬하게 시간에 대다 · get down to the wire

'기차나 비행기 시간 등을 아슬아슬하게 맞추다.'란 의미이다.
**We got to the airport down to the wire.**
아슬아슬하게 시간을 맞춰 공항에 도착했다.

일반 사전에는 get under the wire로 나와 있으나 실제로는 표제어가 더 보편적이다.

🎧 한 두어 번 아슬아슬하게 시간에 딱 맞춰 나간 일이 있었지.
**A couple of times we got right down to the wire.**

## 아연 실색한(뜻밖의 일로) · floored

원래는 '맞아서 바닥에 쓰러지다.'란 뜻이다.
**He was floored by his opponent.** 그는 상대편에게 맞아 마룻바닥에 쓰러졌다.

그러나 표제어는 신체가 아니라 기분이 맞아 쓰러질 만큼 '깜짝 놀란다.'는 뜻이다. 대단히 강한 표현으로 어떻게 대처해야 할지 모르겠다는 의미가 내포되어 있다. 좋은 의미로도, 나쁜 의미로도 모두 쓰며 대개 수동형으로 쓴다.
**He was floored by the size of the problem.**
그는 그 문제가 너무 커서 놀랐다.

흔히 completely를 써서 강조한다.
**When he asked me to marry him on our second date, I was completely floored.** 두 번째 데이트 때 청혼을 받고, 나는 말문이 막혀버렸다.

또, 술에 몹시 취할 때도 쓴다.

You'd be floored, too, if you'd drunk a dozen beers.
너도 맥주를 12병 정도 마시면, 역시 떨어져 나갈 거야.

🎧 내가 들어올 때 보니 깜짝 놀라는 것 같더군. 난 초대받은 사람이 아닌가?
You look floored when I came in. Wasn't I invited?

### 아이스캔디 · popsicle

'입 안에 쏙 집어넣다.'란 의미의 pop과 '고드름'을 의미하는 icicle의 합성어로 옛날 우리나라에서 '아이스케키'라고 하던 것. 원래는 상표명이었으나 이제는 막대기에 얼음과자가 달린 것을 통칭한다. 아이스크림은 이에 속하지 않으며, 나무 막대기에 단 아이스크림은 an ice cream on a stick이라고 부른다.

🎧 더운 날에는 차게 얼린 아이스캔디보다 좋은 게 없다.
There's nothing better than an ice-cold popsicle on a hot day.

### 아주 딴판 · a far cry from

'상황이 아주 딴판'이라는 의미이다. 큰 소리로 외쳐도 들리지 않을 만큼 멀리 떨어져 있다는 발상에서 나왔다. 원래 a far cry는 It's a far cry to New York. 뉴욕까지는 굉장히 멀다. 과 같이 '거리적으로 멀다.'는 의미로 쓰이나, 이제는 '기대에 못 미친다든지 어떤 수준에 못 미친다.'고 할 때 잘 쓴다.
The hotel accommodations were a far cry from what we had expected. 호텔 시설이 우리 기대와는 너무 거리가 멀었다.

🎧 그는 이제 백만장자가 됐다. 맨해튼의 형편없는 동네에서 엘리베이터도 없는 4층 건물에 살던 5년 전 하고는 아주 딴판이다.
He's now a millionaire. That's a far cry from five years ago, when he lived in a four-story walk-up in a bad neighborhood in Manhattan.
(walk-up : 엘리베이터도 없는 아파트)

### 아주 신품인 · spanking new

spanking은 very와 같은 뜻의 구어로 강조 표현이다.

사람의 눈을 끄는 구체적인 물건에 대해 쓴다.
My car is spanking new. 내 차는 아주 새 거야.
There was a girl in a spanking new dress in the car.
차 안에는 아주 새 옷을 차려 입은 아가씨가 앉아 있었다.

반면, 같은 의미인 brand-new는 brand-new idea처럼 추상적인 관념을 수식하는 데도 쓰인다. brand spanking new라고도 한다.
Look at that brand spanking new car! 저 새 차 좀 봐!

🎧 이 배는 아주 신품이다.
**This boat is spanking new.**

## 아주 적은 액수 · peanuts

peanut같이 작고 값어치가 없다는 뜻으로 chicken feed 닭 모이와 같은 의미이다.
They want me to do everything, but they only pay peanuts.
나한테 별별 일을 다 시키면서, 돈은 조금밖에 안 준다.

🎧 그 회사에서 10년이 넘게 피땀 흘려가며 일했는데, 받는 것은 눈곱만큼이다.
**I've been slaving for that company for over ten years, and I still get only peanuts.**

## 아직 그 정도는 아니다 · be not up to that yet

up to는 어느 경지에 도달하거나 자격이나 능력 면에서 필적한다 할 때 쓴다.
He's not up to his father as a politician.
그는 정치가로서 선친을 따라가지 못한다.

🎧 A : 참 잘하네요. 유단자입니까?
　B : 아뇨, 아직 그 정도는 아닙니다.
**A : You're pretty good. Are you a black belt?**
**B : No, I'm not up to that yet.**

### 아직 팔팔하다 · alive and kicking

미국 사람들에게 How're you doing? 하고 인사를 하면 Still kicking!이라고 대답하는 사람이 있다. 건강하며 아직도 팔팔하다는 말인데 허물없이 지내는 사이에서 잘 쓴다. alive는 살아 있다는 뜻이며 kicking은 사로잡은 토끼의 귀를 잡아 올리면 두 발을 마구 차는 시늉을 하는 모양에 비유해서 아직도 힘차게 차고 있다는 의미로 쓴 것이다. 간단히 말하면 신체적으로 아주 건강하다는 의미이다. 안부를 묻는 인사말에 대해 대꾸하는 말로 잘 쓰는 표현이다. well and active의 뜻이라 생각하면 된다.

🎧 그 친구 만나본 지 오래되는데, 잘 있는지 모르겠네.
**I haven't seen him for a long time. I wonder if he is still alive and kicking.**

### 아침부터 기분이 나쁘다 · get out of bed on the wrong side

아침에 침대에서 일어날 때 내려서던 방향으로 일어나지 않고 다른 방향으로 일어선다는 것이다. 아침부터 심기가 별로 좋지 않을 때 잘 쓰는 말이다.

반대로 아침부터 기분이 좋다고 할 때는 get out of bed on the right side. 라 하며 get out of bed를 get up이라고 하는 경우도 있다.
**The boss has been in a bad mood all day today. He must have get up on the wrong side this morning.**
사장님의 심기가 오늘 온종일 좋지 않다. 아무래도 아침에 기분 나쁜 일이 있었나 봐.

🎧 내가 악을 써서 미안하네. 아무래도 아침부터 기분이 나빠서 그랬네.
**I'm sorry I snapped at you. I guess I got out of bed on the wrong side this morning.**

### 아침에 만사 제쳐놓고 · first thing in the morning

first thing은 '우선적으로'라는 뜻이다. in the morning만으로도 '내일 아침'이라는 뜻이 되며 tomorrow morning이라 하면 뜻이 더 분명해진다. 표제어는 '내일 아침에 일어나면 다른 일을 하기 전에 우선적으로'라는 의미이며,

227

first thing이라고만 해도 뜻은 같다.
I'll do that first thing. 내일 아침 우선적으로 그렇게 하죠.

🎧 내일 아침에 만사 제쳐놓고 우선 자네에게 전화할게.
I'll give you a call first thing in the morning.

## 아프지도, 따갑지도 않다 · couldn't care less

긍정문으로 could care less도 많이 쓰지만 부정문으로 쓰는 게 정상이다. 직역을 하면 '이렇게 전혀 상관하지 않을 일은 또 없다.'는 것으로, 결국 조금도 아프지도, 따갑지도 않다는 의미이다. '알게 뭐야.' 또는 '아무렇지도 않아.'라는 느낌으로 아주 널리 사용되고 있는 표현이다. It doesn't matter at all.과 비슷한 말이다.

🎧 그가 뭐라던 알게 뭐야?
I couldn't care less what he says.

## 악감정 · bad blood

여간해서는 가시지 않는 원한·혐오 또는 미움까지 포함한 좋지 않은 감정을 의미한다. 깊은 증오감에서부터 가벼운 악감정에 이르기까지 광범위하나 그것이 몸에 배서 가시지 않는다는 점에서는 똑같다.
There is bad blood between(among) ~ 의 형태로 쓰는 경우가 많다.
There has been bad blood between them ever since they were small children. 그들은 어린 시절부터 서로 미워했다.

🎧 그 두 사람에게 협력하라고 하는 것은 어려운 일이야. 그들 사이에는 어쩔 수 없는 악감정이 있으니까.
You'll never get those two men to cooperate. There's too much bad blood between them.

## 악담하다 · bad-mouth

'어떤 사람 또는 물건에 대해 좋지 않게 말하다.'란 의미의 동사로 뒤에서 남의 악담을 한다고 할 때 쓰지, 얼굴을 맞대고 악담을 한다고 할 때는 쓰지 않는다. 이 표현에는 항상 '비겁하게도'라는 뉘앙스가 있다.
I wish you would not bad-mouth my car.
내 차에 대한 악담은 그만 했으면 좋겠군.

명사로도 쓰인다.
Jim is such a bad-mouth! Jim은 입이 참 고약하다.

비슷한 의미로 dirty mouth가 있는데, 역시 명사와 동사로 쓴다. 교과서적인 표현으로 to speak ill of someone(something)이 있으나 이 말은 격식차린 말이지 구어적인 표현은 아니다.

🎧 그 사람이 뒤에서 그렇게 악담을 하다니 믿을 수가 없군.
I can't believe he would bad-mouth me like that.

### 안됐군 · That's a shame.

shame은 자칫 '수치'라고만 알기 쉬우나 '그게 무슨 꼴인가.'라는 유감을 나타내는 구어적인 의미로도 잘 쓴다. What a shame!도 비슷한 의미이다.
"I didn't have bus fare, so I walked all the way home."
버스비가 없어서 집까지 내내 걸어갔어.
"What a shame!" 원, 저런!

그러나 Shame on you!라고 하면 의미가 달라진다.
남의 집 담벼락에 소변보는 사람을 보고 '보기 흉한 짓을 하는군.' 하는 정도에 해당하는 표현이다. 식탁에서 음식을 흘리는 사람에게도 Shame on you.라고 한다.

🎧 아니, 일요일에도 일을 해야 하다니 그거 안됐군.
It's a shame you have to work on Sunday.

### 안심할 수 있는 · in good hands

good hands는 '믿을 수 있고, 안심할 수 있는 사람의 손'이란 뜻이다.

'이 쪽을 위해 잘 처리해 줄 수 있는 사람에게 일이 맡겨져 있다.'는 의미이다.
Don't worry. You'll be in good hands with that doctor.
염려하지 마. 그 의사라면 안심할 수 있어.

leave something in good hands.의 형태로 쓰기도 한다.

🎧 Thomson씨가 당신의 변호사라면, 당신은 안심할 수 있어요.
If Mr. Thompson is your lawyer, you're in good hands.

## 알 게 뭐야 • don't give a damn

Not care at all. 즉 I don't care.와 비슷한 의미의 관용어로 조금도 개의치 않는다는 말이다. 이 표현은 영화 「바람과 함께 사라지다」의 마지막 장면에서 Captain Butler가 Scarlet O'Hara에게 던진 대사인 'Frankly my dear, I don't give a damn.'으로도 유명하다.
종교인 중에는 damn 대신 '쓰레기'란 의미의 crap을 쓰기도 한다.
I don't give a shit.이라고도 하나, 이 말은 상스럽다.

🎧 A : 자네 일찍 집에 들어가지 않으면 마누라한테 혼난다고.
B : 알 게 뭐야. 맘대로 하라지.

A : If you go home too late, your wife will skin you alive.
B : I don't give a damn.
(skin a person alive : 심하게 바가지를 긁다)

## 알았습니다 • You're the coach.

I'll do anything you say! 혹은 You're in charge!와 같은 의미로 우리말의 '시키는 대로 하죠.'에 해당한다. 시대에 따라 표현이 달라지는 점이 재미있다. 서부 개척시대에는 의사의 명령에 절대 따라야 했기 때문에 You're the doctor.라고 하다가 산업 사회로 들어서면서는 You're the boss. 스포츠 시대에는 You're the coach.가 널리 유행되었다. 지금은 세 가지 표현 모두 다 쓰인다.

A : 이 일을 오늘 끝마치고 내일은 그것을 인사과로 넘깁시다.
B : 네, 알았습니다.

**A :** Let's get this done today, and turn it over to the personnel tomorrow.
**B :** All right, you're the coach.

## 압도시키다(사람을) • take someone's breath away

여기서는 예상 밖의 강한 충격이나 인상이 사람을 압도한다는 의미이다. 사람의 목숨을 빼앗아 간다니까 놀라움의 정도를 짐작할 수 있다.
The view from the mountain took our breath away.
산에서 본 경치는 숨이 막힐 정도로 아름다웠다.

그러나 표제어에서 '압도하다.'라고 한 것은 압도당하는 느낌을 말한 것이지 실제 표현은 상황에 따라 다를 수도 있다.
The cold air that hit me when I stepped out took my breath away.
밖에 나간 순간 찬 기운이 몰아닥쳐 나는 순간 멈칫했다.
이런 경우에는 찬 기운에 압도되어 몸이 멈칫 한다는 뜻이 된다.

take one's breath away는 take away one's breath라고도 하며, breath-taking이라 하면 형용사가 된다.
She's a lady of breath-taking beauty. 그 여자는 숨이 막힐 정도로 아름답다.

그의 매력과 유창한 말솜씨에 나는 도취되고 말았다.
His charm and easy flow of words practically took my breath away.

## 압도하다 • sweep someone off one's feet

직역은 '사람의 다리를 휩쓸어 가는 것.'이다. 비유적으로는 엄청나게 큰 파도가 사람을 휩쓸어가듯 무서운 박력으로 압도한다는 것이다. 언동이나 개성이 이성을 잃게 할 정도로 강렬한 인상을 준다고 할 때 잘 쓴다.
His tremendous welcome swept me off my feet.
그의 거창한 환영에 나는 압도되고 말았다.
특히 남성이 여성에게 의식적으로 강한 인상을 주려고 하는 경우에도 잘 쓴다.

🎧 Leo는 선물을 하거나 매일 밤 고급 레스토랑에 데리고 다니면서 Jane을 압도했다.
**Leo swept Jane off her feet by giving her presents and taking her out to expensive restaurants every night.**

### 압력을 가하다 · lean on someone

put pressure on someone to do something.과 같은 의미이다. 강자가 그 힘을 배경으로 약자에게 압력을 가하거나 상대편의 약점을 잡아 은근히 압력을 가하며 상대편을 귀찮게 하는 것을 말한다.
**If she refuses to do it, lean on her a bit.**
그 여자가 그 일 하기를 거절하면, 압력을 좀 넣어.
**Don't lean on me! I don't have to do it if I don't want to.**
나는 하기 싫으면 안 해! 내게 압력을 넣지 말라고.

put the squeeze on someone도 같은 의미이다.
**The cops put the squeeze on Harry, and he spilled the beans.**
경찰이 Harry에게 압력을 가하자, 그는 비밀을 폭로했다.

물론 '기대다.'란 문자 그대로의 의미로도 쓰인다.
**The old man leaned on his son as he walked.**
그 노인은 아들에게 기대어 걸었다.

🎧 그렇게 귀찮게 굴지 말라고. 틈이 나면 도와준다고 했잖아?
**Stop leaning on me, will you? I told you I'd help you out when I get the time.**

### 앞뒤를 가리지 않고 행동하다 · go off the deep end

deep end 다음에 the swimming pool이 생략된 것으로 the deep end는 수영장 중에서 제일 깊은 쪽이다. 즉 깊은 쪽으로 뛰어든다는 것은 앞뒤 생각하지 않고 무모한 짓을 한다는 의미이다. 주로 비유적으로만 쓴다.
**Everytime Bill gets an idea, he goes off the deep end.**
Bill은 새로운 아이디어를 생각해 낼 때마다, 앞뒤 가리지 않고 무턱대고 그것을 실행하려고 한다.

🎧 너무 터무니없는 일은 하지 않도록 해라. 행동하기 전에 사실을 확인해 보자꾸나.

**Don't go off the deep end. Let's make sure of the facts before you act.**

## 앞지르다 • beat someone to it

남의 행동이 자기보다 한발 앞선 경우에 쓰는 말이다. it은 앞지름을 당한 내용을 가리키는 상황의 it이며, 수동형으로 쓰지 않기 때문에 앞지르는 쪽이 주어가 되는 점에 주의해야 한다.

'그가 나를 앞질렀다.'는 관용어로 He beat me to it.이 된다.
예를 들어 "자네 차 마셨나?"하고 물었을 때 "먼저 했어."라고 대답하면,
Oh, you beat me to it. 자네가 나를 앞질렀군. 이라고 말한다.

같은 의미의 관용어로 beat someone to the punch (the draw)가 있다.
I planned to write a book about American slang, but someone else beat me to the punch.
내가 미국 속어에 대한 책을 쓰려고 했는데, 다른 사람이 먼저 그 책을 내 놓았더군.

🎧 내가 그 여자하고 결혼하고 싶었는데, 친구가 먼저 청혼을 해서 나를 앞질렀다.

**I wanted to marry her but my friend proposed first and beat me to it.**

## 애걸복걸 • beg someone hands and knees

beg는 '간청하다.' hands and knees는 on one's knees와 같은 뜻의 부사로, '저자세로'라는 의미이다. 사전에는 beg earnestly라고도 나와 있으나 '무릎 꿇고 손발이 닳도록'이라는 구체적 느낌은 안 나며, 표제어가 훨씬 구어적이다.

🎧 제발 파면은 시키지 말아 달라고 애걸복걸하더군. 그래서 2주 정직처분을 내렸지.

**He begged me hands and knees not to fire him, so I gave him a two-week suspension.**

## 애를 태우다(~의) • keep someone hanging

속시원한 대답을 하지 않아 계속 매달리게 만든다는 말이므로, 얼른 얘기를 하지 않아 사람을 애타게 한다는 의미이다.

> **참고** 시원히 말해 보라는 말을 Come on, out with it!(자, 불어 봐!)이라고도 한다. out은 '입으로부터 밖으로 나온다', it은 '불게 하려는 내용'을 가리킨다. 아이들이나 친구끼리 쓴다.

🎧 사람 애태우지 말고 어서 말해 봐. 어젯밤 Carole과의 데이트는 어떻게 됐어?
Don't keep me hanging. How was your date with Carole last night?


## 애무하다 • smooch

남녀가 한데 엉켜 키스하고 서로 애무하는 것을 말한다.
Hey, sweetie. How about a smooch? 여보, 뽀뽀할까?

flirt라는 말도 있으나 이것은 눈이 맞은 이성에게 윙크하거나 웃음을 던지며 장난치는 것을 말하며, kiss나 necking을 대신하는 명사로도 사용된다. 노소를 막론하고 아무런 부담 없이 쓸 수 있는 속어이기도 하다. kiss는 구어 표현으로 buss라고도 한다.

🎧 나도 애무하는 것은 좋아하지만, 남이 하는 것은 보기 좋지 않다.
I like to smooch myself, but I don't enjoy watching somebody else.


## 애착을 느끼는 • attached to

'정이 들어서 버리기가 힘들다.'란 뜻이며, 남녀가 서로 좋아하는 경우나 물건에 대한 애착을 느낄 때 쓴다.
She's so attached to one of the co-workers.
그녀는 직장의 한 남자를 무척 좋아한다.

I'm attached.라고만 해도 '좋아하는 사람이 있다.'거나 '결혼한 사람이다.'라는 뜻이 된다.

🎧 이 넥타이는 너무 정이 들어서 버리기가 아깝다.
I'm so attached to this necktie I can hardly throw it away.

## 애태우다(~을) · play games with

game은 '책략' · '계교' 또는 '수작'이란 뜻이다. 남자가 여자에게 흑심을 품고 어떻게 해보려는데 여자가 얼른 응하지 않을 때 남자가 잘 쓴다. 속어로 '남을 속이다.'란 뜻도 있다.

🎧 그렇게 남의 애를 태우지 말고 어서 말해 봐요. 어젯밤에 무슨 일이 있었지?
Don't play games with me. Tell me what happened last night.

## 액면 그대로 받아들이다 · take something at its face value

face value는 공채나 증권 등의 표면에 기재되어 있는 '액면 가격'.

**참고** 남의 말을 너무 잘 믿는다고 할 때는 You're too trusting.이라고 한다.

🎧 그 사람의 약속을 액면 그대로 받아들여서는 안 되네.
You shouldn't take his promise at its face value.

## 야단맞다(어른한테) · catch it

it은 '손윗사람의 노여움'이라 생각하면 된다. 주로 아이들이 어른이나 선생님께 야단을 맞는다고 할 때 잘 쓴다.
You're going to catch it from Miss Cathy.
너, Cathy 선생님한테 혼난다.

때로는 어른이 쓰기도 한다.
I know I'm going to catch it when I get home.
집에 가면 틀림없이 야단맞을 거야.

🎧 Tom이 Billy의 얼굴을 때려서, 선생님한테 호되게 야단을 맞았다.
Tom hit Billy in the face. He really caught it from the teacher.

## 야단치다 · tell someone off

상대편의 비상식적이며 도가 지나친 무례한 언동에 화를 내며 야단을 친다는 뜻으로 동년배 또는 손윗사람에게 쓴다.
The cop told me off for crossing the street against the red light.
빨간 불에 길을 건넜기 때문에 경찰한테 야단을 맞았다.

scold someone은 보통 손아랫사람들에게 쓴다.

🎧 저 친구 야단 좀 쳐야겠군. 신호를 무시하고 길을 건너고 있어.
I'm gong to tell him off. He's crossing the street against the light.

## 야망을 갖다 · aim for the sky

하늘을 향해 겨냥한다는 말이므로, 자신의 목표를 높이 세우고 큰 포부나 야망을 갖는다는 뜻이다. 미 공군에서 자발적으로 공군에 지원을 유도하기 위해 aim for the sky이란 말을 잘 쓴다.
이 밖에 shoot for the sky 또는 reach for the sky라는 말을 쓰기도 한다.
Shoot for the sky, son. Don't settle for second best.
얘야, 야망을 가져. 2위에 만족하지 말라고.

reach for the sky의 경우, reach for는 '~를 잡기 위해 손을 뻗는다.'는 뜻으로 하늘을 잡으려고 손을 뻗어라, 즉 '손을 높이 들어라.'라는 의미로도 쓰이므로 주의한다.
Reach for the sky or I'll shoot. 손들어! 그렇지 않으면 쏜다.
단순히 Reach!라고도 한다.

🎧 시선을 높은 데 두어라. 야망을 가져.
Set your sights high. Aim for the sky.

## 약속에 충실한 · as good as one's word

여기서 word는 '말'이 아니라 '약속'으로 I promised.와 같은 말이다.
a man as good as his word라 하면 '약속에 충실한 사람'이라는 관용어가

된다. keep one's promise나 keep one's word도 의미는 마찬가지이다.

🎧 Joseph은 믿을 수 있어. 꼭 약속을 지키는 사람이니까.
**You can trust Joseph. He's always as good as his word.**

### 약하다(~에) • have a weakness for

여기서 weakness는 '약점'이라기보다 '어떤 것을 보통 이상으로 좋아한다.'는 의미이다.
전치사 for 다음에는 someone 또는 something이 모두 나올 수 있다.
He has a weakness for women. 그는 여자를 여간 좋아하는 게 아냐.
He has a weakness for gambling. 그는 노름을 좋아한다.
I have a weakness for chocolate. 나는 초콜릿을 무척 좋아한다.

sucker는 '사족을 못 쓰는 사람'을 뜻하며 '어수룩한 사람, 바보'라는 의미도 있다.
He's a sucker for beautiful women. 그는 미인을 보면 사족을 못 쓴다.

그러나 실제로 '수학에 약하다.', '숫자에 약하다.' 등은 I'm weak in math. 혹은 I'm poor at figures.라고 하는 게 보통이다.

🎧 나는 초콜릿이나 사탕 같은 것을 여간 좋아하지 않아.
**I have a weakness for sweets, you know.**

### 양단간에 • one way or another

대개 미래의 경우에 많이 쓴다.
**I'll get through school one way or another.**
어떻게든 학교는 졸업하겠다.
**You have to make up your mind one way or another.**
조만간에 마음의 결정을 해야지.

somehow도 뜻은 같으나, 이는 과거·현재·미래에 상관없이 쓴다.

once and for all도 '양단간에 결말을 낸다.'는 뜻으로 내용상 나중에 이러쿵

저러쿵하지 않고 '이번에 아주'라는 뉘앙스가 있다.
**Let's get it settle once and for all.** 이번에 아주 결정을 내립시다.

🎧 어려운 일이긴 하나 조만간에 한번 해보겠다.
**This is a tough job but I'll do it one way or another.**

## 양심에 의한 자기 분석 • soul-searching

'자기 자신의 마음을 깊이 검토하다.'란 뜻이다. 일반적으로 '자기 분석'이라고 해석하나, 단순한 self-analysis가 아니라 시간을 두고 괴로워한다는 뜻이 함축되어 있다. much 또는 a lot of와 함께 쓰는 경우가 많다.
**He did a lot of soul-searching before he made a final decision on that.** 그는 문제에 대한 마지막 결정을 내리기 전에 자기 마음에 대해 철저하게 따져 물었다.

형용사로도 쓰인다.
**I spent many soul-searching hours trying to decide whether I should stay with the company.**
그 회사에 남아야 하는가에 대한 여부를 결정하기 위해 나는 몇 시간이나 양심에 의한 자기 분석을 했다.

🎧 주택문제에 관한 연설의 초고를 작성하면서 대통령은 자기 분석을 많이 한 것이 틀림없었다.
**It was obvious that the president had done much soul-searching in preparation for his speech on housing problem.**

## 얘기가 통하다 • speak the same language

'같은 말로 이야기하다.'니까 '생각이나 의견 또는 기분이 잘 통한다.'는 의미이다.(=think the same way)
**He and I don't speak the same language.** 그와 나는 얘기가 통하지 않아.

speak one's language는 '자기가 공감할 수 있는 말을 한다.'는 뜻이다.
**Now you're speaking my language.** 알겠어, 이제야 공감할 수 있겠군.

🎧 우리 사무실처럼 조그만 곳에서는, 얘기가 통하는 동료를 갖는다는 것이 대단히 중요하다.
**In a small office like ours, it's very important to have a partner who speaks the same language.**

## 어디까지 했어? • How far did you go?

우리 말 표제어는 좀 막연한 듯하나 사랑에 빠진 사람에게 애정행위가 얼마만큼 짙어졌느냐고 묻는 말이다. 데이트하고 온 사람에게 손목만 잡았느냐 아니면 몸까지 허락했느냐 하고 애정 표시의 심도를 묻는 말이다. We went all the way.라고 대답하면 갈 데까지 갔다는 뜻으로 sex까지 했다는 의미가 된다. 자칫 '얼마나 멀리 갔느냐?'고 오해하기 쉬운 표현이다.

🎧 A : 어디까지 했어?
　B : 그냥 얘기나 하고 술 몇 잔 했지. 그 뿐이야.
**A : How far did you go?**
**B : Well, we just talked and had some drinks. That's all.**

## 어디서 돈이 샘솟는 줄 알아? • Money doesn't grow on trees.

직역하면 '돈은 나무에서 자라지 않는다.'는 의미이다.
**I don't have money-growing trees.** 내게 돈이 열리는 나무라도 있는 줄 아나?
**Do you think I own Fort Knox?** 내가 Fort Knox의 주인이라도 되는 줄 아나?
Fort Knox는 켄터키 주(州)의 도시 이름으로 연방정부의 금괴보관소가 있는 곳이다.

> **참고** Money doesn't go too far.라는 표현이 있는데, '돈이 쓸모가 없다.'는 의미이다. go far는 go a long way, 즉 가치가 크다거나 쓸모가 있다는 뜻이다. I shelled out fifty bucks for grocery, but it's not enough to fill up the fridge. Money doesn't go too far these days. (장을 보느라고 50달러나 썼는데, 냉장고가 차질 않아. 요즘엔 돈이 가치가 없으니 말이야.)

🎧 이제 이 짓은 그만 두세. 돈이 어디서 샘솟는 줄 아나?
**We're got to stop this. Money doesn't grow on trees.**

### 어떻게든 견디다 · hold one's own

own은 자기에게 소속된 것으로 position 입장, condition 상태 등을 가리키며 hold는 견딘다는 것. 가령 '상대가 강한데', '상황이 불리한데' 혹은 '이쪽에서 어려움을 겪고 있는데' 등 어떻게든 견딘다는 느낌으로 쓴다. 상황에 따라 한 발짝도 물러서지 않고 건투한다는 의미도 되고, 괴롭긴 하지만 어떻게든 견디어 나간다는 의미로도 쓴다.

**Jack may be small, but he can hold his own in any fight.**
Jack은 체구는 작지만, 어떤 상대와 싸워도 꿀리지 않는다.

🎧 그 환자는 극도로 쇠약해졌지만, 어떻게든 견디고 있다.
**Though extremely weak, the patient is holding his own.**

### 어떻게든 꾸려나가다 · make the best of something

실패를 하거나 운이 없어 일이 안된 것은 어쩔 수 없는 일로 치고, 그 나름대로 어떻게든 최선을 다한다는 뜻이다.

**You just accept your failure and make the best of it.**
자네가 실패했다는 것을 시인하고 어떻게든 견뎌나가야 돼.

🎧 캠핑을 갈 때 쌀을 가지고 가는 것을 잊어버려서 어렵게 꾸려나가야 했다.
**Since we forgot to take the rice on our camping trip, we just had to make the best of things without it.**

### 어떻게든지 ~해야겠다고 생각한다 · have one's heart set on

어떠한 일을 꼭 하려고 마음을 작정했다는 뜻으로 강한 바람을 나타낸다.

**I have my heart set on a burgandy car, but it's not available right now.** 버건디 색깔의 차를 꼭 사려고 했는데, 지금은 그것이 나오지 않는단다.

**Once she's got her heart set on something, she won't take no for an answer.** 그녀는 일단 뭔가 갖고 싶다고 마음을 정하면, 아니요라는 대답은 용납하지 않는다.

🎧 우리는 이번 여름 뉴질랜드에 가기로 했는데, 우리 딸이 병이 나서 가지 못했다.
We had our hearts set on going to New Zealand this summer, but our daughter got sick and we couldn't go.

### 어려운 고비를 넘기는 · over the hump

hump는 '낙타의 혹'이나 '둥근 언덕'. 항공용어로는 '넘지 않으면 안 되는 제일 높은 산맥'을 가리키는데 여기서 발전하여 '위험'·'난관' 등을 의미한다. be over the hard part 또는 be past the midpoint 중간 지점 와 같은 뜻이다.

The government announced that though recession had been long and difficult, the nation was over the hump.
불황이 견디기 어렵고 오래 지속됐지만, 이제 간신히 고비를 넘겼다고 정부는 발표했다.

Life should be easy from now on. We are over the hump.
이제부터는 생활이 편해질 거야. 고비를 넘겼으니까.

🎧 어려운 고비를 넘기고 나면 생활은 나아지는 법이다.
When you get over the hump, life is much better.

### 어려운 상황에서 구해주다 · get someone off the hook

마음에 없는 일을 해야 하는 어려운 상황에 빠진 사람을 낚싯바늘(hook)에 걸린 물고기에 비유한 말이다. hook은 '하고 싶지 않은 일을 해야 하는 어려운 상황'을 의미한다.

Thanks for getting me off the hook, I didn't want to attend that meeting. 어려운 입장에서 구해줘서 고맙네. 난 그 모임에 가고 싶지 않았거든.

🎧 은행 대출금 납부를 지체하여 집이 넘어갈 뻔했는데, 친구가 돈을 꾸어주어서 살았다.
We were about to lose our house because we couldn't meet the payments, but a friend got us off the hook by lending us some money.

### 어린애 취급하다 · baby

'너무 귀여워서 어리광을 받아 준다.'란 뜻의 동사이다.

I'm afraid I babied him too much. 그 녀석을 너무 응석받이로 기른 것 같다.

어린이 기저귀 회사의 상표명인 pamper도 같은 뜻이다.
They pampered the child. 아이를 버릇없이 길렀다.

**참고** baby에는 '조심조심 취급한다.'는 의미도 있다.

🎧 더는 나를 어린애 취급하지 마세요. 내 일은 내가 알아서 처리 할 수 있을 만큼 철이 들었으니까요.
Don't baby me any more. I'm old enough to take care of myself.

## 어림짐작 • rule of thumb

여기서 a rule은 '자'란 뜻이다. 엄지손가락으로 재는 것이 정확할 리 없지만, 경험상 크게 틀리지 않는 방법 또는 지혜라는 의미로 우리말의 '어림짐작, 주먹구구'에 가까운 표현이다.
The rule of thumb is that a grocery business should make a profit of at least fifteen percent after expenses.
어림짐작이지만 식료품 장사를 하려면, 경비 제하고 적어도 15%는 남아야 하네.

🎧 A : 어째서 내가 사다 준 블라우스가 유행이 지났다는 거야?
B : 그거야 간단히 어림짐작할 수 있죠. 제값을 줬으면 유행하고 있는 거고 세일 중에 샀으면, 한물간 거지.
A : How do you know the blouse I bought you is out of fashion?
B : Well, there's a simple rule of thumb. If you paid regular price, it's in. And if it was on sale, it's out.

## 어머니 • one's old lady

주로 남성들이 친구들 사이에 쓰는 표현으로 '~의 어머니'라는 말이다.
Her old lady is very young. 그녀의 어머니는 젊다.
one's old man은 '아버지'라는 의미이다.
the old lady라고 해도 되나, an old lady라고 하면 '노부인'이란 뜻이다.
일반적인 경우는 아니지만 '아내' 또는 'girl friend'라는 의미로 쓰기도 한다.

🎧 네 어머니는 몇 시나 돼서 오시니?
**What time does your old lady get home?**

### 어울리다(사람들과) · rub elbows with

서로 팔꿈치를 비빈다는 말이 재미있다. 저명한 인사들과 교제한다는 뜻이 있으나 반드시 명사들과의 교제만을 의미하는 것은 아니다.
**The reporter rubbed his elbows with the pickpockets to get his stories.** 그 기자는 기삿거리를 얻기 위해 소매치기들과 어울렸다.
elbows 대신 shoulders도 쓰며, 둘 다 복수형으로 쓰는 점에 주의한다.

🎧 저명인들과 어울리고 싶으면 골프를 치게.
**If you want to rub your elbows with celebs, you'd better play golf.**

### 어째서? · How come?

How (does it, did it) come (that)?의 준말로 why?와 같은 의미이며 회화에서 자주 쓰인다.
**How come you're so grumpy today?** 어째서 오늘 그렇게 투덜거리지?
**You're late. How come?** 왜 늦었어?
**How come you didn't join us?** 왜 우리하고 어울리지 않았어?

🎧 어째서 이렇게 늦었나? 자네가 안 와서 저녁 식사를 시작 못 하고 있었잖아.
**How come you're so late? We couldn't start dinner without you.**

### 어쩌고저쩌고 · blah-blah

내용도 분명히 알 수 없는 얘기를 끊임없이 지껄이는 것을 말한다.
blah-blah로만 끝나지 않고 몇 번이고 되풀이할 수도 있다.
**Why all this blah-blah-blah?** 왜 이렇게 어쩌고저쩌고하는 거야?

🎧 그녀는 늘 전화에 매달려서 어쩌고저쩌고 지껄인다.
**She's going blah-blah on the phone all the time.**

### 어쩔 수 없이 해야 하는 일 · doctor's orders

문자 그대로는 '의사의 명령'이지만, 실제로는 의사 이외의 사람으로부터 받는 강력한 권고사항을 의미한다. 의사의 말은 꼭 따라야 한다는 데서 유래되었다.

I'm doing this on doctor's orders, but I don't like it.
꼭 해야 한다고 하니까 하기는 하는데 좋아하지는 않는다.

You're the doctor. 어련하시겠습니까? 도 여기서 나온 말이다.

🎧 산에 가서 한 달만 있으래. 꼭 그렇게 해야 한다니까.
I have to spend a month in the mountains. Doctor's orders.

### 어쩔 줄 모르다(기쁨 · 노여움으로) · beside oneself with something

정신이 몸에서 빠져 자기 옆에 있다는 말로, 평상시의 냉정함을 잃었다는 말이다. something에는 보통 희로애락을 나타내는 명사가 따라나온다.

When we learned that our son had survived the plane crash, we were beside ourselves with joy.
아들이 비행기 추락사고에서 살아남았다는 얘기를 듣고, 우리는 기뻐서 어쩔 줄을 몰랐다.

I've never seen him as beside himself with rage.
나도 그렇게 화가 나서 어쩔 줄 모르는 것을 처음 보았다.

이상의 경우와 같이 joy나 rage와 같은 단어가 따라나오는 경우가 많다.

Am I happy? I'm beside myself with joy. 즐거우냐고? 기뻐서 미칠 지경일세.

🎧 굶주린 아이들을 보고 우리들은 모두 가엾어서 어쩔 줄 몰랐다.
We were all beside ourselves with pity at the sight of the starving children.

### 어찌할 바를 모르는 · at a loss

어떻게 생각해야 할지, 무엇을 해야 할지 또는 뭐라고 말해야 할지 모를 때 쓰는 말이다.

I was so surprised that I was at a loss for words.
나는 너무 놀라서 무슨 말을 해야 좋을지 몰랐다.

이 경우 at a loss for words는 하나의 관용어와 같은 표현이다.

He was at a loss as to what he should do next.
그는 다음에 무슨 일을 해야 할지 몰랐다.

흔히 complete(ly)나 total로 강조하는 경우가 많다.
I'm completely at a loss to understand why he did it.
그가 왜 그런 짓을 했는지 도저히 이해할 수가 없었다.

I was at a total loss. 난 어찌할 바를 몰랐다.

> **참고** leave someone at a loss는 '전혀 알 수 없는 상태에 있게 한다.'는 말이다. The mysterious fire left the police at a complete loss. (그 수수께끼와 같은 화재사건을 어떻게 해결해야 하는지, 경찰로서는 도저히 알 수가 없었다.)

🎧 Jim은 도대체 어떻게 설명해야 할지 모르는 것 같았다.
**Jim appeared to be at a complete loss for an explanation.**

## 어처구니가 없는 · dumb

dumb은 원래 '말 못하는, 벙어리'라는 뜻이다.
Be kind to dumb animals. 말 못하는 동물에게 친절 합시다.

일반 회화에서는 stupid, 즉 '바보스러운' 또는 '어처구니없는'이라는 의미로 쓰이는 경우가 대단히 많다.
What a dumb thing to do! 세상에 이렇게 바보 같은 짓을 하다니!
That's dumb penalty. 그렇게 페널티를 먹다니 참 어처구니가 없군.

🎧 그런 식으로 매니저를 뽑다니 어처구니가 없군.
**That's a dumb way to pick a manager.**

## 억지로 잠을 청하다 · count sheep

사람마다 잠을 청하는 방법이 다르나 미국인들은 잠이 안 오면 양들이 한 마리씩 담장을 뛰어넘는 것을 상상하며 수를 세어 보라고 한다. 그러면 스르르 잠이 온다고 믿고 있다.

> **참고** '새끼 양'은 lamb이라 하고, '양고기'는 mutton이라고 한다.

🎧 억지로 잠을 청해 보려고 했지만 소용없더군. 낮에 낮잠을 잔 게 탈이었어.
**I even tried to count the sheep, but it didn't work. That afternoon nap blew it.** (blow it : 잡치다, 망치다.)

### 언제나 한 사람 더 낄 자리는 있다 • There's always room for one more.

여기서 room은 '장소' 또는 '빈 공간'을 의미한다. 만원 엘리베이터를 타려 할 때, 급히 비행기 좌석을 예약할 때 '좀 끼어 봅시다.'란 우리말에 꼭 맞는 표현으로 속담은 아니지만 즐겨 쓰는 관용표현이다.
요구가 충족됐을 때, '언제든지 한 사람 더 들어갈 자리는 있는 법이거든요.'라고 말할 때도 쓴다.

### 언짢게 생각 말게 • No hard feelings.

'고의는 아니니 섭섭하게 생각지 말게.' 또는 '너무 가혹하다고 생각 말게.'라는 의미의 구어 표현이다.
hard feelings에는 '거북한 기분, 어정쩡한 감정'이라는 의미도 있다.
**I don't want any hard feelings between my daughters.**
나는 딸들 사이가 서먹서먹해지는 것을 원치 않는다.
**I don't have any hard feelings.** 나는 아무런 유감이 없다.

> **참고** feeling을 지성과 상대적인 '감정'이라는 의미로 쓸 때는 반드시 복수형으로 쓰며, '감각'이라는 의미로 쓸 때는 단수형을 쓴다. He had lost all feeling in his legs. (그는 하반신의 모든 감각을 잃었다.)

🎧 따고서 판이 끝나기 전에 자리를 뜨고 싶진 않지만 지금 가 봐야겠네. 언짢게 생각 말게.
**I hate to leave in the middle of the game while I'm ahead, but I have to go now. No hard feelings.**

### 얼간이 짓 • goof

careless mistake나 stupid mistake와 같은 뜻으로 물수건에 코를 풀거나 손가락을 씻는 finger bowl의 물을 마셔버리는 것과 같은 실수를 말한다.
같은 의미로 프랑스어인 make a faux pas[포우파]도 있으며 '사교상의 얼간이 짓'을 뜻한다.

🎧 내가 저지른 제일 큰 얼간이 짓은 핑거볼의 물을 마셨던 일이다.

**The worst goof I ever made was when I drank the water that was in a finger bowl.**

### 얼굴사진 · mug shot

표제어의 원래 의미는 '경찰 기록을 위해 범인이나 용의자들의 얼굴을 찍은 사진'을 말한다. mug는 '맥주의 조끼'를 의미하나 뚜껑이 달린 조끼가 자주 사람의 얼굴 비슷하게 만들어진 데서 '얼굴'이라는 의미의 slang이 된 것이다. (shot은 snapshot의 약자).

**I'm going to have to ask you to come down to the station and go through some mug shots.** 경찰서에 나오셔서 얼굴 사진 좀 찍어야겠습니다.

일반적으로 범인의 인상사진을 말하나, 때로는 익살스럽게 운전면허증이나 여권용의 사진을 가리키는 경우도 많다.

**I have to get some mug shots for my passport.** 여권용 사진 좀 찍어야겠다.

🎧 서류철에 살인용의자의 얼굴 사진이 있습니까?

**Do you have a mug shot of the murder suspect on file?**

### 얼굴에 쓰여 있다 · It shows.

표정이나 겉모양에 나타나 있다니까 얼굴이나 모습을 보고서도 알아차릴 수 있다는 의미이다.

"**How do you know I'm not feeling well?**" 내 기분이 언짢다는 것을 어떻게 알아?
"**It shows.**" 얼굴에 쓰여 있는 걸.

이 밖에 '봐서 알겠느냐?'고 할 때도 show를 쓴다.

**I've lost five pounds. Does it show?** 체중이 5파운드나 줄었는데 보고 알겠어?

🎧 A : 내가 겁을 먹고 있는 걸 어떻게 아나?
　B : 얼굴에 쓰여 있어.

**A : How do you know I'm scared?**
**B : It shows.**

### 얼굴을 맞대고 · to one's face

언제나 say, tell 등의 '말하다.'란 의미의 동사와 함께 쓴다.
Oh, no! I couldn't tell him to his face.
아녜요! 그의 면전에 대고 도저히 말할 수 없어요.
반대말은 behind one's back이다.

비슷한 의미의 표현에는 in one's face, face to face, nose to nose 등이 있다. face to face는 일반적인 표현이나 입장이 거북하다는 뉘앙스가 있다.
He said he would not resign unless the boss demanded it face to face. 사장이 얼굴을 맞대고 요구하지 않는 한, 사표를 내지 않겠다고 말했다.
in the teeth of란 말도 있으나 다소 반항적 의미이다.

🎧 아무도 나에게 직접 말하는 사람은 없었지만, 나는 늙어가고 있다는 사실을 알고 있다.
I know I'm getting old, though no one's ever said it to my face.

### 얼굴을 못 들다 · can't keep one's head up

'수치심 때문에 얼굴을 들고 다니지 못한다.'는 의미이다.
can't lift one's face 또는 hold one's head up이라 해도 된다.
I won't be able to hold my head up in my neighborhood.
도저히 이웃에서 얼굴을 들고 다니지 못하겠다.

> **참고** I lost my face.는 '면목이 없다.'는 뜻이며 I lost my head.는 '내가 정신이 나갔던 모양이야.'이다.

🎧 그 일로 해서 어찌나 부끄러운지 얼굴을 못 들고 다니겠다.
I'm so ashamed of that incident I can't keep my head up.

### 얼떨떨한 · in a state of shock

'충격을 받고 어리둥절한 상태'를 말한다. 말문이 막혀 얼떨떨한 것은 dumbfounded라고 하고, 화재 같은 것을 당해서 아찔한 경우나 너무나 잘 생긴 이성을 보고 놀라움을 표시할 때는 stunned라 한다.
I was stunned by her beauty. 그 여자의 아름다움에 넋을 잃었다.

🎧 그 여자는 아들이 당한 일을 믿으려 하지 않았으며, 아직도 얼떨떨한 상태에 있다.
She would not believe what had happened to her son. She is still in a state of shock.

## 얼떨떨해 하지 말고 정신 좀 차려! • Wake up and smell your coffee!

직역은 '잠에서 깨어나서 커피 냄새를 맡아라.' 비유적으로는 '정신을 바짝 차리고 자신이 처해 있는 현실을 똑바로 보라.'는 경고의 말이다. 인생문제를 다루는 칼럼니스트인 Ann Landers가 처음으로 쓰기 시작한 것으로 알려졌다. 반드시 아침에만 쓰는 것은 아니다.

🎧 당신은 지금 뭔가 꿈을 꾸고 있는 모양이군요. 꿈속에 취해 있지 말고 현실을 똑바로 보세요.
You must be day dreaming. You'd better wake up and smell your coffee.

## 얼마나 좋을까(~라면) • would give one's right arm

문자 그대로 '오른팔을 줘도 좋다.'는 것은 실현하기 어려운 일에 대한 강한 소망을 나타낸다. 비슷한 말로 would give anything 또는 would give my eyeteeth가 있는데, 모두 마음이 무척 기쁠 것이라는 느낌을 나타낸다. 그 실현하기 어려운 일의 내용은 for something to have something, to do(be able to do) something, to be somethings(some-place) 등의 형태로 나타내는 경우가 많다.

I would give my right arm to be in New York.
지금 뉴욕에 있다면 얼마나 좋을까.

I would give my right arm to be able to sing like her.
그녀와 같이 노래를 할 수 있다면 얼마나 좋을까.

🎧 TV 탤런트가 될 수 있다면 얼마나 좋을까.
I would give my right arm to be a TV actress.

### 얼씨구(단연 뛰어나다) · take the cake

어떤 사람이 한 뜻밖의 행동에 놀라 마치 상이라도 줄 듯이 '네가 제일이지', '네가 최고야'라는 기분을 나타낼 때 쓰는 말이다. 빈정거림의 뉘앙스가 있다. 옛날 미국 남부의 흑인들이 파티에서 콘테스트를 열어 가장 우아하게 걷는 사람에게 케이크를 주던 관습에서 나왔다고 한다. 평소에 버스만 타던 사람이 택시를 타고 왔다면 놀라움을 표현하며 쓸 수 있다.
That takes the cake! 얼씨구, 택시를 다 타다니!

경우에 따라서는 '제일 나쁜'이란 의미도 있는데 문맥으로 판단할 수밖에 없다.

🎧 얼씨구, 그 농담 제법 재미있네.
That joke really takes the cake.

### 얼큰하게 취한 · high as a kite

high는 '기분이 들떠 있는', 즉 취해서 기분이 들떠 있다는 의미이다. 그러나 노래라도 한 곡 뽑을 정도로 거나하게 취해 있다는 의미이지, 몸을 가누지 못할 정도로 만취해 있다는 뜻은 아니다. kite라는 말에서 취해 있는 정도가 짐작이 간다.
You can't drive home tonight. You're high as a kite.
자넨 오늘밤 운전해서 집에 가지 못하네. 많이 취해 있으니까.

🎧 우리들이 파티 장소에 도착했을 때, 그 자리에 있던 사람들은 모두 거나하게 취해 있었다.
By the time we got to the party, everyone there was high as a kite.

### 엄하게 꾸짖다 · lay down the law

원래는 '독재자나 왕이 제멋대로 포고령 등을 내리고 정치를 한다.'는 뜻인데, 비유적으로 '권위를 가지고 엄하게 명령한다.'는 의미로 쓰인다. 잘못된 언동, 지나친 행동 등을 엄하게 나무라고 바로잡는 경우에 잘 쓴다.
The boss laid down the law to his men for being late almost every morning. 사장은 부하들이 거의 매일같이 지각하는 데 대해 엄하게 꾸짖었다.

🎧 집사람이 주책없이 물건을 사서 내가 크게 꾸짖었다.
I laid down the law to my wife for running up so many shopping bills.

## 엉뚱한 생각을 하다 • get the wrong idea

사실은 그렇지 않은데 추측으로 엉뚱한 생각을 하거나 상대방의 의도와는 달리 일방적으로 엉큼한 생각을 품는 것으로, 흔히 남녀 간의 문제와 관련해서 잘 쓴다.

It's too late, so I put you up for the night. But don't get any wrong idea. 오늘은 늦었으니까 하룻밤 재워 주겠어요. 하지만 엉뚱한 생각을 해서는 안 돼요.

🎧 엉뚱한 생각은 말게. 사람 잡지 말라고. 사실은 그게 아냐. 저녁만 같이 먹었을 뿐이야.
Don't get any wrong idea. It's not what you think. We had dinner together. That's all.

## 엉큼한 남자 • dirty old man

dirty는 '더럽다.'는 뜻이라기보다는 '엉큼하다.'는 의미로, 직역을 하면 '더러운 늙은이'지만, 반드시 나이 먹은 사람만을 가리키는 것은 아니다. 우리말의 '치한'에 가깝다.

a dirty-minded man이라 해도 좋으나 표제어가 더 관용적이다.

He has a dirty mind. 그는 여자를 보면 수작을 부리려 한다.

그러나 I'm sorry I had a dirty mind.라 하면 '내가 엉큼한 마음을 먹었군요, 용서하세요.'도 되며 '공연히 내용도 모르고 엉뚱한 추측을 했었군요.'라는 의미도 된다.

춘화도는 a dirty picture, 도색 잡지는 a dirty magazine(book), 음담패설은 dirty joke.라 한다. '늙은 호색한'은 an old lech. lech는 속어로 lecher의 준말이다.

반어적으로 Nice talk! 좋은 얘기들 하는군! 도 늘 쓰는 말이다.

🎧 파티에 가면 능구렁이 같은 녀석들이나 엉큼한 남자들을 경계해야 해.
**When you go to parties, you'd better watch out for sneaky snakes and dirty old men.**

## 엎질러진 물 · cry over spilt milk

우유를 엎질러 놓고 울어 봤자 소용없는 일이다. 따라서 '지난 일은 생각해도 소용없다.'는 의미이다.

> **참고** 우리는 흔히 부부 사이가 틀어져서 다시 화해할 가망이 없을 때 '엎질러진 물'이라는 말을 잘 쓰지만, 영어로는 이 표현을 쓰지 않는다. 대신 There's no chance of reconciliation.이나 There's no chance of getting together again.이라고 표현한다.

🎧 따져서 뭘 하나. 이미 엎질러진 물인데.
**Stop arguing. It's like crying over split milk.**

## 엔진이 멎어버리다 · conk out

'자동차의 엔진이나 기계가 고장이 나서 멎어버리거나 못 쓰게 되다.'란 의미이다.
**My car conked out finally.** 결국은 엔진이 멎어버렸다.
**The car conked out on me.**라고도 한다.
**I hope my computer doesn't conk out.** 컴퓨터가 고장 나지 말아야 할 텐데.

사람이 녹초가 되어 쓰러질 때에도 쓰며, 속어 표현으로 잠에 곯아떨어질 때도 쓴다.
**I usually conk out just after the late news at 11:00 p.m.**
나는 11시 심야 뉴스가 끝나면 보통 잠에 곯아떨어진다.
**I was so tired I just went home and conked out.**
어찌나 피곤했던지 나는 집에 가자마자 쓰러지고 말았다.

🎧 그는 중고차를 한 달 전에 샀는데, 어제 고속도로에서 고장이 나고 말았다.
**He bought a used-car about a month ago, and it conked out on the freeway yesterday.**

## 여기가 마음에 들어요? · You like it here?

흔히 외국인에게 한국의 인상을 물을 때 What is your impression on Korea?라는 말을 공식처럼 쓰나, 표제어가 바로 습관처럼 쓰는 구어 표현이다. it은 특별한 의미가 없고 자기 고장의 모든 것을 가리키는 막연한 표현이라 생각하면 된다. '여기가 마음에 들어요.'라는 대답은 I like it here.라는 표현으로 충분하다.

반대로, 다른 고장에 사는 사람에게 '그 곳이 살만합니까?'하고 물을 때는 here를 there로 바꾸기만 하면 된다.
물론 How do you like it here? 또는 How do you like it there?와 같은 표현도 쓸 수 있다.

## 여기저기 알아보다 · shop around

원래는 좋은 물건을 싸게 사기 위해 '이 가게, 저 가게 들러서 물건을 보고 다닌다.'란 뜻이다.
**He's been shopping around for a computer, but they are all priced too high.** 그는 좋은 컴퓨터를 싸게 사려고 여기저기 둘러보았으나, 모두 값이 높게 매겨져 있었다.

비유적으로 '자동차 보험 등의 조건을 비교하며 조건이 좋은 것을 찾는다.'란 뜻으로도 쓴다.
**I've been shopping around for the best insurance.**
제일 좋은 보험을 들려고 여기저기 알아봤다.

> **참고** 우리는 보험에 '가입한다.'고 하나, 미국인들은 buy an insurance와 같이 보험을 '산다.'는 식으로 표현한다.

🎧 여기저기 알아보는 게 어때? 성급한 결정은 하지 말게.
**Why don't you shop around? Don't make a hasty decision.**

## 여러 모로 생각해 보다 · kick around

'어떤 제안이나 계획 등을 잘 검토하거나 고려한다.'는 뜻이다.
그런데 kick someone around라고 하면 '부당하게 대우한다.'는 뜻이다.

🎧 My boss wouldn't stop kicking me around. I guess I'd have to quit.
사장이 나를 못살게 구는데, 암만해도 그만두어야겠어.

🎧 어제 자네가 한 제안 중 몇 가지를 여러 모로 생각해 보고 싶네.
I'd like to kick around some of the things you suggested yesterday.

## 여러 여자와 사귀다 · play the field

the field는 경마용어로 '같은 경주에 출전하는 모든 말들'. play는 '돈을 걸다.' 그러니까 표제어는 특정한 말이 아니라 골고루 모든 말에 돈을 건다는 것으로, 비유적으로는 마음에 드는 사람이 있어서 일정하게 만나는 게 아니라, 닥치는 대로 이 여자, 저 여자 만나며 데이트한다는 뜻이다. 여성뿐만 아니라 일반적인 일 관계에서도 쓴다.

반대말은 go steady with someone 어떤 사람과 정기적으로 만나 데이트하다. 이다.

🎧 그는 아직 젊을 때 여러 여자와 사귀고 싶다고 말했다.
He said he wanted to play the field while he was still young.

## 여유를 남겨 두다 · save room

여기서 room은 '여유·여지·장소.' 부정관사 a가 붙지 않는 점에 주의한다.
There's no room for me in the car. 차에 내가 탈 자리가 없다.
Is there room for me there? 내가 들어갈 여유가 있어요?
There is still room for improvement. 아직 개선의 여지가 있다.

🎧 맥주를 많이 마시지 않도록 하게. 저녁식사 들어갈 자리는 남겨 둬야지.
Go easy on the beer and save some room for dinner.

## 여유 있는 태도를 취하다 · play it cool

속마음은 아무리 초조하고 불안하더라도 이를 겉으로 드러내지 않고 여유를 보인다는 뜻으로 1960년대 히피들이 쓰던 말이 일반화된 것이다.
If the boss walks in, just play it cool. 사장이 들어오면, 침착하게 행동하라고.

또, '자신의 성질을 억제한다.'란 의미로도 쓴다.
Come on now. Let it pass. Play it cool. 자, 그만해. 잊어버려. 참는 거야.

따라서 lose one's cool이라 하면 '냉정을 잃다.'란 뜻으로 lose one's head와 같은 의미이다.

🎧 침착하게 하라고, 이 사람아. 약점을 보이는 게 아니야.
Play it cool, man. Don't let them see your weakness.

## 여자를 임신시키다 · knock someone up

이 말은 영국 구어와 미국 구어에서 매우 다르게 이해되므로 주의해서 사용해야 한다. 영국에서는 '문을 두드려서 자는 사람을 깨우다.'라는 뜻인데 반해, 미국에서는 '여자를 임신시킨다.'는 뜻의 좀 품위 없는 표현이다. 미국으로 유학 온 어느 영국 여학생이 하숙집 주인 아들이 아침에 문을 두드려 깨워줬다는 말을 He knocked me up.이라고 해서, 그 말을 들은 다른 미국인이 무척 민망해했다는 일화가 있다. 미국에서는 '문을 두드려 깨웠다.'를 He got me up. 또는 He woke me up.이라고 한다.

🎧 사람들 말로는 그 여자를 임신시킨 사람은 Jim이래.
They say it was Jim who knocked her up.

## 여자에게 집적거리다 · make a pass at

문자 그대로의 pass는 fencing에서 쓰는 '찌르기(thrust)'란 뜻으로, 눈짓을 보내거나 상대편의 관심을 끌려고 말을 붙이는 일을 말한다. 특히 저속한 눈짓이나 행동을 의미할 때가 많다. 대개의 경우 남자가 여자에게 하는 행동을 말하나, 여자가 남자에게 묘한 짓을 할 때도 쓴다.
I was shocked when Sue made a pass at me.
Sue가 내게 이상한 몸짓을 하는 것을 보고 나는 놀랐다.
A stranger at the party began making passes at me, so I got up and left. 파티 석상에서 어떤 낯선 사람이 나에게 집적거리길래, 나는 일어나서 그 자리를 떴다.

🎧 조심해, Jim. 저 남자가 네 여자 친구에게 집적거리고 있어.
**Be careful, Jim. That guy's making passes at your girl.**

## 역전시키다 • turn game around

'상대방에 대해 형세나 국면을 역전시킨다.'란 의미의 turn the tables와 같은 말이다. 옛날에 chess 등의 게임에서 어느 한 쪽이 일방적으로 이기고 있을 때, 시합을 재미있게 하기 위해 도중에 테이블을 회전시켜 강자와 약자의 입장을 바꿔 놓았던 관습에서 유래되었다.
the game 대신 something을 넣어도 같은 의미가 된다.
예로 the business 등을 넣기도 한다.
The new manager took over and turn the business around. Suddenly we were making a profit.
매니저가 새로 와서 회사 경영이 역전되어, 갑자기 이익을 내게 되었다.

🎧 Yankees의 Alex Rodriguez는 6회에 홈런을 때려 Blue Jays와 3대3을 만들고 게임을 역전시키는 데 공헌했다.
**Yankees Alex Rodriguez homered in the 6th tying the Blue Jays 3-3, to help turn the game around.**

## 역효과를 내다 • backfire

'예측하지 못한 불의의 결과를 초래하다.'란 의미로 남에게 해를 주려던 계획이 오히려 역효과를 낸다는 말이다.
I hope this plan doesn't backfire on me.
이 계획이 나한테 역효과가 나지 말았으면 좋겠는데.

🎧 역효과가 날지 모르기 때문에 미국 정부는 보복공격에 신중했다.
**The U.S. Government has been cautious about retaliation attack because it could backfire.**

## 연락 드릴게요 • Don't call us, we'll call you.

면접이나 혹은 일과 관련된 면담을 끝내고 면접자가 응시자에게 하는 형식적인 말이다. 우리가 연락할 테니 전화를 걸어서 문의하지 말라는 의미이다. 집에 물건을 팔러 온 외판원에게도 이 표현을 쓴다.

🎧 감사합니다, Tom Brown씨. 우리가 연락하겠습니다.
**Thank you, Mr. Tom Brown. Don't call us, we'll call you.**

## 연이은 · back-to-back

직역하면 '등을 맞댄, 일련의' 또는 '줄을 이어 연속적인'의 의미로 어떤 일이 계속 일어난다고 할 때 쓰는 구어 표현이다.
**The back-to-back homers in the sixth inning helped them win the game.** 6회전의 연속 홈런이 경기를 이기는 데 도움이 되었다.
**The doctor had appointments set up back-to-back all day long.**
그 의사는 환자와의 약속이 온종일 줄지어 있었다.

🎧 시간을 아끼기 위해 나의 모든 약속을 연이어 갖기로 했다.
**I decided to schedule all my appointments back-to-back to save time.**

## 연줄을 이용하다 · pull strings

'어떤 일을 할 때 연줄을 이용하거나 배후에서 조종하다.'란 의미이다. 인형극에서 연결된 끈을 조작한다는 데서 나온 표현이다.
**I had my father pull strings to get me a job. His friend is a director in the company.**
나는 그 회사에 들어가기 위해 아버지의 연줄을 이용해야 했다. 친구분이 그 회사의 중역이었으니까.

manipulate나 manipulator라는 말이 있으나, 구어 표현으로는 a wire-pulling 또는 pull wires나 a wire-puller를 쓴다.

🎧 그것은 연줄을 이용하여 쉽게 할 수 있다.
**I can get it done easily by pulling strings.**

### 열등감을 느끼다 · feel small

feel inferior, 즉 열등감을 느낀다는 말의 구어적 표현이다. inferior를 쓸 때 전치사 to가 나오는 점에 주의한다.
People sometimes feel inferior to others for no apparent reason.
사람들은 이유도 없이 열등감을 느낄 때가 있다.

**참고** 열등감을 an inferior complex라고 하는 경우가 있는데, He has an inferiority complex.라고 해야 정확한 표현이다.

🎧 나는 성공한 친구들 앞에서 열등감을 느낀다.
I feel small in the presence of successful friends.

### 열심히 귀를 기울이다 · all ears

몸 전체가 귀와 같다는 말이니까 '집중하여 열심히 경청한다.'란 의미이다. 개인 간의 잡담부터 세계적인 화제에 이르기까지 광범위하게 쓸 수 있다.
Keep talking. I am all ears. 계속 얘기해 봐. 듣고 있으니까.
Tell me about it. I'm all ears. 그에 관해 얘기 좀 해 봐. 얘기가 무척 궁금하군.
The world was all ears to hear about what happened in Moscow.
전 세계 사람들이 모스크바에서 벌어지고 있는 일에 대해 몹시 궁금해하고 있었다.

**참고** 비슷한 형태의 말에 all smiles가 있다. He was all smiles. 그는 희색이 만면했다.

🎧 강연이 하도 황홀해서 청중들은 한 시간 반 동안 열심히 귀를 기울였다.
The lecture was so fascinating that the audience was all ears for an hour and a half.

### 열의[적극성] · get-up-and-go

직역하면 '일어나서 간다.' 즉 패기나 열의를 가지고 적극적으로 행한다는 의미이다. 주로 일에 대한 적극성을 말한다.
I must be getting old. I just don't have my old get-up-and-go.
내가 늙은 모양이야. 예전 같은 적극성이 없거든.

🎧 아침을 잘 먹으면 많은 활력이 생긴다.
**A good breakfast will give you lots of get-up-and-go.**

## 엿 먹이다 · outsmart

outsmart는 '지혜나 계략으로 상대편을 이기다.', '상대방보다 한 수 위다.'란 의미이다. 사전에는 '지혜로 상대방을 꺾다.'로 되어 있으나 '엿 먹인다.'는 느낌이 더 정확하다.

outwit도 같은 뜻이나 '허점을 찌른다.'는 뉘앙스가 있다.

**The jail-breaker outwitted the police by holing up in the hotel very next to the police station.**
탈옥수는 경찰서 바로 옆의 호텔에 잠복함으로써 경찰 수사의 허를 찔렀다.

🎧 Barbra Streisand는 감독으로 데뷔해서, 그녀가 결코 감독으로 성공할 수 없을 것이라고 말한 영화업계의 건방진 자들에게 엿을 먹였다.
**Barbra Streisand made a debut as a director, and has outsmarted the wise guys of the movie industry, who said she could never do it.**

## 엿듣다 · eavesdrop

발음은 [이브즈드랍]. 일부러 엿듣는 의도적인 느낌이 있다.

overhear도 '엿듣다.'라는 뜻이나 '우연히'라는 뉘앙스가 있다.

**He overheard his wife talking with the next-door neighbor.**
그는 우연히 아내가 옆집 사람하고 얘기하는 걸 들었다.

속어 표현으로는 bug(bugging)라는 말이 있는데 이것은 '도청장치를 이용하여 엿듣는다.'란 뜻이다. on을 동반하는 경우가 많다.

🎧 점잖지 못하게, 우리 얘기를 엿듣고 있었군요.
**You should be ashamed. You've been eavesdropping on our conversation.**

## 영구히 · for good

'영구적인 또는 무기한으로'란 뜻으로, '떠나다, 그만두다, 정지하다.' 등의 동사와 함께 쓴다.

Bob is not coming back. He's gone for good.
Bob은 이제 돌아오지 않는다. 영영 떠나버린 것이다.

그러나 '돌아오다, 회복하다.' 등의 말과 함께 쓰는 경우도 있다.

I'm never leaving again. I've come home for good.
다시는 떠나지 않을 거야. 영원히 집에 있어야지.

🎧 나는 드디어 영원히 집을 떠났다.
I finally left home for good.

## 영락없이 화나게 하는 것 · pet peeve

pet은 '애완용의, 가장 좋아하는'의 뜻. a pet animal 애완동물, a pet phrase 즐겨 인용하는 말, a pet theory 지론 등과 같이 쓴다. peeve는 peevish 성미가 나쁜, 화나는에서 나온 말로 '울화가 치밀게 하는 일'이란 뜻이다.

pet peeve는 어떤 것을 듣거나, 보거나 혹은 대하면 참지 못하고 영락없이 울화가 치밀거나 못마땅한 느낌이 든다는 의미이다. 흔히 my pet peeve의 형식으로 잘 쓴다.

Dirty dishes in restaurants are my pet peeve.
식당의 더러운 그릇을 보면 영락없이 화가 난다.

My pet peeve is people who borrow books and forget to return them. 내가 평소에 마음에 들지 않는 사람은 책을 빌려갔다가 돌려주지 않는 사람이다.

🎧 사람들이 길거리에 담배꽁초를 버리는 것을 보면 나는 울화가 치밀어 못 참는다.
My own pet peeve is that people throw cigarette butts on the street.

## 영어 구사력 · command of English

command는 '언어를 자유자재로 구사하는 힘'이란 뜻이다. 숙달의 정도를 나타내는 말로 mastery와 같다.
He has a good command of Japanese. 그는 일본어 구사력이 대단하다.

🎧 그의 영어 구사력은 특출해서 우리 중 누구보다도 월등하다.
He has an exceptional command of English that outshines the rest of us.

### 예상이 빗나가다 · draw a blank

a blank는 복권 등의 '꽝', 이것이 변하여 '기대하고 있던 결과가 허사가 됐다.'는 비유적인 의미로 사용된다.

이 말은 물건을 찾는 데도 쓴다.
I looked all over the house for the book, but I drew a blank.
그 책을 찾느라고 온 집안을 다 뒤졌지만 결국 보이지 않았다.
We looked in the files for an hour, but we drew a blank.
서류철을 한 시간이나 들여다보았으나 아무것도 못 찾았다.

'생각이 나지 않는다.'고 할 때도 쓴다.
I tried to remember his phone number, but I could only draw a blank. 그의 전화번호를 생각해내려고 애를 써 보았지만, 생각이 나질 않았다.

🎧 Jane에게 세 번이나 데이트 신청했지만, 매번 기대에 어긋났다.
I asked Jane three times for a date, but each time I've drawn a blank.

### 예약한 비행기를 안 타는 사람 · no-show

항공회사나 매스컴에서 잘 쓰는 말로 비행기회사에서 제일 큰 골칫거리로 여기고 있는 존재.
The flight was canceled because there were too many no-shows.
예약을 하고도 탑승하지 않은 손님이 많아 그 항공편은 취소되고 말았다.

🎧 나는 예약한 비행기를 타지 않은 적이 없는데, 내 동생은 늘 타지 않는다.
I have never been a no-show, but my brother does it all the time.

### 옛 상태로 되돌아가게 하다 • put someone back on one's feet

직역하면 '자기 발로 일어서게 하다.'
Alcoholics Anonymous put him back on his feet.
그는 금주회에 가입해서 새 사람이 되었다.
We worked hard to get the company back on its feet again.
우리는 회사가 다시 일어서도록 열심히 일했다.
이 경우 the company가 someone은 아니지만 회사를 의인화해 쓴 것이다.

put 대신 set이나 get 등도 쓰나 뉘앙스의 차이가 있다. 문자 그대로 '넘어진 아이를 다시 일으켜 세우다.'는 set his son back on his feet과 같이 set을 쓰는 게 보통이나, 비유적으로 쓸 때는 put을 쓴다.

🎧 그 새 약 덕택으로 나는 빠르게 회복되었다.
The new medicine put me back on my feet in a hurry.

### 오기 • sour grapes

이솝우화의 '여우와 포도'에서 유래되었다.
I'm sure those grapes are sour anyhow. 어차피 그 포도는 실 거야.
자기가 갖지 못하는 것에 대해서 욕을 하거나 자기 마음을 안위시키기 위한 일종의 '오기'를 뜻한다.
She says she wouldn't date Joe if he were the last boy in the world, but I know that's only sour grapes.
그녀는 무슨 일이 있어도 Joe와 데이트하지 않는다고 하지만, 그건 그냥 오기라는 걸 나는 알고 있어.

🎧 A : 오늘 밤 그들의 집에 초대받지 않아 다행이야. 그 집의 파티는 언제나 따분하니까.
　 B : 그건 오기 가운데서도 악성인데.
　 A : I'm glad I wasn't invited to their home tonight. Their parties are always so boring.
　 B : Well, that's bad case of sour grapes.

## 오늘 하루 힘들었다 • It's been a long day.

일이 힘들면 하루해가 길게 느껴지는 법이다. 따라서 '오늘은 긴 하루였다.'는 말이므로, 오늘 하루가 무척 힘이 들었다는 의미이다. 사무적인 일이나 노동을 해서 힘이 들었던 긴 하루를 말할 때 쓴다.

What a day I had!라고 하기도 한다. 좀 설명적이긴 하나 It's been a hectic day.라고도 하는데 이 일 하랴, 저 일 하랴 정신없이 뛰어다녀 하루가 어떻게 지나갔는지 몰랐을 때 잘 쓴다.

🎧 아이고, 피곤해 죽겠다! 오늘 하루는 정말 힘들었어. 그렇지?
**Boy! Am I tired!** It's been a long day, **hasn't it?**

## 오랜만에 만나 반가운 사람 • sight for sore eyes

The sight of you is so pleasant that it would heal sore eyes.
너를 보니 정말 즐거워 아픈 눈도 낫는다.
위의 문장을 줄여 쓴 것으로, 친구 등을 오랜만에 만났을 때 반갑다는 인사로 잘 쓴다.
Oh, boy, are you a sight for sore eyes! 아아, 오랜만에 만나니 참 반갑다!

이 표현은 주로 사람에 대해 자주 쓰나 물건에 대해 쓰기도 한다.
This glass of water is a sight for sore eyes. 이 물컵을 보니 참 반갑다.

🎧 길을 잃고 사흘간 산속을 헤매다가, 작은 마을을 보았을 때는 무척 반가웠다.
**After I had wandered about lost in the mountains for three days, the little village was a** sight for sore eyes.

## 오슬오슬 춥고 열이 난다 • have chills and fever

chill은 '한기 · 오한', fever는 '열'. 표제어는 '오한과 열이 교대로 온다.'는 뜻. 즉 오슬오슬 춥다가 간헐적으로 열이 오른다는 의미로, 발음 나는 대로 chills'n fever라고도 쓴다. 오슬오슬 춥다고만 할 때는 I have a chill.

263

🎧 어젯밤에는 조금도 못 잤어. 오슬오슬 춥고 열이 나서.
**I couldn't sleep a bit last night. I got chills and fever.**

## 오줌을 싸다 • wet the bed

침대를 적시다, 즉 '자다가 오줌을 싸다.'는 뜻으로 어린이뿐만 아니라 환자나 노인에게도 쓸 수 있다.

> **참고** '오줌을 눈다.'는 urinate라고 하나 이것은 의학적 용어이며, 구어 표현으로는 take a leak라고 한다.

어린이들이(어른도 쓰지만) 쓰는 말로는 pee, pee-pee, Number one 등이 있다. pee는 piss 소변 라는 속어를 완곡하게 표현한 것이다.
**You can't pee here!** 여기서 오줌 누면 못써!
**He left to take a pee.** 오줌을 누려고 나갔다.

'화장실에 가다.'는 pay a call, 즉 **I've got a pay a call.** 화장실 좀 다녀와야겠다. 과 같이 쓴다.

'소변 등이 마려운 것'은 nature's call이라 한다. 따라서 **Nature calls me.** 또는 **I think I feel nature's call coming on.** 과 같이 표현한다. 자동차를 타고 가다 소변을 보기 위해 정차하는 것을 nature stop이라고 하는데 보통 comfort stop이란 말을 더 많이 쓴다.

🎧 아들이 열 살이 넘도록 오줌을 못가려서 그는 의사한테 데리고 갔다.
**He took his son to a doctor because he still wets the bed even though he's ten years old.**

## 오케이 • okey-doke

O.K.의 변형. O.K.의 유래에 대해서는 정확히 아는 사람이 없는 것 같다. O.K.는 OK, okay 또는 okey라고 쓴다. okey-doke[오우키-도우키]는 okey 다음에 운을 맞추기 위해 아무런 의미가 없는 doke를 붙인 것인데, O.K.만큼이나 자주 쓰인다.

A : 나 물건 좀 사다 줄래요?
B : 좋아. 뭘 사다 줬으면 좋겠나?

A : Will you do some shopping for me?
B : Okey-doke. What do you want to buy?

## 온갖 핑계 · every excuse in the book

여기서의 book은 '해당 부분의 전문지식을 담은 책'이란 의미의 비유적인 말이다. 따라서 표제어는 excuse 핑계에 관한 것이면 뭐든지 수록한 책이라는 뜻이다.

The champion tried every trick in the book.
그 챔피언은 온갖 기교를 다 부렸다.

위의 book은 '권투에 관한 모든 것을 다 수록한 책'이라는 뜻이다.

그리고 '무거운 벌을 내리다.'는 의미인 throw the book at에서의 the book은 '법률에 관한 지식 또는 규범을 적은 책'이라는 뜻이다.

그는 부인을 속이고 바람을 피우기 위해 온갖 핑계를 다 댔다.
He tried every excuse in the book to cheat his wife.

## 옷을 깔끔히 입다 · put up a good front

put up은 '어떤 태도 따위를 밖으로 내보이다.'란 뜻이다.
He put up a brave front. 그는 대담한 척 하는 태도를 보였다.

He's well dressed.도 비슷한 의미이나 '쫙 뽑아 입었다.'는 느낌은 약하다. '의젓하게 보이려 한다.'는 뜻도 있다.

> **참고** '옷차장'을 get-up이라고 한다. What's the idea of this get-up? (이렇게 쫙 뽑아 입고 어디를 가려는 거지?)

그는 깨끗하고 단정해. 늘 옷을 깔끔하게 입지.
He's clean and neat. He always puts up a good front.

265

## 옷을 두둑이 입다 · bundle up

'겨울에 옷을 따뜻하게 껴입는다.'고 할 때 잘 쓰는 구어 표현이다.
의복뿐만 아니라 이불을 두둑이 덮고 잘 때에도 쓴다.
Mother put John in bed and bundled him up well.
엄마는 John을 침대에 눕히고 이불을 두둑이 덮어 주었다.

밖에 나갈 때 옷을 두둑하게 껴입는 경우에도 쓴다.
I bundled up well before I went outside.
나는 밖에 나가기 전에 옷을 두둑이 껴입었다.

🎧 엄마는 Tom이 학교에 가기 전에 옷을 두둑하게 입혔다.
Mother bundled up Tom before he went to school.

## 와서 밥 먹어라! · Come and get it!

여기서 it은 '언제나 준비되어 있는 식사'를 가리킨다. 큰 소리로 [커믄게릿]이라고 길게 발음하며, 어머니가 아이들에게 식사가 다 되었으니 와서 먹으라고 할 때 사용한다. 목장 같은 데서 요리사가 집 밖에 있는 사람들에게 큰 소리로 식사시간임을 알릴 때도 이 말을 쓴다.
breakfast나 dinner 등 특정한 식사를 가리키는 것이 아니라 어느 식사든 상관없이 쓸 수 있다. 그러나 정식 만찬에는 쓰지 않는다.

## 완고한 · hardheaded

'융통성이 없는, 고집불통인'이란 속어이다. stubborn도 역시 '고집불통'이란 뜻이다. old-fashioned 구식 라는 의미도 있다.
This is an old-fashioned conglomerate and multi-industry company.
이것은 구식의 대기업이자 다업종 회사이다.
hardheaded에 대비되는 softheaded의 뜻은 '바보'이니 주의한다.

🎧 그는 어찌나 완고한지 미국 여자와 결혼한 아들과 연을 끊었다.
He was so hardheaded he disowned his son who married an American girl.

## 완전히 파탄이 나다 · come apart at the seams

원래는 '의복의 꿰맨 자리가 터지다.'란 뜻이나, '이제는 고칠 수가 없거나 구제할 방법이 없다.'는 뉘앙스가 있다.
This coat is coming apart at the seams.
이 코트는 여기저기 실밥이 터져서 도저히 못 입겠다.

비유적으로는 '정신적으로 자제력을 잃다.'란 뜻으로 쓰인다.
I couldn't take any more. I just came apart at the seams.
나는 더 이상 견디기가 어려웠다. 정신적으로 파탄상태였다.
When the president died, the company began to come apart at the seams. 사장이 죽자, 회사는 완전히 파탄되기 시작했다.

같은 의미로 fall apart at the seams도 있다. burst at the seams도 같은 뜻이나 이 말은 '사람들이 붐비다.'란 뜻도 있다.
Seoul is so crowded that it almost bursts at the seams.

🎧 아내가 죽자, 그는 정서적으로 파탄을 일으키는 것 같았다. 그는 직장을 그만두고 폭음을 하기 시작했다.
After his wife died, he just seemed to come apart at the seams. He quit his job and started drinking heavily.

## 왕년에는 좋은 시절도 있었다 · have seen better days

개인의 경제·건강 상태, 회사의 경기, 인간관계, 지역과 환경의 좋고 나쁨에 대한 것 등 매우 폭넓게 사용된다. 과거에 역점을 두고 좋은 때도 있었다는 의미로도 쓰이고, 단순히 별로 좋지 않은 현재의 상태를 가리키기도 한다.
seen을 known으로 바꿔서 쓰는 경우도 있다.
The shabbily dressed old man sitting on the park bench was obviously a gentleman who had known better days.
공원의 벤치에 앉아 있던 초라한 옷차림의 그 노인은 왕년에 좋은 시절도 있었던 신사인 것 같았다.

그러나 seen을 쓰는 경우는 현재 상태를 불만스럽게 생각하는 것이기 때문에, '다 해지다.'의 의미로 사용된다. 익살스런 느낌이 내포되었다.

This coat has seen better days. I need a new one.
이 코트는 이제 다 되었군. 새로 한 벌 사야겠다.

🎧 이 구두도 이제 다 해졌구나. 새것으로 한 켤레 사는 게 낫겠군.
These shoes have seen better days. I guess I'd better buy a new pair.

### 왜 잠자코 있지? • The cat got your tongue?

Has the cat got your tongue?란 말을 회화체로 표현한 것으로 직역하면 '고양이가 네 혀를 가지고 갔느냐?'이다. 말을 하지 않거나 대답을 하지 않는 아이에게 '입이 없어?' 또는 '왜 잠자코 있니?'라고 따질 때 습관적으로 쓴다. 물론 부끄러워하거나 거북해하는 아이에게도 쓴다.

🎧 Tom, Jones씨에게 좋은 선물 주셔서 고맙다고 인사해야지. 어서. 왜 말을 못해?
Why don't you thank Mr. Jones for the nice present, Tom? Come on. The cat got your tongue?

### 외딴 • out-of-the-way

'마을 등에서 멀리 떨어져 있는'이란 의미의 형용사. remote 멀리 떨어진, secluded 인적이 드문, unfrequented 여간해서 사람이 가지 않는 등의 뉘앙스가 있다.
They live on a quiet, out-of-the-way place.
그들은 조용하고 인적이 드문 곳에 산다.

하이픈이 없는 경우에는 '같은 방향이 아니다.' 또는 '길을 막지 않는다.'란 뜻도 된다.
I'm sorry, but I can't give you a ride home. It's out of the way.
미안합니다만, 집에 모셔다 드릴 수가 없군요. 방향이 다르니까.
Please get your foot out of the way. 발 좀 치우세요.

🎧 그 노인은 외딴 곳에 집을 가지고 있었다.
That old man had a house in an out-of-the-way place.

## 외모가 번듯하지 않은 여자 • plain Jane

plain은 '사람의 눈을 끌지 않는 수수한', Jane은 일반적인 여성의 이름으로 plain과 Jane의 운을 맞춘 것. 소문자로 a plain jane이라고 쓰며, a plain girl 수수한 여자 이라는 의미이다.

She calls herself a plain Jane, but when she dresses up, she's actually quite attractive.
그녀는 자기의 외모가 번듯하지 못한 여자라고 하지만, 잘 차려입으면 꽤 매력적이다.

🎧 왜 Jeff같이 핸섬한 남자가 그런 번듯하지 않은 여자와 결혼했을까?
**I wonder why a handsome man like Jeff married such a plain Jane.**

## 외식하다 • eat out

밖에 나가 식당에서 먹는 것을 말하며, dine out이라고도 한다.

> **참고** 직장 안에서 먹는 것은 eat in, 긴 점심시간을 갖는 것은 keep long much hours. The company higher-ups keep long lunch hours. (회사 간부들은 점심시간이 길다.) executive lunch는 '회사 중역들의 격식을 갖춘 점심 식사'를 가리킨다.

🎧 오늘 저녁은 나가서 먹고 영화 구경이나 갑시다.
**We'll eat out tonight, and go to movies.**

## 외출 금지시키다 • ground someone

ground는 '배가 좌초되다.' 또는 '비행기를 날지 못하게 하다.'란 뜻이다. 즉 비행기가 이륙을 금지 당했다는 말로, '아이들을 나가 놀지 못하게 한다.'는 비유적 의미로 잘 쓴다. 친구가 전화로 불러내면 I got grounded. 나, 못 나가. 외출 금지야. 라고 한다.

'사람이 하고 싶은 대로 하지 못하게 한다.'는 의미로 clip someone's wings 라는 말이 있다. 이는 '사람을 무기력하게 한다.'는 뜻도 되며 이 말은 아이가 잘못한 벌로 외출 금지 당하는 것과는 다르다.

🎧 그 애는 학교 선생님하고 데이트를 하다 들켜서, 부모가 여러 주 동안 외출을 금지했다.
**The girl had been dating her school teacher, and her parents grounded her for several weeks.**

## 요령을 알다 · know the ropes

the ropes는 '범선의 밧줄', 항해를 잘하려면 밧줄의 사용법을 잘 알아야 하고, 밧줄 조종은 항해 경험이 가장 많은 사람이 했다는 데서 나온 말이다. 주로 회사의 조직과 관련하여 잘 쓰며 know all the ropes와 같이 all을 써서 내용을 강조하기도 한다.

한편 show someone the ropes라 하면 '사람에게 요령을 가르쳐 주다.'란 뜻이 되고, learn the ropes라 하면 '요령을 배우다.'란 의미가 된다.
같은 의미로 get the hang of 혹은 get the knack of가 있다. 여기서 hang은 '바른 방법 · 요령'이란 뜻이다.
**As soon as I get the hang of this computer, I'll be able to work faster.** 이 컴퓨터의 요령을 알기만 하면 더 빨리 일할 수 있을 거야.
**Once you get the knack of it, it's easy.** 일단 요령을 익히면 쉬운 일이야.

🎧 요령을 알면 자네도 할 수 있네.
**You can do it when you get to know the ropes.**

## 요령이 있는 사람 · smooth operator

영어에서도 우리말처럼 좋은 의미로도, 나쁜 의미로도 쓰인다.
**He always passes hard work on to someone else. He's smooth operator.** 그는 늘 어려운 일을 남에게 떠넘기지. 요령 있는 사람이야.

남녀 관계에서는 '영리하고 조용한 사람'이라는 뜻으로 쓰기도 한다.
**He's a smooth operator. The girl just love him.**
그는 영리하고 조용한 사람이라 여자들이 좋아한다.

또 a smoothie라고 짧게 줄여서 말하기도 한다.

> 참고 '요령 있는 장사꾼'은 a shrewd businessman 혹은 a shrewd operator라 하고 '간교하다.' 또는 '약삭빠르다.'는 뉘앙스가 있으면 a smart operator라 한다.

'그는 시류를 잘 타는 요령이 있다.'는 He knows how to swim with the tide.라고 한다.

🎧 정계에서 성공하려면 요령이 있어야 한다네.
**To be successful in politics, you have to be a smooth operator.**

### 요즘 교제하는 사람 있어요? · Are you seeing anyone?

여기서 see는 '~와 교제를 하거나 데이트를 하다.'란 의미이다.
진행형으로 쓰는 게 습관이며, see에서 은근한 느낌이 풍긴다.
데이트를 한다고 해서 Are you dating anyone?이라고는 하지 않는다.
그러나 결혼한 사람이 I've been seeing another woman.이라고 하면 '바람을 피운다.'는 뜻이 되니 주의해야한다. 자기 아내 이외에 사귀는 여자를 the other woman이라고 한다. '첩'을 concubine이라고 하는 사람이 있는데 이것은 구식 표현이고 흔히 mistress라고 한다.

### 요즘 재미 좀 보나? · Getting any?

성인 남자들이 은근한 말을 주고받으면서 잘 쓴다.
Are you getting any intimacy? 즉 sexual intercourse를 의미하며 '요즘 마누라하고 잠자리 좀 하나?'라는 말이다. 그래서 '오늘 밤엔 좀 해야겠어.'라고 할 때는 I've got to get some tonight.이다.
'멋있게 한바탕 했지.'는 We played some beautiful music together.와 같이 비유적으로 쓴다.

또 섹스하는 것을 구어 표현으로 roll in the hay라 한다. '마구간의 마초 위에서 뒹군다.'는 뜻으로 오래전부터 써 오던 습관적인 표현이다. 또 do it to yourself는 '자위행위를 하다.'란 의미이다.

### 욕구를 북돋다 · whet someone's appetite

whet는 원래 '칼날을 숫돌에 간다.'는 뜻이고, appetite는 '식욕'이란 뜻이다. 따라서 표제어는 '식욕을 돋군다.'는 뜻이다.

My early morning walk through the nearby park whetted my appetite. 이른 아침에 근처 공원을 산책하니 식욕이 솟았다.

여기에서 변하여 그 밖의 욕구라는 의미로 쓰이게 됐다.
My recent readings in Korean history whetted my appetite for more. 최근에 국사를 읽고 더욱 우리 역사에 대해 알고 싶은 욕구가 솟았다.

🎧 교통체증이 심해져서 자동차를 몰고 가야겠다는 생각이 점점 없어졌다.
The worsening traffic congestion has done nothing to whet my appetite for driving.

## 욕심 낸 만큼 다 못 먹다 · one's eyes are bigger than one's stomach

눈으로 보고 먹을 수 있다고 생각한 양이 뱃속으로 들어가지 않는 데서 나온 비유적 표현이다. 미국 가정에서는 식사할 때 음식을 큰 그릇에 담아 놓고 각자가 먹고 싶은 만큼 개인 접시에 담은 다음, 옆 사람에게 차례로 큰 음식 그릇을 넘기곤 한다. 이때 덜어낸 것을 남기지 않고 다 먹는 것이 식사 예절인데, 그렇지 못한 경우에 이런 표현을 쓴다. 어른들도 음식을 남겼을 때
I guess my eyes were bigger than my stomach.라 한다.

🎧 한 번에 그렇게 많이 뜨는 게 아녜요. 욕심낸다고 다 먹을 수 있는 게 아니니까요.
Don't take so much at once. Your eyes are always bigger than your stomach.

## 욕심부리다(음식에) · make a pig of oneself

직역하면 '자기 자신을 돼지로 만들다.'로 돼지처럼 욕심을 부려 음식을 많이 먹는다는 의미이다. 주로 먹고 마시는 일에 대해서 쓰며, 마시는 것만 말할 때는 쓰지 않는다는 점에 주의해야 한다.

Don't make a pig of yourself. You should leave some for other people. 너무 욕심부리면 못써요. 다른 사람의 몫도 좀 남겨 놓아야죠.
This meal is so good I'm afraid I'm making a pig of myself.
식사가 너무 맛이 있어서 과식할까 걱정이군요.

🎧 John이 오늘밤 친구 집에 식사 초대를 받았는데, 욕심을 내어 너무 많이 먹지 않았으면 좋겠다.

**John has been invited to eat at a friend's house tonight. I do hope he won't make a pig of himself.**

## 욕심이 지나치다 · push one's luck

어떤 일에 일단 성공했으면 분수를 알고 적당히 끝내야 하는데, 그러지 않고 더 큰 것을 기대한다는 말이다. 보통 진행형으로 많이 쓴다.

예를 들면, 보너스를 탄 사람이 저녁 식사를 잘 대접했는데, 얻어먹은 사람이 이번에는 클럽에 가자고 조르면 You're pushing your luck.하고 농담을 하는 경우가 있다. '저녁 얻어먹었으면 됐지, 뭘 또 바라나.'와 같은 뉘앙스가 있는 표현이다.

"Guess what? I've got an American Express Card today."
얘, 나 오늘 American Express Card 탔다.

"Really? How about buying me dinner?"
그래? 그럼 저녁 한 끼 사는 게 어때?

"You're pushing your luck." 점점 욕심부리네.

🎧 증권시장에서 돈을 좀 쥔 것은 알고 있네만, 만일 자네가 토지 투기로 더 큰돈을 벌려고 한다면, 그건 욕심이 지나친 거야.

**I know you grabbed some money on the stock market, but if you try to make more money out of land speculation, you'd be pushing your luck.**

## 욕을 퍼붓다(남에게) · call someone names

name이 복수형을 취하면 '욕지거리' 또는 '험담'이란 뜻이 된다. 여러 가지 악담을 늘어놓는다고 해서 복수로 쓴 것이다. 표제어는 '불쾌하고 모욕적인 욕설을 한다.'는 뜻이다.

좀 더 자세히 말하면 call a person derogatory or abusive names로서 derogatory는 '사람의 명예를 건드리는', abusive는 '입버릇이 사나운'이라는 의미이다. 특히 상대편에게 별명을 붙여가며 — 예를 들어 바보 · 병신 · 사기꾼 등이라 불러대며 — 욕을 한다는 의미가 있다.

🎧 서로 상대방에게 욕설이나 퍼부으면 우린 아무 결론도 얻지 못해.
**We'll never get anywhere by** calling one another names.

## 욕쟁이다 · have a dirty mouth

같은 의미로 use abusive language도 있으나 좀 딱딱한 표현이다. criticize 나 say bad things about 또는 격식어인 speak ill of others를 쓰기도 하나, 회화에서는 표제어와 badmouth를 많이 쓴다.
**She's always badmouthing her in-laws.** 그 여자는 늘 시집식구들 욕을 한다.

한편, 보지 않는 데서 욕을 하는 것은 backbiting이라고 한다.
**Stop backbiting!** 안 듣는 데서 험담하지 마!

**참고** 상소리 잘하는 사람에게 '언어 정화'를 권할 때는 clean your language 혹은 clean your mouth라고 한다. '말조심해.'는 watch your language. 이다.

🎧 친구들이 그를 가까이 하지 않으려는 것도 무리가 아니구먼. 그는 욕쟁이니까.
**No wonder his friends try to keep a distance from him. He** has a dirty mouth.

## 욕지거리를 하다 · curse

'습관적으로 상스러운 욕지거리를 하다.'란 의미이다. curse at someone의 형식으로 쓰며, curse and swear라 하면 '별의별 욕지거리를 다한다.'는 뜻이다. swear는 '맹세한다.'는 뜻이기도 하지만 '악담을 한다.'는 의미도 있다.
**swear like a trooper.** 마구 욕지거리를 하다.
**I'm fed up with her swearing.** 그 여자의 욕지거리에 질려 버렸다.

🎧 그는 마치 뱃사람같이 욕지거리했다.
**He** cursed **like a deck-hand.** (deck-hand 배의 갑판원)

## 용감하게 맞서다 · take the bull by the horn

황소가 난폭하게 날뛰기 때문에 최후 수단으로 용기를 내어 직접 뿔을 잡고 쓰러뜨린다는 이미지의 표현으로 특히 어려운 상황에 맞선다는 뜻이다. 실제로 뿔을 잡고 소를 쓰러뜨릴 때도 쓰고 비유적으로도 쓰는 표현이다. 항상 '최후 수단'이라는 느낌이 있다. 이 표현은 심각한 경우뿐만 아니라 일반적으로 대단하지 않은 경우에도 쓴다.
I'm going to take the bull by the horn. My boss denied my promotion. 용감하게 맞상대를 해야겠어. 사장이 내 진급을 거부했거든.

🎧 용감하게 나서서 직접 그녀의 아버지를 만나 결혼승낙을 받아내야겠다.
I'll have to take the bull by the horn to get permission to marry her from her father.

### 용기를 내다 · get up the nerve

nerve는 옛날부터 '활력', '대담한' 또는 '용기' 등의 의미로 쓰였으며 표제어에 쓰인 nerve는 '용기'를 뜻한다. get up은 불러일으킨다는 말로 표제어는 '어떤 일을 하기 위해 용기를 낸다.'는 뜻이다.
Her husband got up the nerve to jump from the burning building. 그녀의 남편은 불타고 있는 건물에서 뛰어 내리려고 용기를 냈다.
일반적으로는 능력을 나타내는 can 또는 be able to와 함께 쓴다.

🎧 그 권투선수는 챔피언에게 도전할 용기가 나질 않았다.
The boxer was not able to get up the nerve to challenge the champion.

### 용서하다(부당한 대우를 받고도) · turn the other cheek

성경에 나오는 말로 '한쪽 뺨을 맞고 다른 쪽 뺨을 내밀다.'란 뜻이다.
an eye for an eye and a tooth for a tooth 철저히 상응하는 조치를 취한다. 가 아니라 '아무리 모욕적인 대우를 받아도 이를 용서한다.'는 의미이다.

일본이 진주만을 공격했을 때 루스벨트 대통령이 한 말은 유명하다.
We refuse to turn the other cheek. 우리는 결코 당하고만 있지 않을 것이다.

🎧 누가 내게 버릇없이 굴어도 나는 보통 그것을 탓하지 않는다.
**Usually I turn the other cheek when someone is rude to me.**

## 용케 모면하다 · get away with (something)

get away with는 경우에 따라 의미가 달라질 수 있다.
**The picture got away with three Oscar awards.**
그 영화는 세 부문에서 아카데미 상을 탔다.
**He got away with my briefcase.** 그는 내 가방을 들고 달아났다.

가장 빈번히 사용되는 경우는 표제어처럼 '처벌이나 책망 등을 면하고 넘어간다.'는 뜻이며, 보통 부정문으로 쓴다.
**You can't cheat him and get away with it.**
그 사람을 속이고 그대로 넘어가진 못해.

대개 나쁜 일이나 좋지 않은 일과 관련해서 쓴다.
**They tried to rob a bank but didn't get away with it.**
그들은 은행을 털려고 하다가 붙들렸다.

🎧 세금을 제때에 내라고. 안 내고는 못 배기네.
**Pay your taxes on time. You can't get away with it.**

## 우리끼리 얘기지만 · just between you and me

just between us라고도 하며 '너와 나 사이만의 일'이라는 뜻이다.
**Keep it to yourself.** 너만 혼자 알고 있어라. 라고도 하며 표제어처럼 just를 붙이는 경우도 있다.
**Keep our discussion between us.** 이 얘기는 우리끼리만의 것으로 해 둡시다.
**Just keep it to yourself. He's getting married to his high school sweetheart.** 너만 알고 있어. 그 친구는 고등학교 시절의 애인과 결혼하기로 했어.

🎧 명심해, 이것은 우리끼리만의 얘기야.
**Mind you, this is just between you and me.**

## 우습게 알고 놀리다 · make fun of someone

someone 대신 something을 쓸 수도 있으며, '짓궂게 놀린다.'는 의미가 함축돼 있다. 비슷한 의미의 표현으로 poke fun at someone이 있는데 이는 가벼운 기분으로 놀리는 것이다.

I don't care how much you make fun of me.
아무리 나를 놀려도 난 아무렇지도 않아.

fun은 일상회화에 빈번히 등장하는 말로 fun에 관사를 붙이지 않고 쓰는 점에 주의한다. have a barrel of fun은 유난히 놀리거나 재미를 본다는 뜻이며, more fun than a barrel of monkeys라 하면 최고로 즐겁다는 의미이다.

🎧 사람들이 내 코가 크다고 놀려대면, 나는 화난다.
When people make fun of my big nose, I get angry.

## 우연히 맞닥뜨리다 · bump into someone

'얘기치 않게 우연히 만나다.'란 구어 표현으로 meet by chance와 같다.
Guess who I bumped into downtown today?
내가 오늘 시내에 나갔다가 누굴 만났을 것 같아?
오랫동안 만나지 못하던 사람과 우연히 마주쳤을 때는 run into someone이라고도 쓴다.

단순히 bump someone은 '무의식중에 사람과 신체적으로 부딪치다.'란 의미이니 혼동하지 않도록 주의한다. Did I bump you?의 직역은 '당신과 부딪치지 않았습니까?'인데, 이 말에는 자기의 실수로 부딪치는 바람에 혹시 다치지 않았느냐는 뜻이 함축되어 있다.

또, someone 대신 something을 써서 bump(run) into something이라고 하면 '~와 부딪치다.'란 말이다.
I ran into a bus yesterday. I dented it badly.
어제 버스와 충돌했는데, 몹시 찌그러졌어.

🎧 싸구려 음식점에서 옛 애인을 만났을 때 나는 무척 무안했다.
**I was so embarrassed when I bumped into my old girlfriend at the greasy spoon.**
(greasy spoon : 싸구려 음식점)

## 우위에 서다 · get the upper hand

upper hand는 '권위 있는 지위'라는 의미로 쓰였던 것인데, 지금은 '우세한 입장에 선다.'는 의미로만 쓰인다. get 대신 gain 또는 have를 쓰기도 하며 의미는 마찬가지이다.

**The important thing in wrestling is never to let your opponent get the upper hand.**
레슬링에서 중요한 일은 상대편에게 절대로 유리한 자세를 허락하지 않는 것이다.

have the upper hand라고 하면 유리한 입장에 서 있는 상태를 말한다.

get the upper hand의 반대는 lose the upper hand 혹은 give someone the upper hand. 사전에 보면 get the upper hand of~와 같이 전치사 of를 쓰고 있으나 보통의 경우 of를 쓰지 않는다. 설사 전치사를 쓴다 하더라도 of가 아니라 over를 쓰는 게 습관이다.

**I'm afraid I've let him get the upper hand over me for that position.** 그 자리를 놓고 그에게 우위에 서게 한 것 같다.

🎧 우리는 조건을 받아들일 수밖에 없다. 그들이 우위에 서 있으니까.
**We have no choice but to accept their conditions. They have the upper hand.**

## 우편번호 · zip code

정식으로는 zip code number이지만 보통 zip code라 한다.
이 zip은 (Postal) Zone Improvement Program 우편구역 개선계획 의 머리글 자를 딴 것이다. zip은 총알이 날아가는 소리를 뜻하므로 우편물이 빨리 도착한다는 이미지와 꼭 맞는 말이다.

🎧 우편번호를 쓰면 만 하루 더 빨리 배달되는 수가 있다.
**Letters are often delivered as much as a day earlier if you use the zip code.**

## 운이 없다 · down on one's luck

화투나 트럼프 놀이를 할 때 쓴다.
I seem to be down on my luck. I haven't had a good hand all evening. 오늘 밤엔 운이 없는 모양이군. 밤새도록 한 번도 좋은 패가 안 들어왔단 말이야.

놀이 외에도 인생사에 대해서, 그러니까 일시적으로 운이 없어서 어려움을 겪을 때도 쓴다.
You may think you're down on your luck, but don't get discouraged. The world is full of people like you.
운이 없다고 생각할지 모르지, 하지만 실망하지 말게. 세상에는 자네 같은 사람이 쌔고 쌨어.

🎧 그의 교회 사람들은 어려움을 겪고 있는 도시민들에게 따뜻한 식사를 제공하고 있다.
**His church members are serving hot meals to people of the city who are down on their luck.**

## 울화가 치밀다 · boil inside

직역은 '속에서 끓다.'로 몹시 화가 난 상태를 의미한다. 흔히 The anger burned my stomach.라고도 한다. 몹시 울화가 치미는 상태를 말한다.
What he just said made me (my blood) boil.
방금 그가 한 말을 듣고 나는 울화가 치밀었다.

boil을 이용한 여러 표현들을 살펴보면 '격분해서 쓴 편지'는 a boiling letter, '찌는 듯이 덥다.'는 It's boiling hot, 물 등의 '비등점'은 boiling point.라 한다.

한편 He has a low boiling point.라 하면 '낮은 온도에서도 끓는다.'는 말이니까 '그는 금방 화를 내는 사람이다.'란 의미이다.

boil은 형용사로도 쓴다.
Now, don't get boiled. It was only a joke.
이것 봐. 화내지 말게. 그냥 농담으로 한 건데 뭘.

속어로 '술에 취하다.'란 뜻도 쓴다.
How can you get so boiled on wine? 와인을 마시고 뭘 그렇게 취하나?

🎧 울화가 치밀었지만, 애써 참았다.
I was boiling inside but I tried to cool it.

## 웃음을 참다 • keep a straight face

'웃음이 나오는 것을 억지로 참고 계속 진지한 표정을 짓다.'란 의미이다.
straight face는 언제나 웃는 얼굴과 대비되는 의미로, 즉 웃어도 얼굴 모양이 바뀌지 않는 정색을 한 얼굴을 가리킨다.

It's hard to keep a straight face when someone tells a funny joke.
누가 우스운 농담을 하면 웃음을 참지 못한다.

🎧 대통령이 현관에서 넘어졌을 때, 모두 웃음이 나오는 것을 간신히 참았다.
When the president fell down at the entrance, it was all everyone could do to keep a straight face.

## 원만히 해결하다 • smooth out

smooth는 '지면을 평평히 하다, 주름을 펴다.' 등의 뜻이며, 비유적으로는 '일을 원만히 결말짓다.'란 의미이다.

참고로 smooth over라 하면 '과실이나 잘못된 것을 적당히 얼버무려 봐준다.'는 말이다. 우리말의 '적당히 봐준다.'에 해당한다.

He said he would smooth things over with the Health Department.
그는 보건복지부에 얘기해서 적당히 봐주겠다고 말했다.

Sylvia and Min had a terrible argument and they're both trying to smooth it over.
Sylvia하고 Min이 크게 말다툼을 했는데 두 사람은 서로 원만히 타협하려 하고 있다.

🎧 아직도 원만히 결말을 지어야 할 일이 남아 있다.
**There's something that still needs to be smoothed out.**

## 유난히 눈에 띄다 • stick out like a sore thumb

a sore thumb은 '다친 엄지손가락'. 엄지손가락이 다치면 다른 손가락보다 더 잘 눈에 띄기 때문에 나온 표현이다. 특히, 보기 흉한 것이 유난히 남의 눈에 잘 띈다고 할 때 잘 쓴다.
The house next door needs painting. It sticks out like a sore thumb. 옆집은 칠 좀 해야겠다. 유난히 보기가 흉하다.

🎧 Bob은 유난히 키가 커서 많은 사람들 가운데서도 눈에 잘 띈다.
**Bob is so tall that he sticks out like a sore thumb in a crowd.**

## 유행에 앞서 가는 • trendy

'최신 유행의' 또는 '유행을 뒤쫓는'이란 의미의 구어 표현으로 경향·추세·유행을 따른다는 말이다. trendy에 꼭 맞는 우리말을 찾기는 어렵다. 형용사이지만 '유행의 첨단을 걷는 사람'이라는 의미로 명사 역할을 하기도 한다. 한편, trend는 '유행의 형태'란 뜻. set a trend는 '유행을 창출해내다.'이다.

🎧 A : 내 머리 모양 어때?
B : 멋있어. 요즘 유행하는 스타일이야.
**A : What do you think of my hairstyle?
B : It's real trendy.**

## 육안 • the naked eye

아주 먼 곳에 있는 물체나 아주 미세한 것이 육안으로 보였다, 안 보였다 할 때 이 표현을 쓴다. 정관사 the를 붙이는 점에 주의한다.
반면, 근시(nearsighted) 등의 이유로 가까운 곳의 물체가 육안으로 안 보인다고 할 때는 without glasses를 쓴다.
I can't read the sign without glasses.
안경 없이 육안으로는 그 간판을 읽을 수 없다.

🎧 달은 육안으로 보인다.
The moon can be seen with the naked eye.

## 음담패설 · dirty talk

사전에는 obscene conversation 혹은 bawdy talk으로 나와 있으나, 이는 정도가 사뭇 깊은 경우를 말한다. 듣는 사람이 거북하지 않을 정도면, dirty talk 혹은 dirty joke가 일반적인 표현이다.
또 반어적으로 음담패설을 하는 사람들에게 제3자가 Nice talk! 좋은 얘기들 하는 군! 이라 하는 경우도 많다.

> **참고** 아무 데나 전화를 걸어 상스런 음담을 늘어놓는 것은 obscene phone call, 전화를 걸어 숨을 헐떡거리며 흥측한 소리를 하는 놈은 a heavy breather, 음담패설과 여자들의 나체사진들이 있는 책은 a dirty book, 남에게 얘기하지 못하는 집안 내의 창피한 일은 dirty linen 이라고 한다.

또, '호색영감'은 a dirty old man이라고 하는데 이 말은 영감 뿐 아니라 보통 남자도 가리키는 관용적 표현이다. 그리고 상스러우면서도 다소 품위가 있는 농담은 off-color joke라 한다.

🎧 그들이 음담패설을 시작해서 나는 좀 민망했다.
I was a little embarrassed when they started a dirty talk.

## 음부 · the privates

the private parts 사람의 눈에 안 띄는 부분의 준말로 '성기'란 의미의 완곡한 표현이다.
He kicked his attacker in the privates. 그는 덤벼드는 상대의 급소를 찼다.
회화적인 표현이며 one's privates라고도 한다.

🎧 네 수영복은 너무 헐렁하구나. 밑이 다 보이겠다.
Your bathing suit is too loose. I can see your privates.

## 음식을 토하다 · lose one's dinner

'음식을 모두 토하다.'란 뜻이다. dinner 대신 lunch를, lose 대신 blow를 써서 blow one's lunch 또는 lose one's lunch를 쓰기도 한다. 서로 허물없는 사이에서 쓰는 말이다.
I almost lost my lunch, I ran so hard. 어찌나 빨리 뛰었는지, 토할 것 같았다.

'토하다.'라는 뜻으로는 vomit이 정식이지만 너무 생생한 느낌을 주기 때문에 회화에서는 잘 쓰지 않고 대신 표제어나 be sick, throw up, upchuck과 같은 표현을 쓴다. barf나 puke와 같은 속어도 있다.

🎧 나는 기차 안에서 음식을 토했다.
I lost my dinner on the train.

## 음치의 · tone-deaf

음계는 분간할 줄 알지만 막상 노래를 부르면 음정이 틀리는 것을 tone-deaf라 한다. 때때로 음정이 맞지 않는다는 You're flat.나 You sing flat. 혹은 You're out of tune.이라 한다.
같은 음치라도 음계를 분간 못하는 것은 a tin ear라 한다.

**참고** 노래를 부를 때 선창하는 것은 call the turn이다.

🎧 우리 집에서 다른 식구들은 모두 노래를 잘하는데 나는 음치다.
All the other members of my family are good at singing, but I'm tone-deaf.

## 응가를 하다 · grunt

어린아이가 대변을 볼 때, '우웅'하고 힘을 주는 소리에서 유래했다.
Jimmy's got to do a grunt.와 같이 명사로도 쓰며, Jimmy's got to grunt.와 같이 동사로도 쓴다.

어린아이들뿐 아니라 의사들도 잘 쓰는 말로는 do number two가 있다.
Jimmy, do you do number two every day? Jimmy, 응가는 매일 하니?

'오줌을 누다.'는 do number one 혹은 pee-pee라고 한다.
Stop the car, Daddy. I have to do number one.
아빠, 차 좀 세우세요. 오줌 좀 누게요.

A : 나 화장실 갈래.
B : 응가야, 쉬야?
A : 쉬야.

A : I have to go to the bathroom.
B : Number two or number one?
A : I have to pee-pee.

## 의견차이를 서로 인정하다 · agree to disagree

국제적인 협상에서 자주 쓰는 말이다. 직역하면 '합의를 안 보기로 합의했다.'로 상대방끼리 서로 일치하지 않은 의견을 인정하고 다투지 않는다는 뜻이며, agree to differ라는 말도 쓰나 표제어가 보다 보편적이다.

연이은 회의 끝에 쌍방은 그 계획에 대한 상호 간의 의견차이를 인정하기로 했다.
**After back-to-back meetings, both sides agreed to disagree with the plan.** (back-to-back : 연이은)

## 의중을 간파하다 · get someone's number

number는 '어떤 사람을 이해하는 열쇠' 또는 '그 사람의 동기나 목적, 전략'이라는 의미이다.
You may as well come clean. We've got your number.
다 털어놓는 게 좋을 거야. 네가 하는 수작은 다 알고 있으니까.

get 대신 wave를 쓰기도 하지만 이 말은 항상 상대편의 약점을 잡고 하는 말이므로 좋은 일에는 쓰지 않는다.

🎧 왜 그 남자가 그렇게 친절한지 오랫동안 몰랐었다. 이제야 겨우 그자가 무엇을 노리는지 알 것 같다.
**I couldn't understand for a long time why that guy was being so friendly. Now I think I've finally got his number.**

### 의표를 찌르는 질문 • gotcha question

gotcha를 형용사로 쓴 표현이다. gotcha는 원래 I've got you. 또는 I've caught you.가 준 사투리로 '못 당하겠지? 놀랐지? 내가 이겼지?' 등의 의미이다. 게임이나 퀴즈 등의 놀이를 하면서 잘 쓴다.

"Why do farts smell?" 방귀는 왜 구리지?
"Well, you've got me there." 글쎄, 모르겠는데.
"So deaf people can enjoy them, too. Gotcha!"
그래야 귀 먹은 사람들도 즐길 수 있지 않나. 몰랐지!

gotcha에는 I understand you.라는 의미도 있다.
Gotcha! Thanks for telling me. 알았어! 얘기해줘서 고맙네.

🎧 그 기자는 기자회견 석상에서 의표를 찌르는 질문을 자주 던졌다.
**The reporter would often throw gotcha questions at the press conference.**

### 이 손가락 몇 개지? • How many fingers am I holding up?

의식을 잃은 것 같이 보이는 사람 앞에서 손가락을 두세 개 정도 펴 보이며 '이거 보이니?'하고 습관적으로 물을 때 쓴다. 실제로 인사불성이 된 사람에게도 쓰지만, 그냥 넋 나간 사람처럼 멍하니 있는 사람에게도 쓴다.

### 이것저것 검토해 보다 • kick something around

여기저기 발길로 차 본다는 말로, 빈 깡통이나 돌 등을 이리저리 차 본다는 데서 나왔다. 그리 심각하지 않고, 또 심각하게 생각할 필요도 없는 그리 절박한 상황이 아닌 경우에 쓴다. 흔히 두 사람 이상이 모여서 생각할 때 쓰지만 혼자 생각할 때도 쓸 수 있다.

🎧 우리는 그 계획을 1주일 동안 이리저리 생각해 보았지만, 결국은 실행에 옮겨도 잘 되지 않을 것이라는 판단을 내렸다.
**We kicked the plan around for a week or so, and then decided it wouldn't work after all.**

## 이래라저래라 하다 · boss someone around

'건방지게 군다.'는 뉘앙스가 있다.
Don't boss me around. 이래라저래라 하지 마.
Stop bossing me around. I'm not your employee.
나한테 이래라저래라 하지 마시오. 난 당신 고용인이 아니니까.
Don't tell me what to do.나 Don't tell me. 또는 Do this, do that.이라고도 한다.

🎧 이래라저래라 하는 것은 누구나 싫어해.
**Nobody likes to be bossed around.**

## 이러지도, 저러지도 못하다 · get caught in the middle

직역은 '중간에 끼어 있다.'로 '진퇴양난'이란 뜻이다. in a bind 또는 in a jam도 같은 의미이지만, 이 말은 나쁜 의미로 곤경에 있다는 뜻이며 표제어보다 심각하다.

🎧 Kim은 나보고 돈을 꿔 달라는데, 집사람은 한사코 반대하거든. 난 지금 이러지도, 저러지도 못하네.
**Kim asked me for a loan, and my wife is dead set against it. I got caught in the middle.**

## 이럴 수도, 저럴 수도 없다 · It's a Catch-22 situation.

1960년대 초 Joseph Heller의 소설 「Catch-22」에서 유래한 말로 회화에 자주 등장하는 표현이다. 제목이 공군 조종사의 근무규칙 중 한 조항의 이름으로 소설에서는 정신장애를 이유로 제대를 요청하지만 스스로 정신장애가 있다는 것을 안다면 그건 정신장애가 아니라는 이유로 제대가 불허된다. 실제로 이럴 수도, 저럴 수도 없는 상황, 즉 양자택일이 곤란한 상황에 쓴다.

🎧 정말 이럴 수도, 저럴 수도 없네. 신용카드를 얻으려면 신용이 좋아야 하고, 신용을 쌓으려면 신용카드가 있어야 하니.
It's a Catch-22 situation. To get a credit card you need good credit, but to get good credit you need a credit card.

## 이를 악물다 • grit one's teeth

인내의 정도를 나타낸다. 비슷한 표현으로 bite the bullet 총알을 깨물다. 이 있는데, 이것은 마취약이 없었던 시절, 수술할 때 총알을 깨물게 하던 관습에서 나온 말로 '어려움과 맞설 각오를 한다.'는 의미이다. 미국영어에서는 '참는다.'는 의미뿐만 아니라 '싫은 일, 괴로운 일이라도 해야 할 일은 용기를 내서 한다.'는 의미로 쓰인다.

🎧 그들은 어려운 때도 있었지만, 이를 악물고 열심히 일했다.
They had a difficult time, but they gritted their teeth and kept working hard.

## 이리 뛰고, 저리 뛰고 • hectic

hectic은 '흥분시키는, 열광적인' 등으로 번역되나, 구어 표현으로 '정신없이 이리 뛰고, 저리 뛰고 한다.'는 의미가 있다. 원래 결핵환자들이 미열로 얼굴이 벌겋게 홍조를 띠는 상태를 a hectic fever라고 하는데, 사람이 바빠서 허둥지둥 뛰어다니면 결핵환자들처럼 열이 난다고 해서 쓰이기 시작했다.

a hectic day 정신없이 뛰어다닌 하루
It was a hectic morning for me. 오늘 아침엔 정신없이 바빴다.

🎧 오늘은 이리 뛰고, 저리 뛰고 한 정신없는 날이었어. 여권 찾아서 비자 해결하고 비행기 예약하고 짐을 싸고 하느라고.
It's been a hectic day for me. I picked up my passport, had my visa taken care of, made a flight reservation, and packed things up.

## 이번만큼은 • once and for all

once는 '이번 단 한 번.' for all은 for all time, 즉 '다음은 영구히'라는 뜻

으로 이번 한 번만으로 그 상태가 영구히 계속된다는 것이다. 예전에는 once for all이라 했는데 지금은 뜻을 강조하기 위해 and를 넣게 되었다고 한다. Let's go and talk to him. I want to get this matter settled once and for all. 그 사람에게 가서 얘기해 봅시다. 이번만큼은 이 문제를 매듭지어야겠어.
이번 기회를 마지막으로 하며 다시는 ~하지 않는다고 할 때 잘 쓰는 말이다.

🎧 이번을 마지막으로 제발 나를 Howie라고 부르지 말게. 내 이름은 Howard니까.
**Once and for all, stop calling me Howie. My name is Howard.**

## 이번 일만 잘되면 • if we pull this off

'어떤 일을 잘 해내다.'란 뜻이다. 어려운 문제나 과제를 처리하는 데 있어서 성공한다는 뜻이 함축되었으며 좋은 의미로도, 나쁜 의미로도 사용된다.
**If we pull this off, we can live like kings.**
이번에 잘하면, 한번 멋들어지게 살아 볼 수 있는데.
**Do you think you can pull this project off?**
이번 일을 잘해낼 수 있을 것 같아?

> **참고** pull off는 붙어 있는 것을 떼어내는 것, 즉 반창고 등이 붙어 있는 것을 벗겨 낸다는 뜻도 있다. I don't want to pull off the bandage. It'll hurt. (반창고를 뜯어내고 싶지 않아. 아프니까.)

🎧 이번 일만 잘되면, 회사의 재정 사정도 일변시킬 수 있다.
**If we pull this off, we can turn the tables on the company finance.**

## 이상한 생각 갖지 마세요 • Don't get any ideas!

직역하면 '어떤 생각도 하지 말라.'는 뜻으로 '이상한 생각하지 말라.'는 말이다. 남성이 여성에게 이런 말을 듣게 된다면, 그는 이미 신사가 아니다. 여성은 위험을 느끼고 이 말을 하는 것이다.

## 이성에 빠지다 • fall for

사전에는 '~에 반하다, ~에 매혹되다.'로 나와 있으나 '~에 빠져서 열을 올린다.'는 뉘앙스가 있다.

한편, 깊이 빠져서 헤어나지 못하는 것은 fall hard라고 한다.
**Everybody was against their marriage, but she had fallen hard.**
모두 그들의 결혼에 반대했지만, 그녀는 이미 깊이 빠져 있었다.

fall for 다음에 something이 나오면 '유혹을 받거나 속는다.'는 의미가 된다.
**He could not resist an offer of handsome money and fell for it.**
그는 거금의 제공을 뿌리치지 못하고 이용당하고 말았다.
**I wouldn't fall for a story like that.** 나는 그런 얘기에 속지 않네.

🎧 그녀가 그 실업가와 결혼을 하겠다고 해도 조금도 이상할 게 없네. 어떤 여자라도 그런 남자에게는 열을 올릴 테니까.
**I wouldn't be surprised if she wants to marry that businessman. Any girl would fall for a man like that.**

## 이제 전망이 보이기 시작하다 · see the light at the end of the tunnel

얼마간의 세월이 흐른 다음에야 비로소 문제의 끝이 보인다는 뜻이다. 오랜 시일에 걸친 일, 괴로운 경험, 불경기, 큰 병 등을 캄캄한 터널에 비유한 표현이다.
**It's been a long recession, but we're finally seeing the light at the end of the tunnel.** 불경기가 길었는데, 이제 비로소 호전의 징조가 보이기 시작한다.

🎧 나는 두 달 동안이나 몹시 아팠는데 이제 그 끝이 보이기 시작한다.
**I had been horribly ill for two months before I began to see the light at the end of the tunnel.**

## 이젠 끝장이다 · That's that.

'이젠 마지막이다, 만사가 다 끝났다, 이제 할 수 없다, 더는 소용이 없다.'라는 의미로 쓰인다. That's all. That's final. 또는 That's the end of it.과 같다.
**If you absolutely refuse to help me, I guess that's that. I'll have to try to do it alone.**
나에 대한 협력을 그렇게 딱 거절한다면, 더는 말해야 소용없죠. 나 혼자 할 수밖에.

노름판 같은 데서 돈을 다 털리고 일어나면서 말하기도 한다.
**Well, that's that.** 할 수 없지, 이젠 다 끝났어.

🎧 아무리 열심히 얘기해도 날 설득하진 못해. 난 안 간다면 안 가니까.
**You can talk till you're blue in the face, but you won't persuade me. I'm not going, and that's that.**
(blue in the face : 화가 나서 얼굴이 파랗게 질린)

## 이중인격 · split personality

split은 '분열된'. 두 개의 얼굴을 가진 이중인격자(double-faced person)와는 약간 차이가 있다. 과속으로 정차를 당한 운전자가 경찰관에게 과속을 한 것은 실존하는 자기가 아니라, 또 하나의 자기가 한 것이라고 강변을 한다면 이것이 바로 a split personality이다.

일반적으로 '이중인격자다.'는 He has two faces.라고 하며, He doesn't have two faces.라고 하면 '솔직하다.'는 말이다.

🎧 그는 이중인격자야. 직장에서는 여성 동료에게 친절하면서 집에서는 아내에게 심술부리거든.
**He's a split personality. He's kind to female co-workers, but at home he's a bear to his wife.** (bear : 심술궂게 트집 잡는 사람)

## 이해하다 · dig

'공부를 열심히 하다.'란 의미로 쓰이며 dig it solid와 같이 쓰는데 이 말은 구멍을 파듯 어떤 문제를 파고든다는 발상에서 나왔다. 이것이 발전하여 '충분히 이해하다.' 또는 '알다.'의 의미로 변했으며 젊은 사람들이 즐겨 쓴다.

흔히 부정문으로 쓰며, 뜻을 강조하기 위해서는 just를 쓴다.
**I just don't dig what you're saying.** 네가 하는 말은 도저히 이해가 안 간다.
**Stay away from my girl. You dig?** 내 여자에게 접근하지 말고, 알았나?

사람에 대해서 쓸 때도 있다.
**I just don't dig that guy.** 도저히 그자를 이해할 수가 없어.

그 밖에, 뜻밖의 것이나 도저히 믿어지지 않는 것을 듣거나 보았을 때도 쓴다.
**Did you dig that blond that walked by? What I wouldn't give to have a date with her!**
방금 지나간 금발머리 아가씨 봤어? 그 여자하고 데이트 할 수 있다면 얼마나 좋을까!

**Dig this guy. He says she once had the hots for him.**
이 친구 말 좀 들어봐. 그 여자가 한때 자기에게 열을 올렸다는 거야.

어째서 우리 반은 너희 반보다 숙제가 더 많은 거야? 알 수가 없어.
**How come our class gets so much more homework than yours? I just don't dig it.**

## 인기 절정의 · most sought-after

sought는 seek의 과거분사. '인기 연예인'은 a popular actor(actress)라고 하나, the most sought-after actress라 하면 '대중의 인기를 얻고 있을 뿐 아니라 여기저기 잘 팔리는 연예인'이라는 뉘앙스가 있다.

**Sylvia is one of the most sought-after TV actresses.**
Sylvia는 지금 인기 절정의 TV 연기자이다.

그 여자는 60년대에 인기 절정에 있던 배우 중 한 사람이었다.
**She was one of the most sought-after actresses in the sixties.**

## 인생에 대한 경험이 있다 · have been around

get around도 같은 뜻이다.
**That's hard question. I'll ask Jane. She gets around.**
그건 참 어려운 질문인데 Jane에게 물어보지. 그녀는 인생 경험이 있으니까.

그런데 표제어나 get around 모두 여성과의 성관계 경험을 의미하기도 하기 때문에 여자와의 대화에서는 조심해야 한다.

또, '겪어 보았기 때문에 경험으로 알고 있다.'는 have been there도 비슷한 말이다.

291

🎧 그들 모두 인생에 대해 아는 게 많다. 경험을 쌓은 사람들이니까.
**They all know a lot about life. They've been around.**

## 인신공격을 하다 · get personal

become personal과 마찬가지 의미로 '인신공격을 하다.' 또는 '인물에 대한 비평을 하다.'란 뜻이다.

그러나 be personal이라고 하면 '남에게 사사로운 일을 묻다.'란 뜻이 되므로 주의해야 한다.
**I'm not trying to be personal, but may I ask how many children you have?** 사사로운 질문을 하려는 것은 아닙니다만, 자녀는 몇이나 되죠?

🎧 백악관의 요리사 Chambrin은 그가 백악관을 떠나는 것과 관련하여 인신공격을 하려 하지 않았다.
**The White House chef Chambrin refused to get personal about his departure.**

## 인연을 끊다 · disown a person

disown은 소유를 나타내는 own의 반대말이므로 '인연이나 관계를 끊다.'란 의미이다. 자신과의 관계를 부인하거나 자식과의 인연을 끊는다고 할 때 쓴다.

disown 다음에 사람 대신 사물이 올 수도 있다.
**Jesse Jackson disowned his supporter's remarks.**
Jesse Jackson은 자기 지지자의 발언이 자기와는 무관하다고 부인했다.

🎧 완고한 아버지는 그의 딸이 실성해서 외국인과 결혼을 했다고 생각하고 딸과의 인연을 끊었다.
**The stubborn father disowned his daughter, believing that she'd gone crazy by marrying a foreigner.**

## 인재 알선인 · head-hunter

전문적으로 고급인력을 발굴해서 대기업이나 비교적 보수가 좋은 업체에 취직을 알선하는 사람을 말한다. '직업소개소'는 employment agency이다.

🎧 어떤 고급인력 알선인은 착수금으로 3,000달러를 요구하는데, 그것은 지나친 액수이다.
**Some of the head-hunters demand that job applicants deposit three thousand dollars. It's a rip-off.**
(rip-off : 착취, 도둑질)

## 인정하다(상대의 능력을) · hand it to someone

'상대편의 능력·노력·공적 등을 인정하다.'란 의미이다. 상황을 나타내는 it은 아무런 의미가 없으나 굳이 말한다면 '칭찬의 말'을 나타낸다.
**Well, I have to hand it to you. That was great.**
칭찬하지 않을 수 없군. 아주 멋있었어.
**I'll hand it to you, Jim. You certainly have ways with woman.**
인정하네, Jim. 자네는 확실히 여자를 다루는 솜씨가 뛰어나.
이 말은 뒤집으면 '상대편의 능력에 손을 들었다.'는 의미도 된다.
**I'll have to hand it to you. You certainly did a fine job.**
손들었네. 자네는 확실히 일을 잘했어.

내용을 구체적으로 밝히기 위해 for ~를 뒤에 붙이기도 한다.
**He had to hand it to her for her excellent performance.**
그는 그 여자가 훌륭한 연주를 한 것을 인정하지 않을 수 없었다.

🎧 전(前) 대통령이 거짓말쟁이였는지는 몰라도, 외교 정책의 공적은 인정해야 한다.
**The former president may have been a liar, but you'll have to hand it to him for his foreign policy successes.**

## 일 잘하는 · up-and-coming

노동을 잘한다는 뜻이 아니라 '관리나 회사원들이 적극성을 가지고 정력적으로 일을 잘한다.'는 의미이다. 능력을 과시함으로써 인정을 받아 '지위가 높아지고 있다.'는 뜻도 있으며 소위 '성장주·유망주'란 뜻도 된다.
**He's one of the up-and-coming members of our company.**
그는 우리 회사 유망주 중 한 사람이다.

🎧 그는 일 잘하는 시장으로 알려졌으나, 뇌물사건으로 망신당했다.
He had been known as an up-and-coming mayor, but he lost his face because of the bribery scandal.


## 일관성 없는 • on-again off-again

'한때 있다가 없어진다.'는 뜻으로 몇 번이고 착수했다, 취소했다 하는 교섭이나 계획 등을 말할 때 잘 쓴다.
on-again off-again plans 제출했다, 철회했다 해서 별로 실현성이 없는 계획

off again, on again이라고도 한다.
I don't know about the picnic. It's off again, on again. It depends on the weather.
소풍가는 일은 분명치 않다. 가기로 했다, 안가기로 했다 하니까. 날씨에 달렸어.

🎧 Carter 대통령의 일관성 없는 인권정책은 그 나라에서 역효과만 조성했다.
President Carter's on-again off-again human right policy had caused adverse effects in that country.


## 일괄적으로 • across the board

원래는 경마에서 나온 말로, 말에 일정액을 골고루 건다는 데서 유래되었다. 일반적으로 급료나 공공요금 등을 같은 시기에 같은 비율로 일제히 인상 혹은 인하한다고 할 때 잘 쓴다.
The Samsung Group raised the pay of all the employees by 5% across the board. 삼성그룹에서는 종업원의 봉급을 일괄적으로 5% 인상했다.

across-the-board로 해서 형용사로도 쓴다.
Korea Electric Power Company recently requested a 6% across-the-board increase. 한국전력은 최근 6%의 일괄 요금 인상을 요청했다.

🎧 그 새 규칙은 일괄적으로 적용된다.
The new rules are applied across the board.

## 일생일대의 · of a lifetime

the chance of a lifetime 일생일대의 기회
the speech of a lifetime 일생일대의 연설
the love of a lifetime 일생일대의 사랑

🎧 그가 미국으로 전근가게 된 것은 일생일대의 기회였다.
It was the chance of a lifetime for him to be transferred to the U.S.

## 일석이조다 · kill two birds with one stone

'한 번의 노력으로 동시에 두 가지를 한다.'는 뜻으로 하나의 해결책으로 두 개의 문제를 해결한다는 의미도 된다.
He learned the words to his part in the play while peeling potatoes. He was killing two birds with one stone.
그는 감자 껍질을 벗기면서 자기의 연극 대사를 외웠다. 일석이조인 셈이다.

🎧 토요일에 Sedona에 가면 일석이조다. 같은 날 어머니 댁에도 들르고 의사도 만나볼 수 있으니까.
If I go to Sedona on Saturday, I can kill two birds with one stone. I can visit my mother and go to the doctor all on the same day.

## 일소에 붙이다 · laugh off

'어떤 심각한 문제를 웃어넘긴다.'는 뜻이다.
Tom suffered an injury to his leg, but he laughed it off and kept playing ball. Tom은 다리에 부상을 입었지만, 일소에 붙이고 게임을 계속했다.

dismiss with a laugh라는 말도 쓴다. 이 경우의 dismiss는 퇴거시키거나 해고한다는 의미가 아니라, '토의 중인 문제를 간단히 처리하거나 일축한다.'는 뜻이다.

참고 laugh it away는 '어떤 문제를 대단치 않게 생각하고 일소에 붙인다'는 말이다.

🎧 Mary는 자기의 불쾌한 경험을 일소에 붙여버리고 말았다.
**Mary just laughed off her bad experience.**

## 일을 걷어치우다 · call it a day

할 일은 아직도 남아 있지만, 오늘은 그만 끝내고 집에 가자는 의미이다. 따라서 '오늘은 이만 합시다.'에 해당한다. 밤일을 하다가 그만둔다고 할 때는 call it a night이라고 한다.

비슷한 의미로 quit for the day 또는 so much for today 또 call it quits도 있다.
**Time to go home, John. Let's call it quits.**
John, 집에 갈 시간이야. 그만하지.

> 참고 Let's finish it today.를 같은 의미로 생각할지 모르나, finish는 '하던 일을 완전히 끝마친다.'란 뜻이므로 표제어와는 의미가 다르다. 즉 '오늘 안으로 완성시키자.'란 뜻이니 혼동하지 않도록 주의해야 한다.

🎧 사장은 Tom이 낮에 일을 걷어치우고 집으로 가버렸기 때문에 몹시 화가 났다.
**The boss was mad because Tom called it a day at noon and went home.**

## 일을 잘 처리하다 · play one's cards right

right 대신 well을 쓸 수도 있다. 표제어는 자기 카드 패를 잘 이용한다는 말이다.
**I had a good hand. I knew if I played my cards right I could win.**
패가 잘 들어왔다. 잘 하면 승부에 이길 수 있다는 것을 알고 있었다.
**He's a hard man to convince, but if you play your cards right, maybe he'll go along with you.**
그 사람은 쉽게 납득하는 사람이 아니지만, 잘만 하면 자네를 도울지도 모르네.

반대로 '잘못하면'은 play one's cards wrong(badly)이라고 한다.

🎧 잘만 처리하면, 이번 거래에서 크게 한몫 잡을 수 있다.
**If we play our cards right, we can make a lot of money out of this deal.**

## 일을 중단하다 • pull the plug

문자 그대로 '전기 플러그를 뽑아버린다.'는 것. 즉, 전기를 끊어서 '하던 일을 중지시키거나 힘이나 효과를 감소시킨다.'는 뜻이다. 우리말로는 벽의 전기 접속장치를 콘센트라고 하는데 영어에 그런 말은 없다. 보통 socket (outlet)이라고 하며 그곳에 꽂는 전기장치는 plug라고 한다.
**Plug it in!** 전기를 꽂아라
또한, '산소 호흡기를 떼다'란 의미도 있다.

🎧 돈이 없어서 재무 담당관이 일을 중단시킬 때까지만 해도 시장은 일을 잘하고 있었다.
**The mayor was doing fine until the treasurer pulled the plug because there was no more money.**

## 일이 많아 꼼짝 못하다 • have one's hands full

'일이 많아서 또는 바빠서 꼼짝 못하다.'란 비유적 의미이다. 생각할 겨를이 없다는 의미도 되며, 말 그대로 양손에 가득 물건을 가지고 있다는 의미도 된다.
**My hands are tied.** 나, 지금 바빠. 란 말도 있다.
**I have my hands full with my three kids.**
아이들이 셋이라 보통 바쁜 게 아니에요.
**I got my hands full with the store.** 가게 때문에 무척 바빠요.

🎧 A : 우체국에서 우표 좀 사다 줄래?
　B : 미안해. 나도 지금 바빠서 그럴 겨를이 없어.
**A : Will you get me some stamps at the post office?**
**B : I'm sorry. I got my hands full.**

## 일제 공격을 받는 • broadsided

broadside는 군함이 배 허리를 한쪽 방향에 대고 일제히 함포사격을 한다는 뜻이다. 일반 회화에서는 '비난이나 악담을 어느 사람에게 일제히 퍼붓는다.' 는 비유적인 의미로 쓴다.

🎧 검찰 당국은 부동산 스캔들을 덮어 버리려다, 언론으로부터 일제 공격을 받았다.
**The prosecution was trying to sweep the real estate scandal under the rug, and broadsided in the papers.**
(sweep under the rug : 일시 눈가림으로 은폐하다.)

### 일직선으로 달려가다 · make a beeline for

벌이 일직선으로 나는 모습에 비유하여 '곧장 달리다.'란 의미로 쓴다. 급히 달려간다는 의미가 내포되어 있다. for 다음에는 사람 또는 사물이 온다.
Whenever my son gets home, he makes a beeline for the refrigerator. 우리 아들은 집에 돌아오면, 곧장 냉장고로 달려간다.

🎧 경기가 끝나자, 우리들은 모두 찬 음료수를 만들어 주는 Tom에게로 곧장 달려갔다.
**After the game, we** made a beeline for **Tom who was serving cold drinks.**

### 일진 나쁜 날 · This is not my day.

'하는 일마다 재수가 없어 잘 안 된다.'는 의미이다.
This is not your day, is it?과 같이 소유 대명사를 바꾸기도 하며 습관적으로 그 부분을 강조해서 발음한다. 데이트하는 사람들이 잘 쓰는 말이다.

반면, 긍정문은 This is going to be my day. 오늘은 신나는 날이야.
This is going to be my evening. 오늘 저녁은 신나게 놀게 된다.

🎧 하나도 되는 일이 없군. 오늘은 정말 재수 없는데.
**Nothing goes right.** This is not my day.

### 일확천금을 얻다 · make a quick buck

buck은 '달러'의 속어 표현이고 여기서 make는 '번다.'란 뜻이다.

Everybody is out to make a quick buck these days.
요즘은 모두들 돈을 쉽게, 빨리 벌려고 한다.

quick 대신 fast를 써도 되고 유사한 표현으로 make money in a hurry가 있다.

🎧 나는 일확천금을 얻고 싶은 것이 아니라, 좋고 안정된 일을 바란다.
**I'm not really interested in** making a quick buck**, but I'd like a good, steady job.**

### 임도 보고, 뽕도 따고 · have one's cake and eat it too

'일거양득'과 같은 의미로 두 가지 좋은 일을 한꺼번에 한다는 말이기도 하다. 부정문의 형식으로 쓰는 경우가 많다. 또 You can't have it both ways.도 자주 사용되는 표현이나 '둘 중의 하나를 택해야지, 양다리를 걸칠 수는 없다.'는 뉘앙스가 있다.

🎧 둘 중 하나만 골라 봐. 임도 보고, 뽕도 딸 수는 없으니까.
**Take your pick. You can't** have your cake and eat it too.

### 입에서 신물이 나도록 · till one is blue in the face

문자 그대로는 '쉴 새 없이 지껄이다 보니, 산소 부족으로 얼굴이 창백해졌다.'는 의미이다. 아무리 말해도 상대편에게서 기대한 반응이나 답변을 얻어내지 못할 때 쓴다. 항상 얘기하는 것과 연관되기 때문에 talk, tell, argue, complain 등과 함께 쓴다.

**I've told the shoe-shine boy not to come into the office till I'm blue in the face ; He still wouldn't listen.**
구두 닦는 아이에게 사무실에 들어오지 말라고 여러 번 말했지만, 그 애는 들은 척도 안 했다.

또, 기진맥진될 때까지 웃거나 녹초가 될 때까지 일한다고 할 때도 쓴다.
**I laughed until I was blue in the face.**
너무 웃어서 기진맥진하고 말았다.

**I worked hard enough to be blue in the face.**
어찌나 열심히 일을 했던지 기진맥진되고 말았다.

🎧 당신이 아무리 열심히 설득을 해도, 나는 절대로 안 가요.
**You can argue till you are blue in the face, I still won't go.**

## 입으로 전하여 · by word of mouth

문서가 아니라 '구두(口頭)'로 하는 것을 말한다.
하이픈으로 연결하여 a word-of-mouth success와 같이 쓰기도 한다.
**I learned about it by word of mouth.**
입으로 전해 듣고 알았다.

**His secret romance was spread by word of mouth.**
남의 눈을 피한 그의 로맨스는 입에서 입으로 알려졌다.

**참고** '보증' 같은 것을 말로 하지 않고 격식을 갖춰 문서로 해주는 것을 in black and white라고 한다.

🎧 문서로 해주세요. 나는 입으로 전해들은 것은 믿지 않으니까요.
**I need it in writing. I don't trust things I hear about by word of mouth.**

## 입은 그대로 오라 · Come as you are.

'현재 모습대로 또는 걸친 그대로 오라.'는 뜻이다. 쉬운 듯하지만, 막상 쓰려면 잘 안 나오는 표현이다. 내용상 의복 따위에 너무 격식을 차리거나 화려하게 입을 필요 없이 평소 입은 모습대로 오라는 것으로, 사람을 초대할 때 잘 쓴다.

🎧 A : 몸치장 좀 하게 시간을 줘.
B : 신경 쓸 것 없어. 입은 그대로 와.
**A : I need some time to pick up my looks.**
**B : Don't worry. Come as you are.**
(pick up one's looks : 화장 · 의복 등을 매만지다)

## 입을 봉하다 · clam up

clam은 '조개'인데, '완전히'라는 의미를 나타내는 up을 붙여서 동사화한 표현으로 '조개같이 입을 꼭 다물고 있다.'는 뜻이다. 보통 대화를 계속 나누던 사람이 어떤 이유로 갑자기 입을 다물어 버릴 때에 쓴다. 내용상 해서는 안 될 말을 감추기 위해 입을 다문다는 뉘앙스가 있다.

**When he learned that my companion was a cop, he clammed up.**
그는 내 동행인이 경찰관이라는 것을 알고는 입을 다물었다.

**Every time I ask him about money, he clams up.**
내가 그 돈에 대해서 물을 때마다, 그는 입을 다물어버린다.

같은 의미로 dummy up도 쓴다.

**Molly dummied up when they got her into the station.**
그들이 경찰서로 데리고 가자, Molly는 입을 다물어 버렸다.

또, '말이 없는 사람'을 a clam이라고 한다.

🎧 파출소로 끌고 들어가자, 그는 입을 다물었다.
**The minute they got him inside the cop-shop, he clammed up.**
(cop-shop : 파출소)

## 입장을 난처하게 하다 • put someone on the spot

여기서 spot은 '궁지' 혹은 '어려운 입장'. 표제어는 '이럴 수도, 저럴 수도 없는 곤란한 입장에 서게 한다.'란 뜻이다.

**I don't want to put you on the spot.** 자네 입장을 난처하게 만들고 싶지 않네.

속어 표현으로는 '죽인다.'란 뜻도 있다.

🎧 뭘 시켜야 할지 모르겠네. 당신이 알아서 가져와요. 좀 곤란하죠?
**I don't know what I want to have. Why don't you get me whatever you think is good for me? Did I put you on the spot?**

 AMERICAN ENGLISH EXPRESSION
BASIC EDITION

## 자기만족으로 우쭐한 기분 • ego trip

자기가 잘났다는 만족감에 '우쭐한 기분이 되어 있다.'는 뜻이다. ego는 '자아'란 뜻이지만 '자존심'이라 봐도 된다. 그리고 trip은 '여행'이란 뜻이지만 '마약으로 몽롱해진 기분'을 뜻하기도 한다. 따라서 표제어는 'ego가 마치 마약을 먹은 것처럼 공중에 붕 떠 있다.'는 의미이다.

The candidate knows he doesn't have a chance of winning the election. He's just on an ego trip.
그 후보는 자기가 당선되지 못한다는 것을 알고 있어. 다만 자기가 잘났다는 만족감에 우쭐할 뿐이야.

🎧 그 친구 또 자기만족에 취해 있는 거야. 모른 체하라고.
That guy is on another ego trip. Pay no attention.

## 자기 멋대로 하다 • have one's way

'자기 의사대로 하다.'란 뜻으로 '고집부리다.'는 뉘앙스가 있다.
Parents usually have their way with their children.
부모들은 보통 자기 식대로 아이들을 다룬다.

have 대신 get을 쓰기도 하며 go his own way라고 하면 좋지 않은 뉘앙스가 없어진다.

🎧 나는 아이들이 제멋대로 하게 내버려두지 않는다.
I never let my children have their own way.

## 자기 명의로 된 • to one's name

'자기 것이라고 주장할 수 있는 것이라고는'이란 의미이다. 즉 재산 또는 소유물을 말한다.
He's never had a penny to his name. 돈이라고는 가져 본 적이 없다.

🎧 그는 자기 명의로 된 은행통장을 가져 본 일이 없다.
He's never had a bankbook to his name.

### 자기선전을 하다 • sell oneself

'상대편에게 자신의 능력을 선전하다.'란 의미이다.
Make yourself known. 자신을 알려라. 도 잘 쓴다.

> **참고** '상품을 적극 선전한다.'는 push the product. 가수 등을 '적극 밀다.'는 promote a singer. '모든 선전 매체를 동원해서 북 치고 장구 치듯 요란한 선전을 한다.'는 bally-hoo 라고 한다.

🎧 요즘엔 직장을 구하려면 열심히 자기선전을 해야 하네. 그렇지 않으면 어려워.
**Nowadays if you want to land a job, you should try hard to sell yourself. Otherwise you'll never make it.**

### 자기 코가 석자 • have enough of one's own

남이 자기의 어려운 사정을 이야기하거나 곤경에 처해 있으니 도와달라고 하면 '나 역시 골치 아픈 일이 많다.'고 대답할 때 잘 쓴다. one's own 다음에 trouble이 빠졌다고 보면 된다. have 대신 have got의 형식을 쓰기도 한다.

🎧 골치 아픈 문제가 있다고? 나도 내 코가 석 자나 빠져있네.
**Trouble? I have enough of my own.**

### 자꾸 잊어버리다 • keep forgetting

'~ 자꾸'라는 말을 영어에서 따로 찾을 필요가 없다. keep으로 충분하다. keep asking, keep calling, keep nagging 등이 그 좋은 예다.
**The baby keeps crying. She must be hungry.**
아기가 자꾸 우네. 배가 고픈 모양이지.

🎧 저 사람 이름이 뭐라고 그랬지? 자꾸 잊어버린단 말이야.
**What did you say his name was? I keep forgetting it.**

### 자나 깨나 • day in and day out

매일매일의 반복을 강조하는 말로, 좋은 일이나 즐거운 일에 대해서는 잘 쓰지 않는다.
Day in and day out I have to listen to my boss's complaints.
They are driving me crazy.
날이면 날마다 사장의 잔소리를 들어야 하는데 미쳐버릴 것만 같다.

일반회화에서는 and를 생략하고 day in, day out과 같이 쓰기도 한다.
They eat nothing but vegetables, day in, day out.
그들은 매일 야채만 먹는다.

day after day라는 표현을 쓰기도 하나 표제어보다 느낌이 약한 편이다.
It rained day after day during our trip. 우리가 여행 중에 매일 비가 쏟아졌다.
He wears the same clothes day after day. 그는 매일 똑같은 옷만 입는다.

🎧 은행원들로서는 자나 깨나 남의 돈만 세고 있으니 따분할지도 모르지.
**It must be monotonous for bank tellers, counting other people's money** day in and day out.

## 자네 입장이 부럽다 • I wish I were in your shoes.

남의 환경이나 처지를 부러워할 때 쓰는 관용표현이다. in one's shoes는 '~의 신을 신는다.'란 뜻으로 사람의 입장이나 경우를 말하며 좋은 처지만을 의미하는 것은 아니다.
I'm glad I'm not in your shoes. 내가 자네 입장이 되지 않은 것이 다행이네.

그러나 상대편에 대한 이해나 동정을 강조하는 경우에는 put oneself in one's shoes를 쓴다.

'죽은 사람이나 은퇴한 사람의 후임으로 들어선다.'고 할 때는 step into one's shoes를 쓴다.

🎧 이번에 뉴욕 지사로 나간다면서? 부러운데.
I hear you're being transferred to New York office. I wish I were in your shoes.

### 자다 · get some shut-eye

shut-eye는 '감은 눈'이란 뜻이다. go to bed와 같은 말이며 get some sleep이라고도 한다. get some sleep은 부정문으로도 쓸 수 있지만, 표제어는 부정문으로 쓰는 경우가 거의 없는 것이 특징이다.
I didn't get any sleep last night. 나는 어젯밤 한숨도 못 잤다.
We'd better get some shut-eye. Tomorrow's a big day.
눈 좀 붙여야겠다. 내일 큰일이 있으니까.
It's about time to get some shut-eye. 눈 좀 붙여야 할 시간이 되었다.

비슷한 의미로 hit the hay가 있다. 또 hit the sack도 있는데 이 말은 '침대에서 자다.'란 의미로 젊은이들이 많이 쓴다.
I think I'll hit the sack early tonight. 오늘 밤엔 좀 일찍 자야겠군.
여기서 sack은 주머니가 아니라 '매트리스'를 뜻한다.

부모가 아이들에게 '잘 시간이다!'하고 소리칠 때도 Sack time!이라는 말을 잘하며 자리에 들어가 잔다, 즉 이불을 덮고 잔다는 의미로 sack in을 쓰기도 한다. sack out은 침대 위에서 자되 이불을 덮지 않고 잔다는 뜻이다. 따라서 낮에 침대에서 가벼운 낮잠을 자는 것은 sack out이라고 한다.

🎧 눈 좀 붙여야겠다. 어제는 늦게까지 잠을 못 잤다.
I've got to get some shut-eye. I stayed up late last night.

### 자동차를 박살내다 · total a vehicle

'자기가 운전하고 있는 자동차를 사고로 박살낸다.'는 의미이다. 운전하는 사람이 주어가 된다. 따라서 He has totaled three cars.라고 하면 자기의 운전 잘못으로 '세 대의 차를 박살냈다.'라는 것이 아니라 세 번이나 차를 박살을 냈다는 의미가 된다.

원래는 totally wrecked의 생략 형태로, 자동차뿐 아니라 소형 비행기, 선박 같은 데에도 쓸 수 있다.
The car was totaled. There is nothing that could be saved.
차가 완전히 박살이 나서 건질 것이 아무것도 없다.

🎧 Bill은 어제 저녁 사고로 자동차를 박살 냈으나 기적적으로 살았다.
**Bill totaled his car last night, but miraculously he wasn't hurt.**

## 자랑하다 · brag

boast도 많이 쓰는 말이나 표제어가 더 구어적이며 '크게 과시하듯 자랑한다.'는 의미이다.
**She often brags about her children.** 그 여자는 종종 자기 자식을 자랑한다.

broadcast도 비슷한 뜻이지만 '나발 불고 다닌다.'는 느낌이 있고 flaunt는 '오만하다.'는 느낌을 준다.
**He was born to wealth, but never flaunted it.**
그는 부잣집에 태어났으나 돈이 많다고 거드름을 피우지는 않았다.

be nothing to brag about라는 구어 표현이 있다. '그렇게 대단치 않으며 자랑할 만한 것이 못 된다.'는 의미이다.
**Their product sales are nothing to brag about.**
그들의 상품 판매는 대단한 것이 못된다.

🎧 그 여자는 약혼자가 준 다이아몬드 반지를 보이며 자랑했다.
**She bragged about the diamond ring that she had from her fiance.**

## 자랑할 만한 것이 못되다 · be nothing to write home about

'특별히 이렇다 할만한 것이 못된다.' 혹은 '별로 대단치 않다.'란 뜻이다.
**The party was nothing to write home about.**
그 파티는 별로 대단치 않았다.
**He's as ugly as sin, and his brains are nothing to write home about.** 그는 얼굴도 몹시 못생겼고 두뇌도 별로 자랑할 만한 것이 못된다.

이렇듯 부정문으로 쓰는 게 보통이나 긍정문으로 쓰는 경우도 있다.
**His visit to New York was really something to write home about.**
그의 뉴욕 여행은 참으로 멋있는 것이었다.

🎧 나는 올해 약간의 봉급인상이 있었지만 자랑할 만한 것은 못돼.
**I got a little bit of raise this year, but it was nothing to write home about.**

### 자리가 높아지다 • make it to the top

전문직에 종사하는 사람이 직장 등에서 '높은 직위로 승진한다.'고 할 때 쓴다. make it 자체가 '성공하다.' 혹은 '목표를 달성하다.'란 뜻을 나타낸다.
**He tried hard to go to Seoul National University to become a doctor, but he couldn't make it.**
그는 의사가 되기 위해 서울대학교에 가려고 무진 애를 썼으나 뜻을 이루지 못했다.

to the top은 '사다리의 최상층부까지 도달하다.(get to the top of the ladder)'는 뜻으로 승진을 의미한다.

🎧 그 친구 자리가 높아지니까, 옛 친구들은 거들떠보지도 않는다.
**Now that he's made it to the top, he doesn't talk to his old friends.**

### 자리를 뜨다 • blow

'서둘러 자리를 뜨다.'란 뜻으로 아주 친근한 사이에서 쓴다. The wind blows.처럼 바람이 어디론가 사라져 버린다는 느낌에 가깝다. 어떤 장소가 재미가 없거나 또는 싫증이 나서 자리를 뜨는 경우에 많이 쓰며 자동사로도 쓰이고 타동사로도 쓰인다.
**This is a boring party. Let's blow.** 따분한 파티군. 일찌감치 뜨자.
**The suspect blew town.** 범인은 마을을 떴다.

기회가 왔는데 이를 놓쳤을 때도 쓴다.
**It was my last chance, and I blew it.** 마지막 기회였는데 놓치고 말았다.

'타격'을 의미하기도 한다.
**It was a real blow to our prestige.** 그것은 우리 명예에 큰 타격이었다.

돈을 함부로 막 쓸 때에도 쓴다.

My wife blew 100 bucks on a pair of shoes.
아내가 신발 한 켤레에 100달러나 날렸다.

화를 내는 경우에도 쓴다.
Finally I had had enough, and I blew.
마침내 참을 수 없게 되자 나는 화를 버럭 냈다.

🎧 "늦었으니 가야겠군."하고 그는 친구에게 말했다.
"It's late. I gotta blow," he said to his friend.

## 자명하다 • speak for itself

'스스로 증명하다.'란 뜻으로 결국 어떤 일에 주석을 달지 않아도 알 수 있을 만큼 분명하다는 말이다.
The facts speak for themselves. 사실은 스스로 분명해진다.
어떤 일에 대해 웅변하고 있다고 할 때도 이 표현을 쓴다.

🎧 전철 요금을 올리지 않으면 안 된다는 것은 자명하다.
The need for an increase in subway fares speaks for itself.

## 자백하다 • come clean

진실을 감추는 것은 더럽다는 발상에서 나온 말로 경찰이나 범죄와 관련해서 잘 쓴다. 즉 경찰이 자주 쓰는 말인 '바른대로 대.'에 해당하는 표현이다.
All right. I'll come clean. Here's the whole story.
좋아요. 다 불죠. 얘기는 이렇습니다.

또, 주머니에 감추고 있는 것을 다 꺼내 보라고 할 때도 쓴다.
Is that all you have? You'd better come clean.
모두 그거야? 그러지 말고 다 꺼내 놔 봐.

confess도 같은 뜻이나 '도덕적 또는 종교적 죄의식을 고백한다.'는 뜻이다.

🎧 어젯밤에 어디 있었는지 다 알고 있어. 사실대로 말해 봐.
I know where you were last night. You'd better come clean.

## 자수성가하다 · pull oneself up by one's own bootstraps

lift(raise) oneself by the bootstraps라고 해도 의미는 마찬가지다. 남성용 boots의 뒤나 옆에 붙은 손잡이 가죽을 붙잡고 boots를 신는 것에서 나온 말로 '힘들지만 자기 혼자 힘으로 자신의 지위를 구축한다.'는 의미이다.
사전에는 혼자 힘으로 완성한다거나 남의 힘을 빌지 않고 혼자 한다고 나와 있으나 이 표현은 인생을 살아가면서 뭔가 목표를 정하고, 아무것도 없는 데서 고생에 고생을 거듭하여 자기 힘으로 경제적, 사회적 또는 정치적 지위를 구축한다는 극히 제한적 의미로 쓰는 말이다.

🎧 그는 마치 Abraham Lincoln과 같이 자수성가한 사람이다.
He pulled himself up by his own bootstraps like Abraham Lincoln.

## 자숙(自肅)하다 · shape up

우리나라에서는 공무원의 기강 확립이나 자숙이라는 말을 많이 쓰지만, 미국에서는 좀 어울리지 않는 말로 한영사전에 나와 있는 self-discipline 자기 수양이나 self-restraint 자제와 같은 말은 너무 위압적이다. '근무자세를 향상시키거나 바로 잡는다.' 정도의 뜻이 표제어의 적당한 의미이다.
I'll tell you one more time. Shape up or ship out!
정신 차리고 열심히 하든지 아니면 회사를 그만두든지 해라.
여기서 ship out은 '사직하다.'란 뜻의 구어 표현이다.

또 shape up은 '몸매를 가꾼다.'는 의미도 있다.
미국의 한 우유회사가 다음과 같이 선전하기도 했다.
Shape up with milk. 우유를 마셔서 몸매를 날씬하게 하자.

🎧 사장은 직원들에게 마음을 다시 가다듬고 적극적이 되어야 한다고 경고했다.
The boss has warned the company employees to shape up and be more aggressive.

### 자신만만한 · brimming with confidence

여기서 confidence는 '자신(self-confidence),' brim이 명사일 때는 '그릇의 가장자리', 동사일 때는 '넘쳐흐를 정도로 찰랑찰랑하다.'는 뜻이다. 그러니까 표제어는 그릇의 가장자리를 넘쳐흐를 정도로 자신만만하다는 의미로 언제나 진행형으로 쓴다.
to the brim이라고 하면 '넘쳐흐를 정도로 찰랑찰랑하게'란 뜻이 된다.
Keep pouring to the brim. 찰랑찰랑 차게 계속 따라.

🎧 그는 자신만만해서 뉴욕으로 떠났다.
**He set out for New York, brimming with confidence.**

### 자신이 초래한 벌을 달게 받다 · face the music

'자기 행위의 결과로 생긴 벌이나 비판을 스스로 달게 받는다.'란 의미이다. 옛날에 미국 군대에서 유죄 판결을 받고 부대에서 추방당하게 된 병사는 부대원들이 도열해 있는 가운데서 북소리에 맞춰 죄목이 낭독되는 것을 들어야 한 것에서 유래되었다. 따라서 music은 그때 울려 퍼지는 '북소리(음악)'이고 비유적으로는 자신의 실수나 비행으로 받게 되는 '벌·비판·비난·견책' 등을 의미한다.

🎧 Mary는 식당의 창문을 깨서 아버지가 돌아오시자 야단을 맞아야 했다.
**Mary broke a dining room window and had to face the music when her father got home.**

### 자웅을 결하다 · have a showdown

showdown은 원래 포커 용어로, '가지고 있는 패를 전부 보인다.'는 것이다. 여기서 변하여 '마지막 승부를 가리는 대결을 한다.'는 의미가 되었다.
'마지막 결선 투표'를 showdown vote라 하기도 한다.

🎧 그 두 사람은 가까운 시일 내에 자웅을 결하기로 되어 있다.
**Those two are bound to have a showdown one of these days.**

## 자유의 몸이다 · free as a bird

새가 새장에서 벗어나서 하늘을 훨훨 나는 모양으로 아무런 간섭을 받지 않는 자유의 몸이란 뜻이다.

My divorce became final last week. Now I'm free as a bird.
지난주 이혼이 확정되었다. 나는 이제 완전히 자유의 몸이 되었다.

정신적인 해방감을 나타낼 때는 feel free as a bird와 같이 말한다.
When I finished my entrance exam, I felt as free as a bird.
입시를 끝마치자, 마음이 후련했다.

🎧 빚을 다 갚고 나니까, 난 훨훨 날 것만 같았다.
When I finally paid off my debt, I felt as free as a bird.

## 작심삼일 · quitter

quit는 '하던 일을 중도에 그만두다'. 어떤 일에 집념을 가지고 하지 못하고 중도에서 흐지부지한다는 뉘앙스가 있다. 따라서 표제어는 어려움이나 위험에 부딪히면 금방 체념하고 그만두는 사람 또는 의지가 약해서 어떤 일이든 끝까지 밀고 나가지 못하는 사람을 가리킨다.

I'm not a quitter. 난 한다면 끝까지 하는 사람이야.

🎧 저 녀석은 뭐든지 끝까지 하는 일이 없어. 작심삼일이야.
He never sticks to anything. He's a quitter.

## 잘 속는 사람 · sucker

a sucker는 '막대기에 낀 빨아먹는 캔디'로 비유적으로는 '잘 속고 이용당하기 쉬운 사람'을 가리킨다. an easy market도 같은 의미이다.
He's always making a sucker of his friend.
그는 언제나 친구를 바보로 만든다.

어떤 일을 뻔히 알면서도 좋아서 어쩔 줄 모르거나 맥을 못 출 때에도 I'm a sucker.라는 말을 쓴다. 말하자면 '어떤 것에 약한 사람'이다.

313

🎧 그는 참 얼간이군. 계속 돈을 잃어도 손을 떼지 않으니.
**He's such a sucker. He keeps playing even though he keeps losing.**

## 잘 파악해 두다(동향을) • keep track of

여기서 track은 원래 '동물의 발자국' 또는 '짐승이 지나간 길'이란 뜻인데 비유적으로는 '발자국이나 코스를 잃지 않고 잘 쫓아가다.' 또는 '사람이 뭘 하는지 혹은 일이 어떻게 되어 가는지 잘 파악하다.'란 의미이다.

**The boss makes us keep track of every cent we spend.**
사장은 우리가 쓰는 돈은 단 1전이라도 잘 파악해 두라고 한다.

**I can't keep track of time.** 시간 가는 줄 모르겠군.

반대말은 lose track of.
**They lost track of the wounded bear at the river.**
그들은 강까지 와서 부상당한 곰의 발자국을 잃어버렸다.

🎧 요즘 새로운 유행가는 파악하기가 어렵다.
**It's hard to keep track of the new popular songs these days.**

## 잘 팔리는 • marketable

원래 상품의 시장성을 뜻하나, '인기 있는 학위' 또는 '잘 팔리는 기술' 등과 같이 skill 재능에 대해서도 잘 쓴다.

**He has a highly marketable skill.** 그는 아주 잘 팔리는 기술을 가지고 있다.

**I have a degree in art, but it's not quite marketable.**
미술분야 학위를 가지고 있지만, 사회에서는 별로 인기가 없다.

🎧 나는 국제 무역 학위를 가지고 있지만 잘 팔리는 분야가 아니거든요. 무엇을 해야 할지 막연합니다.
**I've got my degree in international trade which isn't very marketable. I really don't know which way to turn.**

## 잘 풀리고 있다(게임이) • on a roll

roll은 '굴러가는 것'. 따라서 on a roll은 '막힘없이 잘 풀리고 있다.'는 뜻이다. 일이 잘 풀려 성공적으로 잘 되어 가고 있을 때 쓴다. 노름과 관련해서는 '손속이 나고 있다.'는 의미가 된다.
Don't stop me now. I'm on a roll. 말리지 마. 지금 잘 되고 있으니까 말이야.
Things are going great for John. He's on a roll now.
John은 지금 신바람이 났어. 손속이 나고 있다고.

🎧 삼성 라이온즈는 이번 시즌에 경기가 잘 풀리고 있다.
The Samsung Lions are on a roll this season.

## 잘되다 · go over

'좋은 평을 받다.'란 의미이다.
It didn't go over with the boss. 사장은 좋은 평을 별로 받지 못했다.

'성공하다.'란 뜻도 있는데 크게 잘되는 것을 go over big이라고 한다. 크게 히트를 친다는 말이다.

이 밖에 '검토한다.'는 뜻으로도 쓴다.
You'd better go over the figures again. 그 숫자를 재검토해보게.

🎧 이런 동네에서 햄버거 가게가 잘될 걸로 생각하나?
Do you think the hamburger shop will go over in this kind of neighborhood?

## 잘못 듣는(얘기를) · hearing things

'전혀 얘기한 사실이 없는 내용을 들은 걸로 착각하다.'란 의미이다. 진행형으로 쓰는 점에 주의한다. misunderstand는 '어떤 내용을 분명히 이해하지 못한다.'는 의미로 뉘앙스가 다르다.
hear 대신 see를 쓰기도 하는데 환각으로 뭔가 잘못 보는 것을 의미하며 진행형으로 쓴다. 빨간 교통신호를 문득 푸른 신호로 착각하고 달려나가는 경우 등이 그 예이다.
You must be seeing things. 뭔가 잘못 보고 있는 모양이군.

🎧 자네, 얘기를 잘못 들은 모양이군. 난 그런 말 한 적이 없네.
**You must have been hearing things. I've never said anything of that sort.**

## 잘못 짚다 · bark up the wrong tree

개가 고양이를 쫓아가는데 고양이가 나무를 타고 올라가 다른 나무로 옮겨갔는데도 불구하고 개는 먼저 올라갔던 나무만 쳐다보고 짖는다는 데서 나온 말이다. '선택을 잘못하거나 엉뚱한 사람에게 묻는다.'는 의미이다.

가야 할 길을 잘못 택하는 경우에도 쓴다.
If you think I'm the one who took the watch, you're barking up the wrong tree. 내가 그 시계를 가져간 사람이라고 생각한다면, 그건 엉뚱한 생각이야.

🎧 나는 그런 짓 하지 않았네. 자네는 왜 공연히 엉뚱한 사람을 보고 야단이야.
**I didn't do it. You're barking up the wrong tree.**

## 잠깐 깜빡하다(졸다) · doze off

'꾸벅꾸벅 졸다.'란 의미로, doze off to sleep 또는 drift off to sleep이라고도 한다.
The baby drifted off to sleep. 아기는 졸았다.
The room got warm, so I dozed off to sleep.
방이 따뜻해져서 나는 깜빡 졸았다.

신문 등을 보다가 잠깐 깜빡하는 것은 doze over.
He was dozing over the morning paper. 그는 조간신문을 보다가 깜빡했다.

자기가 잠깐 눈을 붙이는 것은 take a nap.
Oh boy, it was a great nap. 어이구, 한숨 잘 잤다.

🎧 버스 안에서 졸다가, 내리는 정거장을 지나쳐 버렸다.
**I dozed off on the bus, and missed my stop.**

### 잠깐 보다 • have a look-see

have a look at something과 같은 의미이나, 표제어는 터놓고 말하는 사이에서 쓰며 '잠깐'이라는 느낌이 있는 표현이다.
**Bring it around tomorrow. I'll have a look-see.**
내일 가지고 와요. 내가 잠깐 볼 테니까.

for a look-see도 쓴다.
**I heard you were thinking of selling your car, so I thought I'd drop by for a look-see.** 차를 파신다고 들어서 잠깐 들러 구경이나 할까 했지요.

🎧 그 가게의 새로운 가을옷 컬렉션을 잠깐 보고 싶다.
**I just want to have a look-see at the store's new fall collection of dresses.**

### 잠자리에 들다 • retire

활동을 하다가 이제 은퇴한다는 의미에서 '잔다.'는 말이 되었다.
**I'm retiring.** 난 들어가 잘게. 은 우리말의 '나 들어갈게.'라는 느낌에 가장 가깝다.
우리말에 '잔다.'는 말이 여러 가지 있듯이 영어도 go to bed라는 말 외에 hit the hay, hit the sack, turn in 등 다양한 표현이 있다. turn in은 원래 '비료를 땅속에 뿌려 넣는다.'는 뜻의 농업 용어이지만 자신을 담요 속에 접어 넣는다는 발상에서 '잔다.'는 의미로 쓰인 것이다.
**She turned in at 12 last night.** 그 여자는 어젯밤 12시에 잠자리에 들었다.
**I think I'll turn in.** 슬슬 자 볼까?

🎧 아내는 너무 피곤해서 그날 밤 일찍 잠자리에 들었다.
**My wife was really tired and retired early that night.**

### 잡치다 • ruin

보통 '황폐(파멸)시키다.'란 황량한 의미로 많이 쓰이지만, 구어체에서는 '잡치다.' 또는 '망치다.'란 가벼운 의미로 자주 쓰인다. 완전히 파괴하여 회복불능

상태로 만들어 버린다는 느낌이 있다.
You ruined my date tonight. 오늘 밤 데이트는 네가 망쳐 놨다.
The rain ruined everything. 비가 와서 모든 걸 잡쳤다.

비슷한 의미의 속어로 louse up이 있다.
The drunken gate-crasher loused up the party.
난데없이 술 취한 놈이 뛰어들어 와서 잔치를 망쳤다. (gate-crasher는 '불청객')

🎧 장모가 갑자기 찾아와서 일요일을 잡치고 말았다.
The unexpected visit by the mother-in-law ruined my Sunday.

## 장난질하다(기계 같은 것을 가지고) · fool around with

'만지작거려서 자칫 고장나게 할지 모른다.'는 느낌의 구어 표현이다.
Don't you fool around with that smart phone!
스마트폰에 절대로 손대지 마!
Don't fool around with the light switch. You'll break it!
그 스위치 가지고 장난하지 마. 고장 난다고!

사람에 대해서도 쓰는데 '빈둥빈둥 시간을 허비하며 논다.' 또는 '이성하고 바람을 피운다.'는 의미로도 쓴다.
He's fooling around with bar girls. 그는 술집 여자들하고 바람을 피우고 있다.

🎧 누가 내 타자기 가지고 장난질했나?
Has anybody been fooling around with my typewriter?

## 장물아비 · fence

'장물(stolen) 취득인' 혹은 '매매 장소'를 가리킨다.

참고 '장물매매 행위'는 fencing. '서양 검술'을 뜻하는 단어와 철자가 같으니 주의할 것.

🎧 그 점포 주인은 장물 매매 행위로 체포되어 철창신세를 지고 있다.
The store owner was arrested for fencing and put behind bars.

## 장부에서 떨다 · write something off (the book)

원래는 '장부에서 지운다.'란 뜻이나 '어떤 지출항목을 경비로 떨어버린다.'는 등 광범위하게 사용된다. 즉 상품이 팔리지 않거나 수금이 되지 않아 손해로 처리하여 장부에서 떤다는 말이다. write 대신 wipe 쓸어버리다. 도 쓸 수 있으나 표제어가 더 일반적이다.

let it go도 잘 쓰는 구어 표현이다.
He owed me $50, but after he bought my wife a beautiful brooch, I just let it go.
그가 50달러 빚진 게 있었는데 그가 내 아내에게 예쁜 브로치를 선사한 후, 나는 그 돈을 안 받기로 했다.

🎧 어젯밤에 먹은 저녁은 회사경비로 떨어 버리려고 한다.
About the dinner we had last night, I'm going to write it off as a business expense. (write it off : (섭외 비용으로) 흡수하다.)

## 재고(再考)하다 · have second thoughts (about)

'뭔가 하려다가 어떤 사람 또는 일에 대해서 의문을 갖게 되어 주춤하다.'란 뜻이다. have 대신 get을 쓰기도 한다.
We now have second thoughts about going to Canada.
우리는 지금 캐나다로 가는 것에 대해 다시 생각하고 있어.

hesitate는 광범위하게 쓰이고, think twice는 '신중히 한다.'는 뉘앙스가 강하다.
You should think twice about it. 다시 한 번 생각하는 게 좋아.

🎧 형네 부부 싸우는 걸 보면, 난 결혼을 해야 할 지 다시 생각하게 돼.
My brother's marital troubles are making me have second thoughts about getting married.

## 재미삼아 · for the fun of it

'그러는 것이 재미있어서' 혹은 '장난으로'라는 뜻이다.

같은 의미로 for fun이 있고 반대말은 for keeps이다. 원래 아이들의 장난에서 온 말로 for fun은 '장난삼아'이지만 for keeps는 구슬치기 등을 해서 딴 것은 다시 돌려주지 않고 자기가 갖는 데서 나온 말이다.

🎧 나 같으면 그런 일은 하지 않을 거야. 그런데 그들은 그 일을 재미삼아 한다네.
**I don't think I would do anything like that, but they say they're doing it for the fun of it.**

### 재미있는 사람이야 • He's fun.

미국인들이 가장 즐겨 쓰는 말 중의 하나가 fun이며 극히 미국적인 말이기 때문에 정확한 번역이 어렵다.
'같이 있으면 시간 가는 줄 모를 정도로 재미있는 사람이다.'란 뜻인
He's great fun. 혹은 He's fun to be with.는 늘 쓰는 말이다.
Life is fun. 인생은 재미있는 것.

fun은 때와 상황에 따라 뜻과 느낌이 달라진다. 하기 싫은 일을 하면서 '자, 슬슬 시작해 봅시다.'라고 반어적으로 표현할 때도 Let's have fun.이라 한다.

남녀가 함께 있다가 Let's have fun.이라 하면 '동침'을 의미하기도 하며 단순히 '재미있는 놀이를 하자.'는 뜻도 된다.

fun은 셀 수 없는 명사이기 때문에 무관사로 쓰며 복수형으로도 쓰지 않는다. 복수의 기분으로 쓰려면 very much 따위를 쓰는 게 좋다.

fun을 형용사로도 쓴다.
His party was fun. 파티는 재미있었다.
We had a real fun time. 우린 정말 재미있게 놀았다.

🎧 그 사람하고 데이트를 한번 해보지그래? 재미있는 사람이야.
**Why don't you go out with him? He's fun.**

## 재미있는 일 없어? • Where's the action?

action은 원래 '활동'이란 뜻으로, 표제어는 There's no action in this town. 이 지방에서는 돈벌이가 좋지 않다. 과 같이 쓰이나 여기서는 excitement란 뜻으로 where's the excitement?와 같은 의미이다.
where the action is는 속어적 표현으로 '가장 활발하고 자극적인 행동이 벌어지고 있는 곳'이라는 의미이며, 흔히 대도시를 가리킨다.
New York, that's where the action is. 뉴욕이야말로 돈벌이가 있는 곳이지.

🎧 정말 지루하다. 뭐 재미있는 일 없어?
**Life is so monotonous around here. Where's the action?**

## 재수 없는 날 • off day

자칫 '쉬는 날'로 알기 쉬우나 그러한 의미는 a day off라고 하고, 이 경우의 off는 '일이 제대로 안 된다.'는 뜻이므로 표제어는 '무슨 일을 하든 뜻대로 되지 않는 재수 없는 날'을 가리킨다.

🎧 내가 좀 이상해. 요즘 일이 안 되는 날이 너무 많아.
**Something must be wrong with me. I'm having so many off days recently.**

## 재수가 좋으면 • with a little luck

전적으로 운에 의지하는 것이 아니라 '조금만이라도 운이 있다면'이라는 뉘앙스가 있다. If things go well과 비슷한 의미이다.

If luck holds도 '재수가 좋으면'이란 뜻이지만 이 말엔 '현재까지도 별로 나쁘지 않았지만, 앞으로도 계속 운이 좋으면'이라는 뉘앙스가 있다.

with a little stretch here 또는 a little luck there도 잘 쓴다. stretch는 '짧은 것을 늘이다.'란 뜻으로 '짧은 것을 좀 늘이고 거기다 운까지 있으면, 즉 일이 이래저래 잘 돌아가면'의 의미이다.

🎧 재수가 좋으면, 더 좋은 점수를 올릴 수 있을 거야.
With a little luck, we could make a better score.

## 재수 없게도 • Just one's luck

문자 그대로라면 재수가 있는 것 같은 표현으로 보일지 몰라도 실제로는 '세상에!', '재수가 없기로서니!' 등의 의미로 재수가 없을 때 잘 쓴다.
흔히 just my luck!의 형태도 쓴다.
It was the first time for me, and just my luck, I got pregnant.
나로서는 처음 경험하는 일이었어요. 그런데 세상에 재수 없게도 나는 임신하고 말았어요.

🎧 롯데백화점에 물건 살 일이 있어서 갔는데 재수 없게도 노는 날이었다.
I went to Lotte department store to do some shopping, but just my luck, it was closed.

## 저절로 • by itself

'외부의 영향이나 작용 없이 스스로'라는 의미이다.
The gas light went out by itself. 가스 불이 저절로 꺼졌다.

표제어 외에 '저절로'를 나타내는 다른 표현들을 살펴보자.
The door closes automatically. 그냥 둬도 문은 저절로 닫히게 되어 있다.
The door locks itself. 문을 닫으면 자물쇠가 걸려 저절로 잠기게 되어 있다.
이때는 문이 자체를 잠근다는 말이므로 by를 생략하는 점에 주의한다.

🎧 전기 스위치판 좀 점검해 봐. 불이 저절로 나갔어.
Why don't you check the electric panel? The light went out by itself.

## 적격이다 • cut out for

cut out은 '양복천 등을 재단한다.'는 데서 나온 발상으로 능력·재능·성질 등이 직업이나 생활양식에 적합하다고 할 때 쓴다. 우리 속어의 '그 사람이 왔다야.'에 꼭 맞는 말로 재단할 때 규격에 딱 맞게 자른다는 느낌이 잘 나타나 있다. 주로 타고난 재주와 관련해서 쓰며 보통 부정문 형태로 많이 쓴다.

He's not cut out for the medical profession.
그는 의사 직업에는 적격자가 못돼.
He was not cut out to be a doctor.라고 해도 의미는 마찬가지이다.

'적격자'는 a well-qualified person, a person fit for the position 혹은 the right man for the position 등으로 표현할 수 있다.

🎧 나는 그 직책과 한 1년 정도 씨름을 해봤지만 결국 그 일에는 내가 적격이 아니라는 사실을 깨달았다.
After tackling with the position for about a year, I realized that I wasn't cut out for that kind of work.

### 적극적으로 변호하다(~를) · go to bat for someone

bat for는 '대타를 한다.'란 의미인데 go to가 붙어서 '때리러 간다.'는 적극적인 의미가 느껴진다. 문자 그대로 '~를 위해 대타를 치러 간다.'는 이 표현은 곤란한 상황에 있는 사람을 적극 도와준다고 할 때 잘 쓰는 말이다. 가령 아기 엄마가 아파서 몸겨누워 있을 때, 이웃들이 와서 밥도 지어주고 아기도 돌봐주는 등 적극적으로 도왔다는 뜻으로도 사용하나 실제로는 말로 사람을 도와주는 경우에 많이 쓴다.
When I needed a raise, he went to bat for me.
봉급 인상이 필요했을 때, 그는 나를 위해 사장에게 좋게 조언을 했다.
이 경우 When I wanted a raise보다는 When I needed a raise를 씀으로써 경제적으로 궁핍한 상황을 더 잘 나타낸다.

🎧 Jeff를 도와줘야 해. 내가 어려움을 겪고 있을 때 그는 나를 여러모로 도와줬었거든.
I've got to help Jeff. He went to bat for me when I needed it.

### 적당히 얼버무리다 · gloss over

gloss는 '광택을 내다.'란 뜻이다. over를 동반해서 '겉만 보기 좋게 적당히 광을 낸다.'란 의미로 쓰인다.

'잘못이나 실수 등을 은폐한다.'는 뜻으로도 사용된다.
He glossed over his errors. 그는 실수를 적당히 얼버무렸다.

323

벽이 깨져 쪽이 떨어진 것이나 구멍이 난 것을 '슬쩍 때우다.'란 의미도 있다.

🎧 그 일은 역사적 비극이었는데 적당히 얼버무려 덮어 버렸기 때문에 사람들의 기억에서 거의 잊혀졌다.
**It was a historic tragedy, glossed over and almost forgotten.**

## 적당히 하다 · go easy on

'적절히 하다, 과도하게 하지 않다.'란 뜻이다. on 다음에 사람이 나오면 '친절하게 혹은 관대하게 대한다.'는 말이고, 물건이 나오면 많이 하지 말고 아껴서 '조금만(적당히) 한다.'는 의미이다.

Go easy on the drink. You have to drive home.
술은 적당히 해요. 집에 갈 때 운전을 해야 하니까.

즉 Don't drink too much.의 의미이다

Go easy on her. It's her first day on the job.
그 여자에게는 적당히 하게. 오늘 첫 출근이니.

Don't be rough on her.의 뜻이다.

🎧 A : 커피에 크림과 설탕을 넣나?
B : 그래. 하지만 설탕은 적당히 넣게.

A : Do you take cream and sugar in your coffee?
B : Yes, but go easy on the sugar.

## 적령이 된 · of age

'결혼을 하거나 법적인 문서에 서명할 수 있는 나이가 됐다.'는 뜻으로, come of age의 의미이다.

When Jane comes of age, she will buy her own car.
Jane은 나이가 되면, 자기 차를 살 것이다.

My son is of driving age. 우리 아들은 운전할 나이가 되었다.

🎧 나이가 되면, 결혼해서 도시로 이사를 갈 거다.
**When I'm of age, I'm going to get married and move to the city.**

## 적자 · the red

장부에 손실액을 붉은 잉크로 표시한 데서 유래된 말이다. 정관사 the를 붙이는 점에 주의한다.
Business is in the red. 사업이 적자다.
We(Business) got into the red. 손해를 봤다.
We got out of the red. 빚이 있다.

같은 의미로 in the hole이 있다. 물론 빚이 있다고 할 때도 쓴다.
I'm $500 in the hole this month. 이달에 빚이 500달러야.

강조할 때는 deep 또는 way를 쓴다.
I can't afford to borrow any more money. I'm already deep in the hole. 돈은 더 이상 못 빌리네. 벌써 적자를 많이 내고 있으니까.

야구시합에서 투수나 타자가 곤경에 처했을 때도 쓴다.
The pitcher finds himself in the hole. 투수가 곤경에 처해 있다.

🎧 지난달 가계는 5만 원이나 적자였다.
Our household was fifty thousand won in the red last month.


## 적자생존 · the survival of the fittest

'제일 강한 것이나 순응력이 뛰어난 것이 성공한다.'는 의미이다. 즉 무능하고 적응력이 약한 것은 도태된다는 뜻이다.

🎧 대학에서는 완전히 적자생존이야. 퇴학당하지 않고 졸업하려면 계속 공부해야 해.
In college, it's the survival of the fittest. You have to keep working in order to survive and graduate.


## 적중하다 · hit the bull's eye

활쏘기의 둥근 과녁이 소의 눈같이 생겼다 해서 '정확한 과녁을 맞힌다.'는 뜻도 되지만 비유적으로 '정곡을 찌른다.'는 의미도 된다.

'성공하다.'라는 의미도 있다.
His idea really hit the bull's eye. 그의 아이디어가 정말 적중했다.

🎧 그의 상품이 시장에서 가장 인기 있대. 그의 시도가 적중한 거야.
He said his product became the hottest item on the market.
He hit the bull's eye.

### 전국 방방곡곡에 · from coast to coast

coast는 '연안'. 표제어는 '태평양 연안에서 대서양 연안까지'라는 뜻이다.
all over the country와 같은 말이다.
요즘 유행하는 말로 by-coastal이 있는데 대서양 연안에 주거지가 있고 태평양 연안에 사업체가 있는 경우 또는 그 반대의 경우를 말한다. 형용사와 명사로 쓴다.

🎧 그의 명성은 삽시간에 전국 방방곡곡에 퍼졌다.
His reputation spread rapidly from coast to coast.

### 전데요 · This is he(she).

'지가 긴대요.'라는 사투리를 연상케 하는 말로 전화통화에서 자주 쓰는 표현이다. This is he that is speaking.의 준말로 보면 된다. 직접 사람을 찾을 때에도 잘 쓴다.
I'm looking for Mrs. Jackson. Are you she?
Jackson 부인을 찾고 있는데요. 댁이신가요?

🎧 A : 매니저께서 자리에 계신가요?
　B : 접니다만 무슨 일이시죠?
A : Is the manager in, please?
B : This is he. What can I do for you?

### 전도금 · down payment

'물건이나 가옥 등을 월부(할부)로 살 때 먼저 거는 돈'을 말한다.

일부 재미교포 중에는 down pay라고 하는 사람들이 있으나 down payment가 정확한 표현이다.

down을 부사로 쓰기도 한다.
I put ten percent down on the new car. 새 차 사는데 1할 선금을 냈다.
여기서 down은 in cash, at once 또는 when bought의 의미이다.
즉 I paid fifty dollars down.이라고 하면 '살 때 50달러를 현금으로 내고 나머지는 할부로 했다.'는 뜻이며 I paid no money down.이라 하면 '할부로 하되 살 때는 한 푼도 안 냈다.'는 뜻이다.

🎧 나는 전도금을 낼만한 여유가 없었다.
**I didn't have enough money to make down payment.**

### 전력을 다하다 · break one's neck

사실상 목이 부러지는 경우에도 쓰지만 대개 비유적으로 많이 쓰며 almost 또는 all but 등의 부사와 함께 쓰기도 한다.
I broke my neck to get here on time. 여기까지 시간에 맞춰 오느라 혼났다.

break one's back과 같은 의미이다.
There's no point to break your back. Take your time.
죽어라 애쓸 필요 없어. 천천히 해.

🎧 Brown씨를 시간에 늦지 않도록 병원에 데려가느라 정말 혼났다.
**We almost broke our necks getting Mr. Brown to the hospital on time.**

### 전성기 · in one's prime

prime은 '최고·정상·최상'의 뜻으로 여러 표현이 있다.
prime minister 국무총리, prime time 골든아워, prime rib 갈비 상등품, prime beef 상등육, He's in the prime of his days. 그는 지금 전성기다.

in one's time은 우리가 흔히 말하는 '한창나이 때'라는 의미이다.

I jogged every morning when I was in my prime.
한창나이 때 나는 매일 아침 조깅을 했었다.
표제어 대신 in its prime을 쓰기도 한다.

🎧 그는 전성기에 간염으로 세상을 떠났다.
**He died of hepatitis in his prime.**

## 전혀 모르겠다 · beat me

직역하면 '나를 지게 하다.'로 '어떤 일에 대해 이해가 안 된다.'는 의미이다. I don't know.를 강조한 말이라 보면 된다. 주의할 것은 me를 강조해서 발음해야 하며 언제나 3인칭 단수 현재형으로 쓴다.
This math problem beats me. 이 수학 문제는 전혀 모르겠군.

관용적인 표현으로 That beats me.를 쓰기도 한다.
"How often should I take this medicine?" 이 약은 몇 번쯤 먹어야지?
"That beats me. Why don't you call the doctor and find out?"
글쎄, 의사한테 전화해서 물어보지 그래?

경우에 따라서는 주어가 완전히 생략되는 경우도 있다.
Beats me. You'll just have to figure it out for yourself.
전혀 모르겠군. 너 스스로 생각할 수밖에 없어.

🎧 글쎄! 해답을 전혀 모르겠군.
**Beats me! I don't know the answer.**

## 전혀 알지 못하는 · in the dark

'어떤 사람 또는 일에 대해 전혀 아는 것이 없다.'란 뜻이다.
We were completely in the dark about who he was.
우리는 그가 어떤 사람인가에 대해서 아는 것이 전혀 없었다.
do not know what to do 무엇을 해야 할지 모른다. 와 같은 의미로도 쓰인다.

🎧 강요로 이 일을 떠맡았는데 어디서부터 시작해야 할지 전혀 갈피를 못 잡겠다.
**I was forced to take the assignment, but I'm completely in the dark about where I should begin.**

## 전화 한 통이면 된다 · just a phone call away

away는 '떨어져 있는 거리'를 의미하며 표제어는 전화통화는 거리와 관계가 없으므로 '어디에 있든 전화 한 통화면 되는 쉬운 일'이라는 뜻이다.

광고 선전 문구에 이런 말이 있다.
**Don't miss this opportunity. We're just a phone call away.**
이 기회를 놓치지 마십시오. 전화 한 통화면 됩니다.

첫 대면의 남자가 여자에게 명함을 넌지시 건네면서 은근히 하는 말이다.
**Here's my card. I'm just a phone call away.**
제 명함입니다. 아무 때나 전화 주세요.

🎧 어려워 말고 연락하세요. 전화 한 통이면 되니까요.
**Please feel free to let me know. I'm just a phone call away.**

## 전화를 걸다 · give someone a ring

a ring 대신 a call을 써도 되는데 여기서의 call은 telephone call을 의미한다.
속어로 give someone a buzz도 잘 쓴다. buzz는 '전화의 호출음'.
**Give me a buzz sometime.** 가끔 전화 좀 해줘.
**I'll give her a buzz and ask her.** 오늘 밤에 그녀한테 전화해서 물어볼게.

🎧 내일 아침 만사 제쳐 놓고 전화 좀 해주게.
**Give me a ring first thing tomorrow morning.**

## 전화번호부에 없는 번호 · unlisted number

미국에서는 유명인 등이 사생활을 위해 전화회사에 부탁해서 자기 번호를 전화번호부에 올리지 않도록 하는 경우가 많으며 이러한 관례는 일반인에게도 적용된다. 따라서 전화 가설 신청을 하면 Listed or unlisted? 하고 번호 기제 여부를 묻는다.

🎧 그는 공개되지 않는 전화번호를 가지고 있어서 교환원이 가르쳐주길 꺼렸다.
**Unfortunately he had an unlisted number, and the operator refused to tell me what it was.**

## 절대 금물 • no-no

엄마가 아기에게 '안돼요.'를 두 번 강조해서 명사화된 말로 '절대로 해서는 안 된다.'란 의미이다. 어린이 용어가 일반화된 것으로 특히 습관이나 규정상 금지된 행동 또는 상식에 어긋나는 행위에 대해서 쓴다. 약간 익살기가 있는 표현이다.

**Keeping bananas in the refrigerator is a no-no.**
냉장고에 바나나를 보관하면 안 된다.

**Glass baby bottles for older babies are a no-no.**
좀 큰 아기에게 유리로 된 우유병을 주는 것은 절대로 안 된다.

🎧 의사가 카페인이 든 것은 가까이하지 말라고 했어요. 그래서 커피는 절대 안 된답니다.
**The doctor told me to stay away from anything that has caffeine, so coffee is a no-no for me.**

## 절대로 ~시키지 않는다 • ~ over my dead body

'~를 하려거든 나를 죽이고 넘어가서 하라.'는 뜻이다.
어떤 일을 맹렬히 반대할 때 '죽어도 그렇게는 못하겠다.'란 의미로 쓴다.
over someone's dead body가 기본 형식이며 이 표현이 쓰이는 상황으로 볼 때 소유격 my를 쓰는 경우가 가장 많다. 우리말의 '내 눈에 흙이 들어가기 전에는 절대로 안 된다.'는 표현과 똑같다. 표제어 자체만으로도 강한 반대의사를 나타낼 수 있다.

**Over my dead body!** 절대 안 돼! 내가 죽으면 몰라도!

🎧 음악공부는 절대로 안 돼. 네 아버지와 같이 의사가 되는 거야!
**You'll study music** over my dead body. **You're going to be a doctor just like your father!**

### 절대로 하지 않는 것 · the last thing

'어떠한 경우에도 절대로 해서는 안 되는 것'.
thing 대신 place를 써서 표현하기도 한다.
New York is the last place I'd ever want to go again.
뉴욕에는 절대로 다시 안 가겠다.
마지막으로 가고 싶은 곳, 혹은 마지막으로 하고 싶은 일이니까 결국 '절대로 ~하지 않는다.'는 의미이다. 정관사를 붙여 쓰는 점에 주의한다.

🎧 그런 짓을 하는 것은 절대 금물이에요. 그쯤은 아실 텐데.
**That's** the last thing **you'd want to do. You know better than that.**

### 절망하지 마라 · This is not the end of the world.

직역은 '세상이 끝장난 것이 아니다.' 즉 '절망하지 마라.'는 뜻이다. 몹시 절망하거나 좌절하고 있는 사람에게 격려의 말로 하는 회화 표현이다.

🎧 절망하지 말게. 무슨 해결방법이 있을 거야.
This is not the end of the world. **There must be a way out.**

### 절제하다 · cut down(cut back) on

'종전보다 양을 줄이거나 소비량을 절제한다.'는 의미이다.
**You have to cut down on cigarettes.** 담배를 절제해야겠다.
**You should try to cut back on booze.** 술을 절제하도록 해라.
**The doctor told me to cut down on sweets.**
의사는 나에게 단 음식을 많이 먹지 말라고 했다.

🎧 물건 살 때는 두 번 생각하고, 절실한 게 아니면 절제하게.
**Think twice when you shop, and** cut back on **unimportant things.**

## 점잖게 굴어요 · Where are your manners?

간접적이며 암시적인 표현으로 어른과 아이들, 모두에게 쓸 수 있다. '주책 부리지 말라.'는 뜻도 된다.

반대로 Where are my manners?와 같이 자신에게 반문하는 식으로도 쓴다. 즉 손님 접대를 잊고 호들갑을 떨고 나서 '아이고 내 정신 좀 봐. 앉으시란 말도 안 하고…'와 같은 느낌이다. 또는 I'm forgetting my manners.라고도 한다.

> **참고** 사람을 웃기느라 익살을 떨며 주책을 부리는 사람을 보고 Stop clowning.이라고도 한다. clown은 서커스의 '광대'란 뜻이다.

🎧 얌전히 굴어. 가만히 앉아 있으라고.
**Where are your manners? Sit over here and stay put.**

## 점점 좋아지다 · grow on someone

'처음에는 그렇지 않다가 마음속에 호감이 싹터서 차츰 좋아하게 된다.'란 뜻이다.

That music is strange but it grows on you.
그 음악은 듣기에 좀 이상하지만 차츰 좋아진다.

I had no special feelings for Lisa in the beginning, but the more I saw of her the more she grew on me.
처음에는 Lisa에 대해 특별한 감정을 갖지 않았으나 만날수록 점점 더 좋아지게 되었다.

🎧 나는 이 동네에 전혀 정이 들지 않을 것으로 생각했는데 좀 지나고 나니 정이 들기 시작한다.
**I didn't think I could ever get used to this town, but after a while it grows on me.**

## 점찍다 · single out

'여러 개(사람) 중에서 특별한 하나(한 사람)를 선택한다.'는 뜻으로 능동형·수동형 모두 쓸 수 있다.

He was singled out to be the next spokesman for the Blue House.
그는 다음 청와대 대변인으로 지목됐다.

I'm not the only one who is late. Don't single me out!
늦은 사람은 나 혼자만이 아냐. 나만 찍어서 지적하지 말라고!

🎧 여성 클럽에서는 그를 가장 적격한 독신자로 점찍었다.
**The women's club singled him out to be the most eligible bachelor.**

## 정 급하면 · in a pinch

pinch는 '위기'나 '절박한 상태'란 뜻이다.
Whenever you're in a pinch, give me a ring.
언제든지 어려운 일이 있으면 전화해.

심각한 경우가 아니더라도 선택의 여지가 없을 때 '정 급하면' 또는 '여차하면' 정도의 가벼운 뜻으로 쓰인다. 볼펜이 필요한데 연필밖에 없을 경우 '이 연필이라도 쓸 수는 있다.'란 의미로 This'll do in a pinch.라고 한다. 전자보다 후자의 가벼운 뜻으로 쓰는 경우가 더 많다.

🎧 일요일에 일하기는 싫지만 정 급하면 하겠어.
**I don't like to work on Sundays, but I'm willing to do it in a pinch.**

## 정각에 · on the dot

dot은 '시계의 눈금', 바늘이 눈금 위에 와 있으니까 '정각'이라는 의미이다. right를 써서 의미를 강조하기도 한다.
He came home right on the dot of six. 그는 6시 정각에 집에 돌아왔다.
I'll be there at noon right on the dot. 12시 정각에 그곳에 갈게.

🎧 그는 빚을 갚는 데 늦는 일이 없다. 언제나 기한에 맞춰 지급한다.
**He's never late in repaying his debts. He always pays right on the dot.**

## 정곡을 찌르다 · hit the nail on the head

Be sure to hit the nail on the head or you'll mar the wall.
정확하게 못대가리를 쳐야지 그렇지 않으면 벽만 상해.

'못대가리를 정확하게 때린다.'는 말이지만 보통 비유적으로 '정곡을 찌른다.'는 의미로 쓴다. '정확하게 바른 일을 한다.' 또는 '어떤 일을 가장 효과적이고 능률적으로 하다.'란 뜻이다.

관용적으로 hit the nail right on the head와 같이 많이 쓴다.
The president's remarks hit the nail right on the head.
대통령의 말은 그야말로 정곡을 찌르는 것이었다.

🎧 Bob은 별로 말이 없지만, 가끔 정곡을 찌르는 말을 한다.
**Bob doesn't say much, but every now and then he hits the nail right on the head.**

## 정면 대결하다 · take on head to head

take on은 '도전하다.'
Bobby Chacon is taking on the champion Edward Davis.
Bobby Chacon은 선수권자인 Edward Davis에게 도전하고 있다.

head to head는 '맞대고, 정면으로'란 뜻으로 compete head on(with)과 같다.

🎧 '현대'는 노다지 시장을 놓고 'GM대우'와 정면 대결했다.
**Hyundai had taken on GM Daewoo head to head for the highly lucrative market.**

## 정반대 · the other way around

around를 round라 해도 의미는 같다. '사실은 정반대'라는 의미로 get it backward와 같다.
"Is he your older brother?" 저분이 형님이신 가요?

"No, it's the other way around. He's my younger brother."
아뇨, 정반대예요. 제 동생이에요.

"I'm sure the Giants will beat the Lions."
자이언츠가 라이온즈를 꺾을 거야.

"No, it's the other way around." 천만에 그 반대일세.

No, it won't fit that way. Try it the other way around.
아냐, 그렇게 하면 안 맞아. 반대로 해 봐.

A : 그 여잔 네가 자기를 찼다고 하던데.
B : 천만에 그 반대야.

**A : She said you dumped her.**
**B : No, it's** the other way around.

## 정보를 알리다(최근의) · keep someone posted

well informed와 같은 뜻으로 '자주 연락을 해서 최근에 어떤 일이 일어났는지에 대해 정통하다.'는 뜻이 함축되어 있다. post를 과거분사형으로 쓰는 점에 주의한다. Keep me informed.라고도 하나 일반 회화에서는 표제어가 더 빈번히 사용된다.

He's well posted in current economic trend in Korea.
그는 최근의 한국 경제동향에 밝다.

If the price of onion goes up, I need to know. Please keep me posted. 양팟값이 오르면 내가 알고 있어야 해. 내게 연락 좀 주게.

크리스마스에 대비해서 당신 제품이 필요할 거예요. 자주 연락 주시겠어요?
**We might need your product for Christmas holidays.**
Keep me posted**, will you?**

## 정상 근무시간의 · nine-to-five

표제어는 아침 9시에서 저녁 5시까지 근무하는 일반 회사원의 근무시간을 말하며 이 시간대에 근무하는 사람을 a nine-to-fiver라고 한다. 9시에서 5시까지 늘 정해진 지루하고 따분한 일이나 하는 사람이라는 느낌이 함축되어 있다.

I work nine-to-five. 나는 정상 근무시간 일하는 직장인이다.
I can't stand the nine-to-five rat race.
아침부터 저녁까지 보람도 없는 따분한 일을 하는 것은 못 견디겠다.

🎧 나는 정상 근무시간에 근무하는 자리를 열심히 찾다가 마침내 그러한 일을 찾았다.
I really wanted a nine-to-five job until I finally got one.

## 정상급이다 · rank all the way up there

rank는 '랭킹에 든다.' all the way는 '끝까지', up there는 '높은 곳'.
His company ranks all the way up there in terms of export volume. 그의 회사는 수출물량에서는 정상급이지.

한편 주유소에서 기름을 넣을 때 우리는 '만땅'이라고도 하는데 이는 일본말의 차용으로 영어에서는 go all the way라고 한다. 또 '가득 채우시오!'라고 할 때는 그냥 All the way!라는 말을 쓰기도 한다. 물론 Fill her up! 또는 Fill it up!도 쓴다. 속어 표현으로 Tank it up!도 있다.

🎧 여자 설득하는 데는 그 사람이 정상급이야.
When it comes to persuading girls, he ranks all the way up there.

## 정석 · tried and true tactics

tried는 try의 과거분사로 '이미 시험이 끝난' 또는 '이미 확인된'이라는 뜻이고, true 역시 '확실하다.'는 뜻이다. 따라서 tried and true는 '절대적으로 신뢰할 수 있는'이란 의미의 형용사로 생각할 수 있다. tactics는 '전략'. '정석대로 하다.'는 use tried and true tactics이다.
They only use tried and true tactics. 정석대로만 하고 모험은 하지 않는다.

🎧 이런 일과 씨름하는 것은 처음이니까 정석대로 하는 게 상책이다.
Since this is our first attempt at such an undertaking, we'd best rely on tried and true tactics.

### 정성을 들여 가꾸다(화초 등을) · **nurse**

'가꾼다.'는 말에는 단순히 grow나 cultivate 재배하다. 이상의 뜻이 포함되어 있으므로 '아기를 돌보거나 환자를 간호한다.'는 뜻의 표제어가 적합하다.

술 한 잔을 놓고 소중히 여기며 마냥 조금씩 마신다는 의미도 있다.
"Care for some more drink?" 좀 더 할래요?
"No, thanks. I want to nurse mine." 아녜요. 전 천천히 마시겠어요.
He's been nursing his drink. 저 친군 한 잔 따라 놓고 [시켜 놓고] 마냥 마시고 있다.

I'll drink slowly.는 마시는 행위 자체가 느린 것으로 '천천히 마시다.'를 의미하지는 않는다.

🎧 이 나무를 한 달 동안이나 잘 가꿨죠. 정성을 들인 보람이 있어요.
I've nursed this plant for a month. It sure has paid off.

### 정식 허가 · **official go-ahead**

go ahead 어서 하세요. 를 명사화한 것으로 permission을 부드럽게 쓴 경우다. '전진 혹은 착수의 허가' 등의 동적인 느낌이 난다.

We got his O.K. 혹은 He okayed our plan. 우리의 계획을 승인했다. 과 같이 O.K.도 같은 뜻으로 쓰나 표제어와 같은 느낌은 없다.

🎧 우리는 그 계획에 대한 정부의 정식 허가를 기다리고 있다.
We are awaiting an official go-ahead on the project from the government.

### 정신을 가다듬다 · **pull oneself together**

'마음의 평정을 되찾다.'란 뜻으로 산산이 흩어진 정신(oneself)을 다시 끌어 모은다(pull together)는 발상에서 나왔다. 슬픔·노여움·낙담·충격·공포 등의 정신적 동요로부터 정신을 가다듬는다고 할 때 쓴다.
Now, calm down. Pull yourself together. 자, 진정해. 정신 좀 차리고.

아주 가까운 사람이 죽어서 넋을 잃은 사람에게 정신을 가다듬으라고 격려할 때도 쓴다.

🎧 진정하세요. 여기서 탈출하자면 모두들 냉정해야 합니다.
**Pull yourself together. If we're to escape from here, we've all got to remain calm.**

## 정신을 바짝 차리다 · get on the ball

공 위에 올라가 있는 사람이 공에서 떨어지지 않으려고 주의하고 있다는 말인데, 넓은 의미로 '정신을 바짝 차리고 긴장하고 있다.'란 뜻이다. 일을 시작할 때 Let's get on the ball! 하면 '이제부터 정신 바짝 차리고 잘해봅시다!'라는 뜻이다.

**Get on the ball, you guys. We have to finish before the boss gets back.** 정신을 바짝 차려. 사장이 돌아오기 전에 끝마쳐야 해.

get 대신 be, stay, keep과 같은 동사를 쓸 때도 있다.
**He's just not always on the ball.** 그는 긴장을 풀고 있을 때가 있다.

🎧 정신 바짝 차리고 열심히 공부하지 않으면 낙제할 거야.
**If you don't get on the ball, and start studying harder, you're going to flunk.**

## 정신이 번쩍 들게 하다 · make a person sit up

sit up은 '일어나 앉다.'란 뜻이지만 구어 표현으로 '깜짝 놀라다, 정신 차리다.' 등의 의미로 쓴다. 평소에 대수롭지 않게 생각하던 일이 일어나 갑자기 경각심을 갖는다는 뜻이다. become suddenly alert와 같은 의미이다.

🎧 경호원을 거느리고 다니는 일이 없던 John Lennon이 총격을 당해 사망하자, 많은 저명인사들은 정신이 번쩍 들었다.
**The assassination of John Lennon, who never travelled with guards, made a lot of celebs really sit up.**

### 정신이 팔리다 · get carried away

어떤 일에 열중하다 보니 결과적으로 본의 아니게 실수를 하는 경우나 너무 인상적이거나 감동적이어서 정신을 잃는 경우에 쓴다. 보통 수동형으로 쓰는 점에 주의한다.

I'm sorry. I got carried away with my job. What can I do for you? 죄송합니다. 제가 일에 열중하고 있다 보니 와 계신 줄 몰랐군요. 어떻게 오셨죠?

My wife got carried away by the plush mink coat on display at the window. 아내는 창가에 전시된 호화로운 밍크코트를 보고 넋을 잃었다.

be addicted to도 쓴다. 원래 '중독되다.'란 뜻인데 '칭찬할 만한 것이 못되는 일에 중독이 되어 있다.'는 의미이다.

He's addicted to poker games. 그는 포커에 정신이 팔려 있다.

🎧 그는 바둑에 정신이 팔려 아내와의 약속도 잊었다.
He got so carried away with go he forgot his appointment with his wife.

### 정직하게 공개하다 · put one's cards on the table

'모든 사람이 다 볼 수 있도록 가지고 있는 것을 공개한다.' 또는 '상대방에게 밝힌다.'는 비유적 의미의 말이다.

Come on, John, lay your cards on the table. Tell me what you really think. 자, 어서 John. 모든 걸 다 밝히고 진짜 생각을 말해 봐.

🎧 우리 서로 정직하게 밝히는 게 어때?
Why don't we both put our cards on the table?

### 정통하다 · know all there is to know about

'~에 관해서 알아야 할 것을 다 알고 있다.'니까 '내용에 환하다.'는 의미이다. 회화에 자주 나오니 꼭 외워 둘 필요가 있다.

🎧 그 친구는 증권시장 사정에 훤하다.
**He knows all there is to know about stock market.**

## 정확하게 집어내다 • pinpoint

원래는 지도상의 어느 지점을 바늘로 꽂아서 표시한다는 데서 유래했다. 일반 회화에서는 '어떤 사실·문제·잘못 등을 정확하게 지적하거나 진단한다.'는 의미로 쓴다.

catch out도 비슷한 뜻이지만 이 표현은 '잘못된 것을 지적한다.'는 뜻으로만 쓰는 것에 주의한다.
**Do you mind catching me out?** 내 옷맵시에 뭐 이상한 데 없어?
이 말은 거울 앞에서 옷을 입어 보면서 곧잘 하는 말이다.

그러나 Do you notice anything different about me?는 '평상시와 다른 점은 없느냐?'는 뜻으로 잘못을 지적한다는 의미는 없다.

🎧 내 차에서 이상한 소리가 나는데 정확히 어디서 나는지 모르겠다.
**My car makes a funny noise, but it's hard to pinpoint where it's coming from.**

## 정확한 기억력 • photographic memory

사진으로 찍은 듯이 '기억력이 정확하다.'는 의미로 have a good memory를 익살스럽게 표현한 것이다. 반대말은 have a poor memory.

> **참고** have a bad memory라고 하면 '기억조차 하기 싫은 추억을 가지고 있다.'는 뜻이니 주의할 것. '오래된 일도 잘 기억하고 있다.'는 You have a long memory.라고 한다. 반대말은 a short memory.

have a memory like a sieve라는 비유적인 표현이 있다. '밑으로 다 흘러 버리는 체와 같은 기억력'이라는 말로 '잘 외우지 못한다.'는 의미이다. 또 '잘 잊어버린다.'는 I'm so forgetful.이라고도 많이 한다.

🎧 요즘은 내가 자꾸 잊어버린단 말이야. 전에는 기억력이 비상했는데.
**I just keep forgetting things these days. I used to have a photographic memory.**

## 제값을 다하다 • pay for itself

자체의 값을 지불한다는 것은 '본전을 뽑는다.'는 의미이다. 물건이 주어가 되는 점에 주의한다. 어떤 기계를 샀을 때 지불한 돈의 값어치를 다 할 뿐만 아니라 그 값 이상의 목적을 다했을 경우에 잘 쓴다.

🎧 회사는 그 기계에 5만 달러를 투자했는데 1년 안에 제값을 다했다.
**The company invested fifty thousand dollars in the machine, and it paid for itself within a year.**

## 제대로 된 식사 • square meal

square는 '정사각형 모양의'이란 뜻이나, 여기서는 '충분히 만족스러운'이란 의미이다. 돈이 없거나 바빠서 충분하고 푸짐한 식사를 못한다고 할 때 잘 쓴다. meal을 생략하고 square만 쓸 때는 반드시 수사(數詞)와 함께 쓴다.
**I need two squares a day at least.**
나는 적어도 하루 두 끼는 제대로 된 식사를 해야 한다.
**All I need is a place to sleep in and three squares a day.**
나한테 필요한 것은 잠자리와 하루 세 끼의 제대로 된 식사이다.

🎧 나는 그동안 바빠서 제대로 된 식사를 사흘이나 하지 못했다.
**I have been so busy I haven't had a square meal in three days.**

## 제 실속 찾기 • every man for himself

직역하면 '각자가 자기 자신을 위하려고 한다.'로 '제각기 자기 실속을 차리려고 한다.'는 의미를 충분히 짐작할 수 있다. 관용 표현이므로 여자에게도 himself를 그대로 쓰는 점에 주의한다.

341

🎧 전철이 도착하자 사람들이 뛰어들어, 먼저 자리를 잡으려고 법석을 떨었다.
**When the train pulled in, it was every man for himself as people rushed to get seats.**

### 제때에 못 내다(돈을) • fall behind on

fall behind는 '사람이나 어떤 일이 예정보다 늦어진다.' 또는 '남보다 더뎌서 뒤로 쳐진다.'란 뜻으로 fall behind 대신 get behind를 쓰기도 한다. 그리고 on 또는 in을 붙여 쓰면 '지불이 늦어진다.'는 의미이다.

**The company would often fall behind on paychecks.**
그 회사는 월급을 제때에 못 주는 일이 많았다.

**He was on unemployment check and fell behind on credit card payments.** 그는 실직수당에 의지해 살았으며 신용카드의 지불을 제때에 못했다.

**I fell behind on my car payments, so the bank took my car back.**
자동차 월부금을 제때 못 내는 바람에 은행에서 내 차를 도로 가지고 갔다.

🎧 우리는 그동안 이자를 제때에 못 냈다.
**We have fallen behind on our interest payments.**

### 제로에서 다시 시작하다 • start over from scratch

여기서 scratch는 원래 경기 등의 '출발점(start line)'으로 from scratch 하면 '무에서 맨주먹으로'란 뜻이고 over에는 '다시'라는 의미가 함축되어 있다. 그러니까 표제어는 '무에서 시작한다.'는 비유적 의미로 start from the beginning 또는 start from nothing과 같다.

> **참고** bake a cake (starting) from scratch라 하면 만들어 놓은 재료나 믹스 등을 쓰지 않고 '처음부터 직접 케이크를 만든다.'는 의미이다. 회화체에서는 start를 생략하고 쓰는 경우가 많다.

🎧 그는 부동산 투기로 돈을 몽땅 날렸으나 맨주먹으로 다시 뛰어 백만장자가 되었다.
**He lost all his money in the real estate speculation, but started over from scratch and became a millionaire.**

## 제멋대로 함부로 대하다 · walk all over someone

상대방의 기분이나 존재를 무시하고 맘 내키는 대로 행동하는 경우에 쓴다. treat someone badly와 같은 말이다.

Maybe I was too nice to her. She walked all over me.
내가 그 여자한테 너무 잘한 모양이야. 나한테 함부로 하지 뭐야.

운동경기와 관련해서 쓸 때는 상대편을 묵사발로 만든다, 즉 '낙승하다.'란 뜻이다.

The Doosans walked all over the Samsungs by the score of 14 to 2. 두산이 삼성을 14대 2의 점수로 묵사발 만들었다.

🎧 나에 대해서 마음대로 할 수 있다고 생각하면 그것은 오산이야.
If you think you can walk all over me, you've got another think coming.


## 제멋대로의 짐작 · shot in the dark

문자 그대로 암흑 속에서 발포하니까 정확히 맞을 리가 없다. 따라서 표제어는 '아무렇게나 또는 대강대강 하는 억측이나 짐작'을 뜻한다. 속어 표현이며 대개 just, only, a mere 등과 함께 쓴다.

My comment was just a shot in the dark. 대충 짐작으로 말했을 뿐이다.

'짐작하다.'는 take a guess 또는 hazard a guess라고 한다. hazard는 명사의 경우에는 '위험'·'해악'이라는 뜻이지만 동사의 경우에는 '위험을 각오하고 딱 잘라 말한다.'는 뜻이다.

I just hazarded a guess and it happened to be right.
대강 짐작해 때렸는데 우연히 맞았다.

🎧 내가 어떻게 정답을 맞혔는지 모르겠다. 그것은 제멋대로의 짐작이었다.
I don't know how I guessed the right answer. It was just a shot in the dark.

## 제약 없이 • with no holds barred

hold는 '상대편을 잡아 조임'이란 뜻으로 레슬링에서 나온 말이다. 여기서는 어떠한 반칙이나 제한도 상관하지 않고 하고 싶은 대로 한다는 뜻이다.
with no restraints 또는 with no restrictions와 같다.
I want you to get that contract. Do anything - no holds barred.
그 계약을 꼭 따내. 무슨 짓이라도 해. 반칙을 해도 좋아.

🎧 그는 계약 협상을 할 때면 무제한의 자세로 시작해서 좋은 계약을 따고야 말아.
When he negotiates a contract, he goes in with no holds barred and comes out with a good contract.


## 제자리걸음 • get nowhere

'결론이 안 난다.'란 의미이다. 토론이나 협상 과정에서 갑론을박하여 결론이 나지 않을 때 We're getting nowhere. 혹은 We're not getting anywhere.라고 할 수 있다.

길을 몰라 근방을 돌면서 목적지를 못 찾을 때에도 쓴다.
Looks like we've been going around in circles. We're getting nowhere. 같은 곳만 빙빙 돌고 있는 모양인데 제자리걸음 아냐?

get nowhere fast도 같은 의미로 직역은 '빨리 아무 데도 안 가다.'로 fast는 '빨리'라기보다 아무런 진전이 없음을 강조한 반어적 표현이다.
We're getting nowhere fast in this heavy traffic. We'd better find another road. 이렇게 길이 막혀서야 꼼짝 못하겠군. 다른 길을 찾는 게 좋겠어.

🎧 결론이 나지 않는데 이 문제를 표결에 부칩시다.
We're getting nowhere. Why don't we put the question to the vote?


## 제철[한창]인 • in season

'과일·생선 등이 제철을 맞아 한창 먹기 좋을 때'라는 뜻이다.

Strawberries aren't in season in January. 정월엔 딸기가 제철이 아니다.
When are oranges in season? 오렌지는 언제가 제철이죠?

season은 '대목'이란 의미가 있을 때도 있다.
The season hasn't started yet. 대목은 좀 더 기다려야 한다.

🎧 지금은 게가 한창이죠.
**Crabs are now in season.**

---

### 제쳐놓고(사람을) · **over one's head**

어떤 사람이나 경로를 무시하고 곧바로 상부에 보고하거나 결재를 올린다고 할 때 잘 쓰는 표현이다.

서열을 무시한다는 느낌이 없을 때는 bypass가 무난하다.
Korea bypassed Japan in its opening of cultural relations with China. 한국은 일본의 중개 없이 중국과 문화교류의 길을 텄다.

> 참고 표제어에는 구어 표현으로 상대편이 하는 말이 너무 어려워서 이해하기 어렵거나 이해에 혼란이 생긴다는 의미가 있다. 또, Talk over my head.라 하면 상대편이 너무 어려운 말을 써서 도저히 이해하기 어렵다는 말이다.

🎧 이놈을 그냥 놔두지 않을 거야. 나를 제쳐놓고 직접 사장에게 불만을 털어놓았거든.
**I'm not going to let this guy get away with it. He took his complaints over my head straight to the boss.**
(get away with it : 그 일로 처벌을 받지 않고 넘어가다.)

---

### 제한이 없다 · **The sky's the limit.**

하늘이 한계이다. 즉, '무제한이다.'란 뜻이다. 금액과 관련하여 상한선이 없으니까 제한을 받지 않아도 된다는 의미로 잘 쓴다.
You can bet any amount you want. The sky's the limit.
돈은 얼마를 걸든 상관없어. 제한이 없으니까.

이 밖에 음식이나 술을 한턱 내면서도 쓰고, 승진이나 출세 등에도 쓴다.

If you come to work for us, the sky's the limit.
우리 회사에 와서 일하신다면, 출세는 한이 없어요.

🎧 이건 내가 내는 거야. 실컷 먹게.
This is my treat. The sky's the limit.

## 졌다고 말하다 · say uncle

'어떤 어려운 일에 굴복하다.'란 뜻이다. 때로는 say 대신 cry를 쓰기도 한다. 상대편을 때려눕힌 아이가 밑에 깔린 아이에게 Say uncle! 너, 졌지! 하고 소리를 지르면 밑에 깔린 아이가 Uncle! Uncle! 졌어, 졌어! 하고 패배를 인정한다. 즉 Give up? 하면 I give up! I give up! 하는 것과 같다.

🎧 나는 절대 굴복하지 않을 거야. 계속 밀고 나갈 거야.
I never say uncle. I just keep right on going.

## 조롱하다 · pull someone's leg

'먼저 한 방 먹여 놓고 놀려준다.'는 의미로 경우에 따라서 행동과 관련된 조롱에도 쓰인다.
Don't let him fool you. He's forever pulling someone's leg with a tall story. 그 사람에게 속지 말라고. 그 사람은 늘 거짓말로 사람을 놀리니까.
Go on! You are pulling my leg. 설마! 날 놀리는 거지.

사람을 놀리고 즐거워하는 사람은 a leg-puller라 하고 그냥 장난삼아 악의가 없는 거짓말을 하며 놀리는 것은 poke fun at이라고 한다.

🎧 그게 진짜가 아니라 사람을 놀리려고 그러는 거지?
You don't mean that. You're just pulling my leg.

## 조마조마한(마음이) · on pins and needles

좌불안석의 조마조마한 마음을 비유한 것으로 불안한 경우뿐 아니라 즐거움·

기대감·초조감 등을 나타낼 때도 쓴다.
I was on pins and needles waiting for the announcement.
조마조마한 마음으로 발표를 기다렸다.

걱정과 불안 때문에 자리에 진득이 앉아 있지 못하고 서성거린다는 뜻으로 pace the floor가 있다.
It's getting late. I must go now. My mother must be pacing the floor. 시간이 너무 늦어서 가 봐야겠다. 어머니가 안절부절못하실 거야.

🎧 내일이 식당 개업 날이라 마음이 조마조마하네.
**Tomorrow is the grand opening of the restaurant. I'm on pins and needles.**

## 조제하다 · fill a prescription

fill은 '처방에 따라 약을 조제하다.'란 뜻이다. 미국도 우리나라와 같이 의사의 처방에 의해서 약을 사고팔기 때문에 처방전을 가지고 약국에 가야 한다. make up이라고 해도 되나 표제어가 일반적이다.

🎧 이 처방대로 조제해 주십시오.
**I'd like this prescription filled, please.**

## 조화를 이루다 · in sync (with)

방송이나 영화 용어로 '음성과 화면의 그림이 동시에 딱 들어맞아 조화를 잘 이룬다.'는 의미이다. 일반회화에서는 비유적으로 잘 쓰며 흔히 not in sync with와 같이 부정문의 형식을 취한다.

반대로 '일치하지 않는다.'고 할 때는 out of touch를 쓴다.
The national press is out of touch with what the Blue House intends to do. 전국의 언론이 청와대의 의도와 일치하지 않고 있다.

🎧 그들이 하려는 일은 나의 개인적인 경험과 일치하지 않는다.
**What they're trying to do is certainly not in sync with my personal experience.**

### 좀 거리가 멀다 · a little out of

one's line을 넣어 a little out of one's line이라 하면, '그 직업과는 좀 거리가 멀다.'란 뜻이다. 여기서 line은 '전문적으로 종사하는 직업'.
one's를 생략하고 out of line이라고만 하면 '줄이 흐트러지다.' 또는 '사회통념에 맞지 않다.'란 뜻이며 속어 표현으로는 '비합리적이다.'란 의미이다. 따라서 The cost of this meal is out of line.이라 하면 '비싸다.'는 뜻이다.

🎧 그 사람은 정치하고는 거리가 좀 멀지. 원래 교수였거든.
**Politics is a little out of his line. He used to be a professor.**

### 좀 두고 보자 · We'll see.

지금으로서는 뭐라 말할 수 없고 '상황의 추이를 보면서 결정을 한다.'는 의미이다. We'll have to see.라 하면 뜻은 분명해지나 표제어가 더 보편적이다.

🎧 A : 크리스마스 휴가 때 설악산에 갈 거죠?
B : 글쎄, 좀 두고 보자.

**A : Are we going to Mt. Seorak for Christmas vacation?**
**B : Well, we'll see.**

### 좋건 싫건 · for better (or) for worse

결혼식장에서 주례가 신랑·신부에게 반드시 하는 말로 '즐거울 때나 괴로울 때나 …'란 뜻이다. 일반회화에서는 '좋건 싫건' 정도의 가벼운 뜻으로 쓰인다. Whether you hate it or love it도 비슷한 말이다.

'앞으로 사정이 어떻게 될지 모르지만'이라는 의미도 있다.
**For better or for worse, I'm going to quit my job.**
어찌 됐건 난 직장을 그만둘 거야.

🎧 너무 심하게 볶지 마세요. 좋건 싫건 남편 아녜요?
Don't be too rough on him. For better, for worse, he's your husband.

## 좋다고!(너무했어요!) • I like that!

회화의 특색을 잘 나타내는 예 중 하나인데, 강세를 어디에 두느냐에 따라 그 의미가 달라진다.
I를 강조하면 '다른 사람은 몰라도 나는 좋아한다.'는 뜻이며, like를 강조하면 '좋아한다.'는 뜻이 두드러진다. 또, that을 강조하면 '그것'에 중점을 두는 것이 된다. 그런데 I와 like와 that을 모두 다 강조하면 I don't like that.이라는 반어적인 의미가 되고 만다. '무척 애를 썼는데.' 또는 '그렇게 기대했는데 너무하지 않았느냐.'는 느낌으로 특히 분개할만한 말을 들은 직후에 쓴다.
Well, I like that! After all the trouble I went to get him the job, he says he isn't going to take it.
그래, 좋아! 내가 그렇게 애를 써서 그에게 일자리를 얻어 주었는데 그 사람은 그게 싫다는군.

🎧 내가 만들어 준 음식을 안 드시겠다고요? 그래요, 좋다고요!
You're not going to eat the meal I fixed for you? Well, I like that!

## 좋도록 해요 • Be my guest.

guest는 '정식으로 초대받은 손님'. 표제어를 직역하면 '나의 손님이 되시오.'라는 말인데 초청받은 손님은 정중하게 대접받기 마련이니까 '어서, 좋도록, 마음대로'라는 의미이다. 대개 사소한 부탁을 받았을 때 대응하는 말로 쓴다.
"May I smoke here?" 여기서 담배 좀 피워도 될까요?
"Sure, be my guest." 그럼요. 어서 피우세요.
"May I fix myself a drink?" 술 한 잔 따라 마실까요?
"Be my guest." 그럼요. 어서 드세요.

그러나 반어적으로 빈정대는 말이 되기도 한다.
Report to the police? Be my guest! 경찰에 알린다고? 마음대로 해 봐!

**참고** guest를 이용한 표현 : the guest of honor(주빈), a guest singer(초청가수), a guest actor(특별 출연 배우)

🎧 내 아내에게 이른다고? 좋도록 해. 하지만 그랬다간 넌 죽을 줄 알아.
**Talk to my wife? Be my guest. But if you do, consider yourself dead.**

## 좋아서 미치다 • **get a kick out of**

kick은 구어 표현으로 '스릴·쾌감·흥분·자극'이란 뜻이다.
Why do they smoke marijuana? 왜 사람들이 마리화나를 피우지?
Because they get a kick out of it. 스릴이 있거든.

또, Soccer is kick on the grass.라는 말이 있다. 축구는 잔디 위에서 찬다는 의미도 되지만, 실제로는 '축구는 잔디 위에서 얻는 쾌감 또 스릴이다.'는 말이다.

> **참고** 자주 쓰는 속어 표현에 Are you still on that kick? (아직도 그 일로 해서 꽁하고 있니?)가 있다. kick은 이 경우 '불만·불평'이란 뜻이다.

🎧 요즘 아이들은 비디오게임에 미친단 말이야.
**Kids these days get a big kick out of video games.**

## 좋아하다[사모하다] • **have a thing for someone**

admire 혹은 adore와 비슷한 의미로 예전부터 시도해왔다는 뉘앙스가 풍긴다.
I think he still has a thing for her. 내 생각에 그는 그녀를 여전히 좋아하는 것 같아.
그런데 이 표현은 a thing 뒤에 어떤 전치사가 나오느냐에 따라 의미가 달라진다. with를 쓰면 '보통 사이가 아니다.'라는 뜻이고, about을 쓰면 obsession 집념을 의미한다.
He has a thing with her. 그는 그녀와 그렇고 그런 사이다.
She accused me of having a thing with John.
그녀는 내가 John하고 좋아 지낸다고 나무랐다.
She's got a thing about tidiness. 깨끗이 치우는 데 미친 여자야.

🎧 전에 Jane을 좋아했었지, 하지만 이젠 다 지난 얘기야.
**I used to have a thing for Jane, but now it's a thing of the past.**

## 죄송한 말씀입니다만 · I beg your pardon.

상대방의 말을 못 알아들었을 때 말꼬리를 올려 I beg your pardon. 하는 것은 회화 상식이고 여기서는 뉘앙스가 좀 다르다. 내용상 '이런 말씀을 드려도 괜찮을지 모르겠으나 …'의 의미로 분명한 거절의 표현이며 불쾌감까지 느껴진다.

"Sharon, will you get me a cup of coffee?" Sharon, 커피 한 잔 갖다 줄래?
"I beg your pardon. I'm a bookkeeper, not a maid."
죄송한 말씀이지만 저는 경리사원이지 식모가 아녜요.

한편, 격분의 감정을 점잖게 나타낼 때도 많다.
I beg your pardon. I'm not what you think I am.
뭐라고요? 난 당신이 생각하고 있는 그런 사람이 아녜요.

즉 상대방의 말을 못 알아들은 게 아니라 다 알아듣고 '듣자 하니 별소릴 다 하는군요.'라는 뉘앙스로 하는 말이다.

또, 전화를 잘못 걸었을 때 상대편에게 용서를 구하는 경우에도 잘 쓴다.
I beg your pardon. I got the wrong number. 아이고, 죄송합니다. 잘못 걸었군요.

🎧 A : 김군, 세탁소에 뛰어가서 내 셔츠 좀 찾아오겠나?
　　B : 죄송한 말씀입니다만 나는 영업사원이지 사장님의 심부름꾼이 아닙니다.

A : Mr. Kim. Will you run down to the laundry shop and pick up my shirts?
B : I beg your pardon. I'm salesman, not your errand boy.

## 죄의 대가를 지불하다 · pay one's dues

due는 membership due 회비, club dues 클럽 회비 등과 같이 '단체 가입비' 혹은 '수수료'란 뜻으로 여기서는 복수형으로 쓴다. 비유적인 표현으로 I paid my price.라고도 한다.

I served 10 years in prison. I've paid my dues to society.
10년간 복역했으니 사회에 대한 죄의 대가는 지불한 거야.

경험을 나타내기도 한다.

I spent some time as a gas station attendant, so I've paid my dues in the serving business.
주유소에서 기름 넣는 일도 했으니까, 서비스 사업에서 천박한 일도 해본 셈이다.

🎧 사회정의라는 면에서 볼 때 나의 행동이 잘못이었다는 것을 잘 알고 있다. 그러나 나는 10년형을 살며 죄의 대가를 치렀다.
**I know what I did was wrong in the eyes of social justice. I did ten years and paid my dues.**

### 주간 멜로드라마 • soap opera

옛날 라디오에서 낮 시간대에 주로 비누회사가 스폰서인 멜로드라마가 방송된 데서 생긴 말로 일반화된 표현이다. opera는 [아뻐러]라고 발음하며 요즘은 간단히 a soap이라고 한다. 약간 경멸적인 의미가 있다.

**She won't schedule anything when her soap is on.**
그녀는 자기가 보는 멜로드라마가 방영될 때는 아무 약속도 하지 않는다.

**Soaps are very popular on college campuses.**
대학 구내에서는 멜로드라마가 대인기이다.

🎧 아내는 멜로드라마를 좋아하고 남편은 서부극을 좋아하기 때문에 그들은 텔레비전을 두 대 가지고 있다.
**They have two television sets because she likes soap operas and he likes horse operas.**

### 주도권을 쥐다 • run the show

여기서 show는 '서커스나 흥행 등의 구경거리'. 표제어는 비유적으로 '조직 등에서 주도권을 쥔다.'는 의미이다.

**It's really the bureaucrats who run the show.**
실제로 주도권을 가지고 있는 사람들은 관료들이다.

'쇼를 이끌어가다.'란 원래 의미로 쓰이기도 한다.
**You may be the director, but I run the show. Don't you forget it!**
단장은 자네일지 모르나 이 쇼를 이끌어 가는 사람은 나야. 명심하게!

또, 의미를 강조하기 위해서 whole을 함께 쓰기도 한다.

She always tries to run the whole show.
그녀는 언제나 모든 일에서 자기가 주도권을 쥐려고 한다.

🎧 어머니에게 얘기해도 별로 소용이 없다. 우리 집안의 주도권은 아버지가 가지고 있으니까.
It won't do any good to talk to my mother. My father runs the show at my house.

### 주제넘은 · presumptuous

'건방지게 버릇없이 나선다.'는 뜻으로, rude나 bold에 가까운 말이다. '주제넘은 것 같습니다만.'은 It may be presumptuous of me, but의 형식을 쓴다.

It is presumptuous of him to give orders. 그가 명령을 내리다니 건방진 짓이군.

🎧 그에게 충고한다는 것이 나로서는 주제넘은 일이다.
It is presumptuous of me to give him an advice.

### 주책을 떨다 · clown around

clown은 '광대'. 표제어는 이상한 몸짓으로 주책을 떨거나 익살스러운 짓을 한다는 뜻이다. clown이라 하면, 금방 광대를 연상하겠으나 일반적으로는 '바보'·'익살꾼'을 의미한다.

Please stop clowning around and get to sleep.
제발 까불지 좀 말고 가서 자라.

play the fool이라고도 하는데 의미가 더 강하다.

🎧 주책 좀 그만 떨고 가끔 점잖게 굴어 봐.
Stop clowning around. Be serious once in a while.

### 죽기 아니면 살기 · all or nothing

'몽땅 아니면 빈손'. 단판 승부로 결판을 낸다는 뉘앙스가 있다.

It's all or nothing. I'll try for Seoul National University.
죽기 아니면 살기야. 서울대학교에 응시해 볼래.

비슷한 말에 take a chance가 있는데 이 말은 표제어보다 의미가 약하고 요행을 바라는 뉘앙스가 풍긴다.

🎧 죽기 아니면 살기야. 그런 사람하고는 결코 타협하지 않겠네.
It's all or nothing. I don't want to compromise with a guy like that.

### 죽느냐 사느냐 · sink or swim

남의 도움이 없이 혼자 힘으로 사느냐, 죽느냐의 갈림길에 있다고 할 때 잘 쓴다. 옛날 영국에서 마녀를 재판할 때 몸을 묶어서 강물에 던지던 관습에서 유래되었다. 경우에 따라 명사구나 부사구 역할을 한다.
'사활이 걸린 문제다.'라고 해서 It is a matter of life of death.란 말도 하나 표제어가 더 구어적이다.

🎧 남편을 잃은 후, 나는 직업전선의 큰 흐름 속으로 뛰어들어야 했고 그것은 나에게 사활이 걸린 문제였다.
After my husband died, I had to jump into the mainstream of work force. It was sink or swim for me.

### 죽다 · cash in one's chips

문자 그대로는 '도박장에서 돈 대신 쓰는 칩을 현금으로 바꾼다.'는 뜻이다. 장사의 권리는 팔아버린다는 뜻도 되지만 비유적으로 완곡하게 쓸 때는 '인생의 게임을 끝맺는다.', 즉 '죽는다.'란 의미이다.
I'm too young to cash in my chips. 내가 죽기에는 아직 일러.
I'm an old man. I'll soon be cashing in my chips.
난 노인이야. 이제 슬슬 저 세상에 갈 시기야.
경우에 따라 chip 대신 checks를 쓰기도 한다.

🎧 그 사람 참 안 됐어. 너무 젊은 나이에 죽었거든.
Too bad about him. He was too young to cash in his chips.

## 죽을 뻔하다 · almost cost one's life

cost에는 '귀중한 것을 희생시킨다.'란 의미가 있다.
It almost cost my job. 그 일로 해서 자칫 직장을 잃을 뻔했다.
It almost cost his marriage. 그 일로 해서 그의 가정은 거의 파탄될 뻔했다.
almost를 생략하면 '~뻔했다.'가 아니라, 단정적으로 상황이 끝난 것을 의미한다.

🎧 그는 한때 폭음을 해서 하마터면 죽을 뻔했다.
**Once he indulged in heavy drinking, and it almost cost his life.**

## 죽이 잘 맞다 · hit it off (with)

be on intimate terms with를 연상하겠으나 표제어가 구어적이다. 사이가 좋다는 말이며 내용상 '금방 친해지다.'라는 뜻이 내포되어 있다.
They hit it off together. 두 사람은 서로 죽이 잘 맞는다.

구어 표현으로 be chummy with도 쓴다.
Tom is chummy with John. Tom은 John과 사이가 좋다.
They are real chummy. 그들은 무척 친하다.

🎧 저 사람들은 처음부터 죽이 잘 맞았다.
**They hit it off right from the start.**

## 죽지 않은 것만도 다행인 · lucky to get away with one's life

get away with는 '용케 빠져나가다.' 여기에서 lucky는 '행운'이 아니라 '다행'이라는 의미이다. 따라서 표제어는 '죽음을 모면해서 다행이다.'란 뜻이며 과거형 또는 미래형으로 쓸 수 있다.
I got robbed in the street last night, but I think I was lucky to get away with my life. 어젯밤에 거리에서 강도에게 털렸는데, 죽지 않은 것만도 다행으로 아네.
비슷한 말로 You're lucky to be alive.가 있다.

🎧 그는 범죄가 들끓는 동네에서 가게를 하고 있었는데, 죽지 않은 것만도 다행이다.
**He owned a store in the crime-infested community, and he was lucky to get away with his life.**

## 준비가 완료된 · all set

be all set, be all ready 또는 be completely prepared라 해도 된다.
따라서 be all set to go는 be ready to begin과 같다.
We are all set to depart at any time. 준비가 완료되어 아무 때나 출발할 수 있다.

🎧 우린 출발 준비가 됐는데 너는 준비 다 됐니?
**We are ready to leave now. Are you all set?**

## 줄곧 · running

보통 복수명사 다음에 쓰이며 부사로 '계속해서'라는 의미를 나타낸다.
in a row와 같다.
It rained five hours running. 다섯 시간 동안 계속해서 비가 내렸다.

🎧 월마트 할인점을 창업한 Walton은 4년 동안 줄곧 최고의 갑부 타이틀을 유지했다.
**Walton, who founded Walmart Stores, held the title of the richest person for four years running.**

## 줄담배를 피우다 · chain-smoke

연이어서 계속 담배를 피우는 것. 다 피운 담뱃불에 또 담배를 붙인다는 말도 되지만 일반적으로는 많이 피우는 것을 가리킨다.
smoke를 빼고 chain이라고만 하는 경우도 있다.
I used to chain, and my husband threatened to leave me if I don't give it up. 나는 줄담배를 피웠는데 남편이 내가 담배를 끊지 않으면 헤어지겠다고 위협했다.

'줄담배를 피우는 사람'은 chain-smoker라고 한다.
I didn't know he was such a chain-smoker.
난 그가 그렇게 줄담배를 피우는지 몰랐다.

'쉴 새 없이 담배를 피우다.'는 smoke like a chimney라 한다. 굴뚝에서 연기가 나오듯 핀다는 말이다.

🎧 그는 오늘 모임에서 담배를 두 갑이나 계속 피웠다.
He chain-smoked two packs of cigarettes in today's conference.

### 줍는 사람이 임자 · Finders keepers.

보통 길가에 떨어져 있는 돈을 줍거나 그것을 옆에서 본 사람이 하는 말이다. 반대로 돈 줍는 것을 본 사람이 맞장구칠 때에는 Losers weepers.라고 잘 한다. 잃어버린 사람은 속상해할 것이라는 의미이다.

🎧 A : 누가 quarter를 떨어뜨렸네.
　　B : 줍는 사람이 임자야.
A : Somebody dropped a quarter.
B : Finders keepers.

### 중상 모략하다 · slander

표제어는 입으로 하는 중상을 말하고 문서 등으로 하는 비방은 libel[라이블]이라고 한다. 법조계에서 이렇게 구별하여 쓴다.

🎧 조심하는 게 좋아. 그자는 일이 생길 때마다 너를 중상하고 다니니까.
You'd better be careful. That guy's slandering you every chance he gets.

### 중요한 것 · the name of the game

'그 게임의 이름'이 되도 좋을 정도로 그 게임에서 대단히 중요한 것이라는 말로 '어떤 일의 가장 중요한 점'이란 뜻이다. the thing that matters most도 같은 의미이다.
말하자면, 장사하는 데 있어서 '이익을 올리는 것이 중요하다.'는 정확한 표현이다.

Profit is the name of the game. 문제는 이익을 내는 것이다.
Creativity is the name of the game. 중요한 것은 창조성이다.

🎧 감독은 선수들을 격려하면서 중요한 것은 시합에서 이기는 것이라고 말했다.
**The team manager encouraged the players and said, "Winning is the name of the game."**

## 중퇴(자) · dropout

중학교나 고등학교의 중퇴를 말하고 대학 중퇴에 대해서는 쓰지 않는다. 대학 4년을 필수 수료과정으로 인식하지 않기 때문이다. drop out을 명사화한 것이다.
**He dropped out of the Presidential primary.**
그는 대통령 후보 경선에서 탈락했다.

동사로 쓰는 경우에는 '종래의 생활을 바꾼다.'는 의미로도 쓴다.
**He dropped out and bought a farm.**
그는 도시생활을 청산하고 농장을 하나 샀다.

🎧 그는 고등학교를 중퇴했으나 가수로서 백만장자가 되었다.
**He was a high school dropout, but he made himself a millionaire as a singer.**

## 즉시 · at the drop of a hat

'사소한 기회나 신호 혹은 자극만 있어도 금방 ~한다.'는 비유적 의미이다. 서부 개척시대에 주먹질로 결투를 벌일 때 행동개시의 신호로 모자를 떨어뜨린 데서 비롯된 표현이다.
**If you need help, just call me. I can come at the drop of a hat.**
도움이 필요하면 전화해. 내가 즉시 달려갈게.
**My wife loves to travel. She's ready to go anywhere at the drop of a hat.** 집사람은 여행 다니기를 좋아해서 금방이라도 어디든 갈 준비가 되어 있다.

🎧 Johnny는 기회만 있으면 즉시 아내와 이혼을 한다. 그런데 자기와 절친한 친구에게는 왜 안 그러는지 모르겠어.

**Johnny dumps wives at the drop of a hat. But why shouldn't he do the same to a loyal friend?**

## 즐거운 시간을 갖다 · have a ball

ball은 '무도회', 즉 '즐거운 시간'이란 뜻이다.
여행을 떠나는 사람에게 인사말로 쓴다. '신바람이 난다.'는 의미도 있다.
**Have a ball and bon voyage.** 재미있게 놀다 오게.

have a field day도 '즐거운 시간을 가진다.'는 말이고, 구어 표현으로 a whale of 굉장한를 써서 have a whale of a time이라고 해도 된다.

🎧 그들은 틀림없이 내가 실수한 게 고소해서 신바람 나 있을 거야.
**I'll bet they're having a ball with the mistake I made.**

## 즐겁게 하다 · make one's day

막연히 사람의 마음을 즐겁게 한다는 뜻이 아니라 따분하고 심심한 상황에서 '기분전환이 되도록 한다.'는 뜻이 함축되어 있다. 일반화된 속어 표현으로 미국의 Dirt Harry라는 경찰관의 이야기를 다룬 인기영화에서 비롯된 말이다.

Walter Mondale이 선거 유세차 지방에 갔을 때, 어느 노파가 아래와 같은 말을 했다고 한다.
**Mr. Mondale, you made my day.** 이런 곳까지 찾아 주시니 무척 기쁩니다.

누군가 '재미있는 얘기 하나 해줄까?' 하면 아래처럼 대답할 때 쓴다.
**Come on. Make my day.** 그래. 심심하던 차에 잘됐군. 어서 해 봐.

반대로 싸울 때 쓰는 경우도 많다. 역시 기분전환이라는 뜻이 함축되어 있다.
**Go ahead. Make my day.** 심심하던 차에 너 참 잘 걸렸다. 어디 덤벼 봐.

편지나 선물 등을 받고 즐거워하면서도 사용한다.

Your letter made my week. 네 편지를 받고 일주일이나 기분이 즐거웠다.

자기 어머니의 생신 선물을 들고 온 손님에게 고맙다고 하는 인사말이 있다.
Thank you for the wonderful present. It made my mother's day.
좋은 선물을 갖다 줘서 감사합니다. 어머니가 몹시 즐거워하셨어요.

🎧 누나가 내 졸업식 날 시계를 사 줬지. 무척 기뻤어.
**My sister gave me a watch on my graduation. It made my day.**

## 즐겨 쓰는 말 · pet phrase

pet은 a pet dog, 즉 '애완견'을 뜻하고 phrase는 '문구', '입버릇처럼 늘 즐겨 쓰는 말'을 뜻한다. 한편 one's pet theory라고 하면 '자신이 옳다고 믿는 지론'이란 뜻이다.

> **참고** '늘 못마땅하게 여기는 것'은 pet peeve라고 한다. Dirty dishes in the kitchen are my pet peeve. (부엌에 있는 더러운 식기들을 보면 나는 늘 짜증이 난다.)

🎧 '돈은 돌고 돈다.'는 그가 즐겨 쓰는 말 중 하나이다.
**One of his pet phrases is 'Money comes, money goes.'**

## 즐기는(잘하는) · someone's bag

'자기가 특별히 좋아하는 것', '자기 취미에 잘 맞는 것' 또는 '자기의 전문'에 이르기까지 그 뜻이 넓다.
**That kind of stuff is just not my bag.** 그런 것은 내가 좋아하는 것이 아니다.
**I'm a rock'n' roll fan. Classical music just isn't my bag.**
나는 로큰롤 팬이야. 고전 음악은 별로 좋아하지 않거든.
**Words are my bag. I love to work crossword puzzle.**
단어에는 자신이 있어. 십자말풀이 하는 게 아주 재미있거든.
my thing도 같은 말이다.

🎧 백화점에서 한 2년 일했는데 나에게는 어울리는 직업이 아니었다.
**I worked for a department store for a couple of years, but I found it wasn't really my bag.**

## 증권투기를 하다 · play the market

'습관적으로 주식투기를 하다.'란 의미이다. 이 경우의 play는 '노는 기분으로 또는 취미로 돈을 건다.'는 뜻이다. market은 주식시장(stock market).
I've learned my lesson playing the market. I lost a fortune.
나는 증권 놀음으로 혼이 났어. 큰돈을 날렸거든.

🎧 Bill은 주식으로 돈 좀 벌까 했는데 한번 했다가 큰 손해를 보았다.
**Bill thought he'd try making a little money by playing the market, but he ended up losing a bundle.**

## 지겨움을 느끼는 · fed up with

'포식을 해서 질려버리다.'란 의미이다.
I'm fed up with hamburgers. 햄버거는 이제 물렸다.

have had enough of도 같은 말이다.
It's been raining on and off for more than two weeks.
We have had enough of it. 그동안 2주째 비가 오락가락하는데 이젠 지겹다.

표제어는 '식상하다.'란 의미 외에 정신적으로 지친 상태를 나타내기도 한다.
I'm a little fed up that you didn't call me.
네가 통 전화를 해주지 않아서 이젠 지쳤어.

🎧 값이 비싸다고 불평하는 손님들이 이젠 지겹다.
**I'm fed up with the customers who complain about the prices.**

## 지금 아니면 기회가 없다 · now or never

'지금 아니면 다음에는 기회가 없고, 현재가 최고 적기이다.'란 의미이다. 다음에 후회할 것이라는 뉘앙스가 있다.
This is your only chance, Tom. It's now or never.
이번이 자네에겐 마지막 기회야, Tom. 지금 안 하면 기회는 없어.

🎧 은행금리가 떨어졌는데 또 올라갈지 모르네. 집을 지금 사지 않으면 기회는 다시없네.
**They lowered lending rate, and it might go up again. If you want to buy a house, it's now or never.**

## 지나치게 적극적이다 • come on strong

이성에게 적극적이거나 처음부터 주의를 끌기 위해 인상적인 행동을 하는 것을 말한다. 성적 흥분마저 느끼게 한다는 뉘앙스가 있으며, 강조하기 위해 strong 앞에 too를 쓰기도 한다.
"She's mad at you." 그 여자 몹시 화가 났어.
"Why? Did I come on too strong?" 왜? 내가 너무 설쳤나?

🎧 그녀는 지나치게 적극적인 경향이 있긴 하지만 실은 부드러운 여자다.
**She has a tendency to come on strong, but she's really a softie.**

## 지난 일은 흘려버리다 • let bygones be bygones

bygones는 '이미 지나 가버린 일'. 표제어는 '지나간 일은 지나간 일로 해 두고 잊어버린다.'는 의미이다. 속담과 같은 표현으로 싸우던 사람들이 화해할 때 잘 쓴다.
비슷한 의미로 What has been one has been done.도 있고 What's past is past.도 있다.

🎧 Betty는 지난 일을 흘려버리려고 하지 않아. 아직도 나한테 말을 하지 않아.
**Betty was unwilling to let bygones be bygones. She still won't speak to me.**

## 지레 겁을 먹다 • get cold feet

'어떤 일을 하기로 해 놓고 겁이 나서 피하거나 용기를 잃다.'란 뜻으로 '불안'의 뜻이 함축되어 있다.
**I usually get cold feet when I have to speak in public.**
여러 사람 앞에서 얘기할 때면 나는 보통 겁을 먹게 된다.
get 대신 have를 쓰기도 한다.

비슷한 의미로 be jittery 혹은 have the jitters가 있다. jitters는 춥거나 무서워서 벌벌 떨거나 마음이 불안해서 신경질적으로 되는 것을 말한다.
**He seems to have the jitters about the test.**
그는 시험을 앞두고 불안한 모양이다.

get butterflies in one's stomach도 비슷한 의미이다.
**She always has butterflies in her stomach before a test.**
그녀는 시험을 치기 전이면 마음이 불안해진다.
butterflies와 같이 복수형으로 표현하는 점에 주의한다.

🎧 그 친구는 일류 프랑스 식당에 저녁 초대한다고 해 놓고 나타나지 않았어. 지레 겁을 먹은 모양이다.
**He said he would invite me to a dinner at a classy French restaurant, and didn't show up. He got cold feet.**

## 지방 출장 중 · on the road

요즘에는 '세일즈맨이 지방 출장 중'이라는 뜻으로 널리 쓰이고 있다.
**Mr. Bank is on the road and he won't be back until Friday.**
Bank씨는 지금 지방 출장 중인데 금요일까지 돌아오지 않습니다.

한편, 회사의 업무와 관련해서 현지 공장이나 지점 등을 돌아보는, 소위 '현지 출장'은 He's on a field trip. 그는 지금 지방 출장 중이에요. 이라고 한다.
'현재 지방에 가고 없다'는 He's out of town.이라고 한다.

> **참고** 위의 예문에서 until Friday라는 말이 나왔는데 우리는 이 표현을 보고 금요일에는 출근하는 것으로 생각하기 쉬우나, 영어의 의미는 '금요일까지 나오지 않는다.'는 것이다.

🎧 다음 주 초에 지방에 가려고 한다.
**I'm going to be on the road early next week.**

## 지병 · chronic ailment

ailment는 '가볍거나 만성적인 병', a slight ailment는 '가벼운 병'을 말하며, a chronic disease나 a chronic illness라고 하면 '중병'이라는 의미이다.

🎧 스포츠를 해본 일이 있는 사람은 대개 등이나 무릎 등에 지병을 가지고 있다.
Many old athletes have chronic ailments, bad backs, bad knees and so forth.

## 지켜보다 · check up on a person

지켜보는 것을 일종의 '감시'로 생각해 watch를 연상할지 모르나 '어떤 사람의 행동 하나하나를 의심을 하고 눈여겨본다.'는 의미로는 표제어를 쓴다.

비슷한 표현으로 Keep an eye on him. 잘 감시해. 이 있는데 이 말은 단순히 눈여겨보거나 의심을 가지고 감시하는 경우에 다 쓸 수 있다. 따라서 '놀고 있는 아기를 잘 보라.'는 뜻도 되며 '수상한 놈을 잘 감시하라.'는 뜻도 된다. 그러나 표제어는 '아기를 잘 보라.'는 의미로는 쓰지 않는다.

🎧 주인은 나보고 공장을 여기저기 기웃거리고 다니는 낯선 남자를 잘 지켜보라고 했다.
The boss told me to check up on the stranger snooping around the factory. (snoop around : 여기저기 들여다보며 살피다.)

## 진득하게 곰곰이 생각하다 · put on one's thinking cap

나쁜 의미의 궁리를 한다는 말이 아니라 '뭔가 좋은 생각을 내려고 잘 숙고한다.'는 의미이다. 직역하면 '생각하기 위한 모자를 쓴다.'는 것이다.
Just put on your thinking cap, and you'll come up with a good idea. 곰곰이 잘 생각해 봐. 좋은 생각이 떠오를 거야.

put on 대신 have on을 쓰기도 한다.
We all had our thinking cap, but we couldn't come up with any fresh idea. 우리는 모두 숙고해 봤지만 새로운 아이디어는 나오지 않았다.

🎧 가만히 앉아서 곰곰이 생각해 볼 거야. 알게 뭐야. 좋은 생각이 떠오를는지.
I'm going to sit down and put on my thinking cap. Who knows? Maybe I'll come up with some good ideas.

## 진상을 규명하다 · get to the bottom of something

원인을 규명한다고 할 때 이 말을 쓸 수 있다. bottom은 '바닥'이라는 뜻으로 '원인'이라는 의미이고, get to ~는 '어떻게 해서 어느 지점에 도달한다.'는 느낌의 말이다. something 대신에 흔히 문제(problem) 또는 의혹(mystery)을 쓴다.

If we just discuss it together, I'm sure we can get to the bottom of this problem. 우리가 함께 의논해 보면, 틀림없이 이 문제의 진상을 규명할 수 있을 거야.

🎧 그 살인사건이 불가사의하게 보였지만, 그 형사는 진상을 규명할 결의를 다졌다.
The murder seemed inexplicable, the detective was determined to get to the bottom of it.


## 진작 알았어야 하는데 · should've known

should have known의 준말이다. 발음이 [슈더브 노운]이기 때문에 만화 같은 데서는 should of known이라고도 쓴다. 진작 알았어야 하는데 후회가 된다는 느낌이 있다.

I never thought he was such a greed. I should've known. 설마 그 사람이 그렇게 욕심쟁이인 줄은 몰랐어. 진작 알았어야 했는데.

🎧 그는 어떤 어머니라도 사위로 삼고 싶어하는 인기 있는 사나이였는데 알고 보니 팔난봉 꾼이야. 진작 알았어야 하는 건데.
He was a golden boy every mother wanted for a son-in-law, but turned out to be a ladykiller. I should've known.


## 진정이다 · So help me.

So help me, God.의 준말이다. 표제어처럼 God을 빼고 쓰고, 사투리로 Selp me.라고도 한다. '하나님이여, 굽어보소서. 진정입니다'라는 의미이다. Believe me. 혹은 I swear.와 같다.

🎧 아마 믿기 어렵겠지만, 정말이지 그건 사실이야.
You may find it hard to believe, but so help me, it's true.

## 진정하다 · cool off

진정하라는 표현은 다양하다. Take it easy. 너무 열 낼 것 없어. Calm down. 진정해요. Simmer down. 마음을 가라앉혀요. Easy easy. 야, 그러지 말고 그만 그만. 등이 자주 쓰는 말이며 성급히 소란을 피우는 사람을 보고 Hold your horses! 왜 이렇게 야단이야! 라고 말하기도 한다. Keep your shirt on.도 윗도리를 벗어부치는 사람을 말리는 말로 역시 '진정하라.'는 의미이다.

또, cool it이 있다. cool은 '냉각시키다.'란 뜻으로 흔히 Stay cool. 혹은 Will you cool it?이라고 쓴다.
He's cool. 그는 침착하다.
Customers are cool to the product. 고객들은 그 상품에 대해 냉담하다.
He's cooled it with her. 그는 그녀에 대한 애정이 식었다.

🎧 진정하게. 좋은 해결책이 있을 테니.
**Cool off**. We'll find a way out.

## 진짜 남자를 가리다 · separate the men from the boys

'강한 남자인가, 약한 남자인가 가려낸다.'는 뜻으로 재능이나 기능을 보기도 하지만 체력이나 활력 등의 유무를 가려낸다고 할 때 쓴다.
Football is a game that separates the men from the boys.
미식축구시합은 진짜 남자인가 아닌가를 가려내는 경기이다.

🎧 이 일은 많은 생각을 할 필요가 있다. 진짜 남자를 가려내야 하는 일이니까.
This project requires a lot of thinking. It'll separate the men from the boys.

## 진탕 마시다(술집을 옮겨 다니며) · paint the town red

몇 달씩이나 소떼와 씨름을 하던 카우보이들이 마을로 들어와 우선 redlight district 홍등가 에서 허리띠를 풀어놓고 마구 마셔댄 데서 나온 말로, 술집을 옮겨 다니면서 법석을 떨며 마구 퍼마시는 것을 의미한다.
go on a drinking bout과 같다.

흔히 go out and paint the town red라고 쓴다.
**Let's go out and paint the town red.** 자, 진탕 마시러 가자고.

red를 안 쓰는 경우도 있다.
**They were out painting the town last night.**
그들은 어젯밤 코가 비뚤어지게 술을 퍼마셨다.

🎧 Tom은 어젯밤 옛 대학 친구 두 사람과 나가 진탕 퍼마셨다.
**Tom went out and painted the town red with a couple of old college friends last night.**

## 진탕 먹고 마시다 · get loaded

일반화된 속어로 loaded에는 여러 가지의 의미가 있다.
돈과 관련해서 말할 때는 '주머니가 두둑하다.'란 뜻이다.
**I'm loaded.** 주머니가 두둑하다.

카메라나 총과 관련해서도 쓴다.
**The camera's loaded.** 카메라에 필름이 들어 있다.
**The gun's loaded.** 총알이 장전되어 있다.

loaded는 과거분사로 형용사 역할을 하기도 한다.
**a loaded suitcase** 짐을 잔뜩 담은 가방
**a loaded bus** 만원 버스
**a table loaded with food** 음식이 잔뜩 나온 식탁
**return home loaded with honors** 금의환향하다

🎧 아카데미상을 탄 그는 친구들을 불러 진탕 마시겠다고 말했다.
**The Oscar winner said he was going to go out, ask his friends and get loaded.**

## 진행시키다(일을) · get the ball rolling

문자의 의미는 공을 굴리기 시작한다는 뜻이다. ball을 get rolling 시키려면

367

노력이 필요한데, 주어가 되는 것이 '주도적으로' 또는 '솔선해서' 하는 상황에서 쓰는 경우가 많다.
We won't be able to get the ball rolling unless we have more money. 자금이 더 없으면 이 일을 순조롭게 진행할 수 없다.
이 경우 the ball은 어떤 회의·계획·파티 등 여러 가지 일을 생각할 수 있다. 동사는 get 대신 set 또는 start를 쓸 수 있으며 순조롭게 진행되는 상태를 말할 때는 keep을 쓰기도 한다.

🎧 왜 그렇게 일찍 파티장에서 떠났어? 파티는 10시쯤 되니까 그야말로 본격적으로 성황을 이루었는데.
**Why did you have to leave the party so early? The ball really got rolling about ten o'lock.**

### 질문을 마구 해대다 · fire away

원래는 '총을 난사하다.'란 뜻이나 여기서는 '질문을 계속해댄다.'는 말로 보통 명령형으로 쓴다.
O.K. I'm ready. Fire away. 그래, 난 준비가 돼 있으니 뭐든지 물어봐.
ask away도 비슷한 의미인데 둘 다 질문이 여러 개인 경우에 쓴다.

I've got a question. 질문이 하나 있는데요. 하면 보통 Shoot. 어서 말해 봐. 라고 한다. 이 말은 질문이 하나인 경우에 잘 쓴다.

🎧 A : 몇 가지 여쭤 볼 게 있는데요.
B : 그래, 어서 물어봐.
**A : I have some questions I would like to ask you.
B : Sure, fire away.**

### 질주하다(차가) · barrel

'자동차가 고속으로 달리다.'란 뜻이다. 특히 운전을 하다가 가속을 해서 달린다고 할 때 쓴다. barrel이라고 하면 우선 '큰 나무통'을 연상하지만, 명사로 자동차의 '엔진'이라는 뜻도 있다. 즉 실린더를 초고속으로 움직인다는 뜻으로 어법상 down 또는 along과 함께 쓴다.

The dump truck barreled down(along) the highway.
덤프트럭이 고속도로를 질주해 갔다.

He barreled out of here like a bat out of hell.
그는 쏜살같이 여기서 달려나갔다.

🎧 그는 120킬로로 달리고 있었다.
He was barreling along at about 120km.

## 집 구조 · the layout

우리가 말하는 '구조'는 부엌·화장실·거실 등의 위치나 모양을 말하는 것이기 때문에 '건축구조'라는 의미의 structure보다는 표제어가 적합하다.
layout은 가구나 장식물 등 '살림살이'를 의미하는 경우도 많으니 주의한다.
Wow, this is quite a layout. 야, 이거 집안 장식이 뻑적지근하군.

🎧 집 전체 구조가 마음에 드는걸. 당신 생각은 어때?
I kind of like the whole layout of the house. What do you think of that?

## 집단폭행을 하다 · gang up on

gang은 명사로 '집단·도당'이란 뜻이나 동사화해서 '떼를 지어 폭행한다.'거나 '대든다.'는 뜻으로도 쓴다.
일반적으로 신체적인 공격을 가할 때 쓰지만 한패거리가 되어서 어떤 사람의 의견 등을 반대한다는 비유적인 의미로도 쓴다.

They ganged up on him to withdraw his proposal.
그들은 한패가 되어 그의 제안을 철회하도록 했다.

He felt we were ganging up against him.
그는 우리가 한패가 되어서 자기를 골탕먹이는 줄 알았다.

They used violence against me.는 '폭행을 가했다.'는 말이지만 딱딱한 편이고, They assaulted me.는 같은 표현이지만 법적인 냄새가 난다.

🎧 동네 깡패들이 그 한국소년을 집단 폭행했다.
**The neighborhood bums ganged up on the Korean boy.**

## 집안 망신 · disgrace to the family

disgrace는 '불명예·수치'라는 뜻이나 가정·학교·국가 등에 관해서 말할 때는 '망신'이란 뜻이다. a national disgrace 국가적 망신.
**The dirty graffiti are a disgrace to the school.**
그 천박한 낙서는 학교 망신이다.
graffiti [그레피티]는 graffito의 복수형으로 길거리나 공중변소 벽에 쓰인 낙서를 말하며 보통 복수형으로 쓴다.

> **참고** 멋대로 갈겨서 쓰는 낙서는 a scribble이라 하며, 회의 중이나 수업 중에 뭔가 생각을 하며 긁적거리는 것은 doodle이라고 한다. He doodled in his notebook. 그는 공책에 낙서를 긁적거렸다.

🎧 그녀는 목사와 사랑의 도피를 해서 집안 망신을 시켰다.
**She ran off with a priest. It was a disgrace to the family.**

## 집안 어른 노릇을 하다 · wear the pants

pants는 남자가 입는 '바지'. 옛날 영국 사람들은 남자가 바지를 입고 있는 것이 가정에서의 권위를 상징한다고 생각했기 때문에 이 말을 점차 '가장 노릇을 한다.'는 의미로 쓰게 되었다.

미국인이 부부간에 싸움하다가 곧잘 하는 말이 있다.
**Who wears the pants around here?** 이 집안에서 바지를 입는 사람이 누군데 그래? 즉, 자기가 가장이라는 말이다.

**She wears the pants.** 라 하면 '그 집안에서는 여자가 모든 것을 좌지우지한다.'는 뜻이다.
이 밖에 **She runs the whole show.** 그 여자가 연극을 도맡아 한다. 라든가 **She's dominant.** 그 여자가 지배한다. 등의 표현은 여자를 경멸하는 말이니 사용할 때 주의한다.

🎧 뭐니뭐니해도 우리 집의 가장은 나다.
After all, I'm the one who wears the pants.

### 집안 혈통이다 • run in the family

한 가족의 일원에게 나타나는 어떤 특징에 관해서 말할 때 쓰며 기질이나 버릇이 유전적으로 내려오는 것을 의미한다. 칭찬할만한 것이 아니어도 쓴다.
Temper runs in the family. 성질 급한 것은 집안 유전이다.
My grandparents lived well into their nineties, and it runs in the family. 우리 할머니와 할아버지는 90살이 넘게 사셨는데 그것은 집안의 내력이다.

🎧 그는 자기 아버지와 마찬가지로 아내를 폭행한다. 아마 집안 혈통인가 보다.
He's a wife-beater like his father. Looks like it runs in the family.

### 집 안에 가득히 • wall to wall

'벽에서 벽까지'니까 '가득 메우고 있다.'는 뜻이다.
wall-to-wall carpet 방 전체를 덮는 카펫.
The department store has wall to wall everything you need.
백화점에는 우리가 필요로 하는 물건이 가득하다.

🎧 그녀의 방에는 이탈리아 제품의 가구가 가득하다.
She has many pieces of Italian furniture wall to wall.

### 집 안을 정돈하다 • pick up the house

pick up은 tidy 정돈하다 와 같다. 표제어는 '어질러 놓은 집 안을 깨끗이 정돈하다.'란 의미이다.
pick up after는 '남이 어질러 놓은 걸 쫓아다니며 치운다.'는 뜻이다.
I'm tired of picking up after my kids.
아이들이 어질러 놓은 것을 쫓아다니며 치우는 데 지쳤다.

pick up은 다양한 의미로 쓰이기 때문에 예문을 통해 익힐 필요가 있다.

① Please pick up the paper. 그 종이 좀 주워 주세요.
② Please come to my house and pick me up at noon.
12시에 우리 집에 와서 나 좀 차에 태워 줘요.
③ Who are you anyway? Are you trying to pick me up?
당신은 대체 누구죠? 나를 매춘부로 생각하고 있는 거예요?
④ Pick her up, and bring her to the police station.
그 여자를 체포해서 경찰서로 데려와.
⑤ Where did you pick that up? 그거 어디서 샀어?
⑥ I picked up an interesting Korean song.
재미있는 한국 노래를 우연히 배웠어.
⑦ We can't pick up a pretty good television picture where we live.
우리가 살고 있는 곳에서는 화면이 잘 나오지 않는다.
⑧ Things usually pick up around here about 8 o'clock.
여기서는 여덟 시경이면 북적거린다.

🎧 이거 정말 정신이 없군. 누군가 집안을 치워야겠어.
**This is really a mess. Somebody has to pick up the house.**

## 집안의 말썽꾸러기 • the black sheep of the family

the worst member of the family라는 뜻이다.
원래는 There is a black sheep in every flock. 어떤 무리에도 검은 양이 한 마리는 있게 마련이다. 이라는 속담에서 유래됐는데, 지금은 이 속담을 쓰는 일이 없고 flock 대신 family로 바꿔 쓰고 있다. 검은 양은 양모로써의 가치가 없고, 또 검은색은 다른 양들을 겁먹게 하기 때문에 옛날부터 귀찮은 존재로 여겨졌다고 한다.
Mary is the black sheep of the family. She's always in trouble with the police. Mary는 집안에서 귀찮은 존재이다. 그녀는 항상 경찰과 문제를 일으킨다.

🎧 Tom은 언제나 동네에서 문제를 일으키는 말썽꾸러기이다.
**Tom is a black sheep of the family, always getting into trouble in the neighborhood.**

### 집어치우다 · cut (it) out

'시시한 얘기 등을 집어치우다.'는 의미로 명령형으로 Cut that out!도 잘 쓴다. 또, 표제어에는 '생략·제거'의 의미도 있다. 예를 들어 국제회의 등에서 서로 상통하는 언어가 있는데도 격식을 차리느라 통역을 통해 대답하는 경우가 있는데, 이럴 때 시간도 걸리고 지루하니까, 다음과 같이 말하기도 한다.
Let's cut out the United Nations routine. UN식 절차는 생략하자.

TV를 보는 데 앞사람의 머리에 가려서 화면이 안 보일 때도 표제어를 쓴다.
Hey, will you cut it out? 야, 머리 좀 치워.

**참고** '물건을 집어치우다'는 put it away, '학교를 집어치우다'는 give up the school.

🎧 그 싱거운 소리 좀 집어치우게. 자네답지 않네.
Will you cut out that nonsense? It's so unlike you.


### 집을 잘 지키다 · hold the fort

서부영화에서 나온 말로 '가게나 집 또는 회사를 잘 지킨다.'는 뜻이다.
I'm going next door to visit Mrs. Jones. You stay here and hold the fort. 나는 옆집의 Jones 부인 좀 만나고 올 테니, 넌 여기서 집 좀 봐라.
You should open the store at 8, and hold the fort until I get there at 10. 8시에 가게를 열고, 10시에 내가 갈 때까지 잘 보고 있어라.

뒤에 남아서 일을 돌본다는 의미도 된다.
I left John there to hold the fort. John을 남겨 두고 일을 잘 보게 했어.

🎧 사장님, 휴가 중 회사 일은 염려하지 마십시오. Jim하고 제가 남아서 잘할 테니까요.
Don't worry about the office while you are on vacation, boss. Jim and I will stay here and hold the fort.


### 집합장소 · hangout

단순한 의미의 집합장소(a place of meeting)가 아니라 같은 부류에 속하는

373

사람들, 즉 연예인·정치인 등 특정 직업에 종사하는 사람들이 특별한 목적 없이 많이 모이는 장소를 의미한다. 특별한 일 없이 소일하는 곳이라는 뉘앙스가 있다. 폭력배나 불량배들의 소굴도 hangout이라 한다.

한편 a joint도 사람들이 모이는 장소를 의미하나 먹고 마시고 음악도 들으며 춤도 추고 심지어 노름도 하고 마약도 사용하는 장소를 말한다.

🎧 그 다방은 은퇴한 정치인들이 늘 모이는 집합장소다.
**The coffee shop is a regular hangout for retired politicians.**

### 짤막해서 좋다 · short and sweet

'짧고 유쾌하다.'란 뜻의 관용어로 길 것이라고 예상했던 것이 뜻밖에 짧아서 유쾌하다는 의미가 내포되어 있다.
**That was a good sermon, short and sweet.**
아주 훌륭한 설교였어. 짧고 좋았어.

🎧 짤막하게만 해 준다면 무슨 말을 하건 상관이 없네.
**I don't care what you say, as long as you make it short and sweet.**

### 쫓겨나다 · locked out

'임대료 등을 제때 못 내서 건물주로부터 쫓겨난다.'는 뜻이다.
자동차 열쇠를 차 안에 두고 문이 잠겨 못 들어가는 경우에도 I left my key in the car, and I got locked out.과 같이 말한다.
또 열쇠를 집에 두고 문을 잠갔을 때도 He locked himself out of the house.와 같이 쓴다.

🎧 밤 10시까지 안 돌아가면, 난 쫓겨난다.
**If I don't get home by ten, I get locked out.**

## 찢어지게 가난한 · dirt poor

poor만 가지고는 가난의 정도가 막연하다. dirt는 '흙먼지·쓰레기·오물, 때' 등의 의미가 있으나, poor와 함께 쓰여 '극심한 가난'을 의미한다.

**참고** dirt cheap 혹은 cheap as dirt는 '쓰레기와 같이 싸다'는 말인데 우리말의 '더럽게 싸다'와 비슷한 말이다. I picked this thing up dirt cheap. (이 물건을 아주 싸게 샀다.)

🎧 그는 자기 말대로 찢어지게 가난한 환경에서 출세했다.
**He worked his way up from being what he calls dirt poor.**

 **AMERICAN ENGLISH EXPRESSION**
BASIC EDITION

## 차도가 있다(병이) · on the mend

getting well 또는 healing과 같은 의미로 '병이 나거나 부상당했다가 차츰 치유되고 있다.'란 뜻이다.
My mother has been sick for the past two weeks, but now she's on the mend. 어머니는 지난 2주 동안 편찮으셨는데 지금은 쾌차해가고 있다.

mend는 명사로 '병이나 부상 등이 회복의 길로 들어선다는 것.' 비유적으로 '사태가 호전되어 가고 있다.'란 의미도 된다.
Relations between the U.S. and China have recently been on the mend. 최근 미국과 중국의 관계가 좋아지고 있다.

🎧 감기가 지독했었는데 지금은 차차 나아지고 있다.
My cold was terrible, but I'm on the mend now.

## 차를 태워주다 · give someone a lift

lift 뒤에 목적지가 나온다.
He gave two hitchhikers a lift to the next town.
그는 자동차 편승 여행자 2명을 다음 마을까지 태워다 주었다.

침울하게 있던 사람에게 '갑자기 용기를 준다.'는 의미도 된다.
The good news gave my spirits a lift. 나는 반가운 소식을 듣고 기운이 났다.

그런데 lift를 동사로 쓰면 '물건을 훔친다.'란 뜻이 된다.
He was caught trying to lift a watch at the jewelry store.
그는 보석상에서 시계를 훔치다 붙들렸다.

또, '남의 저작물을 표절한다.'는 의미도 있다.
lifting right라 하면 '남의 책의 내용을 인용하는 권리'라는 의미이다.

🎧 중간까지 태워다 주실 수 있어요?
Can you give me a lift part way?

## 차버리다(애인을) · dump

dump truck 쓰레기나 흙 운반트럭 에서 알 수 있듯이 dump는 원래 '쓰레기를 한 번에 쏟아버린다.'는 뜻이다. 비유적으로는 '애인을 차버린다.'는 뜻으로 질질 끌다가 차버리기 보다는 갑자기 차버리고 다른 상대와 놀아난다는 뜻이 함축되어 있다. 보통 능동형으로 쓰나, I was dumped와 같이 수동형으로 쓰기도 한다.

He dumped his girl friend of three years.
그는 3년이나 사귀어 온 여자친구를 차버렸다.

She dumped him for a rich car-dealer.
그녀는 돈 많은 자동차 딜러를 알게 되자 그를 차버렸다.

dump는 남녀 구분이 없지만 jilt는 She jilted him.과 같이 남자에게만 쓴다.

drop like a hot potato도 잘 쓰는데 hot potato는 감자가 아니라 '고구마'로 인디언들이 뜨거운 고구마는 쥐고 있기가 어려우니까 얼른 놓아 버린다는 고사에서 유래된 표현이다.

He dropped me like a hot potato. 그는 갑자기 나를 외면하고 만나주질 않았다.

또, give someone the air도 있다. 여기서 air는 '태도'나 '분위기'를, the는 '흔히 보는 그…' 정도를 의미한다. 전체적으로는 '~에게 흔히 보는 그 태도를 보이다.'는 의미로 남녀가 사귀다가 상대방을 차버리려는 태도를 말한다.

"Are you still dating Betty these days?" 아직도 Betty하고 데이트 하나?
"No, she gave me the air." 아냐. 딱지 맞았어.

이성관계 뿐 아니라 친구 사이에도 쓸 수 있다.

Ken is a friend for long standing, but suddenly he gave me the air. Ken은 나의 오랜 친구인데 갑자기 나를 냉대하고 있다.

🎧 그 여배우는 5년이나 사귄 남자친구를 차버리고, 빵 재벌의 큰아들 품으로 뛰어들었다.
**The actress dumped her boy friend of five years, and jumped into the arms of the heir to the bakery tycoon.**

## 착실한 사람 • no-nonsense man

일반화된 속어로 no-nonsense는 serious와 같다.
흔히 '얇은 양말'을 가리키는 sheer를 no로 바꿔서 '절대 실수 없는, 믿을 수 있는'의 뜻인 no-nonsense로 바꾼 점이 재미있다.

🎧 그는 꽤 믿을 만하며 착실한 사람이다.
He's quite dependable and a no-nonsense man.

## 착실히 하든지 그만 두든지 • shape up or ship out

shape up은 일반사전에 '형태를 취하다.' 또는 '구체화하다.' 정도의 뜻으로만 나와 있는데 일반회화에서는 '몸을 가꾼다.'거나 공무원이나 회사 직원들이 근무태도를 고쳐 '자숙한다.'는 의미로 많이 쓴다. ship out은 '직장 등을 그만두다.' 표제어는 상사가 근무태도가 좋지 않은 직원에게 잘 하는 말이다.
I'll tell you one more time. Shape up or ship out!
한 번만 더 일러두겠네. 착실히 근무하든지 아니면 그만두든지 하게!

🎧 앞으로 한 달 여유를 줄 테니 근무태도를 바꾸든지 그만 두든지 하게.
You have one month to shape up or ship out.

## 참기 어렵다 • cannot stomach

음식을 삭이지 못하여 속이 뒤틀리는 상태를 비유적으로 쓴 것으로 '욕을 참지 못한다.'는 뜻이다. 대체로 부정문으로 쓰는 점에 주의한다.
I can't stomach her attitude. 그녀의 태도를 참고 볼 수 없다.
I can't stomach that fellow. 그 친구 정말 못 참겠어.

I can't stand him.이라고 해도 의미는 같다.
Yuk! I can't stand the sight of it! 아이고, 구역질 나! 보기만 해도 지겨워!

한편, stomach는 명사로 '욕망'이라는 뜻이며 역시 부정문 형식으로 잘 쓴다.

🎧 그런 모욕을 참을 수 있는 사람은 아무도 없어요.
No one can stomach such insults.

## 참다 · put up with something

put up something이 옛날에는 주머니·병·보따리 등에 넣어 둔다는 의미였으나, 점차 불만이나 모욕에 대한 분노 등을 주머니에 넣어 두고 참는다는 의미로 변한 것이라고 한다. 그런데 지금은 불만이나 모욕뿐만 아니라 불편한 것을 참는다는 의미로도 쓰이고 있다.

We enjoyed our trip to china, though we had to put up with a lot of inconvenience. 많은 불편을 참고 견뎌야 했지만 중국여행은 재미있었다.

회피하려고 마음만 먹으면 참고 견딜 수 있는 일에 대해서 쓰는 것이 보통이다.

🎧 국민들이 앞으로 얼마나 정부의 인플레 정책에 대해 참고 견뎌야 할지 모르겠다.
I wonder how much longer the people will put up with the government's inflationary policies.

## 참을 수 있는 한계 · the end of the line

표제어의 뜻 외에 '인생이나 희망 등의 종말'이란 의미로도 쓴다.
This is the end of the line. He's all washed up.
이젠 그 사람도 끝장이야. 한물 갔거든.

end of the road라 해도 의미는 마찬가지인데 원래는 철로의 끝이라는 의미로 '마지막·막다른 골목·끝·최후·죽음' 등을 가리킨다.

We rode the train to the end of the road. 기차를 타고 종점까지 갔다.

> **참고** 잘 쓰는 표현에 down the line 또는 just down the line이 있다. '시의 중심 쪽으로'라는 의미이다. "Where is the post office?" (우체국이 어디 있죠?) "Just down the line. You see the flag down there?" (바로 저 아래요. 저기 깃발이 보이죠?)

🎧 참는 데도 한계가 있어. 자네가 그 돈을 갚지 않으면 법에 호소할 수밖에 없네.
This is the end of the line. If you don't cough up the money, I'm going to have to go to the law.
(cough up : 청구한 금액을 어떻게든 지불하도록 하다.)

## 창피해서 죽을 뻔했다 • I could have died.

I could have died of embarrassment.의 준말로 보면 된다.
be embarrassed to death라고도 하는데 이 말은 주로 여성들이 쓴다.
실제로 죽을 뻔 한 것은 might have died라고 한다.

🎧 손님들 앞에서 남편이 나를 모욕했어. 창피해 죽을 뻔했어.
**My husband insulted me right in the presence of the guests. I could have died.**

## 책을 펴다(공부하기 위해) • crack a book

문자 그대로는 '책을 편다.'는 말이지만 내용상 '공부하다(study)'와 같은 뜻이다. '공부를 열심히 한다.'는 긍정적인 의미의 hit the book과는 달리, '공부를 안 한다.'는 뜻의 부정문으로 많이 쓴다.
**I passed the test with an A, and I didn't even crack a book.**
시험에 A를 받았지만, 나는 책을 펴보지도 않았어.

> 참고  crack은 회화에 자주 등장하는 용어이다. crack a safe(금고를 털다), crack a joke(농담을 터뜨리다). crack a smile(웃다)은 흔히 부정문으로 잘 쓴다. He didn't crack a smile. (그는 씽긋도 하지 않았다.) He tells jokes without cracking a smile. (그는 웃지도 않고 우스운 이야기를 한다.)

🎧 책을 들춰보지도 않고 대학에 들어갈 수 있다고 생각하면, 자넨 잘못 생각하고 있는 거야.
**If you think you can get through college without cracking a book, you're wrong.**

## 처녀가 혼자 애 배나 • It takes two to tango.

탱고는 상대가 있어야 춤추게 마련이므로 '어떤 일을 하려면 두 사람이 필요하다.'는 의미이다.
**He didn't do it all by himself. Takes two to tango, you know.**
그건 그가 혼자 한 일이 아냐. 동조자가 있다고.
대체로 좋지 않은 일에 쓰며 It을 생략하기도 한다.

🎧 일방적인 논쟁은 없어. 상대가 있게 마련이야.
**There's no such thing as a one-sided argument. It takes two to tango.**

## 처분하다(~을) · do away with ~

'제거하다, 폐지하다.' 또는 '없애버리다.'란 의미이다.
I determined to do away with myself.는 '자살해버리다.'라는 뜻이다.
They must do away with racial discrimination.이라고 하면 '인종차별을 폐지해야 한다.'는 뜻이다.
The gangsters did away with the witness. 갱들은 증인을 죽여 버렸다.
The city government did away with the old apartment houses.
시 당국에서는 오래된 아파트를 철거해버렸다.

🎧 헌 냉장고가 큰소리를 내서 결국은 처분하고 새것을 샀다.
**Our refrigerator was making so much noise that we finally did away with it and bought a new one.**

## 처세에 능하다 · know how to get ahead

get ahead는 '앞서 나가다.' 또는 '출세하다.'란 의미이다. 즉 to advance 또는 to move in front와 같다. 표제어는 그러한 방법을 안다는 말이므로 '처세에 능하다.'란 의미이다.
Most people have to work hard to get ahead.
대부분의 사람들은 출세하기 위해 열심히 일해야 한다.

🎧 그는 처세에 능해. 사장 딸하고 결혼했거든.
**He knows how to get ahead. He married the boss's daughter.**

## 처음부터(내내) · all along

현재까지의 행위 또는 내용의 연속을 의미한다.
I knew it all along. 나는 그 사실을 그동안 죽 알고 있었다.
I've been paying $10 all along. 나는 그동안 죽 10달러씩 지불해왔다.

383

🎧 우리는 처음부터 그 사람이 믿을만한 사람이 못 된다는 것을 알고 있었다.
**We knew it all along that he was not trustworthy.**

### 처음부터 실수하다 · get off on the wrong foot

'맨 처음 첫발을 잘못 내딛다.'란 말로 get off는 '출발하다.'란 뜻이다.
get off to a bad start라고도 하며 make a mistake from the very beginning 또는 start out wrong이라 해도 좋다.
**He started out his career on the wrong foot.**
그는 처음부터 사회에 발을 잘못 내딛었다.

반대로 시작이 좋은 경우는 the right foot을 쓰며 get off 대신 start off를 써도 된다.
**The Korean athletes started off on the right foot.**
한국 선수들이 처음부터 호조를 보이고 있다.

🎧 오늘 첫 출근인데 처음부터 실수를 하고 싶지 않다.
**This is my first day on the job, and I don't want to get off on the wrong foot.**

### 처음으로 솜씨를 시험해 보다 · try one's hand at

이 경우의 hand는 '재능 · 능력'을 뜻한다.
**I think I'll try my hand at bowling today.** 오늘 볼링을 한번 해 보련다.

이 말에는 전에 해보지 않던 것을 처음으로 시도해본다는 느낌이 함축돼 있다. 또한, 자기에게 재능이 있는지 없는지 한 번 도전해 본다는 뜻이기도 하다. 일반적으로 성공하는 데 비교적 시간이 걸리고 끈기있게 해야 하는 일 [스포츠 · 예술]에 대해서 잘 쓴다.

🎧 Mr. Kim은 대기업에서 여러 해 근무한 끝에 레스토랑 경영에 도전했다.
**After working several years for a large corporation, Mr. Kim tried his hand at the restaurant business.**

### 처치 곤란한 물건 · white elephant

즐거움이라고 하기보다는 '거추장스러운 소유물', 가치는 있을지 모르나 별로 소용이 없고, 그렇다고 쉽게 버릴 수도 없는 물건을 말한다. 옛날 태국에서 흰 코끼리는 자동적으로 임금의 소유물이 되었는데 임금은 자기가 싫어하는 신하에게 맡겨 기르게 했다고 한다. 그러면 그 신하는 코끼리 유지비를 감당해 낼 수 없어 몰락했다는 얘기가 있다.

🎧 저 처치 곤란한 물건들을 벼룩시장에 내다 팔아요.
**Take all those white elephants to the flea market.**

### ~척 하다 · let on

자세히 말하면 '마치 ~인 듯한 몸짓·태도·말 등으로 나타내다.'인데 '~척 하지 않다.'가 아니라 '~인 것을 몸짓·태도·말 등으로 나타내지 않다.'는 말이다. 우리말로는 알아차리지 못하게 한다는 뜻이다.

긍정형은 let on that ~의 형식을 취한다.
Bob let on that he didn't care about failing the exam, but I knew he was deeply disappointed.
Bob은 시험에 떨어진 것을 별로 개의치 않는 척 했지만, 그가 크게 실망하고 있다는 것을 나는 알았다.
that 대신 like(as though, as if)를 쓰는 경우도 있다.

🎧 할아버지는 그렇게 귀가 먼 것은 아니다. 다만 들리지 않는 척 할 뿐이다.
**Grandpa is not all that deaf. He just lets on like he doesn't hear.**

### 천만의 말씀 · Not a chance.

표제어는 인사에 대한 대꾸로 쓰는 경우도 있고, 동의나 요청에 대한 거부를 나타내는 경우도 있다.

다음은 인사에 대한 여러 가지 겸손한 표현이다.
You're welcome. Not at all. Don't mention it. My pleasure.
Pleasure is mine. Any time. You bet. 등이 있다.

요청에 대한 거부를 나타낼 때도 다양하게 말할 수 있다.
Not on your life. Nothing doing. No way. 등이 있다.


A : 오늘 저녁에 좀 만날까?
B : 천만에. 어림도 없어.

**A : How about a date tonight?**
**B : Not a chance!**

## 천생 배필 • two of a kind

끼리끼리 아주 잘 만난 부부라든가 서로 닮은 내외를 가리킨다. 한 가지 종류가 둘이라는 말로 그 의미를 짐작할 수 있으며 가벼운 야유의 뉘앙스가 있지만 나쁜 말은 아니다.

**They are two of a kind. Each is as stingy as the other.**
그들은 아주 잘 만난 부부로, 두 사람 다 짜다.

**as alike as two peas in a pod** 하나의 콩깍지에 있는 두 개의 콩알과 같이 닮았다. 라는 재미있는 말은 있으나, 이것은 외모가 닮았다는 것이지, 속까지 닮았다는 뜻은 아니다. '잘 어울리는 부부'라면 a well-matched couple도 되나, 표제어와 같은 뉘앙스는 없다.

Mary는 남편처럼 록큰롤에 미쳐 있다. 두 사람은 천생연분이다.
**Mary is deeply involved in rock'n roll like her husband. They're two of a kind.**

## 천양지차 • as different as night and day

'전혀 딴판'이란 뜻으로 비슷한 의미의 여러 표현들이 많다.
우선 There is world of difference between A and B가 있다.
a bridgeless chasm 다리 없는 낭떠러지 도 많이 인용되는 표현이다.
**The difference between 'I love you.' and 'I'm in love with you.' is a bridgeless chasm.** 'I love you.'와 'I'm in love with you.'의 의미는 천양지차다.

be poles apart라는 말도 대화에서 잘 쓰며, 극과 극 사이로 벌어져 있는 극

단적인 차이를 말한다.

🎧 그들은 같은 어머니 뱃속에서 나왔는데 성격은 천양지차다.
**They have the same mother, but their characters are as different as night and day.**

### 천재일우(千載一遇) · chance of a lifetime

once-in-a-lifetime chance라 해도 같은 의미이다.
It's a one-in-a-million chance. 백만 번에 한 번 있을까 말까 한 기회다.

a Chinaman's chance라는 속어가 있는데 '전혀 가망이 없다.'란 의미이다. 1849년 캘리포니아에 금광 붐이 일었는데 중국인들이 도착했을 때는 백인들이 다 가져가고 금이라고는 흔적도 없더라는 얘기에서 나온 말이다.
a snowball's chance in hell 지옥에서 눈덩어리 보기 도 같은 말이다.

> **참고** '기회'란 뜻의 chance와 opportunity의 차이
> 1) chance : 일반적으로 '우연히 오는 기회'
>    It's not a chance that comes along every day. (그것은 매일 찾아오는 기회가 아니다.)
> 2) an opportunity : '좋은 기회'
>    If you want to make progress in English, take every opportunity to speak it. (영어에 숙달되려면 모든 기회를 잡아 영어를 써야 한다.)

🎧 천재일우일세. 그냥 넘기지 말게나.
**It's chance of your lifetime. Don't left that pass you by.**

### 철부지 같다 · act like a nine-year old

act like a mere child 아직 어린애 같다. 라 해도 말은 되나, nine-year old와 같이 구체적인 느낌이 안 난다. 고정표현이 아니므로 a seven-year old와 같이 기분 내키는 대로 쓸 수 있다.

🎧 쟤넨 지각이라곤 눈곱만큼도 없군. 마치 철부지 같아.
**You don't have a lick of sense. You're acting like a nine-year old.**

## 철이 덜 든(머리에 피도 안 마른) · wet behind the ears

갓 출생한 아기는 귀 뒤의 머리가 젖어 있다는 데서 나온 말로, 아직 어린 풋내기라는 의미의 경멸적인 표현이다.
He's too young to take on a job like this. He's still wet behind the ears. 그는 이런 일을 맡기에는 너무 어려. 아직 경험이 없거든.

not dry behind the ears도 같은 말이며 표제어보다 의미가 훨씬 부드럽다.

🎧 그는 이런 일을 해내기에는 아직 철이 덜 들었다.
He's still wet behind the ears to be able to handle this kind of work.

## 철창신세가 된 · put behind bars

bars는 '술집'인 bar도 되지만 여기서는 유치장의 '창살'이다.
따라서 He's behind bars.라 하면 '그는 옥중에 있다.'는 의미로 He's in jail.과 같다. '그는 복역 중이다.'는 He's doing his time. 여기서 time은 '형기'를 말한다. 또 He's serving his time in the Navy.라고 하면 '해군에 복무하고 있다.'란 뜻이다. 물론 serve 대신 do를 써도 된다.

🎧 그는 우편물에 의한 사기죄로 철창신세를 지고 있다.
He was put behind bars on a mail fraud.

## 첫눈에 반한 사랑 · love at first sight

두 사람이 처음 만났을 때 자신도 모르게 우러나오는 연정이란 의미의 표현이다. 얘기하는 대상이 물건인 경우에는 love 앞에 like를 쓴다.
When he saw the car, it was like love at first sight.
그는 그 차를 보고 첫눈에 반했다.

사람의 재능에 반한 경우에는 I was immediately taken by his talent.
나는 그의 재능에 한 눈에 반했다. 와 같이 쓴다.

🎧 그들이 만났을 때는 첫눈에 반했지만 오래 가지는 않았다.
It was love at first sight when they met but it didn't last long.

### 청구한 돈을 내놓다 · cough up

자발적으로 돈을 내는 것이 아니라 '상대편이 청구한 돈이나 집세 등을 마지못해 내놓는다.'란 뜻이다.
Okay, Okay, I'll cough them up. 알았어, 알았어, 그 돈 내놓을게.
Your rent is ten days over due. Now cough up the money.
당신 집세가 10일 밀렸어. 어서 돈 내놔.

🎧 Bill은 자기가 깬 유리창 대금으로 40달러를 내놓아야 했다.
Bill had to cough up forty dollars to pay for the broken window.

### 청혼하다 · pop the question

pop은 '예고 없이 갑자기 터뜨리다.'란 뜻이다. 표제어는 Will you marry me?와 같은 질문을 던진다는 말이다. 남자가 벼르고 벼르다가 어느 날 갑자기 그러한 질문을 한다는 느낌이 들지만 실제로는 '청혼한다.'는 일반적인 표현이다. 여성이 남성에게 구혼할 때도 쓴다.

the question은 청혼하는 '바로 그 질문'이라는 뜻이나 a question이라 하면 일반적인 질문에 지나지 않으므로 주의해야 한다.

> **참고** pop에는 '느닷없이' 또는 '갑자기'라는 느낌이 있다. The professor likes to pop the quizzes. (그 교수는 갑자기 시험치기를 좋아한다.) 또 '한턱 낸다.'는 의미도 있다. Let's have some ice cream. I'll pop for it. (아이스크림 좀 먹자. 내가 낼게.)

🎧 Betty하고 결혼하고 싶지만, 청혼할 용기가 나지 않는다.
I want to marry Betty, but I can't seem to get up the nerve to pop the question.

### 체면을 잃다 · lose face

동양인만큼 정도가 심하지는 않지만 영·미인들도 자신에 대한 타인의 평판에 관심을 둔다는 것을 입증하는 표현이다.
**He's more afraid of losing face than losing money.**
그는 돈을 잃는 것보다 체면을 잃는 것을 더 두려워한다.

반대말은 save face 또는 keep face이고, 형용사로 face-saving도 있다.

🎧 약속을 지키지 않으면 자네는 체면을 잃게 돼.
**You'll lose your face if you don't keep your promise.**

## 체질에 맞다(음식 등이) • something agree with someone

흔히 agree라고 하면 '의견이 맞다.'라고만 생각하기 쉬우나 이 경우는 '음식이나 음료 등이 체질에 맞다.'란 의미이다. 또 생활이나 일 등이 자신의 성격에 맞는다고 할 때도 쓴다. The climate on Jejudo agrees with me. 제주도 기후는 나에게 맞는다. 와 같이 긍정문으로 쓸 수도 있으나 대개의 경우는 부정문으로 쓴다.
즉 not agree 또는 disagree의 형식으로 쓴다.
**New York's harsh winter doesn't agree with me.**
뉴욕의 무서운 추위는 내게 맞지 않는다.
**Life in the city has never agreed with him.**
도시생활은 옛날부터 그에게 맞지 않았다.
**Noodles don't agree with me.** 국수 종류는 내 체질에 맞지 않는다.
**The cake I ate last night didn't agree with me.**
어젯밤에 먹은 떡이 좋지 않았다.

주의할 것은 이 말은 음식을 먹으면 배탈이 나거나 알레르기 반응을 일으킨다는 뜻이지 입에 맞지 않는다는 뜻은 아니라는 것이다.
'소화가 잘 되지 않는다.'라고 할 때는 not sit up right도 쓴다.

🎧 나는 맥주만 마실래. 소주를 마시면 배탈이 나거든.
**I'll stick with beer. Soju doesn't agree with me.**

## 체통에 어울리지 않는 · out of character

'신분이나 품격, 나이 등으로 봐서 하는 행동이 어울리지 않다.'란 의미이다.
He's going out of character. 체통에 어울리지 않는 일을 하고 있다.
You're going out of character.라 하면 That's not like you. Better not do it. 그건 너답지 않아. 그것을 하지 않는 게 좋겠어. 과 같은 의미이다.

🎧 동네 아이들하고 공차기를 하다니 체통 깎이는 짓을 하는군.
It's out of character for him to play soccer with the neighborhood kids.


## 초만원인 · packed like sardines

'정어리 통조림같이 빽빽이 들어찼다.'는 의미의 고정 표현이다.
like 앞에 in을 쓰기도 한다.
It was terribly crowded there. We were packed in like sardines.
초만원이라 굉장히 붐볐다.
They packed us in like sardines. 우리를 짐짝 싣듯 마구 태웠다.

🎧 지하철이 꽉 차서 초만원이었다.
The subway was full. Passengers were packed like sardines.


## 촌놈 · country bumpkin

bumpkin만으로도 '시골뜨기' 또는 '촌놈'이라는 뜻이 되지만 country를 붙이는 게 보통이며 외양상 어수룩하고 느리다는 느낌이 있다.
비슷한 말에 a (country) hick, hayseed 또는 yokel 등이 있으나 다소 뉘앙스의 차이가 있다. a country hick은 city slicker 시골사람들이 말하는 도회지의 약아 빠진 사람 와 반대되는 '남에게 잘 속는 사람'이라는 뉘앙스로 쓴다.

🎧 그는 촌놈같이 보일지 모르지만 실제로는 아주 교활한 장사꾼이야.
He may look like a country bumpkin, but actually he's a shrewd businessman.

## 촌티가 나는 · crude

crude는 원래 crude oil과 같이 정제하지 않은 '원유'라는 의미이나 여기서는 refined의 반대말로 쓰인다. 즉 사람이나 취미에 대해서 '촌티가 난다.'는 말이며, 문장이나 예술작품을 말할 때는 '세련되지 않다.'는 의미이다.

비슷한 의미로 corny가 있다. 원래 corn-fed 강냉이를 먹고 살아 촌티가 나는 에서 나온 말로, 진부하고 별로 재미없다는 의미로 쓴다.
젊은이들이 잘 쓰는 표현으로 a corny music 시시한 음악, a corny drama 시시한 연극 등이 있다. 대체로 경멸의 느낌이 있다.
My father likes that corny music of thirty years ago.
우리 아버지는 30년 전의 케케묵은 음악을 좋아한다.

🎧 그의 의상에 대한 취향은 좀 촌스럽다.
**His taste for clothes is rather crude.**

## 총각 파티 · bachelor party

자칫하면 '독신남자들끼리의 파티'라고 생각하기 쉬우나, 사실은 결혼할 신랑을 위해 친구들이 열어주는 파티로, 결혼식 전에 진탕 마시고 노는 것을 말한다. 경우에 따라서는 a bachelor dinner라고 점잖게 표현하기도 한다. 어느 경우이건 독신(bachelor) 시대의 종결을 위로(?)하는 모임이다.

🎧 신랑은 친구들이 베풀어 준 총각 파티에서 너무 마셔서 결혼식에 늦고 말았다.
**The groom was late for the wedding because he drank too much at the bachelor party his friends gave for him.**

## 총력을 기울인 · all out

all out은 '전력을 다하는'이란 뜻이다.
The students are all out to pass the government test.
학생들은 국가고시에 합격하고자 총력을 기울이고 있다.

같은 의미로 all-out effort가 있다.

The government began an all-out effort to reduce the federal budget. 정부는 연방 예산을 감축시키려고 전력을 다하기 시작했다.

🎧 두산 베어스는 롯데 자이언츠와의 결전을 위해 총력을 기울이고 있다.
The Dusan Bears are all out to win the crucial game with the Lotte Giants.

## 총알같이 · like a shot

이 경우의 shot은 총에서 발사된 '총알'. 어떤 장소에서 힘차게 튀어 나가는 모양을 나타낸다.
As soon as the bell rang for the lunch break, he was out of the door like a shot. 점심 휴식시간을 알리는 종이 울리자, 그는 총알같이 뛰어나갔다.
off like a shot의 형식으로 많이 쓰인다.

비슷한 표현으로 in a flash 순식간에 가 있다.
I'll be back in a flash. 금방 돌아올게.

🎧 임신 중인 아내가 병원에 갔다는 얘기를 듣고, 그는 총알같이 밖으로 뛰어나갔다.
When he heard that his expectant wife had gone to the hospital, he was off like a shot.

## 최고급 · crackerjack

excellent 혹은 topnotch 일류·최우수·최고 와 같다.
American League와 National League의 일급 선수들의 대항전을 all-star game이라 하는 반면, 야구계에서 은퇴한 왕년의 명선수들의 대항전을 Crackerjack Baseball Game이라 한다. 몸들이 늙어서 게임은 재미없으나 예우를 해서 '최고 정상급의 시합'이라 부른다.

구두 등을 반짝반짝 윤이 나게 닦아 놓은 것을 보고 That's a crackerjack polish.라고 한다. 우리말의 속어인 '삐까뻔쩍'이란 말과 비슷한 표현이다.

🎧 그는 최고의 권투선수였다.
**He was a crackerjack boxer.**

## 최고의 기분 • on top of the world

the world는 '지구', 지구 꼭대기에 서 있는 기분이니까 의기양양한 최고의 기분을 나타낸다. 동사는 be, feel, sit 등을 쓴다.
**Wow, I feel on top of the world!** 야아, 신난다!
**Since he got a job, he's on top of the world.**
그는 취직하고 나서부터 기분이 썩 좋다.
**He's been sitting on top of the world.** 그는 기분이 최고다.

🎧 A : 최고의 기분이시겠군요. 한 말씀 부탁합니다.
B : 내가 금메달 땄다는 게 믿어지지 않습니다.
**A : You must feel on top of the world. Any comment?**
**B : I can't believe I won the gold medal.**

## 최고이다 • hit the spot

이 경우의 spot은 '몸과 기분이 동시에 찾는 것'으로, 표제어는 더운 여름 날씨에 냉수나 시원한 맥주를 한잔해서 기분이 상쾌해졌을 때 하는 말이다. 주로 먹고 마시는 것에 관하여 쓴다.
**Ahhh, that hits the spot!** 아, 살 것 같다!
**This cold water really hits the spot.**
이 시원한 물 한잔 마시고 나니 참으로 살 것 같다.

'정확히 맞춘다.'는 뜻으로 hit the bull's eye라는 말을 하기도 한다.
**I want something hot-some coffee would really hit the bull's eye.**
뭔가 뜨거운 것 좀 마셨으면 좋겠다. 커피라도 있으면 최고일 텐데.
흔히 우리 속어로 '~에는 ~이 와따야.'라는 말에 꼭 맞는 표현이다.

🎧 몹시 목이 마르군. 이럴 때는 차가운 레몬에이드가 최고인데.
**I'm very thirsty. A cold glass of lemonade would hit the spot right now.**

### 최대한 노력하다(편의를 위해) • bend over backward

bend over backward는 원래 '지나쳐 간 것을 바로잡기 위해 반대로 자세를 고쳐 잡는다.'는 것으로 '사람의 편의를 위해 될 수 있는 한 노력한다.'는 의미이다. fall over 또는 lean over를 써도 의미는 마찬가지이며, 뒤에 to do something이 온다.

I've bent over backward to make her happy.
나는 그녀를 즐겁게 해주기 위해 무척 노력했다.

The boss bent over backward to be fair to all the employees.
사장은 모든 종업원에게 공평하게 하려고 무척 애를 썼다.

일시적인 것이 아니라 항상 그러한 자세를 가지려고 한다고 할 때 잘 쓴다.

🎧 내가 그 친구를 위해서 애를 쓸 것으로 생각하나? 천만에!
Do you think I'm going to bend over backward to help that guy? No way!

### 최대한으로 활용하다 • make the most of something

자칫 make the best of something과 혼동하기 쉽다. make the best of something은 실패나 불운 등 불리한 조건 속에서도 나름대로 최선을 다한다는 말이다. 이에 대해 표제어는 기회·행운 등 유리한 조건을 최대한으로 활용한다는 의미이다.

Everyone must learn to make the most of his opportunities.
사람들은 모두 자신의 기회를 최대한으로 활용하는 법을 배워야 한다.

🎧 사장은 정부의 고관 한 사람을 알고 있는데 그를 최대한으로 활용하려고 한다.
The boss has a connection with one of the government higher-ups, and he wants to make the most of it.

### 추어올리다 • make a fuss over

'요란스럽게 추어올린다.'는 뜻이다. over 다음에 someone's talent를 써도 된다.

He was embarrassed when his mother made a fuss over him.
그의 어머니가 그에 대해 호들갑을 떨자 그는 좀 무안해했다.

대신 over를 빼면 '떠들썩하게 소란을 피다.'는 의미가 된다.
Please don't make a fuss. Everything will be all right.
제발 소란 좀 떨지 마세요. 모든 게 잘 될 테니.

🎧 그는 재능은 있지만 모든 사람들이 그를 추켜세우는 바람에 잘못되고 말았다.
He was spoiled by everyone making a fuss over his talent.

## 추파를 던지다 · give someone the eye

표제어의 의미 외에 '어떤 사람을 너무 좋아해서 넋을 잃고 쳐다본다.'는 뜻도 가지고 있다. catch(get) someone's eye라는 표현도 있으나 이것은 '어떤 사람과 시선이 마주친다.'는 말이지 romantic interest가 있는 것은 아니다.
Bill got Mary's eye and waved to her.
Bill은 Mary와 눈이 마주치자 손을 흔들었다.

make eyes at도 있다. 이것은 '일부러 눈짓을 한다.'는 느낌이 있으며, 남자가 여자에게 뿐 아니라 여자가 남자에게 추파를 던질 때도 쓴다.
He spent all afternoon making eyes at Ann.
그는 오후 내내 Ann에게 추파를 던졌다.

🎧 John이 계속 Lisa에게 추파를 던져 Lisa는 결국 자리를 뜨고 말았다.
John kept giving Lisa the eye. She finally left.

## 추후로 미루다 · put something on the back burner

보통 부엌의 조리용 가스레인지에는 burner가 앞줄에 두 개(front burner), 뒷줄에 두 개(back burner)가 있는 것이 있는데 back burner에는 일단 끓였다가 다시 데워먹거나 혹은 천천히 시간을 두고 끓이는 것을 놓는다. 여기서 비롯되어 표제어는 '당장 급한 것이 아니므로 뒤로 미루어 놓다.'란 비유적 의미로 쓰인다.

His trip to Hong Kong has been put on the back burner.
그의 홍콩 여행은 훗날로 미뤄졌다.

put something on ice도 마찬가지 의미이다. 일을 지체시키거나 연기 또는 보류한다고 할 때 잘 쓴다.
They put my idea on ice and keep it there till they got some money. 그들은 자금이 생길 때까지 내 아이디어를 보류했었다.

🎧 이에 대한 결정을 당장 할 필요는 없으니 미뤄 둡시다.
We don't have to make a decision on that right away, so let's put it on the back burner.

## 출세하다 · come up in the world

주로 과거를 돌아보며 '그때에 비해 출세했다.'와 같은 식으로 쓰기 때문에 완료형으로 쓰는 경우가 많다. 어떤 특정 인물을 구체적으로 설명할 때 쓴다.
Oh, come on. You think you've come up in the world.
이러지마. 자네, 출세라도 한 것으로 생각하는 모양이군.

'의젓해졌다.'는 의미도 있다.
Mr. Brown appears to have come up in the world since his oldest son married the boss's daughter.
Brown씨는 장남이 사장 딸하고 결혼하고 난 후부터 의젓해진 것 같군.

반대말은 come down in the world이다.

의미상 rise in the world도 거의 같은 뜻이나 표제어보다 사용되는 범위가 좁다.

🎧 지난 번 만났을 때 그는 꽤 출세해 있었다.
He had really come up in the world the last time I saw him.

## 춤 솜씨가 서툴다 · have two left feet

'재주가 없다.(very clumsy)'는 뜻으로 춤 솜씨와 관련해서 쓴다. 두 다리가 모두 왼쪽다리니까 서툴다는 발상의 표현이다.

🎧 Marlon은 음치에다, 춤 솜씨도 아주 서툴다.
**Marlon sings off-key, and has two left feet.**

## 충동을 느끼다 · get fired up

fire는 원래 '불을 지르다.'란 뜻이나 표제어의 경우는 '자극을 받다.'란 의미이다. 정통 영어의 be tempted to와 같다.

음식을 보고 먹고 싶은 충동을 느낄 때는 be tempted by를 쓴다.
**I was tempted by the delicious-looking food.**
맛있어 보이는 그 음식을 보니 입에 군침이 돌았다.

같은 충동이라도 성적 충동은 be(get) aroused.라 한다.
**I got aroused watching the porno movies.**
나는 포르노를 보고 몸이 달아올랐다.

> **참고** 운동경기에서 어느 한 팀이 선취점을 올리고 실력을 발휘할 때 fire up을 쓴다. They're fired up. (불이 붙었다.)

🎧 그가 입에 침이 마르도록 미국 칭찬을 했기 때문에, 나도 미국에 가고 싶은 충동을 느꼈다.
**He said all kinds of fine things about America, so I got fired up about going myself.**

## 충동질하다 · egg a person on

'남을 선동해서 어떤 일을 하다 또는 계속하게 하다.'란 뜻이다. 다분히 장난기가 있으며 별로 좋지 않는 일을 하라고 선동하는 경우에 잘 쓴다.
**They egged him on to fight his boss.** 그들은 사장과 싸우도록 그를 충동질했다.
**He wouldn't have done the dangerous thing if his brother hadn't egged him on.** 그의 형이 충동질만 하지 않았더라면 그는 그런 위험한 짓은 하지 않았을 것이다.

🎧 예쁜 아가씨가 그를 좋아한다고 털어놓자 그의 친구들이 그를 충동질했다.
**His friends egged him on when he confided a pretty girl liked him.**

## 치사한 짓을 하다 · do someone dirt

상대편의 신뢰감을 배반하는 것 같은 더럽고 치사스런 짓을 한다는 말이다. 또 반드시 절친한 사이가 아니더라도 상식적으로 기대할 수 있는 일을 배반한다고 할 때도 쓴다.

They did me dirt. After I asked him for advice on my new invention, he patented it in his own name. 그자는 내게 아주 더러운 짓을 했어. 새로운 발명에 대해서 충고 좀 해 달라고 했더니 자기 이름으로 특허를 냈거든.

의미를 강조할 때는 really를 쓴다.

🎧 John은 Brenda한테 아주 치사한 짓을 했다. 결혼한다고 해놓고 Brenda를 버리고 다른 여자에게 가버렸거든.

**John did Brenda dirt**. After promising to marry her, he dropped her for another woman.

## 친구 좋다는 게 뭐야 · What are friends for?

쉬운 말인데 막상 쓰자면 잘 안 나온다. What ~ for의 형식으로 쓴다. 도움에 감사한다는 말에 대한 대답으로는 '친구 사이인데 뭘'이라는 뜻이며 상대방이 청을 들어주지 않아 화내는 말로 쓸 경우는 '친구끼리 이러긴가?'라는 뜻도 된다.

'그래서 친구 좋다는 거 아닌가?'는 보통 That's what friends are for.라고 한다.

🎧 A : 도와줘서 정말 고맙네. 어떻게 신세를 갚아야 하지?
B : 그런 소리 하지 말게. 친구 좋다는 게 뭔가?

A : I really appreciate your help. How can I repay you?
B : Oh, come on. What are friends for?

## 친밀히 지내다 · get off with

일부 사전에는 표제어의 뜻이 How well do you get off with your boy friend? 요즘 남자친구하고 어떻게 지내니? 와 같이 '이성과 친하게 지내다.'로 나와 있으나 반드시 이성에게만 쓰는 것은 아니며, 남자끼리도 쓴다.

> **참고** '친한 친구와 같이'는 like an old friend라고 한다. He talked to me like an old friend. (그는 친한 친구 같이 내게 말했다.)

🎧 오늘 저녁 파티에서는 남자들끼리 모여 골프 얘기만 하지 말아요.
**Don't get off with the boys and talk golf at the party tonight.**
(boy : 남자를 친근하게 이르는 말. talk golf : 골프 얘기를 하다.)

# AMERICAN ENGLISH EXPRESSION
## BASIC EDITION

## 커닝 · cheating

보통 일본인들이 쓰던 말을 그대로 흉내 내서 '커닝(cunning)'이라고 하나 옳은 영어가 아니다. '어떤 이익이나 목적 달성을 위해 부정한 수단을 써서 상대방을 속인다.'란 뜻의 cheat을 명사화하여 쓰는 것이 옳다.
간혹 가게 주인이 손님에게 거스름돈을 더 주면 손님이 주인보고 You're cheating yourself. 당신 자신을 속이는군요. 라며 농담도 한다.

세관의 눈을 속이거나 남녀가 부정한 행위를 하면서 상대방을 속일 때도 이 표현을 쓴다.
It's not easy to cheat the customs. 세관을 속이는 것이 쉬운 일이 아니야.
Why do men cheat? 남자들이 왜 몰래 바람을 피우지?

한편, '커닝 페이퍼'는 crib sheet(s)라 한다.

**참고** 구어체로 '안경'을 cheaters라고도 한다. 물론 pair of cheaters라고 표현한다.

🎧 그는 시험 때 커닝을 하다가 퇴학당했다.
He was expelled from school for cheating.

## 켕기다 · chicken out

chicken은 '비굴하고 소심하다.'란 말의 대명사처럼 쓰이고 있다. 표제어는 겁을 먹고 어떤 계획·과제 혹은 시도하려던 것을 포기한다는 뜻이다.
By keeping quiet, both candidates look chicken.
두 후보는 서로 켕겨서 입을 열지 못하고 망설이고 있는 것 같이 보인다.
John chickened out at the last minute.
John은 막판에 가서 겁을 먹고 일을 포기했다.

🎧 그는 그 미국인 여행자에게 자기가 배운 영어를 써먹어 보려고 했으나 켕겨서 그만두었다.
He tried to practice his English on the American tourist, but he chickened out.

## 코수술을 하다 · have a nose job

코를 예쁘게 높이는 수술을 구어 표현으로 nose job이라 한다.
한편, 주름살을 펴는 수술은 face-lifting이라 하는데, 건축물의 외장 공사 또는 자동차의 외양을 색다르게 고치는 것도 이에 해당된다.
일반적으로 '미용 정형수술'은 cosmetic surgery이며 plastic surgery라 하면 '성형외과 수술'을 뜻한다.

Michael Jackson이 성형수술을 했다는 것은 사실이다. 그는 캘리포니아에서 코수술을 했다.
**It's true that Michael Jackson had cosmetic surgery. He had a nose job in California.**

## 코앞에 · just around the corner

'바로 가까이'라는 뜻이다. 지리적으로 가까운 곳을 의미한다.
**There's a supermarket just around the corner.** 바로 앞에 슈퍼마켓이 있어요.

그러나 구어 표현으로는 '어떤 시기나 행사 따위가 코앞으로 다가온다.'는 비유적인 뜻으로 많이 쓴다.
**The season is just around the corner.** 대목이 곧 돌아온다.

A : 크리스마스가 곧 돌아오는데 무슨 계획이라도 있나?
B : 그럼, 있고말고.

**A : Christmas is just around the corner. You got any plans?**
**B : Absolutely.**

## 콧방귀 뀌다 · turn up one's nose (at)

문자 그대로는 '~에 대해서 코를 위로 향하게 하다.'란 뜻이다. '비웃는다.'는 의미로 사람이나 물건에 대해 '흥'하며 코를 위로 올리는 경멸의 동작에서 유래하였다. '나처럼 잘난 사람이 그러한 것(사람)을 상대할 수 있느냐' 하는 기분으로 쓴다.

**Tom turned his nose up at Julie, and that hurt her feelings.**
Tom이 Julie를 무시하는 바람에 그녀는 기분이 상했다.

동물이 주어가 되는 일이 있다.
Our dog has been eating food from our table so long that he turns up his nose at canned dog food.
우리 개는 오랫동안 가족들과 함께 먹었기 때문에 깡통에 든 개밥을 거들떠보지도 않는다.

🎧 그녀는 내가 돈을 잔뜩 가지고 있을 때는 아주 친절했는데 지금은 거들떠보지도 않는다.
When I had plenty of money, she was very friendly. Now she turns up her nose at me.

## 크게 데다 · burn one's fingers badly

직역하면 '뜨거운 것에 손을 데다.'란 뜻이나, 비유적인 표현으로 '공연한 일에 개입해서 크게 피해를 본다.'는 의미이다.

get one's fingers burned의 형식으로 쓰기도 한다.
I tried that once before and got my fingers burned.
전에 그 일을 한번 해 보았다가 혼났다.

🎧 베트남에서 Johnson 대통령은 승산 없는 상황에 빠졌고 끝내는 크게 봉변당하는 상황을 맛보았다.
In Vietnam President Johnson was in a no-win situation and ended up burning his fingers badly.

## 크게 돈을 벌다 · rake it in

rake는 '갈퀴', rake in은 '갈퀴로 긁어들이다.', it은 '돈' 또는 '이익'이란 뜻이다. 따라서 표제어는 '갈퀴로 돈을 긁어모은다, 즉 큰돈을 번다.'는 의미이다.

돈 이외의 경우에도 쓴다.
The candidate raked in votes by the thousand.
그 후보는 표를 무더기로 긁어 들였다.

🎧 토지 투기꾼들은 요즘 돈을 갈퀴로 긁어모으고 있다.
The land speculators are really raking in the money recently.

## 크게 웃다 • crack up

'감정을 억제하지 못하고 실성한 사람같이 크게 웃어댄다.'는 구어적 의미이다. 비록 not crack a smile과 같이 부정문으로 많이 쓰지만 긍정문으로도 쓴다.

원래는 The plane cracked up and killed two of the passengers. 비행기가 부딪혀서 승객 2명이 죽었다. 처럼 '비행기나 자동차 등이 부딪혀 부서진다.'는 의미가 있다.

또, '정신적 또는 육체적으로 녹초가 된다.'는 의미도 있다.
The poor guy cracked up. It was too much for him.
그는 가엾게도 신경쇠약에 걸리고 말았는데 그 일이 그에게는 견디기 어려운 것이었다.

🎧 그가 입고 있는 이상야릇한 복장을 한 번 보고 우리는 크게 웃어 버렸다.
One look at the outlandish outfit he was wearing, and we all cracked up.

## 크게 출세하다 • go places

물론 He likes to go places and meet people. 그는 여기저기 다니면서 여러 직종의 사람들을 만나기 좋아한다. 과 같이 '여러 곳을 다니다(여행하다).'의 의미로도 쓰이지만, 비유적으로 '크게 출세하다.' 또는 '성공한다.'는 의미로 쓰인다.
John shows great promise as an entertainer. He's really going to go places. John은 연예인으로 훌륭한 가망성을 보여주고 있다. 그는 틀림없이 크게 출세할 것이다.
I understand he is really going places in Hollywood.
나는 그가 할리우드에서 크게 성공하고 있는 걸로 알고 있다.

'회사가 쭉쭉 뻗어나간다거나 크게 발전한다.'는 의미로도 쓰인다.
This company would go places if only we could get rid of the deadwood at the top.
상부의 불필요한 사람들을 내몰아버릴 수만 있다면 우리 회사는 크게 발전할 것이다.

🎧 일이 뜻대로 되지 않는다. 나는 정말로 출세한 인생을 살고 싶다.
**Things are not going the way I planned. I really want to go places in life.**

## 크게 한탕 하다 • make it big

make it은 '성공하다.'란 의미의 숙어이다. 여기에 big을 붙이면 '사회적으로 크게 성공한다.'는 의미가 된다. 그런데 성공한다는 것은 '사회적으로 지위가 높아진다.'는 의미도 되고 '금전적으로 크게 한탕 하다.'는 의미도 된다.
즉, She made it big in the entertainment world.라고 하면 '그 여자는 연예계에서 크게 성공했다.'는 뜻도 되고 '좋은 기회가 있어서 큰돈을 벌었다.'는 뜻도 된다.

비슷한 의미로 made a killing이 있다. 이것은 주식시장 같은 데서 크게 한탕 했을 때 잘 쓴다.
**My brother made a killing on the stock market.**
우리 형이 주식시장에서 크게 한탕 했다.

물론, 주식시장이 아닌 경우에도 쓴다.
**Mr. Johnson has made a killing by opening his land to hunters at fifty dollars a head.**
Johnson 씨는 그의 땅을 사냥꾼에게 개방하여 1인당 50달러씩 받아 큰돈을 벌었다.

> **참고** '갑자기 부자가 됐다'는 He became a millionaire overnight.라 하고 '갑자기 횡재했다.'는 He hit the jackpot. 혹은 He hit the gold mine.이라고 한다.

🎧 그는 증권시장에서 크게 한탕 했다.
**He made it big in the stock market.**

## 큰돈을 벌다 • make a bundle

bundle은 bunch와 같이 '많은 돈(a large amount of money)'이란 뜻.
**It's going to cost me a bundle.** 그 일을 하는데 큰돈이 들 것이다.

같은 의미로 make a package도 있다.

He made quite a package on that bank deal.
그는 은행 거래관계로 큰돈을 벌었다.

a 대신 one's를 쓰면 의미가 달라진다. 양쪽 다 큰돈을 버는 것은 같으나 표제어는 단번의 승부라는 느낌을 주고 또 개인뿐만 아니라 회사나 조직의 경우에도 해당한다. 그러나 make one's bundle은 개인이나 한 가족에 한한다.

🎧 그는 아직도 집을 팔아서 생긴 큰돈을 가지고 있다.
He still has a bundle from the sale of his house.

## 큰 충격을 주다 · hit someone between the eyes

직역하면 '양미간을 때린다.'니까 '쇼크를 준다, 즉 정신적인 충격을 준다.'는 의미이다. 비유적으로 사람을 놀라게 하거나 깊은 인상을 준다고 할 때도 쓴다. 의미를 강조하기 위해 hit someone right between the eyes와 같이 right을 쓰는 경우가 많다.

Suddenly, it hit me right between the eyes. Tom and Julie were in love. 갑작스럽게 나는 큰 충격을 받았다. Tom과 Julie는 서로 사랑하고 있었던 것이다.

🎧 내가 가장 신임하던 부하가 경쟁회사와 내통을 했다는 것을 알고 나는 크게 충격을 받았다.
It really hit me between the eyes, when I learned that my most-trusted assistant had been playing along with the rival company.

## 큰 혼잡을 이루다 · fall over each other

'사람들이 서로 앞을 다투어 심하게 경쟁을 하다.'란 뜻이다. each other 대신 one another라 해도 된다. fall over는 사람 위로 덮치는 것이니까 '쇄도한다.'는 느낌이 있다. 어떤 일에 최고가 되려고 애를 쓰거나 기자들이 몰려서 서로 취재에 열을 올리는 상황에 쓰인다.

🎧 사람들이 아파트 분양 추첨권을 타려고 큰 혼잡을 이뤘다.
People were falling over each other to get drawing for apartment sale.

 **AMERICAN ENGLISH EXPRESSION**
BASIC EDITION

## 타고난 재능 · natural flair

타고난 '재능'하면 talent 혹은 gift를 연상하겠으나, 일반회화에서는 flair를 많이 쓴다. flair의 원뜻은 '예리한 후각'이나, 비유적으로는 '재능·소질' 등을 의미한다.

He has a flair for writing. 그는 글재주가 있다.

aptitude는 적성을 가리킨다.
I have no aptitude for languages. 나는 어학에 재능이 없다.

어느 경우나 노력에 의한 재능이 아니라 타고난 자질을 의미한다.
He has a head for business.하면, 그냥 '뛰어난 재주가 있다.'는 의미이나
He has a natural flair for business.는 '타고난 재주가 있다.'는 뜻이다.

🎧 그는 돈을 버는 타고난 재주를 가지고 있다.
He has a natural flair for making money.

## 타산이 안 맞는다 · It doesn't pay.

I would not put that kind of money into a laundry business.
It doesn't pay. 그런 큰 금액을 세탁업에 투자하지는 않겠네. 타산이 안 맞아.
상행위에서도 쓰지만 비유적인 표현으로도 잘 쓴다.

미국에서 경고 포스터 등에 Crime Doesn't Pay라는 말이 많이 눈에 띈다. 백화점이나 슈퍼마켓에 가도 Shoplifting Doesn't Pay라는 경고 간판이 보인다. '가게에서 물건을 훔치면 공짜'라는 말이 아니라 '잘못하면 징역을 산다.'는 말이다.

**참고** pay에는 '애쓰거나 노력을 한 보람이 있다'는 의미가 있다.

🎧 자네 돌았나? 잡지에다 돈을 투자해? 아무런 보람도 없네.
Are you crazy? Put your money in magazine business?
It doesn't pay.

410

### 타산적인 · calculating

'자신의 이익을 따지는데 빈틈이 없는'이란 뜻이다. 어떤 일에 당면해서 즉흥적으로 해나가는 것이 아니라 미리 타산적으로 고려한다는 의미이다.
shrewd 빈틈없는, 약삭빠른도 비슷한 말이다.
He's shrewd businessman. 그는 타산적인 사업가야.

🎧 그 사람하고 거래할 때는 조심하게. 타산적인 사람이니까.
**Be careful when you do business with him. He's the calculating type.**

### 타진하다 · sound out

'직접적으로 사람의 의견이나 반응을 타진해 보다.'란 뜻이다. 의사가 청진기로 환자를 진찰하는 데서 비롯된 말로 sound someone out의 형식으로 쓴다. someone 대신 something을 쓰는 경우가 있는데 이 경우에는 사람의 의향이나 감정을 타진한다는 말이다.

feel out이라는 말도 있으나 이것은 상대방의 의견이나 태도 등을 간접적으로 '탐색'해 보는 것이므로 뉘앙스가 다르다. 곤충 등이 촉각을 세워 주위를 살피는 모양을 상상하면 된다.

🎧 그는 새 계획에 대한 동업자의 의향을 타진하기 위해서 그의 아내를 보냈다.
**He sent his wife to sound out his partner's feelings about the new project.**

### 타짜 · 꾼 · cheat

노름판 같은 곳에서 속임수를 잘 쓰는 사람을 가리킨다. a card shark 혹은 a card sharp(er)라고도 한다. 그러나 card shark에는 '카드의 명인'이라는 뜻이 있는 반면, card sharp(er)에는 '카드로 사기치는 사람'이란 뜻이 있다. 한편, a cheat는 노름 사기꾼 뿐 아니라 일반적인 사기꾼을 가리키기도 한다.
He's cheat and an unworthy character. 그는 사기꾼에다 쓸모가 없는 인간이야.

🎧 그가 타짜인 줄 몰랐어. 다시는 그 사람과 노름을 하지 않을 거야.
**I didn't know he was a cheat. Never again am I going to play with him.**

### 탄약 • ammo

원래는 ammunition의 약자로 군대용어이지만, 비유적으로는 자기 주장의 뒷받침으로 쓸 수 있는 '정보·증거'라는 의미로 쓴다.
**They set out for ammo.** 사람을 시켜 탄약 보급을 요청했다.

🎧 내가 교통위반 딱지를 먹었다는 것은 비밀로 해. 상대방이 다음 선거에 정보로 활용할 테니까.
**Try to keep my traffic tickets a secret. The opposition will use them as ammo in the next election.**

### 탈선하다 • get off the track

사냥개가 추적을 하다가 냄새를 잊어버린다든가 탈선한다(derail)는 의미이나, 얘기가 주제에서 벗어나는 경우에도 쓴다. get sidetracked라고도 하며, 특히 얘기가 지금까지 해 온 줄거리에서 벗어날 때는 digress라고 한다.
**I'm afraid I digressed now.** 내 얘기가 좀 빗나간 것 같습니다.

🎧 그 교수는 강의가 옆길로 샜을 때 더 재미있다.
**That professor is always more interesting when his lectures get off the track.**

### 탈세 • tax evasion

tax evasion은 '법률에 위반되는 엄연한 탈세행위'로 tax dodging과 혼동하지 않도록 주의한다. tax dodging은 '세제상의 loophole 빠져나갈 구멍을 이용한 세금의 회피행위'를 말하고, 이러한 행위를 하는 사람은 a tax dodger라고 한다.
'자산이나 수입의 영업 외 투자에 의한 세금혜택'은 tax shelter라고 한다. '대피소'라는 단어가 재미있다.

'장부의 조작'은 fabrication of financial records, '경리 부정에 의한 횡령'은 embezzlement라고 한다.

또, '횡령하다, 착복하다.'는 구어 표현으로 pocket을 동사화해서 쓴다.
He pocketed company funds. 그는 회사 기금을 횡령했다.

장기간에 걸쳐 여러 항목을 속여 조금씩 빼내는 것은 siphon.
She's been siphoning funds from the government project.
그 여자는 정부의 공사 자금에서 야금야금 돈을 빼먹었다.

🎧 그 국회의원은 탈세로 기소되었다.
The Congressman was indicted for tax evasion.

### 택시 · cab

원래 taxicab의 약자로 옛날에는 거리를 달리는 마차를 가리켰으나 요즘에는 take a cab 또는 go by a cab과 같이 일반화된 속어로 널리 쓰인다. 물론 a taxi나 a taxicab도 일상생활에서 많이 쓰인다.

cabbie 또는 cabby는 taxi driver라는 의미의 호칭용어이다. 그러나 이 호칭을 싫어하는 사람도 있으므로 driver라고 하는 게 무난하다.
Ask the cabbie if he can change a twenty.
택시 운전사에게 20달러짜리 바꿀 게 있느냐고 물어보지.
'택시 정류장'은 a taxi stand.

🎧 염려하지 마세요. 택시를 잡을 테니까요.
Don't worry about myself. I'll grab a cab.

### 턱도 없는 일이야! · Fat chance!

good chance와 같은 의미로 가능성이 많을 것 같으나, 여기서는 반어적인 표현으로서 almost no chance 또는 impossible과 같은 의미이다. 거의 가능성이 없는 말을 듣고 그에 대한 대답으로 '턱도 없지!' 하는 우리말에 해당한다.

Fat chance I'll ever get a rise! 내 월급이 오른다는 것은 턱도 없는 일이야!
Me, get a promotion? Fat chance! 내가 승진을 한다고? 턱도 없는 일이야!

🎧 A : 그는 널 쉽게 이길 수 있다는데.
　 B : 아이고, 그럴 리가 있나!
　 A : He says he can beat easily.
　 B : Ha! Fat chance!

## 털털이 (헌)차 • crate

crate는 '나무 상자'로, 아무렇게나 짠 나무 상자 안에 들어앉아 있으면 흔들린다는 데서 나온 말이다. 헌 비행기나 배에도 쓴다.
비슷한 의미로 jalopy, heap, junk, a bag of nuts and bolts 등이 있다.

🎧 이런 털털이 차라도 직장에는 왔다갔다 할 수 있거든. 그만하면 됐어.
　 This crate gets me to work and back. That's good enough.

## 톱 클래스의 • big-time

이 경우의 time은 어느 영역에서의 '톱 클래스 · 일류'라는 의미로 실제의 시간과는 아무런 상관이 없다. 따라서 형용사인 표제어는 outstanding 또는 extravagant를 의미한다. 예를 들면 big-time operator 사업 등을 거창하게 벌이는 사람, big-time spender 돈을 많이 쓰는 사람 등이 있다.
He's one of your big-time stars. 그는 당신의 훌륭한 스타 중의 한 사람이다.

그런데 the big time이라 하면 the high level of success를 의미하는 명사가 되므로 주의해야 한다.
I've finally reached the big time. 나는 결국 일류가 되었다.

🎧 국민들은 워싱턴의 거물급 정치인들의 이래라저래라 하는 지시를 받는 것이 마음에 들지 않는다.
　 People don't like those big-time politicians in Washington telling them what to do.

## 통제 불능 · get out of hand

'수습이 어렵다'란 의미도 된다.
Things got out of hand. 일을 수습하기엔 늦었다.
hand 대신 proportion 정도도 쓰나 표제어가 더 구어적이다.

> 참고 '누구와 의논하지 않고 즉각'이라는 의미인 out of hand와 혼동하지 않도록 주의한다. The offer was so good that I accepted it out of hand. (그 제안 조건이 너무 좋아서 나는 다른 사람과 의논하지 않고 즉각 수락했다.)

🎧 아들 녀석을 제멋대로 하게 한 것은 내 잘못이었다. 이제는 그 녀석을 어떻게 해볼 도리가 없다.
It was my mistake to have pampered my son. Now he's getting out of hand.


## 통증을 가라앉히다 · ease up pain

up 대신 off도 쓴다. off에는 '통증 등을 가시게 한다.'는 의미가 있다.
또 ease off에는 '전에 하던 것보다 정도를 낮춰 살살한다.'는 의미도 있다.
Ease off on him. He's been yelled at enough today.
그만 그 정도로 해둬요. 오늘 실컷 야단을 맞았으니까.
Please ease off. I can't stand any more. 이제 그만 해둬요. 더 참을 수가 없으니.

🎧 이 알약 하나 먹어 봐. 아픈 게 가라앉을 테니.
Take this tablet. That'll ease up your pain.


## 퇴근하다 · go for the day

go를 leave로 바꿔서 leave for the day라고 해도 의미는 마찬가지이다.
I'm leaving for the day. 지금 나가면 안 들어오네.
for the day에는 '그날 하루의 일을 끝마치고'라는 뉘앙스가 있다.
Has he gone for the day? 그는 퇴근했나요?

🎧 오늘은 퇴근하셨는데요. 월요일에나 나오실 겁니다.
He's gone for the day. He won't be in until Monday.

## 투덜거리기만 하다 · bellyache

동사로 '투덜거린다.'는 의미이다. complain과 비슷한 의미이나 complain에는 '그냥 불평을 한다.'는 것이고, 표제어에는 '불평을 해도 결과는 별로 신통치 않다.'는 뜻이 함축되어 있다.

Kim always bellyaches about the amount of homework we have, but she makes the best grades in the class.
Kim은 언제나 숙제가 많다고 투덜거리는데, 학급에서 제일 좋은 성적을 낸다.

또, gripe는 '별로 중요하지 않은 일을 가지고 계속 불평해댄다.'는 말이다. grouch, grunt, grumble도 같은 의미이다.
The passengers grumbled about the poor service they were getting. 승객들은 서비스가 좋지 못하다고 투덜거렸다.

그러나 bellyache를 명사로 쓰면 '복통(stomachache)'이라는 뜻도 되니 주의한다.
Oh, mama, do I have a bellyache! 엄마, 배가 몹시 아파!

🎧 그 친구 일에 신경쓸 것 없어. 그는 늘 불평만 하는 사람이니까.
**Don't pay any attention to him. He's always bellyaching about something.**

## 트림 · burp

'트림을 한다.'고 할 때는 let out 내보내다 을 쓴다.
Someone at the next table let out a big burp.
옆 테이블의 누군가가 큰 트림을 했다.

타동사의 경우는 burp the baby 아기에게 트림을 시키다 의 형식으로 하면 된다. 원래 belch라는 정식 용어가 있으나 속어인 표제어가 일반적이며 듣기도 그럴 듯하다. berp라고도 쓰지만 burp가 더 보편적이다.

🎧 식탁에서는 트림을 하지 않도록 해라.
**Try not to burp at the table.**

## 특효가 있다 · work like a charm

charm은 turn on the charm 매력을 발휘하다. 과 같이 '매력'이란 뜻도 있고 '마력' 또는 '부적'이라는 뜻도 있다. 그래서 like a charm이라 하면 구어 표현으로 '마법에 걸린 것처럼' 또는 '불가사의하게·신통하게'라는 의미이다. work은 '효과를 나타낸다.'란 의미. 따라서 표제어는 '신통하게, 귀신같이 듣는다.'는 의미이다. work 대신 act를 써도 된다. the best cure는 '특효'.
The best cure for jet lag is a glass of good drink.
장시간 비행기 여행 끝에 맛좋은 술 한 잔 마시는 것이 피로 푸는 데는 최고지.

🎧 머리 아픈 게 없어졌어. 자네가 준 그 알약이 신통하게 듣는데.
**My headache is gone. The pills you gave me worked like a charm.**

## 특효약 · specific cure

여기서 specific은 '약 등이 특효가 있는'이란 뜻이다. 표제어 대신 a specific medicine이라고도 한다.
known cure라는 말도 있다. '특효약은 아니더라도 이미 알려진 치료약'이란 뜻이다. 보통 비유적으로 많이 쓴다.
There is no known cure for arthritis. 관절염을 고칠 수 있는 알려진 치료법은 없다.

🎧 그 문제에 대한 특효약은 없다.
**There is no specific cure for that problem.**

## 틀림없는 방법 · sure-fire way

sure-fire는 '의심의 여지가 없는, 틀림없는' 또는 '성공을 보장할 수 있는'이란 의미의 구어 표현이다.
I've got a sure-fire method of fixing cracks in the wall.
벽의 균열을 수리할 수 있는 틀림없는 방법을 알고 있다.

🎧 그들은 컨설턴트를 채용해서 그 문제를 해결할 틀림없는 방법을 생각해 냈다.
**They hired a consultant and came up with a sure-fire way to solve the problem.**

## 틀림없이 ~하게끔 되어 있는 • bound to

certain과 같은 의미로 be bound to do something의 형식을 취한다.
She's bound to like me. 그녀는 틀림없이 나를 좋아하게 될 거야.
It's bound to get hotter soon. 곧 날씨가 더워질 거야.
Go get the door. It's bound to be John. 가서 문 좀 열어 줘. 틀림없이 John일거야.
They are bound to come home soon. 그들은 금방 집에 오게 되어 있다.

🎧 틀림없이 타이거스팀이 이길 거야.
**The Tigers are bound to win.**

## 틀어지다(일·사이가) • go sour

Milk has gone sour. 우유가 상했다. 와 같이 원래 뜻으로도 쓰나, 비유적으로 '어떤 계획이나 인간관계가 틀어진다.'는 의미로 많이 쓴다.
The relation between us began to sour. 우리들 사이가 틀어지기 시작했다.
It looks like my plans are going sour. 아무래도 내 계획이 모두 뒤틀리는 것 같다.
go 대신 turn을 써도 된다.

같은 의미로 '음식이 부패하다.'란 뜻의 stale도 쓴다.
His business venture went stale. 그의 기업이 기울고 말았다.

🎧 상가의 점포 계약문제가 틀어졌다.
**The deal for a space in the shopping center went sour.**

## 틀에 박힌 • in a rut

rut는 흙길 위를 마차가 쉴 새 없이 다녀서 바퀴자국이 깊이 패인 곳을 가리킨다. 차가 그 깊은 곳에 빠져 나오지 못하는 것 같이 '생활방식·사고방식 등이 틀에 박혀버린다.'는 뜻이다. 주어는 사람도 되고, 사물도 된다.

반대로 '틀에 박힌 생활에서 벗어난다.'고 할 때는 get out of the rut 또는 climb out of the rut라고 한다. 이 경우 rut 앞에 정관사 the가 오는 것에

418

주의한다.

If you don't get out of the rut and come up with some new ideas, you'll lose out to our competitors.
우리는 틀에서 벗어나서 새로운 생각을 짜내지 않으면, 경쟁상대에게 지고 만다.

🎧 우리 생활은 판에 박은 것 같다. 휴가 가는 것이 좋겠다.
**Our life is in a rut. Maybe we ought to take a vacation.**

# AMERICAN ENGLISH EXPRESSION
## BASIC EDITION

## 파악해두다(상태·동향 등을) • keep tabs on

keep a tab on은 '엄밀히 계산해서 장부에 적어두다.'란 뜻이다.
**My job is to keep (a) tab on daily sales.**
내가 하는 일은 하루의 매상을 정확히 장부에 적어두는 일이다.

그런데 tab을 복수형으로 쓰면 '매일매일의 매상을 파악해둔다.'는 의미가 된다. on 다음에는 사람 또는 사물이 올 수 있다.

또한 tabs 앞에 close를 쓰는 경우도 있다.
**I'm going to have to keep close tabs on how much I spend.**
얼마를 쓰는지 좀 더 잘 파악해 둬야지.

🎧 출입국관리소가 국내 모든 외국인들의 동향을 파악해두는 것은 어렵다.
**It's difficult for the Immigration Service to keep tabs on the activities of all the foreigners in the country.**


## 파업 불참자 • scab

원래 피부병인 '옴' 등의 병원균을 말하지만 '동조하지 않는 사람'을 가리키는 일반화된 속어이기도 하다. a strike-breaker란 말도 있으나 이 말에는 비난의 뜻이 없지만, 표제어에는 '배반자'라는 비난의 뜻이 함축되어 있다.
Scabs! 더러운 배반자들아! 는 파업현장에서 자주 들을 수 있는 말이다.

🎧 그레이하운드의 파업노조원들은 파업에 불참한 사람들이 피켓라인을 뚫고 들어가자 "배반자들아!"하고 소리쳤다.
**The Greyhound union strikers shouted "Scabs!" as the nonstriking workers broke through the picket line.**


## 판을 휩쓸다 • sweep the board

board는 게임을 하는 '판'이나 '받침틀'. 따라서 표제어는 'board를 휩쓸었다(sweep)'는 말이며 비유적으로 '어떤 행사에서 상이나 타이틀을 독점한다.'는 의미이다.

비슷한 예로 sweep the election이라고 하면 '선거에서 전승을 한다.'는 의미가 된다.

In badminton, Korea is expected to sweep the board.
배드민턴에서는 한국이 판을 휩쓸 것으로 기대된다.

🎧 그 영화가 상을 독점을 한 것이나 다름없다. 하나만 빼고 모든 대종상을 휩쓸었으니까.
That movie practically swept the board, winning every Daejong prize but one.

### 팔방미인 · everybody's friend

'누이 좋고 매부 좋고'식의 처신을 하는 사람을 가리키는 말로, 별로 좋지 않은 뉘앙스를 풍긴다. 남하고 잘 어울리는 '사교적인 사람'은 a good mixer라고 한다.

🎧 솔직히 말해서 그가 진심으로 말하는 것인지 아닌지 알 수가 없네. 그는 팔방미인이니까.
I honestly don't know whether he meant what he said or not because he's everybody's friend.

### 팔을 많이 써야 하는 힘든 일 · elbow-grease

elbow는 '팔', grease는 '기름을 치다'. 따라서 표제어는 힘을 들여서 마룻바닥이나 유리창을 닦는 등의 노력을 의미하는 좀 익살스런 표현이다.
동사로는 보통 use나 put 혹은 take를 쓴다.

My arms are sore from waxing the floors. I used a lot of elbow-grease. 마룻바닥에 왁스를 칠하느라 팔이 몹시 아프다. 너무 힘든 일을 했다.

🎧 그렇게 해서는 자동차가 번쩍거릴 리가 없다. 좀 더 팔에 힘을 넣어.
You'll never get the car to shine that way. You have to put more elbow-grease into it.

### 패배를 인정하다 · throw in the towel

권투용어로, throw in the sponge라고도 한다. 권투선수가 시합을 포기한다는 의미로 수건이나 스펀지를 링 안으로 던지던 관습에서 비롯된 표현이다.
The challenger's manager threw in the towel.
도전자의 매니저가 수건을 던져 넣었다.

After fighting against the poor business conditions for over a year, the perfume company threw in the towel and declared bankruptcy.
그 화장품 회사는 1년 이상 불경기와 싸웠으나 결국 포기하고 파산을 선언했다.

🎧 나는 포기할 때가 언제인지 안다. 지금이 바로 그 때이다.
I can tell when it's time to throw in the towel, and this is that time.

## 패주다 · get one's hands on someone

우리말에도 '때리다, 갈기다, 쥐어박다, 까다, 손찌검을 하다.' 등 '때리다.'를 나타내는 여러 가지 표현이 있듯이, 영어에도 hit, beat, punch 등 각종 표현이 있다. 표제어의 경우는 비교적 점잖은 표현으로 구체성은 없다. 우리말의 '손을 보다.'란 표현에 가깝다고 할 수 있다. lay one's hands on someone 이라 해도 의미는 같다.

또한, '어떤 사람이나 물건을 손으로 쥐다.'란 의미도 되고, 경우에 따라서는 '화가 나서 사람에게 해를 끼치다.'란 의미도 된다.
Just wait until I get my hands on Tom. I'll really give him something to think about.
두고 보라고. Tom을 그냥 두지 않을 테니. 그 녀석 혼이 나게 해 줄 거야.

🎧 그 형사가 나에게 어찌나 못되게 굴었는지 나는 아직도 그를 패주고 싶다.
The cop treated me so mean I'd still like to get my hands on that guy.

## 편승해서 벌다 · cash in on

'어떤 일에 편승해서 큰돈을 벌거나 짭짤한 이익을 챙긴다.'는 뜻이다.
This is a good year for farming, and you cash in on it if you're smart. 금년은 농사짓기에 아주 좋은 해여서 당신이 머리만 잘 쓰면 돈 좀 벌 수 있지.

He cashed in on the recent real estate speculation.
그는 요즘 부동산 투기로 큰돈을 벌었다.

take advantage of도 같은 의미이나, 표제어는 자신의 경제적 이익과 반드시 결부된다는 점이 다르다. 따라서 He took advantage of my mistake to win one hundred dollars from me at poker.에서 take advantage of는 cash in on으로 바꿔 쓸 수 있으나 경제적인 이익과 관계가 없을 때는 바꿔 쓸 수 없다.

🎧 증권시장의 호경기에 편승해서 그들은 전국 각지에 지점을 개설하기 시작했다.
**Cashing in on the boom at the stock market, they began to open branch offices everywhere in the country.**

## 편안한 자리(직책) · cushy position

cushy는 cushion에서 나온 말로 '푹신푹신하고 편한'이란 의미로 표제어는 관직이나 일반 회사의 보수가 좋고 일이 쉬운 직책을 말한다.
He's got sort of a cushy job. 그는 말하자면 편안한 직장을 가진 셈이다.

**참고** '편안한 일'은 an easy job, '신체적으로 힘들지 않은 일'은 a light work.

'바지 등이 편한'은 loose and comfortable.
This pair of jeans is loose and comfortable. 이 청바지는 편하다.

한편, '극진한 대우'는 red-carpet treatment 또는 cushion을 활용하여 get double-cushion treatment라고 한다.

🎧 재벌들의 편의를 봐주던 세무관리들이 공직을 떠나면, 그 대가로 편안한 자리를 제공받는다.
**Those tax officials who play along with the big businesses are usually rewarded with cushy positions when they leave the services.**
(play along with : 남의 부탁에 따라 행동하다.)

## 편안히 쉬다 · let one's hair down

직역하면 '머리를 풀어 늘어뜨린다.'는 말로 예전에는 여자들이 머리를 위로 올렸다가 집에 돌아와 쉴 때면 풀어놓았기 때문에 '푹 쉰다.'는 의미가 된 것이다. 지금은 비유적으로 많이 쓴다.
The prince lets his hair down with Anne.
왕자는 Anne과 다정한 사이이다.
You're always so stiff. You should let your hair down and enjoy yourself once in a while.
자네는 늘 긴장하고 있어. 가끔 편안히 쉬면서 유쾌하게 시간을 보내는 것도 좋지 않나.

🎧 Sophie는 편안히 쉬고 싶어한다. 그녀는 파티를 열기 좋아하는 쾌활하고 활기가 있는 여성같아 보인다.
Sophie just wants to let her hair down. She seems a bright, bubbly girl who likes to party.

### 편안히 책을 읽다 · curl up with a good book

curl up은 '몸을 둥그렇게 구부리다.' 표제어는 책을 손에 들고 안락의자나 소파에 비스듬히 기대어 있다는 뜻이나, 실제로 몸의 자세는 어찌 되었건 '편안하고 느긋하게 독서를 한다.'는 의미이다. 관용어와 같이 쓰인다.
She was curled up on a couch listening to music.
그녀는 편안한 자세로 음악을 듣는다.

🎧 밤에 집에 혼자 있을 때는 편안히 독서하는 게 좋다.
When I'm home alone at night, I like to curl up with a good book.

### 편애하다 · play favorites

'한쪽만 편을 든다.'는 의미이다. 이 경우의 favorite은 pet, 즉 '부하·제자 중에서 특별히 사랑하는 사람'이라는 뜻으로 언제나 복수형으로 쓴다.
Parents should never play favorites with their children.
부모는 절대로 아이들을 편애해서는 안 된다.

그러나 play the favorite와 같이 단수형에 the를 붙이면 '자기가 좋아하는 말에 돈을 건다.'는 의미가 되니 주의해야 한다.

🎧 그 선생님을 좋아하는 사람은 없다. 그녀는 늘 좋아하는 아이 편만 드니까.
**Nobody likes that teacher. She is always playing favorites.**

### 편을 들다 · take sides

'누구의 편을 든다.'고 할 때는 take sides with him과 같이 복수형을 쓰나 take his side라고 할 때는 단수형을 쓰는 점에 주의해야 한다.
그리고 '그 사람 편만 들지 말라.'고 할 때는 Don't take his side가 아니라 Why are you always taking his side? 왜 늘 그 사람 편만 드니? 라고 한다.

한편 '너는 누구 편이냐?'는 Whose side are you on?이라 하고 '누구 편도 아냐.'는 I'm neutral. 혹은 I'm on the fence.라고 한다. 그러나 on the fence에는 형세를 봐서 어느 쪽이건 편을 들 가능성이 있다는 뉘앙스가 있다.

🎧 그는 중간에서 입장이 곤란해지자 어느 쪽 편도 안 들려고 했다.
**He got caught in the middle and refused to take sides.**

### 편지를 쓰다 · drop a line

이 경우의 a line은 '한 줄'이니까 특히 짧은 편지를 말하는 것 같지만, 반드시 그런 것은 아니고 특별한 용건이 있어서라기보다는 '한가할 때 쓰는 편지'를 말한다. drop a few lines라는 말을 쓰기도 하는데 역시 짧막한 편지이다.

> **참고** 우리말의 습관에 따라 '할 수 있으면 편지 써'라고 할 때 Write me, if you can.이라고 하는 사람이 많은데 if가 아니라 이때는 when을 써서 when you can이라고 해야 정확한 영어이다.

🎧 뉴욕에 도착하면 소식 전할게.
**I'll drop a few lines when I get to New York.**

### 평가하다(인물·인간성을) · size up

'인간의 성격이나 인물 자체를 평가하다.'란 의미의 속어이다.
**The court sized her up as a psycho.** 법원은 그 여자를 정신병 환자로 판정했다.

한편, 도둑이 사전답사하는 경우에도 이 표현을 쓴다.
The burglar sized up the house two days before the break-in.
그 강도는 뚫고 들어가기 이틀 전에 사전답사를 했다.

또 연극배우나 가수 등이 자리에 모인 관중을 훑어보고 평가한다고 할 때도 쓴다.
The comedian sized the audience up and decided not to use his new material.
코미디언은 관중들의 수를 헤아려 보고는 자기가 새로 생각해 낸 자료를 써먹지 않기로 했다.

**참고** 물건·재산·보석 등을 평가한다고 할 때는 appraise를 쓴다.

🎧 자네가 그에 대해 너무 속단했는지도 모르네. 그는 자네가 생각하듯이 그렇게 어리석은 사람은 아닐세.
I'm afraid you sized him up too quickly. He's not as stupid as you think he is.

## 평판을 나쁘게 하다 · give a black eye

black eye는 싸움 따위의 꼴불견인 짓을 했다는 증거로 '사람이나 물건의 평판을 나쁘게 하거나 떨어뜨린다.'는 비유적 의미이다.
The library has gotten a black eye from this incident.
그 도서관은 그 일로 해서 평판이 나빠졌다.

문자 그대로의 black eye는 싸움을 했거나 기타의 이유로 '눈두덩에 퍼렇게 생긴 멍 자국'을 말한다.
The bully gave me a black eye. 나는 깡패한테 맞아 눈이 퍼렇게 멍들었다.

🎧 그와 같은 행동은 우리들 모두의 평판을 나쁘게 할 수 있다.
That kind of behavior can give us all a black eye.

## 포기하다(위험한 것을) · drop like a hot potato

hot potato는 '어렵거나 성가신 문제' 또는 '위험하거나 유용하지 않은 사람·물건'이란 뜻이다.

428

This one is a hot potato. Ignore it for a white.
이건 어려운 문제인데 당분간 무시해 버리라고.

표제어는 '그러한 문제를 오래 쥐고 있지 않고 얼른 던져버린다.'는 의미이다.

As soon as he realized the depth of opposition to this new proposal, he dropped it like a hot potato.
그는 이 새로운 제안에 대한 반대의 뿌리가 얼마나 깊은가를 깨닫고서는 그것을 얼른 포기해버렸다.

> **참고** potato라고 하면 무조건 감자라고 생각하는 경향이 있는데 엄밀히 구별하자면 '감자'는 white potato 또는 Irish potato라 하고 '고구마'는 sweet potato 또는 Spanish potato라고 한다.

🎧 그는 이번에 착안한 아이디어에 돈이 엄청나게 많이 든다는 것을 깨닫고 얼른 그것을 포기해버렸다.
**The idea he had come up with would cost such a pile of money, he dropped it like a hot potato.**

## 포문을 열다 · kick off something

축구시합의 킥오프(kick off)에서 유래한 말이다. 동사로 '어떤 행동을 시작하다.' 또는 '시합이나 행사 등을 시작하다.'란 의미로 쓰인다. start나 begin 등으로는 멋이 없어 쓰기 시작한 표현이다. 언제나 사람이 주어가 된다. '전쟁의 포문을 열다.'는 open fire라고 한다.

🎧 그들은 요란한 노래들을 부르며 파티의 포문을 열었다.
**They kicked off the party by singing rowdy songs.**

## 포화상태다 · burst at the seams

burst는 '폭발하다.' the seams는 '옷을 꿰매어 이은 자리'. 표제어의 원뜻은 '살이 쪄서 이은 자리가 터지다.'인데 비유적으로는 '도시나 시가지가 많은 건물 혹은 인구로 초만원이 된다.'는 것을 의미한다.

I ate so much I almost burst at the seams. 너무 먹어서 터질 것 같다.
예문과 같이 포만감을 나타내기도 한다.

pride와 laughter 등으로 몸이 터져 나갈 것 같은 느낌을 나타내기도 한다.

He nearly burst at the seams with pride. 자랑스러운 마음으로 가슴이 뿌듯하다.

**참고** come apart at the seams란 표현은 비유적으로 일이 사방에서 터져 크게 화를 내며 자제력을 잃는 것을 말한다. He was so upset that he almost came apart at the seams. (그는 몹시 화가 나서 이성을 잃다시피 했다.)

🎧 서울은 만원이다.
Seoul is bursting at the seams.


## 폭탄선언 · bombshell

'예고 없이 발표하는 깜짝 놀랄 소식'이라는 뜻으로, '폭탄선언을 하다.'는 drop a bombshell이라고 한다.
make a surprise announcement도 같은 의미이나 이 말은 뉘앙스가 약하고 별로 유쾌하지 않은 폭탄선언을 가리킬 때가 많다. 또한 표제어는 '기가 막히게 매력적인 미인'이라는 의미로도 잘 쓴다.

🎧 나는 아직도 네가 그 여자와 결혼하겠다는 어젯밤의 폭탄선언에서 깨어나지 못하고 있다.
I am still recovering from your bombshell of last evening that you would marry her.


## 푸성귀(시금치 따위의) · greens

시금치처럼 삶거나 살짝 데쳐서 먹는 푸른잎 채소를 말하며 날로 먹는 양상추나 양배추 등은 여기에 속하지 않는다. 그러나 요즘은 식당에서 파는 샐러드용 야채 전반을 greens 또는 green stuff로 부르기도 한다.

🎧 미국 남부 사람들은 여러 종류의 푸성귀를 먹는다.
In the American South, people eat many kinds of greens.


## 품위가 있는 여자 · woman of class

표제어와 관련된 다른 표현들을 살펴보면 a man of class는 '품위가 있는 남자'를 뜻하고, He has class.하면 기품이나 독특한 style이 있음을 의미한다.

He's out of class.라 하면 '유행에 뒤떨어졌다.'는 뜻으로 행동이 멋있는 사람들이 하는 것과는 거리가 멀다는 뉘앙스가 있다. a class champion은 '일류선수'를 말한다.

🎧 품위가 있는 여자는 그런 건 걸치지 않는다.
A woman of class doesn't wear anything like that.

## 풍채 • presence

presence라고 하면 흔히 '참석'을 연상하겠으나 일반회화에서는 '풍채' 또는 '태도'라는 의미로 많이 쓰인다.
He's a man of noble presence. 그는 기품이 있는 풍채를 가진 사람이다.

🎧 William Conrad의 걸걸한 목소리에, 큼직한 풍채가 캐논이라는 프로에 제격이었다.
William Conrad's gruff, oversize presence was a perfect fit for Cannon.

## 풍파를 일으키다 • make waves

조용한 곳에 공연히 '풍파를 일으킨다.'는 것. 신문·잡지 등의 기사가 세상을 떠들썩하게 한다는 의미로도 쓰며, 흔히 연예계 사람들이 세인들의 관심을 끌기 위해 스캔들을 일으키거나 얘깃거리를 만들어 내는 경우에 잘 쓴다.

회화에서는 보통 make a few waves라고 쓴다.
If you want to get ahead in the entertainment world, you have to make a few waves. 연예계에서 성공을 하려면 스캔들이 있어야 한다.

가만히 있어도 되는데 공연히 풍파를 일으킨다는 의미로 rock the boat도 쓰는데 이것은 부정문으로 쓰는 경우가 많다.
Everything's going fine here. Don't rock the boat.
모든 것이 잘 되어가니까 괜한 풍파를 일으키지 말라고.

🎧 그는 계엄령 하에서 풍파를 일으키는 것이 신문사에 이익이 될 게 없다고 말했다.
**He said it would not be in the interest of the newspaper to make waves under the martial law.**

## 프런트 데스크 · the front desk

우리나라 사람들은 호텔 등의 '계산대'를 뜻하는 front desk를 흔히 '프런트'라고 부르는데, 오히려 미국에서는 front를 빼고 desk라고 부른다.
'front desk에서 일하는 사람'은 desk clerk이라고 하며, 표제어 대신 the registration desk, the registration counter 또는 the check-in counter 라고도 한다.

🎧 프런트 데스크에 전화해서 퇴실 시간을 물어 봐.
**You might call the front desk and ask the check-out time.**

## 피골이 상접한 사람 · bag of bones

'뼈만 앙상하게 남은 사람'을 가리킨다.
**He was just turning into a bag of bones.** 그는 몸이 바싹 말라가고 있었다.

동물에게도 쓴다.
**This horse is just a bag of bones.** 이 말은 말랐다.
비슷한 의미로 **only skin and bones**라는 말도 쓴다.

🎧 피골이 상접한 꼴이 되지 않으려면 좀 더 먹는 것이 좋을 거다.
**You'd better eat more if you don't want to become just a bag of bones.**

## 피로회복을 위한 한 잔 · pick-me-up

피로로 원기를 잃은 몸에 기운을 내게 하는 음료, 특히 알코올음료를 가리킨다. 콜라나 샐러드, 사탕 같은 음식을 가리킬 때도 있다. 그리고 pick-me-up의 'me'는 문장 내 주어의 인칭과 관계없이 늘 쓴다.

Let's have a pick-me-up.이라 하면 '한 잔 하자.'는 의미이고 '술을 한두 잔 하자.'는 Let's have a couple.이라고 한다.
**I'm pooped. I really need a pick-me-up.**
피곤해 죽겠다. 기운 좀 차리게 한 잔 했으면 좋겠다.

한편 '피로를 가시게 하고 사람의 기분을 돋구다.'는 lift one's spirit.
**How about a shot of whiskey to lift your spirit?**
기분 좀 돋구게 위스키 한 잔 어때?

🎧 Fred는 퇴근길에 피로회복을 위해 바에 들러 한 잔 한다.
**Fred often stops by a local bar for a pick-me-up on the way home from work.**

## 피를 끓게 하다 · make someone's blood boil

'흥분해서 피가 끓다.'란 뜻이다. 격노한 모양이 밖으로 노출되는 것이 아니라 오히려 심리현상을 나타내는 데 역점을 둔 표현이다. 노여움의 원인이 주어가 되는 점에 주의해야 한다.
**It makes my blood boil to hear him speak so disrespectfully of his parents.** 그가 그의 양친의 일에 대해 그렇게 심하게 말하는 것을 듣고 난 피가 끓었다.

한편, 공포 때문에 소름이 쫙 끼치는 것은 make someone's blood run cold라고 한다.
**The sound of foot steps in the attic made my blood run cold.**
다락방의 발자국 소리 때문에 소름이 쫙 끼쳤다.

🎧 그가 몇 시간이나 어여쁜 여자들하고만 춤을 추자 그의 아내는 속이 끓었다.
**His dancing for hours with all the pretty girls made his wife's blood boil.**

## 피장파장 · tit for tat

'tit에는 tat로 보복한다.'는 뜻이다. 상대방이 불쾌감을 주거나 피해를 입혔을 때 이쪽에서도 똑같이 보복하는 것을 말한다. 장군멍군과도 비슷하다.

비교적 가벼운 느낌의 표현으로 원수를 갚는다거나 앙갚음한다는 등의 심각한 경우에는 쓰지 않는다.

He hit me, so I just gave him tit for tat.
그 애가 나를 때려서 나도 그 애를 때려 주었지.

🎧 그 여자가 우리 결혼 기념파티에 안 왔으니까, 나도 그 여자의 기념파티에 안 갔어. 피장파장이지 뭐.
She didn't come to our wedding anniversary party, so I didn't go to hers. It's just tit for tat.

## 필요한 만큼의 돈을 내다 • shell out

원래는 '콩깍지에서 콩을 까낸다.'든지 '옥수수의 알맹이를 딴다.'는 뜻이나, 비유적으로는 '내야 할 금액을 전부 낸다.'는 의미로 쓰인다.

You'll have to shell plenty out to settle this bill.
이 청구서 금액을 정리하려면 큰돈을 내야겠군.

내기 싫은데 어쩔 수 없이 내야 한다는 뉘앙스가 있다.
Come on. You owe me! Shell out! 자, 빚진 돈 있잖아! 내 놔!

🎧 교통위반 딱지가 알고 보니 굉장히 비싸더군. 150달러나 내야 했어.
The traffic ticket turned out to be very expensive. I had to shell out $150.

## 핑계대지 마라 • No ifs, ands or buts.

변명을 하려고 하는 상대에게 이러쿵저러쿵 변명하지 말라고 할 때 쓴다. You'll make no excuses.와 같은 의미의 표현으로, 어떤 모임에 초대했는데 Thank you, but … 하고 뭔가 핑계를 대려고 하면 No buts this time.하고 핀잔을 주는 경우도 있다.

🎧 A : 하지만 엄마…
B : 하지만이고 뭐고 없어. 내가 하라는 대로 하는 거야.

A : But Mom …
B : No ifs, ands or buts. You will do as I say.

## 핑계를 대며 애먹이다 · give someone the runaround

'이 핑계, 저 핑계를 대며 애를 먹인다.'는 뜻이다. runaround는 '핑계'라는 의미인데 여기저기 뛰어다닌다는 말에서 나왔다. 공연한 소리로 핑계를 대서 사람을 뛰어다니게 만들거나 전화로 여기를 거니까 저기를 걸어보라는 등 애를 먹일 때에 쓴다.

🎧 사장을 만나려 했는데 그들은 이런저런 핑계를 대며 애를 먹였다.
**I tried to get hold of the president of the company, and they gave me a lot of runaround.** (get hold of : 붙잡다 또는 만나거나 얘기를 하려 한다.)

AMERICAN ENGLISH EXPRESSION
BASIC EDITION

## ~하는 김에 • while one is at it

at school 수업 중, at church 예배 중와 같이 at은 '~을 하는 중'이란 뜻으로 at it이라 하면 '일·운동·싸움 등을 한창 하고 있는 중'이라는 의미가 된다.

At it again? 또 그 짓이야?

While you're at it, would you type this for me?
타이핑 하는 김에 이것 좀 쳐 주시겠어요?

They're at it again. 또 부부싸움이군.

🎧 돈을 세다 보니 생각이 나는데, 자네 돈 갚을게.
**While I'm at it**, here's your money.

## 하는 일 없이 빈둥대는 • at loose ends

뭘 하기는 해야 할 텐데 구체적으로 할 일이 없어 따분하게 빈둥거릴 때 쓰는 말이다.

I'm at loose ends on weekends. 주말엔 하는 일 없이 빈둥댄다.

시간적으로는 광범위해 하루가 될 수도 있고 1년이 될 수도 있다.
Tom usually works puzzles whenever he's at loose ends.
Tom은 할 일이 없으면 언제나 수수께끼를 푼다.

🎧 Bill은 실업자가 되고 나서 하는 일 없이 빈둥거리고 있다.
Bill has been at loose ends ever since he lost his job.

## 하려고 해도 안 되는 것 • no go

'시기를 놓쳤거나 부적절하다.'는 뜻으로, 이 경우의 go는 명사이다.
뭔가 하려고 해도 객관적인 정세가 여의치 않을 때 또는 설득해도 소용이 없는 경우에 잘 쓴다.

You can talk until you're blue in the face, but it's no go.

You're too young to have a car.
아무리 입에 침이 마르도록 지껄여 봐도 소용없어. 차를 갖기에는 이른 나이니까.

It is go or no go? 되는 거야, 안 되는 거야?

또한 no-go를 형용사로 쓰기도 한다.
We're in a no-go situation. 우리가 처해 있는 상황이 별로 좋지 않다.
a no-go area. 철조망 등을 쳐놓고 사람의 출입을 막은 지역

🎧 소용없어. 내가 아무리 말해도 그는 우리에게 돈을 꿔주려고 하지 않아.
It's no go. No matter what I say, he refuses to lend us the money.

## 하루 종일 서 있는 · on one's feet all day

이발사·경찰·행상·교사 등 서 있는 시간이 많은 사람은 직업상 이러한 표현을 쓰는 경우가 많다. 쓰러진 사람에게 '일어나!'라고 할 때도 역시 On your feet!라고 한다.

much of the day도 '하루 종일'이란 의미이다.
I'm on the phone much of the day. 나는 하루 종일 전화에 매달려 있다.
from sun-up to sun-down도 같은 의미이다.

🎧 그 사람은 그 일을 어떻게 계속 하는지 모르겠군. 하루 종일 서 있는데 말이야.
I don't know how he keeps up with his work. He's on his feet all day.

## 하루하루 살아가다 · live one day at a time

live from day to day 혹은 live one day after another도 같은 의미이다.

🎧 A : 어떻게 지내나?
B : 그럭저럭 살고 있네.

A : How are you making out?
B : Well, one day at a time.

## 하룻밤 묵다 · sleep over

'자기 집에서 자지 않고 남의 집에서 자다.'란 의미이다.
You want to come sleep over? 우리 집에 와서 잘래?
come과 sleep 사이에 and가 생략된 것으로 보면 된다.

'재워주다.'는 put someone up for the night.이다.
Can you put me up for the night? 하룻밤 재워 줄래?

🎧 서울에 오면 우리 집에서 자고 가기 바라네.
When you come up to Seoul, I hope you'll be able to sleep over at my place.

## 하숙 • digs

diggings의 약자로 학생이나 독신자들이 사는 아파트의 방 한 칸 또는 일시적인 주거를 가리키는 좀 익살스런 표현이다. 정식 영어로는 boarding house, dormitory 등이 있다.

그러나 house나 residence의 의미로 겸손하게 쓰는 경우도 있다.
There are some pretty fancy digs on this street.
이 거리에는 꽤 호화스런 집들이 있다.
Nice digs. You like it here? 좋은 집인데. 마음에 드나?

🎧 그는 뉴욕에 와서 너덧 번이나 하숙을 옮겼다.
He's changed his digs four or five times since he came to New York.

## 하층 계급 • the wrong side of the track

'하층 계급 또는 그들이 거주하는 지역(the poor side of town)'을 말한다. town track은 철도의 '선로'를 가리키는데 railroad track의 이쪽에는 돈도 있고 교양도 있는 사람들이 살고 있으나, 선로 저쪽에는 가난하고 무식한 사람들이 살고 있을 거라는 편견에서 나온 말이다. 일반적으로 도시의 빈민촌을 가리킨다.
Fred's ashamed that he's from the wrong side of the tracks, so to speak. 말하자면, Fred는 자기가 빈민촌 출신이라는 것을 부끄러워하고 있다.

🎧 나는 빈민촌 출신이라는 것을 자랑스럽게 생각한다. 삶이라는 것이 정말 어떤건지 알고 있으니까.
I'm glad I'm from the wrong side of the tracks. I know what life is really like.

## 한 바퀴 돌다(차로) · go (out) for a spin

자동차 · 모터보트 · 소형비행기 등 주로 모터가 달린 것으로 어떤 목적지 없이 그냥 타고 '한 바퀴 돈다.'란 뜻이다. take a spin이라고도 한다.
How about a spin? 나하고 한 바퀴 돌아볼까?

비슷한 말로 tool around도 있는데 이것은 마차나 자동차를 타고 서둘지 않고 서서히 달린다는 뜻이다.

🎧 우리는 일요일 오후면 가끔 시골길을 한 바퀴 돈다.
We often go (out) for a spin through the country on Sunday afternoons.


## 한 발 앞서 가다 · get the jump on

원래는 경주에서 '다른 사람보다 먼저 튀어나간다.'는 말이나, 일반적으로 승부나 우열을 가리는 일에 널리 사용된다.
I got the jump on Bill, and got a place in line ahead of him.
내가 Bill보다 먼저 가서 그보다 앞서 줄에 섰지.

그런데 get 대신 have를 쓰면 한 발 앞서 있는 상태를 말한다.
They have the jump on us. We'll have to work hard.
저 사람들이 우리보다 앞서 있어. 우리는 더 열심히 노력해야 돼.

🎧 마음에 드는 여성을 발견했는데 친구가 먼저 데이트를 신청했다. 그 친구가 한 발 앞선 셈이다.
I met a girl I really liked, but my friend asked her for a date before I had a chance. He really got the jump on me.


## 한 방 먹다 · have been had

상대편이 이쪽을 속였다기보다는 '이쪽이 상대편에게 한 방 먹었다(당했다).'는 의미이다. 따라서 상대편의 의사와는 관계없이 이쪽에서 당했다는 의미가 강하다. 가령 카드를 받아 들고 "아이고, 패가 이게 뭐야?"라고 실망을 표시할 때도 Boy, I've been had!라는 표현을 쓰기도 한다. had는 구어 표현으로

taken in 속다. 과 같은 뜻이며 언제나 수동형으로 쓴다.

🎧 자네가 당했군. 이 영수증에 사인이 없잖아!
**You've been had. This receipt hasn't been signed!**

## 한 사람도 빠짐없이 · (all) to a man

'만장일치'와 같은 의미로, '마지막 한 사람까지'라는 뜻이 함축되었다.
The board members were against the idea to a man.
이사회 멤버 전원이 그 아이디어에 대해 반대했다.
To a man, they were all willing to die for their country.
모든 사람이 한결같이 조국을 위해 죽기를 원했다.

🎧 모든 직원은, 한 사람도 빠짐없이 만 원씩 돈을 걷기로 했다.
**To a man, all the employees decided to chip in ten thousand won.**

## 한 수 위다 · cut above someone

실력이나 기량을 말할 때 잘 쓰는 구어 표현이다.
일반적으로 'out+동사'의 형식으로도 많이 쓴다.
Jane outtalks Mary. 지껄이는 데는 Jane이 Mary보다 한 수 위야.

go someone one better 또는 do someone one better도 같은 의미로, 이미 어떤 사람이 한 것보다 더 월등하게 잘 한다는 말이다.
That was a beautiful song, but I can go you one better.
훌륭한 노래였어. 하지만 내가 너보다 한 수 위지.

🎧 음악적인 소질 면에서는 우리 딸이 한 수 위지.
**When it comes to musical talent, my daughter is a cut above all her classmates.**

## 한꺼번에 · in a clean sweep

한 번에 깨끗이 쓸어버린다는 말로 '일거에 하는 김에 단 한 번으로'라는 의미가 있다. make a clean sweep of ~의 형식으로 '어떤 것을 깨끗이 전폐한다.'든지 '묵은 것을 깨끗이 싹 쓸어버린다.'는 의미를 나타내기도 한다.

🎧 오랫동안 방치됐던 정부 제출 법안들이 막판에 한꺼번에 국회에서 통과됐다.
**The long-idled government bills passed the National Assembly in a clean sweep at the last moment.**

### 한껏 모양을 내다 · deck oneself out in something

deck은 '옷을 입어 모양을 낸다.'는 말이며 여기에 out을 붙이면 '완전히' 또는 '화려하게'라는 느낌이 든다. 따라서 deck oneself out은 '한껏 모양을 낸다.'는 말이다.
**For John's birthday party Betty decked herself out in a red evening gown.** John의 생일잔치에 가기 위해 Betty는 빨간 이브닝드레스로 한껏 모양을 냈다.

한껏 모양을 내고 있는 상태를 나타내기 위해서는 be decked out in ~의 형식을 쓴다.
**What are you all decked out for?** 무슨 일로 그렇게 한껏 모양을 냈지?

사람뿐 아니라 방 같은 곳에도 deck out을 쓴다.
**The room was all decked out for Christmas.**
크리스마스를 위해 방을 한껏 장식했다.

🎧 Howard는 더블재킷으로 한껏 모양을 내고 사무실에 왔다.
**Howard arrived at the office decked out in double-breasted jacket.**

### 한몫 · good cut

a large share 혹은 a large(big) portion도 좋지만 a cut 케이크 등의 한 조각이 구어적이며 구체적이다.

좀 천박한 듯하나 a big bite를 쓸 때도 있다.
**He's got a big bite out of that deal.** 그는 그 흥정으로 크게 한몫 잡았다.

a slice of pizza 또는 a slice of bread에서의 slice를 써서 a good slice 라 해도 비슷한 의미가 되며 실제로 a slice of life라고 하면 '인생의 단면'이 라는 의미이다.

🎧 걱정하지 말게. 자네에게 크게 한몫 갈 테니.
**Don't worry. You're going to get a good cut out of that.**

## 한몫 잡다 • get a piece of it

a piece는 a share 몫를 의미하며, it은 막연한 의미로, 그때그때 관심의 대 상으로 보면 된다. 반드시 금전상의 이익만을 의미하는 것은 아니고 농구선수 등이 서로 공을 빼앗으려 다툴 때도 쓴다.
**Everyone's trying to get a piece of it.** 모두가 서로 공을 빼앗으려 한다.

🎧 한몫 잡으려는 투기꾼들로 건축회사 사무실이 혼잡을 이루었다.
**The contractor's office was crowded with speculators trying to get a piece of it.**

## 한물간 • washed up

wash up은 원래 Go wash up! 가서 좀 씻어라! 과 같이 '손이나 얼굴을 말끔히 씻는다.'는 뜻이나, 여기서는 수동형으로 '수명이 끝나 쓸모가 없다.'란 뜻으로 쓰인다.

습관적으로 all과 함께 써서 의미를 강조하기도 한다. 그러나 부분 부정의 구 문에서는 all 대신 completely를 쓰는 게 보통이다.
**He may be getting old, but he's not completely washed up yet.**
그는 나이를 먹었을지 모르지만, 완전히 한물간 것은 아냐.
**He's all washed up as a surgeon. His eyesight is not as good as before.** 그는 외과의사로서 완전히 한물갔어. 시력이 예전 같지 않거든.

**He's history now.** 도 잘 쓴다. 한때는 날렸지만, 이제는 한물가서 잊혀지고 있다는 느낌이 있다.

또 나이가 들어 야망과 생기는 감퇴하고 의욕을 잃은 사람에게 '한물갔다.'고 할 때는 He lost his get-up and go.라고 한다. get-up은 '패기 · 야심', go 는 '정력 · 기력'을 뜻한다.

반대로 '패기와 정력이 넘친다.'고 할 때는 He has a lot of get-up and go. 라고 한다. '미국도 한물갔다.'는 America's best days are behind her.라 고 한다.

🎧 많은 사람은 Cheryl Tieg가 모델로서 한물갔다고 생각했지만, 그녀는 아직도 1년에 50만 달러씩 벌고 있다.
**A lot of people considered Cheryl Tieg washed up as a model. But she's still making half a million dollars a year.**

## 한바탕 해주다 · give someone a piece of one's mind

직역은 마음속에 있던 비판적인 생각의 일부를 상대방에게 준다는 것. 즉 그 러한 생각을 입 밖에 낸다는 뜻이다. 손아랫사람에게 쓰면 '엄하게 꾸짖다.'란 뜻이 되지만, 대등한 사람에게 쓰면 '한바탕 해준다.'는 뜻이 된다.
**I'm going to go and give BJ's teacher a piece of my mind.**
BJ의 선생을 찾아가서 한 바탕 해줘야 했다.

🎧 John한테는 이제 질렸어. 한바탕 해줘야겠어.
**I've had enough from John. I'm going to give him a piece of mind.**

## 한번 봐 주다 · give someone a break

방세를 못 냈다든지, 잘못을 저질러서 남에게 야단맞을 때 '그러지 말고 한번 만 봐 줘요.'라는 의미로 잘 쓰는 말이다. 운전을 하다가 끼어드는 사람에게 소리를 지르거나 경적을 울리면 끼어 든 사람이 Sorry, give me a break! 미안해요, 한번만 봐 줘요! 라는 말을 잘 한다.
**It's a small error. Let's give him a break.** 큰 잘못도 아니니 한번만 봐 주자.

일상회화에서 자주 쓰이는 구어 표현인 give someone a chance와 같다. overlook, look the other way 또는 go easy on도 쓸 수 있으나, overlook은 '못 보고 넘어간다.'는 의미도 있으니 주의한다.

🎧 한번만 봐 주실래요? 다시는 안 그럴 테니.
**Give me a break**, will you? I won't do it again.

## 한번 해보다 • **give it a shot**

shot은 '시도(attempt)', give it a try 혹은 give it a go도 같은 뜻이다. '성공 여부는 확실치 않으나 한번 해본다.'는 의미이다.

> **참고** shot에는 '어림짐작'이란 뜻도 있다. As a shot, I should say she's about thirty. (어림짐작이지만, 그녀는 30 전후가 아닐까?)

🎧 쉽지는 않겠지만 한번 해볼게.
It may not be easy, but I'll **give it a shot**.

## 한사코 반대하다 • **dead set against**

dead set은 '맹렬히', 우리말의 '길길이 뛰며 반대한다.'와 비슷한 느낌이다. against 다음에는 someone이나 something이 나온다.

violently opposed to도 비슷한 말이다.
My mother was violently opposed to my marriage to Mike.
어머니는 Mike와의 결혼을 펄펄 뛰며 반대했다.

한편, totally against 전적으로 반대 라는 의미도 된다.
They're dead set against the county supervisor.
그들은 군수에게 전적으로 반대하고 있다.

🎧 부모님은 George가 단지 나보다 나이가 너무 많다는 이유로, 한사코 결혼에 반대하셨다.
My parents were **dead set against** my marriage to George, just because he was too old for me.

### 한솥밥을 먹고 살다 · live under the same roof

미국에는 솥이 없으므로 직역할 수는 없고 '같은 지붕 밑에 산다.'는 말이 우리말에 가장 가깝다. 그리고 eat at the same table 같은 테이블에서 같이 먹다. 이라 하면 친근했던 느낌을 나타낸다. 두 표현을 함께 써서 친근했던 관계를 강조할 수 있다.

🎧 그를 믿을 수 있느냐고? 그런 소리 말게. 우리는 오랫동안 한 지붕 밑에서 한솥밥을 먹고 살았단 말이야.
Do I trust him? Oh, come on. We lived under the same roof and ate at the same table for years.

### 한숨 돌리고 편히 쉬다 · sit back and take it easy

'어려운 고비를 넘기고 나서 한숨 돌리며 편안히 지내다.'란 의미이다. 젊어서는 고생했으나 늙어서 편하게 유유자적한다는 뉘앙스도 있다.

비슷한 뜻으로 Now we can breathe financially. 이제는 경제적으로 어느 정도 여유가 생겼다. 또는 We are now in good shape. 이제 형편이 나아졌다. 도 있다.

한편, 소파 등에 깊숙이 앉아서 무슨 일을 해 나간다는 의미로도 쓴다.
It's easy to sit back and criticize. 편안히 앉아서 남을 비판하는 것은 쉬운 일이다.

🎧 그의 자녀들이 모두 장성해서 제 밥벌이들을 하니 이제 그도 한숨 돌리고 편안히 쉬게 됐다.
His children are all grown up and on their own, so he can sit back and take it easy.

### 한숨 돌리다 · take a breather

breather는 '숨찬 일을 하다가 잠시 쉬는 것'.
I really need a breather. 정말 좀 쉬어야겠어.

**참고** a heavy breather란 말이 있다. '숨을 헐떡이는 권투선수'를 가리키기도 하나, 장난전화를 걸어 외설적인 말을 늘어놓는, 일종의 '치한'을 뜻하는 경우가 많다. I have been constantly plagued by heavy breathers. (전화질을 해서 낯이 뜨거워지는 음란한 말을 늘어놓는 치한들 때문에 줄곧 괴로움을 당했다.)

🎧 그는 선거운동을 마치고 나서 잠시 휴식을 취하기 위해 새로 제의해 온 직장을 사양했다.
**He refused to take the new job to take a breather from campaigning.**

## 한숨도 못 자다 • spend a sleepless night

'걱정이 되어서 못 자다.'라는 의미이다.
I didn't get a wink of sleep. 혹은 I hardly slept a wink. 또는
I couldn't sleep a wink. 등이 같은 의미이다.

노름이나 다른 일을 하느라고 잠을 못 잤을 때에도 쓴다.
I played poker all night and didn't get a wink of sleep.
밤새도록 포커 하느라 한숨도 못 잤다.

잠깐 눈을 붙일 때는 winks를 잘 쓰는데 흔히 수량을 나타내는 형용사 forty, some, a few, a bunch of 등과 함께 쓴다.
I need a few winks before I get started again.
다시 시작하기 전에 눈 좀 붙여야겠다.

🎧 그녀는 한숨도 못 자고 아들이 돌아오기를 기다렸다.
**She spent a sleepless night waiting for her son to come home.**

## 한없이 지껄이다 • talk someone's ear off

상대편의 얘기가 너무 길어서 귀가 시들어 떨어질 지경이라는 뜻이다.
Don't get cornered by Mrs. Thompson. She'll take your ear off.
Thomson 부인한테 붙들리면 안 돼. 그 여자는 지겨울 정도로 지껄여대니까.
ear 대신 head를 쓰기도 한다.

또한, bend someone's ear는 상대방의 귀가 구부러질 정도로 길게 이야기한다는 것. 지루하다기보다는 짜증이 날 정도로 한없이 이야기한다는 뉘앙스이다. 문장 끝에 till it falls off 귀가 떨어질 때까지를 붙여 쓰기도 한다.
Stay away from Mrs. Adams. She'll bend your ear till it falls off.
Adams 부인에게는 가까이 가지 않도록 해. 그녀는 지루해서 못 견딜 정도로 이야기하니까.

🎧 John은 왜 그렇게 얘기가 길지? 사람들이 지루해 하는 걸 모르나?
Why does John talk his ear off? Doesn't he know he bores people?

### 한탄하다 • sing the blues

the blues는 When I have the blues, I like sad music. 우울할 때면 슬픈 음악이 좋다. 과 같이 '슬픔' 또는 '우울증'을 나타내지만, 이것이 변하여 '한탄한다.'는 뜻으로도 쓴다. 그러나 죽음 같은 심각한 문제가 아니라 당연히 해야 했을 일을 하지 않는 바람에 나중에 후회하는 경우에 쓴다. 때에 따라서 complain과 가까운 뜻이 되기도 한다. 대체로 진행형을 쓴다.

🎧 입시에 대비해서 좀 더 공부하지 않으면 내년이면 한탄하게 된다.
You'll be singing the blues next year if you don't study harder for your entrance exam.

### 해볼 만한 상대 • good match for

a good match는 '호적수'. He's a good match for me.와 같이 쓴다.
'나하고는 상대가 안 돼.'는 He's no match for me.
'무서운 상대'는 He's a real match for me.
'그의 기량이 나보다 위다.'는 He's more than a match for me.

또 '결혼상대'라는 의미로도 쓴다.
She'll make a good match for you. 그녀는 너에게 좋은 신붓감이다.

🎧 한국 축구팀의 김 감독이 브라질 팀은 해볼 만한 상대라고 말했다.
The manager Kim of the Korean soccer team said that the Brazilian team is a good match for us.

### 핸들 • steering wheel

보통 '핸들'이라고 하는데 이것은 일본식 영어로 정식 영어가 아니다.
handle은 handlebars 자전거 손잡이, doorhandle 냉장고 등의 손잡이, a handle of a briefcase 가방의 손잡이 등과 같이 '손잡이'를 가리키며, 자동차의 '운전 핸들'은 steering wheel 또는 wheel이라고 한다.
At the wheel was a beautiful blonde I remember seeing somewhere before.
전에 어디선가 본 적이 있었던 것 같은 금발의 아름다운 여성이 운전대에 앉아 있었다.

**참고** '방문 손잡이'는 doorknob이라고 한다.

🎧 그는 운전하고 있다.
**He is at the** steering wheel.

## 햇빛을 보다 · see the light of day

우리의 발상과 같다. 주의할 것은 사람이 주어가 아니라 구체적인 계획이나 재능 등이 주어가 된다는 점이다.
Although he was a genius, his talents never saw the light of day.
그는 천재였으나, 그 재능은 끝내 햇빛을 보지 못했다.

🎧 예산 삭감으로, 그 계획은 햇빛을 보지 못했다.
**Due to spending cuts, the program never** saw the light of day.

## 행동할 차례이다(~가) · The ball is in someone's court.

테니스 경기에서 '공이 ~의 코트에 있다.'는 것은 그 사람이 공을 되받아 칠 차례라는 의미이다. 즉 '내 차례에 내가 할 일은 다 했으니 이제 당신 편에서 행동(답변·대응)할 차례다.'라는 말이다.
ball에 언제나 정관사 the를 붙이는 점에 주의해야 한다.
상대편에게 이런 말을 직접적으로 하면 다소 강압적으로 행동을 촉구하는 것이 되므로 대개의 경우 사태를 객관적으로 관망할 때 잘 쓴다.

🎧 이것이 우리의 마지막 제안이다. 이제는 자네가 대답할 차례이다.
**This is our final proposal.** The ball is now in your court.

## 행운을 빌다 • keep one's fingers crossed

'성공을 빈다.'는 뜻도 된다. 가운데 손가락을 인지 위에 올려 십자로 교차시킨 모양을 형상화한 표현이다. 예부터 어려운 일을 하려는 사람에게 주문의 일종으로 그러한 동작을 해 보였다고 한다.

자기 쪽에서 성공을 빌어달라고 할 때도 쓴다.
I'm going for an interview today. Keep your fingers crossed that I get the job. 오늘 면접 보러 가는데 취직이 되게 빌어줘.

keep 대신 have를 쓰기도 한다.
We'll have our fingers crossed for you. 행운을 빌겠습니다.
어린아이들이 거짓말을 할 때도 손가락을 꼬는 시늉을 하는데 이때도 have를 쓴다. 그렇게 하면 거짓말을 해도 거짓말이 되지 않는다고 믿는 모양이다. 영화 등에서도 어린아이가 아무도 없는 데서 전화로 악의 없는 거짓말을 하며 손가락을 꼬는 모습을 볼 수 있다.

🎧 우리들의 계획에 지장을 초래할 만한 일은 없겠으나 성공을 비는 것이 좋겠다.
I don't think anything can go wrong with our plan, but we'd better keep our fingers crossed.

## 허가를 내주다 • give the green light

green light은 신호등의 '청신호', give를 붙이면 계획 등을 실행에 옮기도록 허가를 내준다는 의미이다. go-ahead, say-so 또는 okay와 같은 뜻으로 구어 표현이다. 반대말은 the red light로, '위험신호' 또는 '중지명령'을 뜻한다.
한편, When we get the green light, we'll start.와 같이 get을 쓰면 '허가를 받는다.'는 뜻이 된다.

🎧 철도청에서는 운임을 올리려 하는데 아직까지 정부는 허락하지 않고 있다.
The railroad wants to raise fares, but so far the government hasn't given the green light.

## 허풍 · fish story

fish tale이라고도 한다. 대개 낚시꾼이 잡았다 놓친 고기에 대해 과장해서 말하는 것을 가리킨다. '의심스러운 것'이라는 의미도 된다.
fish의 형용사형인 fishy를 써서 의심스럽다는 의미를 나타낼 수도 있다.
There's something fishy about the way you smile.
너는 웃는 모습이 좀 수상하다.

🎧 저 사람은 조심해야 해. 하는 말마다 허풍이니까.
You have to be careful with him. Everything he says is just another fish story.

## 헐값으로 · for next to nothing

'거저' 혹은 '무료로'. for peanuts 혹은 for chicken feed도 잘 쓰나 for a song은 좀 구식표현이다.
I can buy an old car for chicken feed. 헌 차를 헐값으로 살 수 있다.

🎧 곧이 안 들릴 거야. 이 셔츠는 정말 헐값으로 샀네.
You wouldn't believe it. I got this shirt for next to nothing.

## 헐렁한 · baggy

baggy는 bag의 형용사로 a baggy suit 헐렁한 신사복, a baggy shirt 헐렁한 셔츠, baggy pants 헐렁한 바지와 같이 쓴다.
His pants are baggy. 바지가 헐렁하다.
The shoulders are baggy. 어깨가 크다.

'모자나 양말이 헐렁하다.'는 a loose-fitting hat 또는 loose-fitting socks 라고 한다. 단순히 too big이라고만 해도 '너무 크다.'는 의미는 전달된다.

🎧 그의 옷은 언제나 헐렁하다.
His clothes are always baggy.

## 헛걸음하다 · go on a wild-goose chase

wild-goose chase는 '기러기 사냥'이란 뜻으로 기러기는 쉽게 잡히지 않는다는 데서 나온 비유적 표현이다.

return empty-handed도 '헛걸음하다.'란 느낌의 말이다.
We went deer hunting, but returned empty-handed.
우리는 사슴 사냥을 갔다가 빈손으로 돌아왔다.

🎧 헛걸음 안 하려면, 가기 전에 먼저 전화를 해서 알아보게.
If you don't want to go on a wild-goose chase, call them up and find out before you go.

## 헛일로 끝나다 · not get to first base

원래는 야구용어로 'first base까지도 가지 못한다.'는 뜻이다. 그러나 비유적으로는 설득이나 어떤 계획의 실행, 남녀관계 등과 관련하여 '아무리 노력해도 소득이나 결과가 없다.'고 할 때 쓴다.
사전에는 긍정문의 형식으로 약간의 진전이 있는 것 같은 의미로 나와 있으나, 실제로는 보통 부정문으로 쓰는 점에 주의해야 한다. not reach first base라 해도 의미는 마찬가지이다.

🎧 돈을 좀 꾸려고 은행 지점장을 설득하고 있지만, 현재로선 헛수고로 끝났다.
I'm trying to persuade the bank manager to lend me some money, but so far I haven't gotten to first base.

## 헤어지면 보고 싶다 · absence makes the heart grow fonder

직역하면 '상대가 없음이 보고 싶은 마음을 더욱 강하게 한다.'로 보통 남녀 간의 애정에 관해서 쓰는 표현이다.

🎧 헤어지면 보고 싶어진다고들 하지. 넌 어때?
They say absence makes the heart grow fonder. How about you?

### 헬리콥터 • chopper

헬리콥터가 날 때 chop, chop, chop하고 소리를 내는 데서 나온 말이다. 한국전쟁 때부터 군대의 속어로 쓰던 말이 이제는 일반화되고 있다.
helicopter의 heli를 생략하고 그냥 copter라고도 부른다.

또 헬리콥터의 날개가 마치 달걀을 으깨는 교란기와 같이 생겼기 때문에 eggbeater라고도 한다.
**Bill pilots an eggbeater for an electric company.**
Bill은 전기회사의 헬리콥터를 조종한다.

그리고 '바람을 일으키는 새'라는 뜻으로 whirleybird라고도 한다.

🎧 교통상황을 모니터하는 헬리콥터가 아침 6시면 우리집 위를 날아간다.
**The chopper that monitors the traffic goes over my house every morning.**

### 헷갈리는 • confusing

말의 뜻이나 명칭 등이 비슷비슷해서 잘 모를 때 쓴다. 두 가지 이상의 일이나 물건을 놓고 분간을 못하여 마음을 정하지 못할 때는 I'm confused.라고 한다.

🎧 한국의 수도 이름이 뭐지? S-E-O-U-L이야, S-O-U-L이야? 좀 헷갈린단 말이야.
**What's the name of the capital city of Korea, S-E-O-U-L or S-O-U-L? It's kind of confusing.**

### 혀끝에서 뱅뱅 도는 • on the tip of one's tongue

'생각이 날듯 날듯하면서도 말로 정확하게 표현하지는 못하겠다.'란 뜻이다.
**His name in on the tip of my tongue, but I can't recall it.**
그의 이름이 혀끝에서 뱅뱅 돌고 얼른 생각이 나지 않는다.

이 표현은 혀끝에서 맴돌며 생각이 나지 않는다는 뜻이기도 하고, 생각은 나지만 말을 해버리면 거북하니까 하지 않겠다는 뜻이기도 하다. 대개의 경우 전자의 의미로 쓴다. right을 붙여서 의미를 강조하기도 한다.

🎧 왜 생각이 안 나지? 혀끝에서 뱅뱅 도는데.
**Why can't I remember it? It's right on the tip of my tongue.**

### 현 시세 • going rate

going은 the going wages for secretarial job 현행 비서직의 보수과 같이 '현행'이란 뜻이다. the going rate for the U.S. dollar 현행 미화 시세. 일반 거래에 있어서의 현 시세를 말하며 공식적인 '환전율'은 conversion rate라고 한다.

🎧 달러화에 대한 원화의 현 시세는 얼마요?
**What's the going rate for won against the dollar?**

### 현실을 외면하다 • bury one's head in the sand

타조가 위험에 처했을 때 몸은 밖에 둔 채 머리만 모래 속에 파묻는다는 데에서 나온 말이다. 객관적으로 볼 때 현실은 분명한데 그것을 직시하지 않고 바보스럽게 의식적으로 피하려 한다는 뜻이다.
have(keep) one's head buried in the sand 형식으로도 쓴다.

🎧 네가 하고 있는 짓은 애써 현실을 외면하는 행동이야.
**What you're doing is like burying your head in the sand.**

### 현실적이고 솔직한 • down-to-earth

하늘에 떠 있지 않고(not flying around) 땅에 내려앉은, 즉 뽐내거나 거만하지 않고 '직선적이고 솔직하다.'는 의미로, '부담 없이 이야기할 수 있다.'는 일종의 칭찬이다. 하이픈을 빼고 써도 된다.
**You can depend on him. He's very down to earth.**
그 사람은 믿을 수 있어. 정직하거든.

🎧 그는 우쭐대거나 거만하지 않은, 아주 현실적이고 솔직한 사람이다.
He's not pretentious or haughty. He's really down-to-earth.

## 현행범으로 잡다 · catch someone red-handed

red-handed는 체포 당시 살인범의 손에 아직도 뻘건 피가 묻어 있다는 뜻으로, 범행을 저지른 현장에서 '현행범으로 잡는다.'는 의미이다.
The murderer was caught red-handed, the gun still in his hand.
살인범은 아직 총을 손에 쥐고 있는 현행범으로 잡혔다.

그러나 일상생활에서 가벼운 의미로도 쓰인다.
His mother caught him red-handed at the cookie jar.
그의 어머니는 그가 쿠키 항아리에 손을 넣는 현장을 잡았다.

🎧 Tom은 자동차를 훔치려 했는데 그때 경찰이 지나가다 보고 그를 현행범으로 잡았다.
Tom was stealing the car when the police drove by and caught him red-handed.

## 협력하다 · play ball

직역은 '함께 공놀이를 하다.'로, 함께 공놀이를 하려면 상대방에게 협력을 해야 한다는 발상에서 나온 표현이다.

비유적으로 어떤 계획 또는 사업 등을 하면서 서로 협력한다고 할 때 쓰는 말이다. cooperate와 같다. 사업을 함께 하는 사람들끼리 자주 쓴다.
Let's play ball. 같이 힘을 합쳐 잘 해 봅시다.

**참고** '공을 가지고 놀다'는 play with a ball이라고 한다.

🎧 우리와 협력하는 게 좋을 거야, 그렇지 않으면 후회할 걸세.
You'd better play ball with us, or you'll be sorry.

## 형 · big brother

실제로 몸집이 커서 그렇게 부르는 경우가 있기도 하나, 대개 big은 older

(elder)와 같은 의미로 쓰인다. 따라서 a little brother도 몸집이 작다기보다는 a younger brother의 뜻이다.
My little brother went to college last spring. 지난 봄 동생이 대학에 갔다.

회화에서는 elder나 younger보다는 big 또는 little을 붙여 쓰는 게 더욱 친근감을 느끼게 한다.

🎧 내게는 형 둘과 누이동생이 하나 있다.
I have two big brothers and one little sister.

### 형제끼리의 경쟁 · sibling rivalry

sibling은 '형제·자매', 형용사도 되고 명사도 된다. rivalry는 '경쟁·적대행위'란 뜻이다.

'서로 격려하며 용기를 주는 경쟁'은 friendly rivalry.
대단치 않은 일로 형제자매들이 옥신각신 입씨름을 하는 것은
sibling squabble이라고 한다.

🎧 그는 자식들이 서로 아옹다옹했기 때문에 몹시 짜증이 났다.
He was pretty much annoyed at the constant sibling rivalry between his sons.

### 형편없다 · stink

일반화된 속어로 불쾌감이나 불만을 나타낼 때 즐겨 쓴다. stink가 여러 상황에서 어떻게 쓰이는지 살펴보자.
'형편없는 친구'라 해서 혐오감을 나타낼 때는 He stinks.
"How's your business?" 장사가 어때요? 라는 질문에 장사가 형편없다고 할 때도 "It stinks." 형편없어요. 음식 등이 상해서 고약한 냄새를 풍겨도 It stinks. 생선에 고약한 냄새가 나도 This fish stinks.라고 한다.

또 '불쾌하고 이상한 놈'을 가리켜 stinker라 한다.

**What stinker messed up my desk?** 어떤 고약한 놈이 내 책상을 어질러 놓았어?

> 참고  stinko라는 속어표현이 있다. He's stinko. 그 사람 취했어. '술 냄새가 난다'는 뜻이다.

🎧 그는 미국에서 산 지 3년밖에 안 되는데 한국말을 쓰면 불편하다니? 형편없는 친구야.
**He has lived in America for only three years and he says he feels uncomfortable when he speaks Korean. He stinks.**

## 형편이 나은(~보다) • ahead of someone

ahead는 '앞서 있는'. 다양한 의미로 쓸 수 있는 표현이다. He's ahead of me.라고 하면 경기나 게임에서 자기보다 앞서 있다는 의미도 되고, 노름에서 자기보다 많이 따고 있다는 뜻이 되기도 한다.

또 경제적인 의미로 형편이 자기보다 나아 잘 살고 있다는 의미도 된다.
**I feel good because I'm ahead of my work schedule.**
원래 스케줄보다 앞서 있으니까 기분이 좋다.

ahead of 다음에는 someone 대신 something도 나올 수 있다.
get ahead라고 하면 '출세를 하다.'란 의미가 되기도 하니 주의해야 한다.

🎧 나는 살림형편이 자네가 나보다 나은 줄 알았는데.
**I thought you were a little ahead of me.**

## 호되게 꾸짖다 • come down hard (on)

'엄하게 질책하다.'란 뜻이다. 부모가 자녀를 꾸짖을 때 주로 쓰지만 법원에서 어떤 사람에게 엄한 벌을 내릴 때도 쓴다.
**The court came down hard on him who played around her.**
법원은 그녀의 주변에서 수작을 부리던 그에게 엄벌을 내렸다.

🎧 Sally의 부모는 집에 밤늦게 들어왔다고 그녀를 호되게 꾸짖었다.
**Sally's parents came down hard on her for coming home late.**

### 호되게 야단치다 • skin someone alive

직역하면 '산 채로 가죽을 벗긴다.'는 뜻이므로 야단의 정도를 짐작할 수 있다. 학생이 선생님에게, 자식이 부모에게 호되게 야단을 맞는다고 할 때 쓰인다.

**If I don't get home on time, my parents will skin me alive.**
시간에 맞춰 집에 들어가지 않으면, 부모님은 날 가만두지 않을 거야.

**When the boss discovered we had sneaked out to the baseball game, he skinned us alive.**
몰래 빠져나와서 야구 구경 갔다가 부장한테 들켜서 혼쭐이 났다.

🎧 또 다시 과자를 훔치다 들키면, 가만두지 않을 거야.
**If I catch you snatching cookies again, I'll skin you alive.**


### 호들갑을 떨다 • make a big thing out of it

별로 신통치도 않은 일을 가지고 대단한 것처럼 법석을 떨 때, 약간 경멸하는 말투로 쓴다. big thing은 big deal이라고도 쓴다.

**I only stepped on your toe. Don't make a big deal out of it.**
발등을 좀 밟은 걸 가지고 뭘 그렇게 야단을 해.

비슷한 의미의 관용표현으로 make a federal case out of something이 있다. 작은 일을 크게 과장한다는 뜻이다. federal case는 '연방당국이나 연방재판소 등에서 조사 또는 결정해야 할 사안'을 말한다.

🎧 솔직히 말해서 난 그의 의견을 따를 수 없네. 그런데 그는 큰일이나 되는 양 호들갑을 떨어.
**Honest, I can't go along with his idea, but he's trying to make a big thing out of it.**


### 호락호락한 상대 • pushover

'간단히 해치울 수 있는 것' 또는 '간단히 속일 수 있는 상대'라는 의미로 비유적으로만 쓴다.

**The champ said that the challenger would be a pushover.**
챔피언은 도전자를 간단히 해치울 수 있다고 말했다.

He's no pushover. You'll need real proof to convince him.
그는 결코 호락호락한 상대가 아냐. 설득하려면 진짜 증거가 필요해.

한편, 사람에 대해 쓸 때는 sucker로 바꿔 쓸 수 있으나 sucker에는 바보스럽다거나 무지하다는 의미가 있다. 하지만 표제어에는 사람이 좋다는 느낌은 있어도 나쁘다는 뉘앙스는 없다.

🎧 더운 날 아이스크림을 파는 것은 쉬운 일이야. 자네도 해보면 어때?
Selling ice cream on a hot day is a pushover. Why don't you try it?

## 호랑이도 제 말 하면 온다더니 · speak of the devil

어떤 사람의 이름을 말했더니 그 사람이 나타나거나 혹은 그에게서 소식이 있을 때 쓰는 말이다.
Well, speak of the devil! Hello, Tom. We were just talking about you. 아이고, 호랑이도 제 말 하면 나타난다고! 어이, Tom. 방금 자네 이야기를 하고 있었지.
Speak of the devil, that was Mary on the phone.
호랑이도 제 말 하면 온다고, Mary 얘기를 했더니 전화가 왔다.

🎧 호랑이도 제 말을 하면 온다더니 Tom이 오는군.
Speak of the devil, here comes Tom now.

## 호모(동성연애자) · fag

원래는 a homosexual. 줄여서 a homo라고 하는데 일상회화에서는 속어인 표제어를 많이 쓴다. a queer도 있으나 이 말은 좀 구식으로, 모두 남성 동성연애자를 가리킨다. 여성 동성연애자는 lesbian이라 하는데 구어 표현으로 les라고 많이 쓴다.

🎧 날 뭐로 아는 거야? 호모인 줄 알아?
What do you think I am? A fag or something?

## 호색적인 눈으로 훑어보다 · undress a person with one's eyes

undress는 '옷을 벗기다.'란 뜻인데, 상대방의 육체를 상상하는 눈으로 본다는 의미이다. 남자와 여자에게 다 같이 쓰는 익살스런 표현이다.
He looked at me with lustful eyes. 혹은 He made eyes at me.도 같은 의미이다.

🎧 그 사람 정말 징그러워서 싫어. 늘 호색적인 눈으로 날 훑어본단 말이야.
I hate that creep. He always undresses me with his eyes.


## 호혜적인 · two-way street

원래의 뜻은 '양면 통행로'인데 비유적으로는 '서로 이익을 도모한다.'는 의미로 쓴다.
Friendship is a two-way street. 친구 사이란 서로 돕는 것이다.
This is a two-way street. You'll have to help me someday in return.
이건 호혜적인 일이야. 언젠가 이에 대한 대가로 나를 도와줘야 해.

반대말은 one-way street 일방통행로 이다. 비유적으로 '일방적'이라는 의미로 쓴다.

🎧 국제무역은 서로 호혜적이어야 한다.
International trades should be a two-way street.


## 혼나다 · get it

'벌을 받거나 야단을 맞다.'란 의미의 관용표현이다.
You're going to get it! 너, 가만두지 않을 거야!

내용상 punish와 같은 말인데 punish는 문어체로 어감이 딱딱하다.
Jim broke the window, and he's really going to get it.
Jim이란 녀석이 유리창을 깼는데 정말 혼날 거야.

경우에 따라서는 '보복을 받는다.'는 의미로도 쓰이고 '농담 등을 이해한다.'는 의미로도 쓰인다.

Tom told a joke, but I didn't get it.
Tom이 농담을 했는데 나는 무슨 말인지 모르겠더군.

🎧 그 라이터 만지지 말아요. 아빠한테 혼나요.
Don't tamper with that lighter. You're going to get it from daddy.

### 혼자 힘으로 · on one's own

남의 도움을 받지 않고 '독자적으로'라는 뜻이다. 즉 do something on one's own은 '자신의 창의로 또는 자신의 책임으로 뭔가를 한다.'는 의미이다.
He's going to America on his own. 그는 자비로 미국에 간다.

(all) by himself와 같다.
He finished the work (all) by himself. 그는 혼자 힘으로 그 일을 끝냈다.

🎧 아주 간단해. 이 단추를 누른 다음 이것을 밀면 돼. 자, 이제 혼자서 해 봐.
Very simple. Press this button and push this one. Now, on your own.

### 혼자 힘으로 해나가다 · paddle one's own canoe

남의 힘을 빌리지 않고 자기 혼자 배를 저어가다, 즉 혼자 해나간다는 의미의 표현이다.
I have been left to paddle my own canoe too many times.
나 혼자 일을 해나가야 할 때가 너무 많았다.

표제어 앞에 go를 쓰면 Mind your own business 네 일이나 잘해. 와 같은 의미가 된다.
I tried to help him but he told me to go paddle my own canoe.
나는 도와주려고 했지만 그는 도움은 필요 없다고 했다.

stand on one's own feet란 표현도 있다. feet 대신 legs라고 해도 된다.

I don't want your help. I'm perfectly capable of standing on my own two feet. 도와주지 않으셔도 됩니다. 나도 훌륭히 혼자 힘으로 해나갈 수 있으니까요.

🎧 그는 어려서부터 혼자 힘으로 살아왔다.
He's been paddling his own canoe ever since he was just a kid.

## 혼자만 알고 있으라고 · keep something to oneself

혼자만 알고 있으라는 당부의 말을 할 때 많이 사용하며 흔히 keep it to yourself의 형식으로 쓴다.

부정문으로 쓸 때는 something이 anything이 되는 점에 주의해야 한다.
He can't keep anything to himself. 그 사람은 비밀을 지킬 줄 모른다.

'어떤 것을 비밀로 간직한다.'는 keep something under one's hat으로 표현하기도 한다.
I'm getting married, but keep this under your hat.
나 결혼하기로 했어. 하지만 혼자만 알고 있어.

'장래 어느 시점까지 밝히지 말라.'는 뜻으로는 keep something under wraps라는 말도 있다.
The automobile company kept the new model under wraps.
그 자동차 회사에서는 새로 나온 모델을 당분간 공개하지 않고 있었다.

🎧 나 회사 그만 둘 거야. 너만 알고 있으라고.
I'm quitting my job, but keep that to yourself.

## 혼잡을 피하다 · beat the crowd

beat는 '앞지르다, 이겨내다.'의 뜻이 있다. 표제어는 사람들이 너무 많이 모여서 혼잡을 이루기 전에 대책을 세운다는 의미이다.

이 밖에 beat을 이용한 다른 표현들을 살펴보자.

We'd better leave earlier to beat the traffic.
차들이 밀리기 전에 일찍 떠납시다.

If you want to beat the rain, you'd better hurry.
비를 안 맞으려면, 빨리 서두르게.

🎧 그 식당은 언제나 만원이야. 기다리지 않으려면 예약을 하는 게 좋을 걸세.
That restaurant is always crowded. You'd better make a reservation to beat the crowd.

## 혼쭐을 내다 · mop up the floor with someone

'사람을 가지고 마루 걸레질하듯 한다.'니까 잔인하게 느껴지는데 '혼쭐나게 두들겨 팬다.'는 의미로 쓰인다. 자칫 어떤 사람과 함께 마루 걸레질을 한다는 의미로 해석하기 쉬우니 주의해야 한다.

wipe up the floor with someone을 쓰기도 하며 때에 따라서는 up을 생략하기도 한다.

🎧 또 한 번 그 따위 소리를 하면 Bruno를 시켜 혼쭐을 내주겠다.
One more crack like that, and I'll have Bruno mop up the floor with you.

## 홀딱 반한 · crazy about

표제어는 '~에 열중하다.'는 의미이다. 사람 뿐 아니라 사물에도 쓴다. crazy는 원래 '발광'을 의미하나 일반회화에서는 enthusiasm 열중 이나 eagerness 열망를 뜻하며, 정신의학에서의 insanity 정신이상를 말하는 것은 아니다.

'홀딱 반하다.'란 표현은 다양하다.
She's head over heels in love with him. 정신 못 차리게 빠져있다.
I'm nuts about him. 사족을 못 쓴다.
I'm madly in love with him. 홀딱 반해버렸다.

유행하는 속어로는 I'm going bananas about him.과 같은 표현도 있다.

나이가 든 사람이면 It was love at first sight. 만났을 때 첫눈에 반했다. 가 무게가 있다. smite도 점잖은 편이며 They were smitten with each other. 그들은 서로 홀딱 반해버렸다. 와 같이 수동형으로 쓴다.

일반적으로는 be fallen love with의 형식으로 쓰는게 보통이며 기타 표현은 그 사랑의 강도를 강조한 것들이다. be quite taken with의 형식으로도 쓴다.
Apparently he's quite taken with you. 그 사람 너에게 홀딱 반해 있는 것 같아.

학생들이 자주 쓰는 말로는 be stuck on도 있다. '마음이 들러붙어 떨어지지 않는다.'는 의미이다. 사람이나 물건, 모두 쓸 수 있으며 강조할 때는 really를 덧붙인다.
I'm really stuck on this stuff. It's just yummy.
난 이 식품에 홀딱 반했어. 아주 맛있거든.

사춘기의 젊은이들이 철없이 홀딱 반하는 것은 have a crush on을 쓰는데 약간 유치한 표현이다.
Mary thinks she's getting a crush on her English lit teacher.
Mary는 영문학 선생님에게 홀딱 반해 있는 것 같다.

🎧 그는 Suzie한테 홀딱 반해 있어. 틀림없이 그녀와 결혼할거야.
He's crazy about Suzie. I'm sure he'll marry her.

## 홀딱 빠지다 · big on

be infatuated with라 해도 같은 뜻이 되지만 표제어만큼 구어적이거나, 뉘앙스가 잘 나타나 있지는 않다.
He's big on the American way of life. 그는 미국식 생활방식에 홀딱 빠져 있다.
또는 He's big on wine. 그는 포도주에 미쳐 있다. 과 같이 쓴다.

반대말은 be down on.
He's down on America right now. 그는 현재 미국에 대해 환멸을 느끼고 있다.

🎧 필리핀 사람들은 별명 짓기를 아주 좋아한다.
The Philippines are big on nicknames.

465

## 화가 나서 반기를 들다 · up in arms

원래의 의미는 군중들이 반기를 들고 무장봉기를 한다는 뜻인데, 요즘 '무기를 들고 일어선다.'는 의미로는 take up arms라는 표현을 쓰며, 표제어는 단순히 몹시 화가 나 있는 상태를 말한다. 또 개인이 화가 난 것이 아니라 군중이 몹시 화가 나서 이의를 제기한다는 의미이다.

특히 '어떤 일에 반대해서'라는 의미로 쓸 때는 over something이 따라 나온다.
You'd better rethink the city development plan, Mayor.
The people are up in arms.
시장님, 도시 재개발계획은 재고하는 게 좋을 겁니다. 시민들이 맹렬하게 반대하고 있어요.

🎧 주민들은 정부의 신공항건설계획에 대해 맹렬히 반대하고 있다.
**Residents are getting up in arms over the government's plan to build a new airport.**

## 화가 치밀다 · see red

갑자기 뭔가 끓어오를 때 잘 쓰는 말이다. 주로 어떤 원인·조건을 보고 화가 치밀어 오른다고 할 때 쓴다. 빨간 헝겊이 눈앞에 보이면 황소가 화가 치민다는 데서 나온 표현이다. 그러나 소는 색맹이기 때문에 색깔을 구별하지 못한다고 한다.

🎧 그녀가 전화를 끊자 나는 화가 치밀었다. 나는 평생 그렇게 화가 나 본 일이 없다.
**When she hung up the phone, I saw red. I've never been so angry in my life.**

## 화끈하게 하다 · blow one's mind

'놀라움·즐거움 등으로 사람의 마음을 화끈하게 하다.'란 의미이다.
blow는 너무 큰 박력으로 허용량을 넘어 머리의 휴즈가 날아가 버린다는 발상이다. 좀 과장된 표현이긴 하지만 얘기가 재미있고 멋있다. 크게 흥분한다는 비교적 좋은 의미로 쓰이며 주로 젊은이들이 즐겨 쓴다.

That's a terrific book. The ending will blow your mind.
굉장히 재미있는 책이야. 끝에 가서는 머리가 돌 정도야.

It blows my mind just to think if being able to date a girl like that.
저런 여자와 데이트할 수 있는 것만 생각해도 머리가 화끈해.

🎧 학창시절에는 1년에 몇 번씩 해외에 나가는 일을 하는 것을 생각만 해도 머리가 화끈했다.
When I was a student, it practically blew my mind to think of having a job that took me overseas several times a year.

### 화를 잘 내다 • have a short fuse

문자 그대로 불꽃이나 폭약의 도화선이 짧다는 표현으로 금방 화를 잘 낸다거나 조그마한 일에도 감정 폭발이 빠르다는 의미로 쓴다.

have a low boiling point라는 말과 의미가 비슷하다. 즉 끓는점이 낮다는 말이므로 조금만 열을 가해도 금방 끓어버린다는 말이다.

My brother has a short fuse.와 같이 주로 사람의 성격에 대해서 쓰는 게 보통이다. 그러나 일시적인 기분이나 심리상태에 대해서도 쓴다.

🎧 조심해. 어쩐 일인지 오늘 사장이 화를 잘 내고 있어.
Be careful. For some reason the boss has a very short fuse today.

### 화를 풀어버리다 • blow off steam

비유적으로 '감정적인 긴장상태를 이야기하다.' 혹은 '화를 냄으로써 풀어버린다.'는 뜻이다. 화를 내는 대상은 대개 사람이지만, '그냥 소리를 지르며 화를 낸다.'는 의미도 된다.

같은 의미로 let off steam이 있다. 직역하면 '가득 차 있는 증기를 뽑아 없앤다.'인데, '쓰지 않고 고인 정력을 발산시킨다.'는 의미로 쓴다.

I sent my children to the park to let off some steam.
정력을 발산하게 하느라고 아이들을 공원에 보냈다.

반대말은 put the lid on 뚜껑을 덮어두다. 이다.

🎧 걱정할 것 없어. 그녀는 그냥 화풀이를 해버리는 거니까.
**Don't worry. She's just blowing off some steam.**

## 화장실 • bathroom

오로지 '화장실'만을 가리키는 완곡한 표현이며 정관사 the를 붙여 쓴다.
비행기를 타건, 자동차를 타건 소변이 마려우면 I'd like to go to the bathroom.이라는 말을 한다.

좀 점잖은 자리에서는 I'd like to wash my hands.라고도 한다.
여자의 경우에는 I'd like to freshen up.이라고도 하며, 화장을 하는 곳이라 하여 powder-room이라고도 한다.

한편, 일반 가정집이 아닌 경우에는 restroom이라 하며 Where's the restroom?이라고 한다. 군대나 소년단과 같이 단체생활을 하는 곳에서는 latrine 이라 하며, 행사장 같은 곳의 간이 화장실은 jiffy john이라고 한다.

> **참고** 영어에서는 목욕을 하고 싶을 때는 I'd like to take a bath. 또는 Where's the bath?라고 하지 bathroom이란 말은 쓰지 않는다.

## 화장실에 가고 싶다 • (have) got to go

전화로 한참 이야기를 하다가 그만 끊어야 할 때가 되면, Well, I've gotta go. I'll see you later.라 말하는 경우가 많다. 이때 I've got to go.는 무언가 다른 일을 해야 하기 때문에 이제 그만 가 봐야겠다는 말도 되고, I've got to go to the toilet. 화장실에 좀 다녀와야겠다. 를 줄여서 하는 말이기도 하다. 습관적으로 gotta go [가라 고우]라 발음한다.
친구들이나 잘 아는 사이에서 쓴다.

🎧 이 근처에 그런 설비가 있는지 모르겠네. 화장실 좀 다녀와야겠는데.
**I wonder if they have any facilities in this place. I've got to go.**

## 화제가 된 • in the news

'신문이나 방송 등 언론에서 화제가 된'이란 의미이다.

468

> **참고** 동네의 화제는 the talk of the town 혹은 the talk of the neighborhood이다. The new champion's homecoming was the talk of the town. (새로 챔피언이 된 그의 귀향은 마을의 화제가 되었다.) 학교 내의 화제는 the talk of the school이라고 한다.

또, 지방 기사거리는 신문용어로 an (local) item이라고 한다.
**Since then, the governor and the widow have been an item.**
그 일이 있은 후, 주지사와 그 미망인은 지방신문의 화제가 되어왔다.

🎧 그 여배우의 잠적은 한동안 화제가 되었다.
**Disappearance of the actress has been in the news for some time.**

### 화젯거리가 될 만한 것 · conversation piece

가구·그림·골동품 등 '화제가 될 만한 진품'을 가리킨다. conversation은 '화제를 불러일으키다.'란 뜻이다. 원래는 미술용어로 여러 사람들이 모여 있는 장면을 그린 '풍속도'라는 뜻이었으나, 이제 일반회화에서는 그러한 의미로 쓰이지 않는다.

🎧 그 화병은 쓰기는 불편하지만, 묘한 모양을 하고 있어서 화젯거리로 재미있다.
**That flower vase is very inconvenient to use, but its unnatural shape makes it an interesting conversation piece.**

### 화제의 인물 · toast of the town

toast는 '건배'란 뜻이나 여기서는 '경의를 표하기 위해 건배를 올리는 대상 인물 혹은 사물'을 의미한다. 한편 town이라 해서 꼭 작은 동네를 의미하는 건 아니다. New York이나 Washington과 같은 대도시일 수도 있고 시골의 조그만 마을일 수도 있다.

🎧 러시아의 Sharapova 선수는 그동안 국내에서 화제의 인물이었다.
**Sharapova, the Russia gymnast has been the toast of the town.**

### 화초를 잘 기르다 · have a green thumb

'원예에 재능이 있다.'는 뜻이다. 녹색의 엄지손가락이라는 말은 상징적이고 비유적인 표현이다.

I wish I had a green thumb like you. I can never get anything to grow. 나도 당신같이 원예 기술이 있었으면 좋겠어요. 내가 하면 아무것도 안되거든요.

Just look at his garden. He has a green thumb.
그의 정원 좀 봐요. 나무를 참 잘 길러요.

반대로 '화초를 잘 기르지 못한다.'고 할 때는 have a brown thumb을 쓴다.

🎧 뛰어난 재배 재능이 없으면 그렇게 큰 양배추는 못 만든다.
You need a green thumb to grow cabbages as large as that.

## 화풀이하다(남에게) · take it out on someone

막연하게 화가 나거나 욕구불만이 있을 때, 직접적인 관계가 없는 사람에게 퍼붓는다는 뜻이다.

I'm sorry about your difficulty, but don't take it out on me.
당신의 어려움은 잘 알아요. 하지만 내게 화풀이는 하지 말아요.

I know you're angry, but don't take it out on your children.
당신이 화가 나 있는 줄은 알지만, 아이들에게 화풀이 하진 말아요.

someone 대신 something도 쓴다.
Whenever my husband is angry, he takes it out on the punching bag he keeps in the garage.
남편은 화가 나기만 하면, 차고 안에 매달아놓은 펀칭백에 화풀이를 한다.

🎧 시험에 떨어졌다고 내게 화풀이하지 말아요. 공부 안한 것은 당신 잘못이에요.
Don't take it out on me because you failed in the exam. It's your fault that you didn't study.

## 확실하다 · bet one's bottom dollar

bet은 '내기에 돈을 걸다.' bottom dollar는 '최후의 1달러'. 마지막 가지고 있던 1달러까지 걸 정도니 이만저만 확신이 있는 게 아니다. be absolutely certain과 같은 의미이나 내기에서 쓰는 표현이 아니므로 혼동하지 않도록 주의해야 한다.

비슷한 의미의 표현으로 bet one's boots, bet one's shirt 또는 bet one's life가 있다.

🎧 넌 틀림없이 미국에 간 일이 없어.
I **bet my bottom dollar** you never went to the United States.

### 환히 알고 있다 · know something backwards and forwards

'정통하다.'란 뜻이다. '앞뒤로, 이모저모로'라는 의미로 backward and forward와 같이 단수형으로도 쓴다.

be familiar with 혹은 be up on과 같다.
He's up on the grocery business. 그는 식료품 장사에는 환하다.

비슷한 표현으로 know something(someone) like the back of one's hand도 있다.
Of course I know Tom. I know him like the back of my hand.
물론 Tom을 잘 알지. 그 친구 일이라면 내가 환하지.
back 대신 palm 손바닥도 쓰나 back이 보다 보편적이다.
또 know something like a book도 같은 말이다.

🎧 그는 컴퓨터에는 환하기 때문에 기능사 면허를 땄다.
He got the computer repairman's license at the first go, since he **knew the machine backwards and forwards**. (at the first go : 단번에)

### 활기있고 적극적인 사람 · go-getter

go and get에서 나온 말로 '목적 달성을 위해 정력적으로 움직이는 사람(an energetic person)'을 가리킨다. 성별·연령에 상관없이 쓰며 활동적이며 유능하다는 좋은 의미로 쓴다. 특히 돈벌이에 적극적이고 수완이 있으며 극성스럽다는 느낌이 있다.

His wife is a real go-getter. She'll go places.
그의 아내는 극성스럽게 일하는 사람이야. 성공할거야.
여기서 go places에는 '여기저기 여행을 한다.'는 의미도 있으나 '성공이나 출세한다.'는 의미도 있는 구어 표현이다.

🎧 최근에 정력적이고 적극적인 많은 젊은이들이 자기 회사를 만들기 위해 대기업에서 뛰쳐나오고 있다.
**Many young go-getters these days are dropping out of big corporations to form their own companies.**

## 회오리바람 · twister

미국에서는 회오리바람이 자주 일고 그 피해 또한 엄청나다. 흔히 tornado라고 하지만 일반회화에서는 twister라는 말을 잘 쓴다. 꽈배기 같이 빙빙 돌며 몰려오는 모양에 착안한 표현이다.
**The twister didn't damage any homes.** 회오리바람으로 피해를 입은 가족들은 없다.

🎧 회오리바람이 어제 아담스빌 북쪽 70마일 지점의 외딴 농가를 덮쳤다.
**A twister touched down yesterday at an isolated farm 70 miles north of Adamsville.**

## 횡설수설 · gibberish

문장이나 이야기 등에 전문용어나 난해한 말 또는 수식어들이 많아 이해하기 힘든 '횡설수설'을 말한다. It's all Greek to me.와 비슷한 말이다.
gibber는 '알 수 없는 내용을 지껄인다.'란 뜻의 jabber에서 나온 말로, '횡설수설'을 jabberish라고도 쓴다. gibberish는 얼핏 보기에 형용사같이 보이나 명사형이다. 그러나 '알 수 없는 말을 지껄여대는 사람'은 gibberer가 아니라 jabberer를 쓰는 게 습관이다.

🎧 그가 말하는 것은 모두 영문 모를 횡설수설이다.
**What he says is all gibberish to me.**

## 횡재 · steal

'거저나 다름없이 손에 넣은 물건', '뜻밖에 싸게 산 물건', '훔쳤다고 해도 될 정도로 값이 싼 물건'이라는 말로 물건을 사는 측이나 파는 측이나 다 같이 쓸 수 있는 말이다.

Let me sell you one of these watches. They are a real steal.
이런 시계 하나 어떠세요? 아주 싸게 사시는 거예요.

At this price, it's a steal. 그 값이면 싼 거야.

🎧 이 차는 이 값이면 아주 싼 것은 아니지만 괜찮아.
This car wasn't exactly a steal at this price, but it's still a good value.

## 효과가 있다 · do the trick

'어떤 수단이나 방법을 써서 필요한 일을 하다.', '소정의 효과를 얻는다.'란 의미이다. 또 '약을 먹어 효과가 있다.'고 할 때도 이 말을 쓴다. 언제나 the trick과 같이 정관사를 붙여 써야 하며 do 대신 turn을 쓰기도 한다.

Push it just a little more to the left. There, that does the trick.
왼쪽으로 조금만 밀어봐. 그래, 그러면 되잖아.

trick이라는 단어 때문에 장난을 치거나 속임수를 쓴다는 표현으로 착각하기 쉬운데, 그런 경우는 play a trick이라 한다.

🎧 드라이버가 없는데 이 자로 하면 될 거야.
I don't have a screw driver, but this ruler should do the trick.

## 후루크 · fluke

우리나라에서도 당구 등을 치면서 엉터리로 맞은 것을 후루크라고 하는데 영어로는 fluke라고 한다. a lucky shot이나 a lucky hit이라고 해도 된다. 자기에게 말하면 겸손한 느낌이 나지만 상대편이나 제3자에게 말하면 경멸의 느낌이 나는 것은 우리말의 뉘앙스와 같다.

A : 오늘 그랜드슬램을 쳤다면서?
B : 그냥 후루크로 맞은 거지.

A : I hear you hit a grand slam today.
B : It was just a fluke.

## 후보선수 • bench warmer

구기 종목 등에서 경기 중 대부분을 벤치에 앉아 기다리고 있는 후보 선수를 가리키는 말이다. 자기의 궁둥이로 벤치를 데우고 있는 사람이라는 익살스런 표현으로, 널리 사용된다. '2류 선수'라는 뜻도 된다.

후보 선수가 되지 않으려면, 하라는 대로 하란 말이야.
**If you don't want to be a bench warmer, do what you're told to do.**

## 훼방놓다 • get in someone's way

'남의 행동이나 계획을 훼방놓다.'란 뜻으로 앞을 가로막아 걸리적거린다는 의미이다.

**He's going to back out the car. Please don't get in his way.**
그가 자동차를 빼려고 하니 가로막지 말아요.
**The two candidates tried to get in each other's way to be nominated.** 두 후보는 서로 자기가 지명을 받으려고 상대를 훼방놓았다.

'쫓아다니면서 사사건건 훼방을 놓는다.'고 할 때는 He's getting in everything I do.라 할 수 있다.

그 사람 무슨 조치를 취해야겠어. 계속 우리 일을 훼방놓거든.
**We've got to do something about him. He keeps getting in our way.**

## 흉금을 터놓다 • open up to

구어 표현으로 '자유롭게 부담없이 지껄이거나 마음을 터놓고 이야기한다.'는 의미이다. 전치사 to 대신 with가 와도 된다. talk without reserve도 쓰나 좀 딱딱하며, 속어적인 표현으로 open out to도 있으나 표제어가 일반적이다.

남에게 터놓고 이야기하지 않는 사람을 가리켜 He is a very private person. 이라고도 한다.

🎧 엄마, 나한테 얘기해. 친구처럼 흉금을 터놓고 얘기할 수 있잖아.
You can talk to me, Mom. You could open up to me like a friend.

### 흐뭇한 기분 · great feeling

최고의 만족감을 나타내는 말이다. It ~ to의 형식을 쓰는 게 보통이며 I feel great. 기분이 최고다. 라고도 표현한다.

great는 표제어 외에도 일상회화에서 여러 의미로 편리하게 쓰인다.
① 흐뭇하고 신나는 기분을 나타낸다.
　"We're going to have a ten percent pay raise." 이번에 10퍼센트 봉급인상이 있어.
　"Say, that's great." 야, 그거 신나는군.
② 어떤 일에 정통한 경우에 쓴다.
　She's great on birds. 그 여자는 새에 관해선 환해.
　He's great at basketball. 그는 농구 실력이 대단하지.
③ '훌륭한·탁월한'의 의미가 있다.
　It's a great picture. 그건 명화야.
④ 다음에 나오는 형용사를 강조한다.
　You'll see a great big building on your right.
　당신 오른쪽에 무지무지하게 큰 건물이 보일 겁니다.

🎧 시합에 이기면 기분은 최고지.
It's a great feeling to win a fight.

### 흐지부지되다 · fizzle out

원래는 불꽃놀이 폭죽이나 다이너마이트 등의 도화선이 타다 말고 중도에서 피식피식 꺼져 버린다는 뜻으로 내용상 곧잘 나가다가 나중에 가서 흐지부지 된다는 말이다.

The government project they launched with a lot of fanfare fizzled out. 요란하게 떠들어대며 착수한 정부계획은 도중에 흐지부지되었다.

그러나 요란하게 지글지글 타는 것은 sizzle이라고 한다.
인기 절정의 노래·책·영화·탤런트·운동선수 등을 가리켜 sizzler라고 부르기도 한다. His new album is going to be a sizzler.

🎧 다저스 팀이 양키스 팀에 지자, 우승 축하파티는 흐지부지되었다.
**The Dodgers lost to the Yankees, and their victory party fizzled out.**

## 흔한 게 여자[남자]야 · There are lots of fish in the sea.

'세상에 여자[남자]는 쌔고 쌨다.'는 말이다. '그까짓 여자[남자] 하나의 일로 뭐 그리 상심하나.'라는 의미와 '너무 한 여자[남자]에게만 빠지지 말라.'는 의미로 쓴다.

영어에서는 사람을 경멸하거나 격하시킬 때 pebble 자갈 을 쓰기도 하며 fish를 쓰는 경우도 많다.
He's an odd fish. 그 놈은 괴짜야.
He's a slippery fish. 저 놈은 핑계를 잘 댄단 말이야.
He's a dead fish. 저놈은 악수할 때 손에 힘을 안 줘.
She's a cold fish. 감정이 없는 여자야.

또, fish를 동사화해서 '이성을 선택하다.'란 의미를 나타내기도 한다.
Don't waste your time on that barmaid. Fish in fresh water.
그 술집 여자에 미쳐서 허송세월하지 말게. 맑은 물에서 낚아.

## 흔해 빠진 것 · dime a dozen

dime 10센트짜리 화폐. 직역은 '열두 개에 10센트로' '싸구려'라는 뜻이지만 쉽게 구할 수 있거나 흔해 빠진 일이라는 뜻으로 많이 쓴다.
an everyday occurrence와 같다.
Caddies are a dime a dozen in the United States.
캐딜락 자동차는 미국에서는 쌔고 쌨지.

Good-looking girls are a dime a dozen in Cheongdam-dong.
청담동에 가면 예쁜 여자들이 널렸어.

🎧 텍사스에서는 총격사건이 흔해 빠진 일이다.
Shootings are a dime a dozen in Texas.

## 흘러간 사람[것] · ancient history

직역은 '고대사'로 '완전히 잊힌 것 또는 사람'을 가리키며 특히 지난날의 연인을 의미할 때가 많다. ancient를 빼고 써도 된다.
Oh, he's just history. I never go out with him any more.
오, 그는 흘러간 사람이야. 요즘은 그 사람 만나지 않아.

🎧 난 이제 John은 생각하지 않아. 흘러간 사람이니까.
I never think about John anymore. He's an ancient history.

## 흥하건, 망하건 해보다 · take a chance

'마음먹고 한번 해보다.'란 뜻으로 모험의 느낌이 들어 있으며 결과는 미지수인 경우에 쓴다.
I just took a chance. [성공할지, 어쩔지 알 수는 없었지만] 한번 해봤어요.

try one's luck이라고도 하며 take a risk도 쓰는데 '실패나 악운이 따를지도 모를 일을 한다.'는 뜻이다.

🎧 자, 흥하건, 망하건 한번 해봐. 혹시 안될지도 모르지만 해볼 만한 가치는 있어.
Come on, take a chance. You may lose, but it's worth trying.

## 희색이 만면한 · all smiles

얼굴에 웃음이 가득하다는 말이다. 웃는 형태도 여러 가지인데 smile은 소리를 내지 않고 표정으로만 웃는 것이고, 소리를 내어 웃는 것은 laugh라고 한다. 또 여자나 아이가 킬킬거리는 것은 giggle, 입을 벌리지 않고 낮은 소리로 웃는 것은 chuckle, 입을 크게 벌리고 이를 보이며 소리는 내지 않고 얼굴로만 웃는 것은 grin이라고 한다.

🎧 내가 파티에서 그녀를 봤을 때, 그 여자는 싱글벙글 희색이 만면했다.
**When I saw her at the party, she was all smiles.**

## 희생을 무릅쓰고 · at all costs

'어떠한 희생을 지불하고서라도'라는 의미이다.
**I intend to buy that house at all costs.** 무슨 일이 있어도 그 집은 꼭 사고 싶다.

at any cost라고 해도 뜻은 마찬가지이며 by any means도 비슷하나 이것은 '어떠한 수단을 써서라도'라는 의미이다.

🎧 어떻게 해서든지 6시까지는 도착하겠다.
**I'll get there by six o'clock at all costs.**

## 흰 것을 희다고 말하다 · call a spade a spade

spade는 playing card의 spade로, heart나 diamond라 속이지 않고, 즉 애매한 말을 하지 않고 사실대로 명확하게 말한다고 할 때 쓰는 표현이다. 예전에는 Call a fig a fig and a spade a spade.라고 하던 것을 짧게 줄인 것이다.

'검은 것을 희다고 한다.'는 make black into white라 할 수도 있으나 call a spade a diamond라 하는 것이 더 재미있다.

🎧 당신이 옳다고 날 납득시키려 해봤자 시간낭비예요. 사실을 사실대로 말합시다.
**If you're trying to convince me that you're right, you're wasting your time. Let's call a spade a spade.**

### 히트를 치다 · hit the jackpot

jack은 '돈'이란 뜻의 속어이고 the pot은 poker를 할 때 계속 돈을 걸어 테이블 위에 모인 돈을 말한다. 따라서 표제어는 '모인 돈을 긁어간다.'는 의미이다. 즉 크게 성공한다는 말이다.
That company hit the jackpot with its new line of electronic games. 그 회사는 전자게임의 신제품으로 크게 히트했다.
이렇게 본래의 의미로도 사용되나 현재는 트럼프보다 슬롯머신에서 더 많이 쓴다.

hit을 빼고 jackpot만으로도 쓴다.
Jackpot! I got all A's. 야, 기가 막힌 데! 성적이 올 A야.

🎧 삼촌이 5전짜리용 슬롯머신에서 잭팟을 맞췄다.
My uncle hit the jackpot on the nickel slot machine.

### 힘겹게 승리하다 · have the last laugh

laugh the last laugh라고도 한다. 초반에는 형세가 비관적이거나 곤란했지만 끝내는 이겨서 마지막에 웃는다는 의미이다. 힘겹게 이기거나 목적을 달성했을 때 쓴다.

'84년 민주당 대통령후보 지명전에서 Mondale이 초반에는 Gary Hart에게 눌려서 절망적이었으나 후반에 만회를 하고 지명을 받게 되자 미국 신문은 MONDALE LAUGHED LAST란 표제를 달았다.

🎧 우여곡절 끝에 레드삭스 팀이 최후의 승리를 거두었다.
The Redsox got the last laugh.

### 힘겹고 단조로운 매일매일의 일 · the daily grind

'괴롭고 재미없는 매일매일의 일 또는 공부'를 말하며 daily라는 말에서 늘 계속되고 있다는 뉘앙스가 풍긴다. grind는 '맷돌로 갈아 가루를 만들다.'인데 같은 일을 반복하기 때문에 정신적으로나 육체적으로나 괴롭고 단조롭다는 뜻으로 사용하게 되었다.
"How's school?" 학교생활이 어때? "It's grind." 시시하고 재미없어.
Well, it's Monday. Time to start another week of the daily grind.
아이고, 또 월요일이군. 힘들고 지겨운 일을 시작해야 할 한 주가 시작되는군.

또한 rat race도 비슷한 의미로 '아무런 보상도 없이 매일매일 되풀이되는 따분한 일'을 가리킨다.
I am really tired of this rat race-day after day.
매일매일 되풀이되는 이 따분한 일에 정말 지쳤다.

🎧 매일 힘들고 재미없게 보내는 것도 지겹군. 오랫동안 휴가나 다녀왔으면 좋겠다.
I'm sick and tired of the daily grind. I wish I could take a long vacation.

## 힘에 겨운 일을 하다 • bite off more than one can chew

깨물어서 씹을 수 있는 것 이상으로 베어 문다는 뜻으로, bite는 앞니로 베어 무는 것이고 chew는 어금니로 깨무는 것이다. 직장에 다니면서 학교에도 나가는 것은 힘겨운 일이 아닐 수 없다. 또 집을 사는 일도 힘겨운 일인데 집을 스스로 설계해서 새로 짓는다는 것은 더더욱 힘든 일이다. 이러한 경우 비유적으로 쓰는 것이 바로 표제어이다.

🎧 풀타임 직장을 찾으면서 학교에도 나가려고 한다고? 천만에! 그건 힘에 겨운 일이야.
Are you trying to work at a full time job and go to school at the same time? No way! You'll be biting off more than you can chew.

## 힘차게 부르다(노래를) • belt out

노래·애국가·응원가·행진곡 등을 소리 내 힘차게 부른다는 의미의 구어 표현이다.

음악을 힘차게 연주한다고 할 때도 쓴다.

When she's playing the piano, she really belts it out.
그는 피아노를 칠 때, 힘차게 연주한다.

🎧 캐나다선수들은 국가를 우렁차게 부르기 시작했다.
The Canada athletes began belting out their national anthem.

 **AMERICAN ENGLISH EXPRESSION**
BASIC EDITION

# INDEX

## A

| | |
|---|---|
| (all) to a man | 442 |
| (as) busy as a bee | 123 |
| (have) got to go | 468 |
| a dream come true | 198 |
| a far cry from | 225 |
| a little out of | 348 |
| a matter of life and death | 172 |
| a nobody | 146 |
| absence makes the heart grow fonder | 453 |
| across the board | 294 |
| act like a nine-year old | 387 |
| act of God | 153 |
| act up | 96 |
| Act your age. | 67 |
| add up to something | 30 |
| After you. | 118 |
| agree to disagree | 284 |
| ahead of someone | 458 |
| aim for the sky | 236 |
| alive and kicking | 227 |
| all along | 383 |
| all ears | 258 |
| all or nothing | 353 |
| all out | 392 |
| all set | 356 |
| all smiles | 477 |
| all thumbs | 196 |
| almost cost one's life | 355 |
| ammo | 412 |
| ancient history | 477 |
| any time soon | 53 |
| Apples cannot be compared to oranges. | 156 |
| Are you seeing anyone? | 271 |
| Are you through? | 63 |
| as different as night and day | 386 |
| as good as one's word | 236 |
| at a loss | 244 |
| at all costs | 478 |
| at loose ends | 438 |
| at the drop of a hat | 358 |
| attached to | 234 |
| autograph | 171 |

## B

| | |
|---|---|
| b.l.t. | 139 |
| baby | 241 |
| baby shower | 139 |
| baby-sit | 220 |
| bachelor party | 392 |
| backfire | 256 |
| back-to-back | 257 |
| bad blood | 228 |
| bad news | 37 |
| bad-mouth | 228 |
| bag of bones | 432 |
| baggy | 452 |
| balance a checkbook | 198 |
| ball of fire | 107 |
| baloney | 163 |
| bark up the wrong tree | 316 |
| barrel | 368 |
| bathroom | 468 |
| be all in | 76 |
| be around | 58 |
| be in hot water | 46 |
| be in the doghouse | 39 |
| Be my guest. | 349 |
| be not up to that yet | 226 |
| be nothing to write home about | 308 |
| be rough on someone | 215 |
| be stuck-up | 27 |
| be tied up | 59 |
| be up for grabs | 79 |
| be up to here | 136 |
| beat me | 328 |
| beat someone to it | 233 |
| beat the crowd | 463 |

| | | | |
|---|---|---|---|
| beat the heat | 94 | brimming with confidence | 312 |
| Beauty is in the eye of the beholder. | 222 | broadsided | 297 |
| beef about | 154 | broke | 122 |
| beg someone hands and knees | 233 | browse | 100 |
| bellyache | 416 | built-in | 155 |
| belt out | 480 | bum something off someone | 104 |
| bench warmer | 474 | bump into someone | 277 |
| bend over backward | 395 | bunch | 115 |
| beside oneself with something | 244 | bundle up | 266 |
| bet one's bottom dollar | 470 | burn one's bridges(behind one) | 136 |
| big brother | 456 | burn one's fingers badly | 404 |
| Big deal! | 93 | burp | 416 |
| big on | 465 | burst at the seams | 429 |
| big-hearted | 112 | bury one's head in the sand | 455 |
| big-time | 414 | buy something | 170 |
| bite off more than one can chew | 480 | by itself | 322 |
| bite someone's head off | 40 | by word of mouth | 300 |
| bite the bullet | 36 | | |
| bite the hand that feeds | 137 | | |
| blab | 67 | | |

## C

| | | | |
|---|---|---|---|
| black and white | 147 | cab | 413 |
| blah-blah | 243 | calculating | 411 |
| blind date | 187 | call a spade a spade | 478 |
| block the traffic | 42 | call in sick | 143 |
| blow | 309 | call it a day | 296 |
| blow money | 217 | call someone names | 273 |
| blow off steam | 467 | Can I get a rain-check? | 89 |
| blow one's mind | 466 | can't keep one's head up | 248 |
| blurt out | 154 | cannot hold one's liquor | 201 |
| boil down | 24 | cannot stomach | 380 |
| boil inside | 279 | cash in on | 424 |
| bombshell | 430 | cash in one's chips | 354 |
| booze | 200 | catch it | 235 |
| boss someone around | 286 | catch someone red-handed | 456 |
| bottoms up! | 29 | catch up on one's sleep | 126 |
| bounce a check | 149 | chain-smoke | 356 |
| bound to | 418 | chance of a lifetime | 387 |
| brag | 308 | change the baby | 55 |
| brainstorm | 138 | cheat | 411 |
| brand-new | 212 | cheaters | 181 |
| breadwinner | 133 | cheating | 402 |
| break even | 148 | check up on a person | 364 |
| break one's neck | 327 | chemistry | 178 |
| break the habit | 205 | chew someone out | 60 |
| break the ice | 152 | chic | 34 |

| | | | |
|---|---|---|---|
| chicken out | 402 | cut (it) out | 373 |
| chopper | 454 | cut above someone | 442 |
| chronic ailment | 363 | cut down(cut back) on | 331 |
| clam up | 300 | cut one's foot on ~ | 108 |
| class reunion | 99 | cut out for | 322 |
| climb on the bandwagon | 101 | | |
| clown around | 353 | | |
| Come and get it! | 266 | **D** | |
| come apart at the seams | 267 | day in and day out | 305 |
| Come as you are. | 300 | daydream | 118 |
| come clean | 310 | dead set against | 446 |
| come down hard (on) | 458 | deck oneself out in something | 443 |
| come hell or high water | 186 | demanding | 88 |
| come on strong | 362 | die down | 55 |
| come on too strong | 73 | dig | 290 |
| come up in the world | 397 | dig up a dirt | 204 |
| comfortable income | 75 | dig up a dirt (on) | 150 |
| command of English | 260 | digs | 440 |
| company time | 52 | dime a dozen | 476 |
| compulsive drinker | 143 | dirt poor | 375 |
| con man | 168 | dirty old man | 251 |
| confide in | 191 | dirty talk | 282 |
| confusing | 454 | disappointment | 54 |
| conk out | 252 | disgrace to the family | 370 |
| conversation piece | 469 | dish it out | 216 |
| cool off | 366 | disown a person | 292 |
| couch potato | 29 | ditch someone | 107 |
| cough up | 389 | do away with ~ | 383 |
| couldn't care less | 228 | do one's (own) thing | 72 |
| count sheep | 245 | do one's homework | 172 |
| country bumpkin | 391 | do someone dirt | 399 |
| crack a book | 382 | do the trick | 473 |
| crack a joke | 78 | doctor's orders | 244 |
| crack down (on) | 90 | dog-eat-dog competition | 178 |
| crack up | 405 | Don't call us, we'll call you. | 256 |
| crackerjack | 393 | Don't get any ideas! | 288 |
| cramming | 139 | don't give a damn | 230 |
| cramp one's style | 205 | Don't panic! | 92 |
| crate | 414 | Don't tell me. | 182 |
| crazy about | 464 | dough | 96 |
| crude | 392 | down on one's luck | 279 |
| cry over spilt milk | 252 | down payment | 326 |
| curl up with a good book | 426 | down to the wire | 113 |
| curse | 274 | down with | 120 |
| cushy position | 425 | down-to-earth | 455 |

| | |
|---|---|
| doze off | 316 |
| draw a blank | 261 |
| drop a line | 427 |
| drop like a hot potato | 428 |
| dropout | 358 |
| drown one's troubles | 201 |
| dumb | 245 |
| dump | 379 |

# E

| | |
|---|---|
| ease up pain | 415 |
| easy money | 203 |
| eat out | 269 |
| eavesdrop | 259 |
| econ. | 32 |
| educated guess | 33 |
| egg a person on | 398 |
| ego trip | 304 |
| eighteen wheeler | 94 |
| elbow-grease | 423 |
| Enough is enough. | 145 |
| even-steven | 157 |
| every excuse in the book | 265 |
| every hour on the hour | 117 |
| every man for himself | 341 |
| everybody's friend | 423 |
| eye-opener | 176 |
| eyesore | 82 |

# F

| | |
|---|---|
| fabricate | 69 |
| face the music | 312 |
| fag | 460 |
| fall behind on | 342 |
| fall for | 288 |
| fall out of love | 169 |
| fall over each other | 407 |
| fall short | 161 |
| fall to pieces | 173 |
| familiar name | 103 |
| Fat chance! | 413 |
| fed up with | 361 |
| feel out | 75 |

| | |
|---|---|
| feel small | 258 |
| feel up to something | 111 |
| fence | 318 |
| fiddle | 180 |
| fight like cats and dogs | 84 |
| fill a prescription | 347 |
| Finders keepers. | 357 |
| fire away | 368 |
| fire up | 30 |
| first come, first served | 182 |
| first thing in the morning | 227 |
| fish story | 452 |
| five o'clock shadow | 59 |
| fizzle out | 475 |
| flat | 57 |
| floored | 224 |
| fluke | 473 |
| flunk | 68 |
| fool around with | 318 |
| for a change | 106 |
| for better (or) for worse | 348 |
| for good | 260 |
| for next to nothing | 452 |
| for the fun of it | 319 |
| free as a bird | 313 |
| freebie | 38 |
| free-loader | 210 |
| from coast to coast | 326 |
| frowned upon | 160 |

# G

| | |
|---|---|
| gang up on | 369 |
| get a kick out of | 350 |
| get a lot of practical experience | 214 |
| get a move on | 162 |
| get a piece of it | 444 |
| get away from it all | 114 |
| get away with (something) | 276 |
| get carried away | 339 |
| get caught in the middle | 286 |
| get cold feet | 362 |
| get credit for | 37 |
| get down to the wire | 224 |
| get even | 145 |

| | | | |
|---|---|---|---|
| get fired up | 398 | give someone a piece of one's mind | 445 |
| get hooked on | 116 | give someone a ring | 329 |
| get in someone's way | 474 | give someone the eye | 396 |
| get it | 461 | give someone the runaround | 435 |
| get it off one's chest | 111 | give the green light | 451 |
| get loaded | 367 | give up on | 194 |
| get nowhere | 344 | give weight | 40 |
| get off on the wrong foot | 384 | gloss over | 323 |
| get off one's back | 183 | go (out) for a spin | 441 |
| get off the track | 412 | go all the way | 181 |
| get off to a good start | 208 | go along with | 99 |
| get off with | 399 | go down the drain | 198 |
| get off with a warning | 31 | go Dutch | 24 |
| get on someone's nerve | 211 | go easy on | 324 |
| get on the ball | 338 | go fifty-fifty (with) | 130 |
| get on the good side of | 110 | go for the day | 415 |
| get one's hands on someone | 424 | go in one ear and out the other | 103 |
| get one's money's worth | 97 | go off the deep end | 232 |
| get out of bed on the wrong side | 227 | go off without a hitch | 199 |
| get out of hand | 415 | go on a wild-goose chase | 453 |
| Get out of here. | 51 | go out of business | 123 |
| get personal | 292 | go out on a limb | 203 |
| get sick and tired of hearing | 46 | go over | 315 |
| get some shut-eye | 307 | go overboard | 95 |
| get someone off the hook | 241 | go places | 405 |
| get someone's number | 284 | go sour | 418 |
| get stage fright | 168 | go to bat for someone | 323 |
| get the ball rolling | 200 | go too far | 74 |
| get the ball rolling | 367 | go-getter | 471 |
| get the cold shoulder | 73 | going rate | 455 |
| get the jump on | 441 | gold digger | 97 |
| get the upper hand | 278 | good cut | 443 |
| get the wrong idea | 251 | good match for | 449 |
| get to the bottom of something | 365 | good provider | 97 |
| get under someone's skin | 159 | good-for-nothing | 223 |
| get up the nerve | 275 | goof | 246 |
| Getting any? | 271 | goof off | 60 |
| get-up-and-go | 258 | goose pimple | 188 |
| gibberish | 472 | gotcha question | 285 |
| give a black eye | 428 | grapple with | 218 |
| give it a shot | 446 | graveyard shift | 177 |
| give it to someone straight | 196 | great feeling | 475 |
| give someone a break | 445 | greens | 430 |
| give someone a hand | 129 | grit one's teeth | 287 |
| give someone a lift | 378 | ground someone | 269 |

| | | | |
|---|---|---|---|
| grow on someone | 332 | have one's cake and eat it too | 299 |
| grunt | 283 | have one's hands full | 297 |
| gullible | 47 | have one's heart set on | 240 |
| | | have one's way | 304 |
| | | have second thoughts (about) | 319 |
| | | have seen better days | 267 |

# H

| | | | |
|---|---|---|---|
| half the battle | 208 | have sticky fingers | 195 |
| hand it to someone | 293 | have the last laugh | 479 |
| handle oneself well | 217 | have the nerve to do something | 26 |
| hand-me-down | 124 | have two left feet | 397 |
| hang in there | 59 | haven't heard a word from | 223 |
| hangout | 373 | He's fun. | 320 |
| happily married | 53 | head-hunter | 292 |
| hardheaded | 266 | hear through the grapevine | 189 |
| hardheaded | 98 | hearing things | 315 |
| have a ball | 359 | hectic | 287 |
| have a change of heart | 111 | high as a kite | 250 |
| have a dirty mouth | 274 | higher-ups | 78 |
| have a falling-out | 155 | hit it off (with) | 355 |
| have a fit | 75 | hit someone between the eyes | 407 |
| have a flat (tire) | 162 | hit the books | 38 |
| have a green thumb | 469 | hit the bull's eye | 325 |
| have a head on one's shoulders | 107 | hit the jackpot | 479 |
| have a heart of gold | 110 | hit the nail on the head | 334 |
| have a heart-to-heart talk | 193 | hit the spot | 394 |
| have a look-see | 317 | hit-and-run car | 163 |
| have a nose job | 403 | hogwash | 207 |
| have a short fuse | 467 | hold one's breath | 202 |
| have a showdown | 312 | hold one's own | 240 |
| have a sweet tooth | 89 | hold out | 138 |
| have a thing for someone | 350 | hold the fort | 373 |
| have a way with | 88 | home-body | 221 |
| have a weakness for | 237 | hometown | 36 |
| have an accent | 172 | How come? | 243 |
| have an affair | 128 | How does that go? | 49 |
| have an aftertaste | 102 | How far did you go? | 239 |
| have been around | 291 | How many fingers am I holding up? | 285 |
| have been had | 441 | | |

# I

| | | | |
|---|---|---|---|
| have butterflies in one's stomach | 22 | | |
| have chills and fever | 263 | I beg your pardon. | 351 |
| have dirty minds | 153 | I could have died. | 382 |
| have enough of one's own | 305 | I don't know about that. | 52 |
| have had it | 196 | I like that! | 349 |
| have it coming | 131 | I wish I were in your shoes. | 306 |
| have no control over | 188 | | |

| | |
|---|---:|
| I'll drink to that. | 49 |
| I'm not that kind. | 68 |
| I'm sorry? | 124 |
| I've been there before. | 66 |
| identification | 211 |
| if we pull this off | 288 |
| iffy | 154 |
| in a clean sweep | 442 |
| in a pinch | 333 |
| in a rut | 418 |
| in a state of shock | 248 |
| in good hands | 229 |
| in one's best interest | 175 |
| in one's hand | 195 |
| in one's prime | 327 |
| in season | 344 |
| in sync (with) | 347 |
| in the dark | 328 |
| in the news | 468 |
| in the same boat | 26 |
| It doesn't pay. | 410 |
| It never hurts to ask. | 124 |
| It shows. | 247 |
| It takes two to tango. | 382 |
| It's a Catch-22 situation. | 286 |
| It's a dog-eat-dog world. | 187 |
| It's been a long day. | 263 |

## J

| | |
|---|---:|
| jet-lag | 208 |
| job-hunting | 44 |
| juggle | 108 |
| jump to conclusions | 190 |
| just a phone call away | 329 |
| just around the corner | 403 |
| just between you and me | 276 |
| just like that | 45 |
| just listen | 103 |
| just one's luck | 322 |
| just saying that | 41 |

## K

| | |
|---|---:|
| keep a straight face | 280 |
| keep forgetting | 305 |
| keep on a short leash | 142 |
| keep one's eyes peeled | 82 |
| keep one's fingers crossed | 451 |
| keep someone hanging | 234 |
| keep someone posted | 335 |
| keep something to oneself | 463 |
| keep tabs on | 422 |
| keep track of | 314 |
| kick around | 253 |
| kick off something | 429 |
| kick something around | 285 |
| kickback | 150 |
| kill time | 206 |
| kill two birds with one stone | 295 |
| killing me | 121 |
| knock someone up | 255 |
| know all there is to know about | 339 |
| know how to get ahead | 383 |
| know one's place | 151 |
| know right from wrong | 151 |
| know someplace like the back of one's hand | 43 |
| know something backwards and forwards | 471 |
| know something inside out | 192 |
| know the ropes | 270 |

## L

| | |
|---|---:|
| laugh off | 295 |
| lay down the law | 250 |
| lay it on the line | 57 |
| lean on someone | 232 |
| lemon | 30 |
| let bygones be bygones | 362 |
| let on | 385 |
| let one's hair down | 425 |
| let someone go | 72 |
| like a shot | 393 |
| live apart | 141 |
| live one day at a time | 439 |
| live under the same roof | 447 |
| loaded | 98 |
| locked out | 374 |

| | |
|---|---|
| long shot | 28 |
| look all over | 176 |
| look on the bright side | 156 |
| look the other way | 143 |
| loosen up | 119 |
| lose face | 389 |
| lose one's cool | 73 |
| lose one's dinner | 283 |
| lose sleep over | 38 |
| lose (be out of) one's bearings | 135 |
| love at first sight | 388 |
| lucky it wasn't worse | 155 |
| lucky to | 114 |
| lucky to get away with one's life | 355 |

## M

| | |
|---|---|
| majority rules | 88 |
| make a beeline for | 298 |
| make a big thing out of it | 459 |
| make a boo-boo | 213 |
| make a bundle | 406 |
| make a fuss over | 395 |
| make a pass at | 255 |
| make a person sit up | 338 |
| make a pig of oneself | 272 |
| make a plane | 159 |
| make a quick buck | 298 |
| make a quick trip | 53 |
| make a splash | 186 |
| make ends meet | 161 |
| make fun of someone | 277 |
| make it big | 406 |
| make it snappy | 162 |
| make it to the top | 309 |
| make one's day | 359 |
| make someone's blood boil | 433 |
| make the best of something | 240 |
| make the most of something | 395 |
| make waves | 431 |
| mark down | 22 |
| marketable | 314 |
| medical checkup | 28 |
| meet someone halfway | 130 |
| mind one's own business | 217 |

| | |
|---|---|
| mom-and-pop store | 43 |
| Money doesn't grow on trees. | 239 |
| money lying around | 77 |
| mop up the floor with someone | 464 |
| most sought-after | 291 |
| mug shot | 247 |
| My foot went to sleep. | 132 |

## N

| | |
|---|---|
| natural flair | 410 |
| nauseating | 43 |
| nickels and dimes | 146 |
| night after night | 133 |
| nine-to-five | 335 |
| no go | 438 |
| No hard feelings. | 246 |
| No ifs, ands or buts. | 434 |
| no matter what | 122 |
| No questions asked. | 105 |
| No way. | 50 |
| Nobody's perfect. | 79 |
| no-no | 330 |
| no-nonsense man | 380 |
| no-show | 261 |
| Not a chance. | 385 |
| not a grain of truth in something | 170 |
| not add up | 115 |
| not faze | 61 |
| not get to first base | 453 |
| not lift a finger | 193 |
| not much of | 197 |
| not see eye to eye | 177 |
| not sit right | 180 |
| not something it's cracked up to be | 189 |
| nothing great | 92 |
| now or never | 361 |
| nurse | 337 |

## O

| | |
|---|---|
| observing | 82 |
| of a lifetime | 295 |
| of age | 324 |
| off day | 321 |

491

| | |
|---|---|
| official go-ahead | 337 |
| Oh, I like that! | 158 |
| okey-doke | 264 |
| old timer | 35 |
| on a roll | 314 |
| on cloud nine | 112 |
| on hand | 23 |
| on one's feet all day | 439 |
| on one's good side | 48 |
| on one's own | 462 |
| on one's toes | 135 |
| on pins and needles | 346 |
| on the air | 134 |
| on the dot | 333 |
| on the house | 28 |
| on the mend | 378 |
| on the road | 363 |
| on the same wave-length | 179 |
| on the tip of one's tongue | 454 |
| on top of the world | 394 |
| on-again off-again | 294 |
| once and for all | 287 |
| one more for the road | 106 |
| one way or another | 237 |
| one's bread and butter | 133 |
| one's eyes are bigger than one's stomach | 272 |
| one's old lady | 242 |
| one's own way | 71 |
| one's stereotype | 35 |
| one's two cents worth | 147 |
| open up to | 474 |
| opportunist | 57 |
| oral | 42 |
| out of character | 391 |
| out of hand | 31 |
| Out of sight, out of mind. | 81 |
| out-of-the-way | 268 |
| outsmart | 259 |
| ~ over my dead body | 330 |
| over one's head | 345 |
| over the hump | 241 |
| oversight | 34 |
| overstay one's welcome | 83 |

# P

| | |
|---|---|
| packed like sardines | 391 |
| pad | 153 |
| paddle one's own canoe | 462 |
| pain in the neck | 48 |
| paint the town red | 366 |
| pampering | 39 |
| pass out | 56 |
| pay back | 152 |
| pay for itself | 341 |
| pay one's dues | 351 |
| peanuts | 226 |
| People will talk. | 168 |
| pet peeve | 260 |
| pet phrase | 360 |
| phenomenal | 32 |
| philosophical | 90 |
| photographic memory | 340 |
| physical | 212 |
| pick on | 121 |
| pick up after someone | 101 |
| pick up the house | 371 |
| pick up the tab | 158 |
| pick-me-up | 432 |
| picky eater | 210 |
| piece of cake | 80 |
| pinpoint | 340 |
| plain Jane | 269 |
| play ball | 456 |
| play by ear | 47 |
| play favorites | 426 |
| play games with | 235 |
| play innocent | 209 |
| play it cool | 254 |
| play one's cards right | 296 |
| play one-on-one with | 117 |
| play the field | 254 |
| play the market | 361 |
| pooch | 27 |
| poor at figures | 202 |
| pop quiz | 140 |
| pop the question | 389 |
| popsicle | 225 |
| presence | 431 |

| | |
|---|---|
| pressed for time | 206 |
| presumptuous | 353 |
| pull oneself together | 337 |
| pull oneself up by one's own bootstraps | 311 |
| pull someone's leg | 346 |
| pull strings | 257 |
| pull the plug | 297 |
| push one's luck | 273 |
| pushover | 459 |
| put a hold on | 144 |
| put a person on hold | 54 |
| put behind bars | 388 |
| put on one's thinking cap | 364 |
| put one's cards on the table | 339 |
| put one's foot in one's mouth | 213 |
| put one's John Hancock on | 179 |
| put someone back on one's feet | 262 |
| put someone on | 77 |
| put someone on the spot | 301 |
| put something on the back burner | 396 |
| put the ball in someone's court | 93 |
| put up a good front | 265 |
| put up with something | 381 |
| Put your money where your mouth is. | 215 |

## Q

| | |
|---|---|
| quick one | 105 |
| quitter | 313 |

## R

| | |
|---|---|
| rain on someone's parade | 70 |
| rake it in | 404 |
| rank all the way up there | 336 |
| retire | 317 |
| riding for a fall | 104 |
| ring a bell | 25 |
| rip-off | 128 |
| root for | 185 |
| round up | 170 |
| rub elbows with | 243 |
| rub it in | 62 |

| | |
|---|---|
| rub salt in the wound | 183 |
| ruin | 317 |
| rule of thumb | 242 |
| run in the family | 371 |
| run the show | 352 |
| running | 356 |
| running water | 197 |

## S

| | |
|---|---|
| Same here. | 66 |
| sample | 207 |
| save room | 254 |
| say it all | 144 |
| say something amusing | 216 |
| say uncle | 346 |
| say when | 100 |
| scab | 422 |
| see red | 466 |
| see the light at the end of the tunnel | 289 |
| see the light of day | 450 |
| sell oneself | 305 |
| separate the men from the boys | 366 |
| shape up | 311 |
| shape up or ship out | 380 |
| shell out | 434 |
| shop around | 253 |
| shoplifting | 70 |
| short and sweet | 374 |
| shot in the dark | 343 |
| should've known | 365 |
| show one's true colors | 148 |
| shut eyes to something | 80 |
| sibling rivalry | 457 |
| sight for sore eyes | 263 |
| silly little | 141 |
| sing the blues | 449 |
| single out | 332 |
| sink or swim | 354 |
| sit around | 160 |
| sit back and take it easy | 447 |
| size up | 427 |
| skin someone alive | 459 |
| slander | 357 |
| slap in the face | 119 |

493

| | |
|---|---|
| sleep on | 132 |
| sleep over | 439 |
| slip out | 213 |
| small beer | 142 |
| smooch | 234 |
| smooth operator | 270 |
| smooth out | 280 |
| So help me. | 365 |
| So what? | 50 |
| soap opera | 352 |
| someone's bag | 360 |
| something agree with someone | 390 |
| sophisticated | 185 |
| soul-searching | 238 |
| sound out | 411 |
| sour grapes | 262 |
| spanking new | 225 |
| speak for itself | 310 |
| speak of the devil | 460 |
| speak the same language | 238 |
| specific cure | 417 |
| spend a sleepless night | 448 |
| spill the beans | 157 |
| split personality | 290 |
| split with | 24 |
| square meal | 341 |
| stab someone in the back | 158 |
| stand behind | 147 |
| stand someone up | 128 |
| standoffish | 179 |
| start over from scratch | 342 |
| steal | 473 |
| steering wheel | 449 |
| step on each other's toes | 178 |
| stick around | 33 |
| stick out like a sore thumb | 281 |
| Stick 'em up! | 194 |
| sticky weather | 61 |
| stink | 457 |
| sucker | 313 |
| Sunday driver | 125 |
| sure-fire way | 417 |
| sweep someone off one's feet | 231 |
| sweep the board | 422 |
| sweet | 174 |

# T

| | |
|---|---|
| T.G.I.F. | 102 |
| tag along | 156 |
| take a back seat to | 221 |
| take a breather | 447 |
| take a chance | 477 |
| take it easy | 84 |
| take it out on someone | 470 |
| take on head to head | 334 |
| take sides | 427 |
| take someone for granted | 91 |
| take someone's breath away | 231 |
| take something at its face value | 235 |
| take something hard | 164 |
| take something to heart | 215 |
| take the bull by the horn | 274 |
| take the cake | 250 |
| take-home (pay) | 214 |
| taken in | 192 |
| talk someone's ear off | 448 |
| talk things out | 56 |
| tax evasion | 412 |
| teach someone a lesson | 116 |
| tearjerker | 81 |
| tease | 77 |
| tell on | 34 |
| tell someone off | 236 |
| tell the difference | 151 |
| tell the world | 91 |
| That's a shame. | 229 |
| That's a switch. | 140 |
| That's all that matters. | 129 |
| That's not the way I heard it. | 71 |
| That's that. | 289 |
| The ball is in someone's court. | 450 |
| the behind | 45 |
| the Big Apple | 83 |
| the birds and the bees | 184 |
| the black sheep of the family | 372 |
| the bottom line | 124 |
| the carrot and the stick | 91 |
| The cat got your tongue? | 268 |
| The coast is clear. | 135 |
| the daily grind | 479 |

| | | | |
|---|---|---|---|
| the do's and don't's | 48 | try to be personal | 171 |
| the end of the line | 381 | turn down | 131 |
| the front desk | 432 | turn game around | 256 |
| the last straw | 94 | turn the other cheek | 275 |
| the last thing | 331 | turn up one's nose (at) | 403 |
| the layout | 369 | twister | 472 |
| the morning after | 199 | two of a kind | 386 |
| the naked eye | 281 | two-way street | 461 |
| the name of the game | 357 | | |
| the other way around | 334 | | |
| the privates | 282 | **U** | |
| the red | 325 | ugly customer | 175 |
| The sky's the limit. | 345 | Uncle Sam | 125 |
| the survival of the fittest | 325 | under the table | 101 |
| the tip of the iceberg | 161 | under the weather | 120 |
| the works | 119 | undress a person with one's eyes | 461 |
| the wrong side of the track | 440 | unlisted number | 329 |
| There are lots of fish in the sea. | 476 | unsung hero | 201 |
| There's always room for one more. | 246 | unwind | 55 |
| things are looking up | 176 | up front (=in advance) | 181 |
| think big | 204 | up in arms | 466 |
| This is he(she). | 326 | up-and-coming | 293 |
| This is not my day. | 298 | | |
| This is not the end of the world. | 331 | **V** | |
| This isn't a good time. | 105 | | |
| throw in the towel | 423 | vanish into thin air | 26 |
| tie up loose ends | 63 | Very funny! | 51 |
| till one is blue in the face | 299 | vice versa | 49 |
| tit for tat | 433 | | |
| to go | 22 | **W** | |
| to one's face | 248 | | |
| to one's name | 304 | Wake up and smell your coffee! | 249 |
| to the core | 191 | walk all over someone | 343 |
| toast of the town | 469 | walk on thin ice | 174 |
| tone-deaf | 283 | wall to wall | 371 |
| tons of work | 173 | washed up | 444 |
| too close to call | 113 | We'll see. | 348 |
| too persistent | 62 | wear out one's welcome | 70 |
| toss-up | 130 | wear the pants | 370 |
| total a vehicle | 307 | weather the storm | 33 |
| touchy situation | 69 | wet behind the ears | 388 |
| trade in | 212 | wet the bed | 264 |
| trendy | 281 | What are friends for? | 399 |
| tried and true tactics | 336 | what it takes | 190 |
| try one's hand at | 384 | what one says goes | 209 |

| | |
|---|---|
| Where are your manners? | 332 |
| Where was I? | 134 |
| Where were we? | 221 |
| Where's the action? | 321 |
| whet someone's appetite | 271 |
| while one is at it | 438 |
| white elephant | 385 |
| whopping | 41 |
| win hands down | 67 |
| wink at | 149 |
| with a little luck | 321 |
| with no holds barred | 344 |
| within earshot | 188 |
| woman of class | 430 |
| work like a charm | 417 |
| work part-time | 222 |
| would give one's right arm | 249 |
| write something off (the book) | 319 |

# Y

| | |
|---|---|
| You can say that again. | 137 |
| You don't say? | 220 |
| You like it here? | 253 |
| You never know what's around the corner. | 169 |
| You shouldn't judge the book by its cover. | 169 |
| You're the coach. | 230 |
| You've got to be kidding. | 92 |

# Z

| | |
|---|---|
| zip code | 278 |